Am Schlusse dieses Bandes befindet sich ein „Nachweis wichtiger Gesetzesausgaben“, in dem die meisten Bände der jetzt über 240 Nummern umfassenden

Guttentagschen Sammlung Deutscher Reichs- und Preußischer Gesetze

sowie größere und kleinere Kommentare, Lehrbücher, Sammelwerke, Entscheidungssammlungen und Zeitschriften verzeichnet sind.

Guttentagsche Sammlung
Nr. 180 Deutscher Reichsgesetze Nr. 180
Kommentare und erläuterte Textausgaben

Die Vierte Notverordnung

(Vierte Verordnung des Reichspräsidenten zur Sicherung von Wirtschaft und Finanzen und zum Schutze des inneren Friedens. Vom 8. Dezember 1931.)

Erläuterte Textausgabe

mit Durchführungsverordnungen

bearbeitet von

Rechtsanwalt Dr. **Arthur Bloch**, Gerichtsassessor Dr. **Karl-August Crisolli**, Gerichtsassessor Dr. **Wilhelm Gallas**, Rechtsanwalt **Theodor Heilborn**, Rechtsanwalt Dr. **Adolf Hollaender**, Direktor im Reichsversicherungsamt Dr. **Karl Lippmann**, Rechtsanwalt Dr. **Ralph Pulvermacher**, Amtsgerichtsrat Dr. **Theodor Rohlfing**

herausgegeben von

Dr. **Alexander Elster**

Berlin und Leipzig 1932
Walter de Gruyter & Co.
vormals G. J. Göschen'sche Verlagshandlung — J. Guttentag, Verlagsbuchhandlung — Georg Reimer — Karl J. Trübner — Veit & Comp.

Archiv-Nr. 21 1 180

Inhaltsübersicht.

Abgeschlossen am 12. Januar 1932.

Weitere Durchführungsbestimmungen sind in den Anmerkungen berücksichtigt.

Einleitung.

Die vierte der im Laufe eines Jahres ergangenen „Verordnungen des Reichspräsidenten zur Sicherung von Wirtschaft und Finanzen“ [1]) soll nach allgemeiner Ansicht die letzte dieser Art sein und einen gewissen Abschluß bringen. Die abgekürzte Bezeichnung „Notverordnung“ entspricht in zweierlei Hinsicht der Tatsache eines Notstandes: Die Not des Reiches veranlaßte diese Verordnungen, die zugleich das Mittel von Nothandlungen behufs Abwehr dieses gegenwärtigen Notstandes anwenden. Ihre Verfassungsmäßigkeit soll nicht bezweifelt werden, da das Volk, in dessen Recht, Eigentum und Gebaren diese Notverordnungen tief und tiefer eingreifen, davon durchdrungen ist, daß außerordentliche Zeiten auch außerordentliche Maßnahmen verlangen und Art. 48 RVerf.

[1]) Die vier Notverordnungen zur Sicherung von Wirtschaft und Finanzen wurden erlassen:

die erste am 1. Dezember 1930 (RGBl. I S. 517—694) (vgl. darüber Stier-Somlo, Artikel „Notverordnung“ im Handwörterbuch der Rechtswissenschaft Bd. VII S. 326 ff.),

die zweite am 5. Juni 1931 (RGBl. I S. 279 bis 314) (vgl. darüber Friedrichs, Artikel „Zweite Notverordnung“ im Handwörterbuch der Rechtswissenschaft Bd. VII S. 672 ff.),

die dritte am 6. Oktober 1931 (RGBl. I S. 537—568),

die vierte am 8. Dezember 1931 (RGBl. I S. 699—745).

Zweiter Nachtrag
zur Vierten Notverordnung
(Guttentagsche Sammlung Deutscher Reichsgesetze Nr. 180)

enthaltend

die Neuerungen bis April 1932.

Zu Teil I.

Durchführungsverordnung über Zinssenkung auf dem Geldmarkt.

Vom 9. Januar 1932 (RGBl. I S. 29).

Auf Grund des § 4 des Zweiten Abschnitts des Kapitels III des Ersten Teiles der Vierten Verordnung des Reichspräsidenten zur Sicherung von Wirtschaft und Finanzen und zum Schutze des inneren Friedens vom 8. Dezember 1931 (Reichsgesetzbl. I S. 699) wird verordnet:

Artikel 1.

Unter Notverordnung ist in den folgenden Vorschriften der Zweite Abschnitt des Kapitels III des Ersten Teiles der Vierten Verordnung des Reichspräsidenten zur Sicherung von Wirtschaft und Finanzen und zum Schutze des inneren Friedens vom 8. Dezember 1931 (Reichsgesetzbl. I S. 699) zu verstehen.

Artikel 2.

(1) Der Reichskommissar für das Bankgewerbe kann eine Zustimmung, die er nach § 1 der Notverordnung zu Vereinbarungen der Spitzenverbände der Kreditinstitute erteilt hat, zurücknehmen.

(2) Wird die Zustimmung zurückgenommen und kommt nicht binnen zwei Wochen eine neue Vereinbarung der Spitzenverbände zustande, welcher der Reichskommissar für das Bankgewerbe zustimmt, so gelten die Vorschriften des § 1 Abs. 1 der Notverordnung entsprechend. Der Reichskommissar für das Bankgewerbe kann die im Satz 1 genannte Frist verlängern.

Artikel 3.

Als Vereinbarungen zwischen den Spitzenverbänden (§ 1 der Notverordnung) sind auch Vereinbarungen anzusehen, die zwischen einem Teile der Spitzenverbände der Kreditinstitute getroffen worden sind.

Artikel 4.

(1) Unternehmungen, die geschäftsmäßig Depositengeschäfte betreiben (§ 2 der Notverordnung), besonders auch Konsumvereine,

Bau- und Spargenossenschaften und Werksparkassen, sind ohne Rücksicht darauf, ob sie die hereingenommenen Gelder geschäftsmäßig ausleihen, an die nach § 1 der Notverordnung getroffenen Vereinbarungen oder erlassenen Bestimmungen gebunden.

(2) Der Reichskommissar für das Bankgewerbe kann Ausnahmen von den Bestimmungen des Abs. 1 zulassen.

Artikel 5.

Diese Verordnung tritt mit dem Tage der Verkündung in Kraft.

Preußische Verordnung auf Grund des § 5 Erster Teil Kapitel II der Vierten Verordnung des Reichspräsidenten zur Sicherung von Wirtschaft und Finanzen und zum Schutze des inneren Friedens vom 8. Dezember 1931 (RGBl. I S. 699) in Verbindung mit der Anordnung des Reichskommissars für Preisüberwachung vom 30. Dezember 1931 (RGBl. 1932 I S. 13).

Vom 13. Januar 1932 (GS. S. 95).

Verordnung über den Aushang von Preisverzeichnissen im Kleinhandel mit künstlichen Düngemitteln.

Vom 20. Januar 1932 (RGBl. I S. 33).

Preußische Verordnung zur Abänderung der Verordnung vom 13. Januar 1932, betreffend Übertragung von Befugnissen zur Preisüberwachung.

Vom 30. Januar 1932 (GS. S. 97).

Verordnung über den Handel mit Papiertapeten.

Vom 1. Februar 1932 (RGBl. I S. 56).

Preußische Verordnung auf Grund des § 5 Abs. 1 Erster Teil Kapitel II der Vierten Verordnung des Reichspräsidenten zur Sicherung von Wirtschaft und Finanzen und zum Schutze des inneren Friedens vom 8. Dezember 1931 (RGBl. I S. 699) in Verbindung mit der Anordnung des Reichskommissars für Preisüberwachung vom 19. Januar 1932.

Vom 1. Februar 1932 (GS. S. 99).

Verordnung über die Preisbildung für den Mineralwasserverkauf im Kleinhandel.

Vom 9. Februar 1932 (RGBl. I S. 65).

Verordnung zur Übertragung der Befugnisse des Reichskommissars für Preisüberwachung an die obersten Landesbehörden bei Neuregelung der Kraftdroschkentarife.

Vom 10. Februar 1932 (RGBl. I S. 66).

Verordnung über die Preisbildung im Kleinhandel mit frischen, geräucherten und marinierten Seefischen.

Vom 22. Februar 1932 (RGBl. I S. 91).

Übertragung von Befugnissen des Reichskommissars für Preisüberwachung an die obersten Landesbehörden.

Vom 23. Februar 1932 (DRAnz. Nr. 47).

Verordnung über den Ausmahlungsgrad des Roggenmehls.

Vom 27. Februar 1932 (RGBl. I S. 99).

Verordnung über die Meldepflicht bei Preiserhöhungen im Kleinhandel mit Brot.

Vom 27. Februar 1932 (RGBl. I S. 99).

Verordnung, betreffend Verbot der Brotpreiserhöhung in Groß-Berlin.

Vom 28. Februar 1932 (DRAnz. Nr. 50).

Verordnung über Meldepflicht, Mengen- und Gewichtsangabe bei Markenwaren.

Vom 29. Februar 1932 (DRAnz. Nr. 52).

Preußische Verordnung zur Durchführung der Verordnung Nr. 18 des Reichskommissars für Preisüberwachung über die Meldepflicht bei Preiserhöhungen im Kleinhandel mit Brot vom 27. Februar 1932.

Vom 8. März 1932 (GS. S. 151).

Zweite Durchführungs- und Ergänzungsverordnung über Zinssenkung auf dem Kapitalmarkt.

Vom 26. März 1932 (RGBl. I S. 171).

Auf Grund des § 11 des Ersten Abschnitts des Kapitels III des Ersten Teils der Vierten Verordnung des Reichspräsidenten zur Sicherung von Wirtschaft und Finanzen und zum Schutze des inneren Friedens vom 8. Dezember 1931 (Reichsgesetzbl. I S. 699, 703) wird verordnet:

Artikel 1.

Unter Notverordnung ist in den folgenden Vorschriften der Erste Abschnitt des Kapitels III des Ersten Teils der Vierten Verordnung des Reichspräsidenten zur Sicherung von Wirtschaft und Finanzen und zum Schutze des inneren Friedens vom 8. Dezember 1931 (Reichsgesetzbl. I S. 699, 703) zu verstehen.

Artikel 2.

Ist ein bankmäßiger Personalkredit (Artikel 8 Buchstabe a der Ersten Durchführungs- und Ergänzungsverordnung über Zinssenkung auf dem Kapitalmarkt vom 23. Dezember 1931 — Reichsgesetzbl. I S. 793 —) dadurch gesichert worden, daß der Kreditnehmer auf einem ihm gehörenden Grundstück zugunsten des Kreditgebers eine Grundschuld bestellt hat, so wird durch § 4 der Notverordnung die Fälligkeit der Grundschuld nicht berührt. Dasselbe gilt, wenn der Kreditnehmer eine ihm zustehende Eigentümergrundschuld dem Kreditgeber zur Sicherung des bankmäßigen Personalkredits abgetreten hat.

Artikel 3.

Im Artikel 7 Abs. 2 der Ersten Durchführungs- und Ergänzungsverordnung wird folgender Satz angefügt:

„Ist eine Forderung (Hypothek) oder Grundschuld, die vor oder nach dem Inkrafttreten der Notverordnung fällig war, vor dem Inkrafttreten der Notverordnung auf unbestimmte Zeit gestundet worden, so unterliegt sie der Zinsherabsetzung."

Artikel 4.

§ 9 Abs. 1 der Notverordnung gilt auch für erst nach dem 31. Dezember 1931 entstehende Hypotheken und Grundschulden, soweit ihre im Grundbuch eingetragenen Zinssätze und Fälligkeitsbedingungen durch die Notverordnung oder eine Durchführungs- und Ergänzungsverordnung geändert werden.

Artikel 5.

Für die Berichtigung des Grundbuchs, die infolge der Vorschriften über die Zinssenkung auf dem Kapitalmarkt vorgenommen wird, bedarf es nicht der Bewilligung der im Rang gleich- oder nachstehenden Berechtigten. Die zur Berichtigung erforderlichen Eintragungen sind gebührenfrei.

Artikel 6.

(1) Soweit ein Schuldner in Ausübung des ihm durch § 10 der Notverordnung gegebenen Rechts eine Schuld durch Hingabe von Schuldverschreibungen tilgt, ist das Gläubigerkreditinstitut nicht berechtigt, von dem Schuldner die Entrichtung einer Gebühr oder einer ähnlichen Sonderleistung zu verlangen, auch wenn vertraglich für den Fall einer Schuldtilgung durch Hingabe von Schuldverschreibungen eine solche Sonderleistung vereinbart war.

(2) § 10 der Notverordnung gewährt kein Recht, eine Schuld vor ihrer Fälligkeit zu tilgen.

(3) Stellt die Aufsichtsbehörde fest, daß ein Schuldner, der in Ausübung der ihm durch § 10 der Notverordnung gegebenen Befugnis eine Schuld durch Hingabe von Schuldverschreibungen tilgen will, sich die dazu erforderlichen Schuldverschreibungen (Artikel 23 der Ersten Durchführungs- und Ergänzungsverordnung) nicht oder nur unter nicht zumutbaren Bedingungen beschaffen kann, so kann sie anordnen, daß das Gläubigerkreditinstitut Schuldverschreibungen anzunehmen verpflichtet ist, die bestimmten, in der Anordnung zu bezeichnenden anderen Bedingungen genügen. Diese Schuldverschreibungen gelten als gleichartig im Sinne des § 10 der Notverordnung.

Artikel 7.

Die Preußische Landesrentenbank ist berechtigt, die Tilgungspläne der von ihr ausgegebenen Landesrentenbriefe so weit zu ändern, wie es notwendig ist, um der durch die Zinssenkung eintretenden Verlängerung der Tilgungszeit Rechnung zu tragen. Artikel 13 Abs. 3 der Ersten Durchführungs- und Ergänzungsverordnung gilt entsprechend.

Artikel 8.

§ 4 Abs. 4 der Notverordnung, Artikel 24 der Ersten Durchführungs- und Ergänzungsverordnung gelten entsprechend auch für Tilgungspläne, auf Grund deren nach dem 31. Dezember 1930 Auslosungen vorgenommen worden sind, deren Einlösungstermine in die Zeit nach dem 31. Dezember 1931 fallen. Die Änderung des Tilgungsplans kann auch einen auf der Auslosung beruhenden Rechtsanspruch zum Erlöschen bringen.

Artikel 9.

Wird nach der Notverordnung oder einer Durchführungs- und Ergänzungsverordnung ein Tilgungsplan geändert, so bleiben die Vorschriften der §§ 20, 21 der Verordnung über das Erbbaurecht vom 15. Januar 1919 (Reichsgesetzbl. S. 72) so weit außer Anwendung, wie ihre Befolgung mit der Änderung unvereinbar wäre. Jedoch muß die planmäßige Tilgung der Hypothek spätestens fünf Jahre vor Ablauf des Erbbaurechts endigen.

Artikel 10.

Artikel 2 tritt mit Wirkung vom 9. Dezember 1931, die Verordnung im übrigen mit Wirkung vom 1. Januar 1932 in Kraft.

Zu Teil II.

Zweite Verordnung zur Durchführung der Mietsenkung.
Vom 5. Januar 1932 (RGBl. I S. 17).

Zur Durchführung und Ergänzung der Vierten Verordnung des Reichspräsidenten zur Sicherung von Wirtschaft und Finanzen und zum Schutze des inneren Friedens vom 8. Dezember 1931 Zweiter Teil Kapitel II §§ 1 bis 4 (Reichsgesetzbl. I S. 699, 707) — Mietsenkungsverordnung — wird auf Grund von § 5 des genannten Kapitels folgendes verordnet:

Artikel 9 der Verordnung zur Durchführung der Mietsenkung vom 15. Dezember 1931 (Reichsgesetzbl. I S. 752) erhält folgenden Abs. 3:

„(3) Dient ein gemeinnütziges Wohnungsunternehmen ausschließlich dem Zwecke, im öffentlichen Interesse des Reichs einen besonderen Wohnungsbedarf zu befriedigen, so kann der Reichsarbeitsminister bestimmen, daß eine andere als die gemäß Artikel 8 bestimmte Stelle über die Ermäßigung des Mietzinses entscheidet. Der Reichsarbeitsminister kann ferner bestimmen, daß bei einem derartigen Wohnungsunternehmen für die Angleichung nach Abs. 1 Grundstücke, die in verschiedenen Gemeinden liegen, zusammengefaßt werden."

Verordnung zur Durchführung der Ablösung der Gebäudeentschuldungsteuer.

Vom 11. Februar 1932 (RGBl. I S. 67).

Auf Grund des § 6 des Zweiten Teiles Kapitel I der Vierten Verordnung des Reichspräsidenten zur Sicherung von Wirtschaft und Finanzen und zum Schutze des inneren Friedens vom 8. Dezember 1931 (Reichsgesetzbl. I S. 699, insbesondere S. 706) wird hiermit nach Zustimmung des Reichsrats verordnet:

Artikel 1.

(1) Der Ablösung unterliegt die Gebäudeentschuldungsteuer, die für die Zeit vom 1. April 1932 bis zum 31. März 1940 zu erheben ist. Die für die Zeit vor dem 1. April 1932 zu erhebenden Steuerbeträge können nicht abgelöst werden.

(2) Zuschläge zur Gebäudeentschuldungsteuer, die nach Landesrecht erhoben werden, unterliegen den Vorschriften über die Ablösung. Die näheren Bestimmungen trifft erforderlichenfalls die Landesregierung; sie darf hierbei nicht zuungunsten des Eigentümers von den allgemeinen Ablösungsvorschriften abweichen.

Artikel 2.

Die Ablösung ist nur bis zum 31. März 1934 zulässig.

Artikel 3.

Die Ablösungssumme beträgt, soweit sie bis zum 30. September 1932 entrichtet wird, das Dreifache, soweit sie in der Zeit vom 1. Oktober 1932 bis zum 31. März 1934 entrichtet wird, das Dreieinhalbfache des Jahresbetrags der Gebäudeentschuldungsteuer (Artikel 4).

Artikel 4.

(1) Als Jahresbetrag der Gebäudeentschuldungsteuer gilt der volle Jahresbetrag, der für das Rechnungsjahr 1932 Geltung hat, ohne Abzug der niederzuschlagenden oder zu erlassenden Beträge. Ist auf Grund des Vierten Teiles Kapitel I der Dritten Verordnung des Reichspräsidenten zur Sicherung von Wirtschaft und Finanzen und zur Bekämpfung politischer Ausschreitungen vom 6. Oktober 1931 (Reichsgesetzbl. I S. 537, insbesondere S. 551) die Gebäudeentschuldungsteuer für das Rechnungsjahr 1932 gesenkt worden, so ist bei der Berechnung der Ablösung von dem geminderten Betrag auszugehen.

(2) Die Landesregierungen können für Fälle bestimmter Art von den Vorschriften im Abs. 1 Satz 1 abweichende Bestimmungen treffen.

Artikel 5.

(1) Die für die Zeit bis zur Entrichtung des Ablösungsbetrags zu erhebenden Gebäudeentschuldungsteuerbeträge sind, soweit sie nicht niedergeschlagen oder erlassen werden, neben dem Ablösungsbetrage zu zahlen.

(2) Auf Ablösungsbeträge, die in der Zeit vom 1. April bis zum 30. September 1932 entrichtet werden, sind die für die Zeit vom 1. April bis zum 30. September 1932 erhobenen Gebäudeentschuldungsteuerbeträge zur Hälfte anzurechnen.

Artikel 6.

(1) Die Ablösung kann für die gesamte noch zu erhebende Gebäudeentschuldungsteuer (Artikel 1) oder für einen Teilbetrag erfolgen. Die näheren Bestimmungen über die Teilablösung, insbesondere auch über die Anrechnung gemäß Artikel 5 Abs. 2 bei Teilablösungen, treffen die Landesregierungen.

(2) Die Ablösung eines Teiles der Gebäudeentschuldungsteuer schließt spätere Teilablösungen in der Zeit bis zum 31. März 1934 nicht aus.

Artikel 7.

Über die Höhe der gezahlten Ablösung und den etwa verbleibenden Restbetrag hat die Steuerbehörde auf Antrag eine Bescheinigung zu erteilen.

Artikel 8.

(1) Der Ablösungsbetrag (Artikel 6) zuzüglich der Eintragungskosten einer zum Zwecke der Ablösung aufgenommenen Hypothek kann bei Ermittlung des steuerpflichtigen Einkommens abgezogen werden, und zwar nach Wahl des Eigentümers entweder in voller Höhe für den Steuerabschnitt, in dem der Ablösungsbetrag entrichtet ist, oder mit je einem Drittel für diesen und die zwei nächstfolgenden Steuerabschnitte. Hierbei ist es gleichgültig, ob die Ablösung aus eigenen oder fremden Mitteln vorgenommen wird.

(2) Abs. 1 gilt entsprechend für die Gewerbesteuer, soweit die abgelösten Gebäudeentschuldungsteuerbeträge nach den maßgebenden Gewerbesteuergesetzen bei der Ermittlung des steuerpflichtigen Gewerbeertrags hätten abgesetzt werden können.

(3) Das Wahlrecht gemäß Abs. 1, 2 muß einheitlich, und zwar spätestens bei Abgabe der Einkommen- oder Körperschaftsteuererklärung für den Steuerabschnitt, in dem der Ablösungsbetrag entrichtet ist, ausgeübt werden.

(4) Wird ein Grundstück in der Zeit bis zum 31. März 1935 veräußert und anläßlich dieses Rechtsvorgangs eine Wertzuwachssteuer erhoben, so ist bei der Berechnung des steuerpflichtigen Wertzuwachses der von dem Veräußerer in seiner Besitzzeit aufgewendete Ablösungsbetrag dem Erwerbspreis hinzuzurechnen. Die Landesregierungen können nähere Bestimmungen treffen.

Artikel 9.

Die Länder und Gemeinden dürfen Grundstücke, für die die Gebäudeentschuldungsteuer durch Zahlung eines einmaligen Betrags ganz oder teilweise abgelöst ist, zur Grundsteuer mit keinem höheren Satze heranziehen als die entsprechenden anderen Grundstücke, für die eine Ablösung nicht stattgefunden hat: der Reichsminister der Finanzen trifft mit Zustimmung des Reichsrats vor der nächsten Einheitsbewertung Bestimmungen darüber, daß dem Grundstückseigentümer aus der Ablösung gegenüber Grundstückseigentümern, die nicht abgelöst haben, keine steuerlichen Nachteile entstehen.

Artikel 10.

(1) Eine rechtskräftige Veranlagung zur Gebäudeentschuldungsteuer kann nicht mehr abgeändert werden, wenn und soweit die Steuer abgelöst ist. Das gleiche gilt, wenn bis zum Zeitpunkt der Ablösung der Steuer die Veranlagung auch sonst nicht beanstandet worden ist.

(2) Die Landesregierungen können Erleichterungen für die Ablösung in den Fällen treffen, in denen die Gebäudeentschuldungsteuer noch nicht rechtskräftig festgesetzt ist, insbesondere noch Rechtsmittelverfahren schweben.

Artikel 11.

Für die Bescheinigung, die nach § 3 Abs. 3 des Zweiten Teiles Kapitel I der Verordnung des Reichspräsidenten vom 8. Dezember 1931 in der Fassung der Abänderungsverordnung vom 6. Februar 1932 (Reichsgesetzbl. I S. 60) auszustellen ist, sind nur solche Steuerrückstände zu berücksichtigen, die das Vorrecht nach § 10 Abs. 1 Nr. 3 des Zwangsversteigerungsgesetzes genießen.

Artikel 12.

(1) Die zuständige Steuerbehörde hat dem Eigentümer die in § 3 Abs. 4 des Zweiten Teiles Kapitel I der Verordnung des

Reichspräsidenten vom 8. Dezember 1931 in der Fassung der Abänderungsverordnung vom 6. Februar 1932 erwähnte Bescheinigung zu erteilen, wenn er ihr gegenüber nachweist, daß der an erster Stelle eingetragene Gläubiger nicht bereit ist, das Ablösungsdarlehen unter denselben Bedingungen wie der andere Gläubiger zu gewähren.

(2) Erbringt der Eigentümer diesen Nachweis nicht, so hat auf seinen Antrag die zuständige Steuerbehörde den an erster Stelle eingetragenen Gläubiger aufzufordern, sich ihr gegenüber binnen zwei Wochen zu erklären, ob er bereit ist, dem Eigentümer das Ablösungsdarlehen unter denselben Bedingungen wie der andere Gläubiger zu gewähren.

(3) Lehnt der an erster Stelle eingetragene Gläubiger die Gewährung des Darlehens zu diesen Bedingungen ab oder erklärt er sich innerhalb der Frist nicht, so hat die Steuerbehörde dem Eigentümer die Bescheinigung (Abs. 1) zu erteilen.

Artikel 13.

Die Landesregierungen können weitere Bestimmungen zur Durchführung der Ablösung im Sinne dieser Verordnung treffen.

Preußische Vierte Verordnung über die Mietsenkung.
Vom 12. Februar 1932 (GS. S. 100).

Bekanntmachung über Mieterschutz mit den Änderungen seit der Bekanntmachung vom 17. Februar 1928 (RGBl. I S. 25).
Vom 27. März 1932 (RGBl. I S. 166).

Zu Teil III.

Verordnung des Reichspräsidenten zur Ergänzung der Vorschriften über die Zwangsvollstreckung bei landwirtschaftlichen Betrieben und über das Sicherungsverfahren.
Vom 19. Februar 1932 (RGBl. I S. 71).

Zu Teil V.

Verordnung zur Durchführung der Vorschriften über Sozialversicherung in der Vierten Notverordnung.

Vom 30. Januar 1932 (RGBl. I S. 55).

Auf Grund der Vierten Verordnung des Reichspräsidenten zur Sicherung von Wirtschaft und Finanzen und zum Schutze des inneren Friedens vom 8. Dezember 1931 Fünfter Teil Kapitel VI (Reichsgesetzbl. I S. 699, 725) wird hiermit verordnet:

A. Zur Durchführung des Fünften Teiles Kapitel II Abschnitt 1.

Zu den §§ 2 und 3.

Verletztenrenten auf Grund eines früheren (anderen) Unfalls stehen gleich: Beschädigtenrenten nach dem Reichsversorgungsgesetze, dem Altrentnergesetze, dem Kriegspersonenschädengesetze, dem Wehrmachtsversorgungsgesetze, den früheren Militärversorgungsgesetzen, dem Reichsgesetz über die Schutzpolizei der Länder und dem Reichsgesetz über die Versorgung der Polizeibeamten beim Reichswasserschutze. Verletztenrenten, deren Zahlung an die Empfänger der im Satz 1 bezeichneten Beschädigtenrenten vor Erlaß dieser Verordnung eingestellt worden ist, sind auf Antrag wiederzugewähren. Wird der Antrag erst nach dem 1. April 1932 gestellt, so beginnt die Rente mit dem ersten Tage des Monats, der auf den Antragsmonat folgt.

Der Abfindung wegen einer Verletztenrente von mehr als einem Viertel der Vollrente steht die Abfindung wegen mehrerer Verletztenrenten gleich, deren Hundertsätze zusammen die Zahl dreißig erreichen.

B. Zur Durchführung des Fünften Teiles Kapitel IV Abschnitt 1.

Zu den §§ 4, 10.

Wenn eine Versicherte der Angestelltenversicherung vor dem 1. Januar 1932 geheiratet, aber den Erstattungsanspruch nach § 62 des Angestelltenversicherungsgesetzes nicht geltend gemacht, sondern sich freiwillig weiterversichert hat, so kann sie den Erstattungsanspruch nachträglich geltend machen, wenn infolge Zusammentreffens ihres Ruhegeldes mit einer anderen Rente eine dieser Renten gemäß § 4 nicht gewährt wird, oder wenn das Ruhegeld gemäß § 10 ganz oder teilweise ruht. Erstattet wird von den für die Zeit seit dem 1. Januar 1924 entrichteten Beiträgen die Hälfte der Pflichtbeiträge sowie der für die Zeit vor der Verheiratung entrichteten freiwilligen Beiträge und der volle Betrag der für die Zeit seit der Verheiratung entrichteten freiwilligen Beiträge. Das Ruhegeld fällt mit dem Ablauf des Monats weg, in dem die Erstattung gewährt wird. Die Erstattung schließt weitere Ansprüche an die Reichsversicherungsanstalt aus den erstatteten Beiträgen aus.

Die vierjährige Verjährungsfrist des § 29 des Angestelltenversicherungsgesetzes beginnt mit dem Versicherungsfalle für das Ruhegeld und wenn das Ruhen später eintritt, mit diesem Zeitpunkt.

Abs. 1, 2 gelten nicht, wenn das Ruhegeld neben Krankengeld ruht.

Zu § 5.

Ist Waisenrente für ein nach dem Tode des Versicherten geborenes Kind zu gewähren, so erhöht sich mit dem Beginne der Waisenrente für dieses Kind der Höchstbetrag für die Hinterbliebenenrenten um einen Kinderzuschuß.

Zu § 7.

Ist der Empfänger einer Rente nach dem Fünfzehnten eines Monats verstorben, so beginnt die Hinterbliebenenrente bereits mit dem ersten Tage des folgenden Monats, wenn der Antrag in diesem Monat gestellt wird.

Zu § 8.

Bei Hinterbliebenenrenten ist jede einzelne Rente abzurunden.

Zu § 9.

Bestand in der Invaliden- oder Angestelltenversicherung die Versicherungspflicht für einen Berufszweig am 1. Januar 1932 noch nicht so lange, daß die Wartezeit für die Altersinvalidenrente oder das Altersruhegeld erfüllt sein konnte, wird den Angehörigen dieses Berufszweigs die Dauer der früheren Beschäftigung in dem Beruf auf die Wartezeit angerechnet, wenn sie nach dem Inkrafttreten der Versicherungspflicht für mindestens zweihundertfünfzig Wochen oder sechzig Monate Beiträge auf Grund der Versicherungspflicht entrichtet haben.

Zu § 10.

1. Die Bezüge bewirken das Ruhen auch, soweit für sie eine Abfindung gewährt worden ist, es sei denn, daß die Abfindung vor dem 1. Januar 1932 erfolgt ist.

2. Beträgt der nicht ruhende Teil der Rente weniger als eine Reichsmark monatlich, so kann der Versicherungsträger ihn für einen längeren Zeitraum im voraus zahlen.
3. Der Versicherungsträger kann die Invalidenrente, das Ruhegeld aus der Angestelltenversicherung sowie die Invaliden-(Alters-) Pension und das Ruhegeld aus der knappschaftlichen Versicherung einstellen, solange der Berechtigte die Frage, ob er Bezüge hat, die nach § 10 das Ruhen bewirken würden, nicht beantwortet. Ein Rechtsmittel findet nicht statt.

Zu § 10 Abs. 1.

Beim Ruhen der Bezüge neben Krankengeld gilt das Dreißigfache des täglichen Krankengeldes als Monatsbetrag.

Zu § 10 Abs. 2.

Für die Frage, ob Hinterbliebenenrenten ruhen, ist jede einzelne Hinterbliebenenrente mit dem ihr entsprechenden anderweiten Bezug zu vergleichen.

Zu § 10 Abs. 3.

1. Im Falle der Wanderversicherung ist die Vorschrift auf die aus den einzelnen Versicherungszweigen herrührenden Beträge gesondert anzuwenden.
2. Beim Vergleich der freiwilligen mit der gesamten Beitragsleistung werden die Beiträge nicht nach ihrer Zahl, sondern nach ihrem Werte zusammengerechnet. Dabei werden auch die Beiträge, die in der Invalidenversicherung bis zum 30. September 1921, in der Angestelltenversicherung und in der knappschaftlichen Pensionsversicherung bis zum 31. Juli 1921 entrichtet sind, mit ihrem Nennwert berücksichtigt. Dagegen bleiben in der Invalidenversicherung die Beiträge aus der Zeit vom 1. Oktober 1921 bis zum 31. Dezember 1923, in der Angestelltenversicherung und in der knappschaftlichen Pensionsversicherung die Beiträge aus der Zeit vom 1. August 1921 bis zum 31. Dezember 1923 außer Betracht.
3. Als freiwillige Beitragsleistung gelten auch
   a) Pflichtbeiträge für Zeiten, für die der Versicherte auf Antrag von der Versicherungspflicht befreit worden wäre,
   b) Pflichtbeiträge für Angehörige der Schutzpolizei und Soldaten, soweit sie auf ihren Antrag versichert worden sind,

c) Beitragsmonate der Angestelltenversicherung, die eingekauft worden sind, oder um die die Wartezeit abgekürzt worden ist.

Zu § 11 Abs. 1.

Das neue Recht ist anzuwenden, wenn der Versicherungsfall nach dem 31. Dezember 1931 eingetreten ist. Als Versicherungsfall gilt bei den Hinterbliebenenrenten der Tod des Versicherten.

Die Vorschriften des § 10 gelten ohne Rücksicht auf die Zeit des Versicherungsfalls.

Zu § 11 Abs. 2, 3.

Soweit das bisherige Recht anzuwenden ist, gilt es auch dann, wenn ein Kind hinzutritt oder wegfällt.

Zu § 11 Abs. 4.

1. Die Vorschrift gilt nur, wenn die Voraussetzungen für das Ruhen schon vor dem 1. Januar 1932 erfüllt waren.
2. Wenn mehrere Bezüge zusammentreffen, von denen jeder das Ruhen bewirkt, so bleibt von jedem dieser Bezüge ein Betrag von 25 Reichsmark monatlich unberücksichtigt.
3. Treffen Knappschaftspension und Invalidenrente zusammen, so gelten beide Bezüge als am 1. Januar 1932 laufende Rente, wenn einer von ihnen vor dem 1. Januar 1932 festgestellt worden ist.

Zu Teil VII.

Bekanntmachung der neuen Fassung des Umsatzsteuergesetzes.

Vom 30. Januar 1932 (RGBl. I S. 39).

Verordnung über Änderung der Durchführungsbestimmungen zum Umsatzsteuergesetz.

Vom 30. Januar 1932 (RGBl. I S. 45).

Durchführungsbestimmungen zum Umsatzsteuergesetz (Ausgleichsteuer).

Vom 30. Januar 1932 (RGBl. I S. 49).

Verordnung zur Durchführung der Börsenumsatzsteuer bei Kompensationsgeschäften.

Vom 1. Februar 1932 (RGBl. I S. 38).

Auf Grund des Kapitel IV Artikel 2 des Siebenten Teiles der Vierten Verordnung des Reichspräsidenten zur Sicherung von Wirtschaft und Finanzen und zum Schutze des inneren Friedens vom 8. Dezember 1931 (Reichsgesetzbl. I S. 699) und des § 120 der Ausführungs- und Durchführungsbestimmungen zum Kapitalverkehrsteuergesetze vom 22. Juli 1927 (Reichsministerialbl. S. 233) wird hiermit verordnet:

§ 1.

(1) Führt ein Händler an demselben Tage eine Ankaufs- und eine Verkaufskommission über Gegenstände der im § 35 Abs. 1 zu a, b des Kapitalverkehrsteuergesetzes bezeichneten Art durch Selbsteintritt aus, so ist er verpflichtet, die im § 59 Abs. 1 des Kapitalverkehrsteuergesetzes vorgesehene Zusatzsteuer binnen einer Woche, vom Tage des Geschäftsabschlusses ab gerechnet, gesondert in seinen Geschäftsbüchern zu verrechnen.

(2) Bei der Buchung jedes Geschäfts, für das die Zusatzsteuer zu entrichten ist, ist auf die Buchung der Zusatzsteuer zu verweisen; den Buchungen ist der Vermerk „Kompensation" oder eine allgemein verständliche Abkürzung hinzuzufügen.

(3) Wird die Zusatzsteuer in einem besonderen Buche oder auf einem besonderen Konto verrechnet, so bedarf es bei der Buchung der Zusatzsteuer der Hinzufügung des Vermerkes nicht.

(4) Das Finanzamt kann auf Antrag Abweichungen von dem Verfahren zulassen.

§ 2.

(1) Wenn ein Kursmakler (§ 30 des Börsengesetzes) von dem Händler die Aufträge zur Vermittlung des An- und Verkaufs erhalten hat, so ermäßigt sich die Zusatzsteuer für jedes der beiden Geschäfte auf die Hälfte der für Händlergeschäfte vorgeschriebenen Steuer (§ 59 Abs. 1 Satz 2 des Kapitalverkehrsteuergesetzes). Dies gilt auch dann, wenn sich der Händler bei Erteilung der Aufträge an den Kursmakler der Vermittlung eines anderen Maklers bedient.

(2) Der Kursmakler hat, soweit er die Aufträge zur Vermittlung des An- und Verkaufs zum Ausgleich bringt, seinem Auftraggeber schriftlich zu bestätigen, daß er die Aufträge zur

Vermittlung des An- und Verkaufs erhalten und ausgeglichen habe (Kompensationsschein). Der Kompensationsschein muß ferner den Gegenstand der Aufträge und den Kurs, zu dem der Kursmakler die Aufträge ausgeglichen hat, enthalten.

(3) Der Kursmakler ist verpflichtet, die ausgeglichenen Aufträge in das Tagebuch oder, falls ein anderes Geschäftsbuch als Grundlage für das Abrechnungsverfahren bei der Börsenumsatzsteuer dient, in dieses einzutragen. Die zusammengehörigen An- und Verkaufsanträge sind durch gegenseitige Verweisung als solche kenntlich zu machen. Das Finanzamt kann von dem Erfordernis der Verweisung absehen. Es soll davon absehen, wenn die ausgeglichenen Aufträge ohne Schwierigkeit festgestellt werden können.

(4) Der Kompensationsschein und die Buchung der Aufträge müssen mit dem Vermerke „Kursmakler-Kompensation" versehen sein.

(5) Die Anwendbarkeit der Ermäßigungsvorschrift ist davon abhängig, daß dem die Aufträge erteilenden Händler der Kompensationsschein vor Ablauf der im § 1 Abs. 1 für die Verrechnung der Steuer vorgesehenen Frist zugegangen ist.

(6) Bei Börsen, an denen keine Kursmakler bestellt sind, sind die im Abs. 2 bis 5 dem Kursmakler auferlegten Verpflichtungen von der Person zu erfüllen, die nach der Bestimmung der Börsenaufsichtsbehörde an die Stelle des Kursmaklers tritt (§ 59 Abs. 1 Satz 3 des Kapitalverkehrsteuergesetzes).

§ 3.

(1) Bei Filialeigengeschäften (§ 59 Abs. 2 des Kapitalverkehrsteuergesetzes) ist die Niederlassung des Händlers, die das Geschäft abschließt, verpflichtet, binnen einer Woche, vom Tage des Geschäftsabschlusses ab gerechnet, die im § 59 Abs. 2 des Kapitalverkehrsteuergesetzes vorgesehene Zusatzsteuer gesondert in ihren Geschäftsbüchern zu verrechnen.

(2) Bei der Buchung des Geschäfts, für das die Zusatzsteuer zu entrichten ist, ist auf die Buchung der Zusatzsteuer zu verweisen; den Buchungen ist der Vermerk „Filialeigengeschäft" hinzuzufügen.

(3) Wird die Zusatzsteuer in einem besonderen Buche oder auf einem besonderen Konto verrechnet, so bedarf es bei der Buchung der Zusatzsteuer der Hinzufügung des Vermerkes „Filialeigengeschäft" nicht.

(4) Das Finanzamt kann auf Antrag Abweichungen von dem Verfahren zulassen.

§ 4.

Die §§ 99, 100 der Ausführungs- und Durchführungsbestimmungen zum Kapitalverkehrsteuergesetze vom 22. Juli 1927 (Reichsministerialbl. S. 233) werden gestrichen.

§ 5.

Diese Verordnung tritt zugleich mit den Vorschriften des Kapitel IV Artikel 1 des Siebenten Teiles der Vierten Verordnung des Reichspräsidenten zur Sicherung von Wirtschaft und Finanzen und zum Schutze des inneren Friedens vom 8. Dezember 1931 (Reichsgesetzbl. I S. 699) über die Börsenumsatzsteuer bei Kompensationsgeschäften in Kraft.

Verordnung über die von der Umsatzsteuer auf das Einbringen (Ausgleichsteuer) ausgenommenen Gegenstände (Freiliste 1).

Vom 2. Februar 1932 (RGBl. I S. 52).

Gutachten des Großen Senats (RFH. vom 12. Februar 1932 — Gr. S. D 2/32 —) über Berufungsmöglichkeit gegen ablehnenden Bescheid des § 2 Nr. 3 Reichsfluchtsteuer-Verordnung.

Verordnung über die Erhebung der Börsenumsatzsteuer bei Kompensationsgeschäften.

Vom 24. März 1932 (RGBl. I S. 166).

Dritter Nachtrag

zur Vierten Notverordnung

(Guttentagsche Sammlung Deutscher Reichsgesetze Nr. 180)

enthaltend aus der

Verordnung des Reichspräsidenten über Maßnahmen zur Erhaltung der Arbeitslosenhilfe und der Sozialversicherung sowie zur Erleichterung der Wohlfahrtslasten der Gemeinden

vom 14. Juni 1932 (RGBl. I S. 273):

Erster Teil:

Kapitel II: Änderungen in der Sozialversicherung.

Zweiter Teil:

Kapitel II: Abgabe zur Arbeitslosenhilfe.

Dritter Teil:

Kapitel I: Umsatzsteuer.

Kapitel II: Salzsteuer.

Kapitel III: Aufhebung der Krisenlohnsteuer und Weitererhebung der Krisensteuer der Veranlagten.

Kapitel IV: Aufbringungsumlage 1932.

Kapitel V: Reichsabgabenordnung (Sicherung des Kirchensteueraufkommens).

Auf Grund des Artikels 48 Abs. 2 der Reichsverfassung wird folgendes verordnet:

Erster Teil.

Maßnahmen zur Erhaltung der Arbeitslosenhilfe und der Sozialversicherung sowie auf dem Gebiete der Reichsversorgung.

. . .

Kapitel II.

Änderungen in der Sozialversicherung.

Artikel 1.

Invalidenversicherung.

§ 1.

(1) Der Grundbetrag der Invalidenrente ist für alle Lohnklassen 84 Reichsmark im Jahre.

(2) Der Kinderzuschuß beträgt 90 Reichsmark im Jahre.

§ 2.

Der Anteil der Versicherungsanstalt beträgt bei der Witwenrente und der Witwerrente fünf Zehntel, bei der Waisenrente für jede Waise vier Zehntel des Grundbetrags und des Steigerungsbetrags der Invalidenrente.

Artikel 2.

Angestelltenversicherung.

§ 1.

(1) Der Grundbetrag des Ruhegeldes ist für alle Gehalts- und Beitragsklassen 396 Reichsmark im Jahre.

(2) Der Kinderzuschuß beträgt 90 Reichsmark im Jahre.

§ 2.

Die Witwenrente und die Witwerrente betragen fünf Zehntel, die Waisenrente für jede Waise vier Zehntel des Grundbetrags und des Steigerungsbetrags des Ruhegeldes.

§ 3.

(1) Bei Wanderversicherten tritt zur Rente aus der Angestelltenversicherung der Steigerungsbetrag aus der Invalidenversicherung erst dann, wenn die Leistungsvoraussetzungen der Invalidenversicherung erfüllt sind. Er wird nur insoweit gewährt, als er

bei dem Ruhegelde . . . . . . 5 Reichsmark,
" der Witwenrente und der Witwerrente . . . . . . 3 " ,
" der Waisenrente . . . . . 2 "

im Monat übersteigt.

(2) Im Verhältnis der Träger der Invalidenversicherung zum Reich kommt die Minderung den Versicherungsträgern zustatten.

Artikel 3.

Knappschaftliche Pensionsversicherung.

§ 1.

(1) Die Vorschriften im Artikel 1 § 1 finden auf die Leistungen aus der Arbeiterpensionskasse entsprechende Anwendung.

(2) Die Witwenpension aus der Arbeiterpensionskasse beträgt fünf Zehntel des Grundbetrags und des Steigerungsbetrags der Invalidenpension.

§ 2.

Die Vorschriften im Artikel 2 §§ 1, 2 finden auf die Leistungen aus der Angestelltenpensionskasse entsprechende Anwendung.

§ 3.

Tritt neben eine Rente aus der Pensionsversicherung eine Rente aus der Invalidenversicherung, so ruht bei der Rente aus der Pensionsversicherung der Betrag, der dem zur Rente aus der Invalidenversicherung gehörenden Reichszuschuß entspricht. Die sonstigen Ruhensvorschriften bleiben unberührt.

§ 4.

Die Vorschriften im Reichsknappschaftsgesetze § 132 bleiben unberührt.

Artikel 4.

Unfallversicherung.

§ 1.

Die Renten für Unfälle aus der Zeit vom 1. Juli 1927 bis zum 31. Dezember 1931 werden um fünfzehn vom Hundert, die Renten für die übrigen Unfälle um siebeneinhalb vom Hundert gemindert.

§ 2.

Die Vorschrift des § 1 findet keine Anwendung, soweit wegen der Gewährung der Rente aus der Unfallversicherung Bezüge des Berechtigten aus der Invaliden-, der Angestellten- oder der knappschaftlichen Pensionsversicherung ruhen.

§ 3.

Für die Postvorschüsse der landwirtschaftlichen Berufsgenossenschaften (Reichsversicherungsordnung § 728 in Verbindung mit § 988) haftet das Land, für dessen Gebiet die Berufsgenossenschaft errichtet ist, wie ein selbstschuldnerischer Bürge. Erstreckt sich das Gebiet der Berufsgenossenschaft über mehrere Länder, so haften sie nach der Zahl der Einwohner bei der letzten Volkszählung.

§ 4.

Die oberste Landesbehörde kann an Stelle der landwirtschaftlichen Berufsgenossenschaft bestimmen, daß bei Unfällen der als Unternehmer Versicherten und der ihnen nach der Reichsversicherungsordnung § 559 l Abs. 2 Gleichgestellten Renten nicht gewährt werden, wenn die Erwerbsfähigkeit des Verletzten infolge des Unfalls um weniger als ein Drittel gemindert ist.

Artikel 5.

Sonstige Vorschriften.

§ 1.

(1) Für die Vorschüsse, welche die Reichspost zur Zahlung der Renten aus der Invalidenversicherung einziehen darf, haften die Träger der Invalidenversicherung, für deren Rechnung die Reichspost solche Renten zahlt, als Gesamtschuldner. Im Verhältnis zueinander haften die Gesamtschuldner nach den vom Reichsversicherungsamte festgesetzten Anteilen (Reichsversicherungsordnung § 1385). Soweit ein Gesamt-

schuldner die Reichspost über seinen Anteil hinaus befriedigt, ist er berechtigt, von den übrigen Gesamtschuldnern den Ausgleich zu verlangen.

(2) Der Reichsarbeitsminister bestimmt das Nähere, insbesondere über die Durchführung der Gesamthaftung. Soweit für die Leistung der Postvorschüsse die Übertragung von Vermögensgegenständen notwendig ist, kann der Reichsarbeitsminister für die Übertragung ein Verfahren vorschreiben, das der Zweck der Gesamthaftung erfordert und das zugleich die berechtigten Sonderinteressen der Eigentümer berücksichtigt. Der Reichsrat ist vorher zu hören.

(3) Der Reichsarbeitsminister bestimmt den Zeitpunkt, mit dem diese Vorschriften außer Kraft treten.

§ 2.

(1) Für je die Hälfte der Vorschüsse, welche die Reichspost zur Zahlung der Renten von den einzelnen gewerblichen Berufsgenossenschaften und der Versicherungsgenossenschaft einziehen darf, haften sämtliche Genossenschaften als Gesamtschuldner. Im Verhältnis zueinander haften die Gesamtschuldner nach den vom Reichsversicherungsamte festgesetzten Anteilen (Reichsversicherungsordnung § 728). Soweit ein Gesamtschuldner die Reichspost über seinen Anteil hinaus befriedigt, ist er berechtigt, von den übrigen Gesamtschuldnern den Ausgleich zu verlangen.

(2) Der Reichsarbeitsminister bestimmt das Nähere, insbesondere über die Durchführung der Gesamthaftung.

(3) Der Reichsarbeitsminister bestimmt den Zeitpunkt, mit dem diese Vorschriften außer Kraft treten.

§ 3.

Im Rechnungsjahre 1932 werden als Reichsbeitrag für die Invalidenversicherung 163 Millionen Reichsmark gezahlt. Über die Verteilung bestimmt das Reichsversicherungsamt das Nähere.

§ 4.

Die Träger der Invalidenversicherung leisten an die Reichsknappschaft als Sonderanstalt Vorschüsse auf die Zahlungen, die sie nach der Reichsversicherungsordnung § 1405 zu erwarten hat. Für diese Vorschüsse gelten die Vorschriften des § 1 entsprechend. Das Reichsversicherungsamt bestimmt das Nähere.

§ 5.

Der Reichsarbeitsminister kann zulassen, daß in der Rentenversicherung die Selbstverwaltung die gesetzlichen Leistungen (Regelleistungen) durch Mehrleistungen ergänzt. Er regelt dann Gegenstand und Voraussetzungen, die Zuständigkeit und das Verfahren.

§ 6.

(1) Die Organe der Versicherungsträger können mit Genehmigung der Aufsichtsbehörde schriftlich abstimmen; der Vorstand bedarf in eiligen Fällen dazu keiner Genehmigung.

(2) Die Aufsichtsbehörde kann bestimmen, daß für eine Änderung der Satzung, der Dienstordnung oder der Sondervorschriften einer Berufsgenossenschaft (Versicherungsgenossenschaft) oder der Reichsknappschaft ein Beschluß des Vorstandes genügt. Der Reichsarbeitsminister bestimmt, wann diese Befugnis außer Kraft tritt.

§ 7.

(1) Die Reichsregierung wird ermächtigt:

1. zur Sicherung einer geordneten Wirtschaftsführung Vorschriften zu erlassen über die Anlegung und Verwaltung des Vermögens, über die Aufstellung des Stellenplans, der Besoldungsordnung und des Voranschlags sowie über die Rechnungslegung der Versicherungsträger;
2. im Verfahren vor den Versicherungsbehörden dem Rechtsmittelkläger bei der Einlegung der Berufung, der Revision oder des Rekurses die Entrichtung einer Gebühr mit der Wirkung aufzuerlegen, daß das Rechtsmittel nicht als eingelegt gilt, wenn die Gebühr nicht binnen einer bestimmten Frist entrichtet wird; sie kann zugleich die Verwendung der entrichteten Gebühren regeln und die in der Reichsversicherungsordnung § 80 bezeichneten Pauschbeträge festsetzen; entsprechendes gilt für Anträge auf Wiederaufnahme des Verfahrens;
3. zur Vereinfachung und Verbilligung der Sozialversicherung die Versicherungsträger im Bestande, jedoch ohne Änderung ihrer Arten, zu verringern und im Aufbau zu ändern;
4. die innere Verfassung der Versicherungsanstalten der Invalidenversicherung den veränderten Verhältnissen anzupassen.

(2) Der Reichsrat ist vorher zu hören.

§ 8.

Für ihre Forderungen gegen den Reeder aus dem Versicherungsverhältnis haben alle Träger der sozialen Versicherung die Rechte eines Schiffsgläubigers nach dem Handelsgesetzbuche § 754 Nr. 10.

Artikel 6.

Übergangsvorschriften.

§ 1.

Die Vorschriften dieses Kapitels treten mit dem 1. Juli 1932 in Kraft. Die Vorschriften im § 3 treten für die von der Reichsversicherungsanstalt für Angestellte festgestellten Leistungen mit dem 1. August 1932 in Kraft.

§ 2.

Die Vorschriften der Artikel 1 bis 3 gelten für Leistungen, die nach dem 30. Juni 1932 beantragt werden.

§ 3.

(1) Soweit nach § 2 das bisherige Recht anzuwenden ist, ruht monatlich

bei den Invalidenrenten, den Invalidenpensionen und den Ruhegeldern der Betrag von 6 Reichsmark,

bei den Witwenrenten und den Witwerrenten der Betrag von 5 Reichsmark,

bei den Waisenrenten der Betrag von 4 Reichsmark.

(2) Im Verhältnis der Träger der Invalidenversicherung zum Reich kommt der ruhende Teil den Versicherungsträgern zustatten.

(3) Bei Wanderversicherten, die ihre Rente aus der Angestelltenversicherung erhalten, tritt das Ruhen zunächst beim Steigerungsbetrag aus der Invalidenversicherung ein.

(4) Das Ruhen ist bekanntzumachen. Ein Rechtsmittel findet nicht statt.

§ 4.

Solange eine vor dem 1. Januar 1932 festgestellte Rente aus der Invaliden-, der Angestellten- oder der knappschaftlichen Pensionsversicherung auf Grund der Verordnung des Reichspräsidenten vom 8. Dezember 1931 Fünfter Teil Kapitel IV Abschnitt 1 § 10 (Reichsgesetzbl. I S. 699, 723) ruht, finden auf Antrag des Berechtigten die Ruhensvorschriften im § 3 insoweit keine Anwendung, als sonst die Rente insgesamt um mehr als die Hälfte beschränkt würde.

§ 5.

Über die Minderung der Rente auf Grund des Artikels 4 § 1 erhält der Berechtigte eine Mitteilung; die Minderung tritt erst mit dem Ablauf des Kalendermonats ein, in dem die Mitteilung erfolgt; ein Rechtsmittel findet nicht statt.

Artikel 7.

Schlußvorschriften.

(1) Vorbereitende Maßnahmen zur Durchführung der Vorschriften dieses Kapitels können schon vor dem Inkrafttreten der einzelnen Vorschriften getroffen werden.

(2) Der Reichsarbeitsminister ist ermächtigt, zur Durchführung und Ergänzung der Vorschriften dieses Kapitels Rechtsverordnungen und allgemeine Verwaltungsvorschriften zu erlassen. Er kann Vorschriften der Reichsversicherungsordnung, des Angestelltenversicherungsgesetzes und des Reichsknappschaftsgesetzes zwecks Anpassung an die Vorschriften dieses Kapitels ändern.

Zweiter Teil.

Erleichterung der Wohlfahrtslasten der Gemeinden.

. . .

Kapitel II.

Abgabe zur Arbeitslosenhilfe.

§ 1.

(1) Zum Ausgleich der Aufwendungen für die Arbeitslosenhilfe wird von dem Arbeitsentgelt der Lohn- und Gehaltsempfänger, das für die Zeit vom 1. Juli 1932 bis zum 31. März 1933 gewährt wird, eine Abgabe zur Arbeitslosenhilfe zugunsten der Reichsanstalt für Arbeitsvermittlung und Arbeitslosenversicherung nach Maßgabe der §§ 2 bis 11 erhoben.

(2) Über die Verwendung der aus der Abgabe aufkommenden Mittel zu den im Abs. 1 genannten Zwecken bestimmt der Reichsarbeitsminister im Einvernehmen mit dem Reichsminister der Finanzen.

§ 2.

(1) Der Abgabe unterliegen

1. alle Lohn- und Gehaltsempfänger, solange sie im Deutschen Reich einen Wohnsitz oder ihren gewöhnlichen Aufenthalt haben,
2. alle Personen, die eine deutsche Staatsangehörigkeit besitzen und Wartegeld, Ruhegeld, Witwen- oder Waisengeld oder außerhalb der reichsgesetzlichen Sozialversicherung sonstige Bezüge mit Rücksicht auf ein früheres Dienst- oder Arbeitsverhältnis erhalten.

(2) Beamte, Angestellte und Arbeiter des Reiches, der Länder, Gemeinden (Gemeindeverbände) und sonstigen Körperschaften des öffentlichen Rechts, Soldaten der Wehrmacht sowie die im Abs. 1 Ziffer 2 bezeichneten Personen unterliegen der Abgabe auch dann, wenn sie im Deutschen Reich weder einen Wohnsitz noch ihren gewöhnlichen Aufenthalt haben.

§ 3.

Der Abgabe unterliegen nicht

1. das Arbeitsentgelt der Lehrlinge,
2. das Arbeitsentgelt für vorübergehende Dienstleistungen im Sinne des § 168 der Reichsversicherungsordnung und für geringfügige Beschäftigungen im Sinne des § 75a des Gesetzes über Arbeitsvermittlung und Arbeitslosenversicherung.

§ 4.

(1) Zum Arbeitsentgelt im Sinne dieser Verordnung gehören außer Gehalt und Lohn insbesondere auch

1. Gewinnanteile, Sach- und andere Bezüge, die statt des Gehalts oder Lohnes oder neben ihm gewährt werden,
2. Wartegeld, Ruhegeld, Witwen- und Waisengeld sowie Versorgungsbezüge, die außerhalb der reichsgesetzlichen Sozialversicherung mit Rücksicht auf ein früheres Dienst- oder Arbeitsverhältnis gewährt werden. Als Versorgungsbezüge im Sinne dieser Vorschriften gelten auch Renten, wenn sich das Reich, ein Land, eine Gemeinde (Gemeindeverband) oder eine sonstige Körperschaft des

öffentlichen Rechts an der Aufbringung der Versicherungsbeiträge beteiligt hat.

(2) Maßgebend ist das Bruttoarbeitsentgelt.

§ 5.

(1) Die Abgabe beträgt

1. sofern das Arbeitsentgelt im Monat nicht den Betrag von 125 Reichsmark übersteigt, ... 1,5 v. H.,
2. sofern das Arbeitsentgelt im Monat den Betrag von 125 Reichsmark, aber nicht den Betrag von 300 Reichsmark übersteigt, ... 2,5 „ „,
3. sofern das Arbeitsentgelt im Monat den Betrag von 300 Reichsmark, aber nicht den Betrag von 700 Reichsmark übersteigt,
   für die ersten 300 Reichsmark . . . 2,5 „ „,
   für die weiteren Beträge . . . . . 5,75 „ „,
4. sofern das Arbeitsentgelt im Monat den Betrag von 700 Reichsmark, aber nicht den Betrag von 3000 Reichsmark übersteigt, ... 5,75 „ „,
5. sofern das Arbeitsentgelt im Monat den Betrag von 3000 Reichsmark übersteigt, 6,5 „ „

des jeweils gewährten Arbeitsentgelts.

(2) Hinsichtlich des Arbeitsentgelts, das nach Maßgabe des Kapitels I des Zweiten Teiles der Zweiten Verordnung des Reichspräsidenten zur Sicherung von Wirtschaft und Finanzen vom 5. Juni 1931 (Reichsgesetzbl. I S. 279, 282) oder nach Maßgabe

des Kapitels VI des Siebenten Teiles der Vierten Verordnung des Reichspräsidenten zur Sicherung von Wirtschaft und Finanzen und zum Schutze des inneren Friedens vom 8. Dezember 1931 (Reichsgesetzbl. I S. 699, 738) oder nach Maßgabe einer auf Grund des § 9 Abs. 2 des Kapitels VI des Siebenten Teiles der vorbezeichneten Vierten Verordnung des Reichspräsidenten getroffenen Regelung zu kürzen war, beträgt die Abgabe . . . . 1,5 v. H. des jeweils gewährten Arbeitsentgelts.

(3) Einmalige Einnahmen sind dem Lohnzahlungszeitraum zuzurechnen, in dem sie gezahlt werden.

§ 6.

Bei Personen, die nach der Reichsversicherungsordnung oder dem Reichsknappschaftsgesetz für den Fall der Krankheit oder nach dem Gesetz über Arbeitsvermittlung und Arbeitslosenversicherung für den Fall der Arbeitslosigkeit versichert sind, ist die Abgabe zur Arbeitslosenhilfe als Zuschlag zu den Beiträgen zu diesen Versicherungen und mit diesen zu entrichten. Bei den übrigen Abgabepflichtigen hat der Arbeitgeber die Abgabe vom Arbeitsentgelt (Bruttoarbeitsentgelt) bei jeder Lohnzahlung einzubehalten und die einbehaltenen Beträge gesondert an das Finanzamt abzuführen.

§ 7.

(1) Soweit die Abgabe an die Krankenkassen oder die Reichsknappschaft zu entrichten ist (§ 6 Satz 1), finden auf die Erstattung der Meldungen, auf die Entrichtung, Einziehung und Abführung der Abgabe

die Vorschriften der Reichsversicherungsordnung und des Gesetzes über Arbeitsvermittlung und Arbeitslosenversicherung sowie der hierzu erlassenen Durchführungsbestimmungen entsprechende Anwendung.

(2) Soweit die Abgabe an das Finanzamt abzuführen ist (§ 6 Satz 2), finden für die Abführung der Abgabe die für die Abführung der Lohnsteuer maßgebenden Vorschriften des Einkommensteuergesetzes sowie der hierzu erlassenen Durchführungsbestimmungen entsprechende Anwendung. Die bei den Finanzämtern eingehenden Abgabebeträge sind nach näherer Anordnung des Reichsarbeitsministers und des Reichsministers der Finanzen an die Reichsanstalt für Arbeitsvermittlung und Arbeitslosenversicherung abzuführen.

(3) Der Präsident der Reichsanstalt für Arbeitsvermittlung und Arbeitslosenversicherung ist verpflichtet, das Aufkommen aus der Abgabe in den Haushalt der Reichsanstalt einzusetzen und es nach Weisung der Reichsregierung zu verwalten.

§ 8.

Die Krankenkassen, die Reichsknappschaft und die Reichsanstalt für Arbeitsvermittlung und Arbeitslosenversicherung erhalten für ihre Mitwirkung bei der Durchführung dieser Bestimmungen eine Vergütung aus dem Aufkommen nach näherer Bestimmung der Reichsregierung.

§ 9.

Die Abgabe wird bei der Berechnung des Einkommens nicht abgezogen und wird auf die Einkommensteuer nicht angerechnet. Eine Erstattung der nach §§ 1 bis 8 zu erhebenden Abgabe findet nicht statt.

§ 10.

Die Reichsregierung wird ermächtigt, zur Durchführung und Ergänzung dieses Kapitels Rechtsverordnungen und allgemeine Verwaltungsanordnungen zu erlassen. Dabei kann für einen anderen als den im § 5 Abs. 1 genannten Zeitraum das diesem Zeitraum entsprechende Arbeitsentgelt festgesetzt und erforderlichenfalls auch von den Vorschriften der §§ 2 bis 4, 6, 7 abgewichen werden. Die Reichsregierung kann die Berechnung der Abgabe auch nach Lohnstufen oder -klassen vorschreiben oder zulassen.

§ 11.

Die Vorschriften dieses Kapitels treten am Tage nach der Verkündung in Kraft, soweit nicht die Durchführungsbestimmungen auf Grund des § 10 etwas Abweichendes für die Übergangszeit anordnen.

Dritter Teil.

Sicherung der Haushalte.

Kapitel I.

Umsatzsteuer.

Artikel 1.

In dem Umsatzsteuergesetz vom 30. Januar 1932 (Reichsgesetzbl. I S. 39) wird der § 3 Nr. 7 gestrichen.

Artikel 2.

Die Vorschrift des Artikels 1 tritt am 1. Juli 1932 in Kraft mit der Maßgabe, daß die vor dem 1. Juli 1932 vereinnahmten Entgelte oder, im Falle der Besteuerung nach Leistungen, die vor dem 1. Juli 1932 bewirkten Leistungen des laufenden Steuerabschnitts der Steuer nicht unterliegen, wenn in diesem der Gesamtumsatz einschließlich des steuerfreien Umsatzes den Betrag von 5000 Reichsmark nicht übersteigt.

Artikel 3.

Ist für eine Leistung aus einem Vertrag, der vor dem Tage der Verkündung dieser Verordnung abgeschlossen worden ist, die Umsatzsteuer nach dem Satze von zwei vom Hundert zu entrichten, so ist der Empfänger der Leistung mangels abweichender Vereinbarung verpflichtet, dem Unternehmer einen Zuschlag zum Entgelt zu gewähren, der der durch diese Verordnung erfolgten Erhöhung der auf die Leistung entfallenden Umsatzsteuer entspricht; der Preiszuschlag bildet keinen Grund zur Vertragsaufhebung.

Kapitel II.

Salzsteuer.

Artikel 1.

Das durch Artikel IX des Gesetzes über Steueränderungen zur Erleichterung der Wirtschaftslage vom 31. März 1926 (Reichsgesetzbl. I S. 185) außer Kraft gesetzte Salzsteuergesetz vom 9. Juli 1923 (Reichsgesetzbl. I S. 573) / 10. August 1925 (Reichsgesetzbl. I S. 520) ist nach Maßgabe der im Artikel 2 bezeichneten Änderungen wieder anzuwenden.

Artikel 2.

Das Salzsteuergesetz wird wie folgt geändert:

1. Im § 4 ist statt „3" zu setzen „12".

2. § 6 Abs. 1 erhält folgende Fassung:

„(1) Die Steuer für Salz, das im Geltungsbereich des Gesetzes gewonnen ist, wird am siebenundzwanzigsten Tage des Monats fällig, der auf den Monat folgt, in dem die Steuerschuld entstanden ist."

3. § 10 erhält folgende Fassung:

„§ 10.

(1) Das im Geltungsbereich des Gesetzes gewonnene Salz darf unversteuert im gebundenen Verkehr aus dem Geltungsbereich des Gesetzes ausgeführt werden. Für Salz, das zur Ausfuhr bestimmt ist, können besondere Lager (Ausfuhrlager) bewilligt werden.

(2) Die näheren Anordnungen trifft der Reichsminister der Finanzen."

Artikel 3.

§ 17 des Salzsteuergesetzes findet hinsichtlich der nach den Vorschriften dieses Kapitels zu erhebenden Salzsteuer entsprechende Anwendung.

Artikel 4.

Der Reichsminister der Finanzen wird ermächtigt:

1. Salz, das sich am 16. Juli 1932 außerhalb der Erzeugungsstätte befindet, der Nachversteuerung zu unterwerfen;
2. die zur Durchführung der Vorschriften dieses Kapitels erforderlichen Bestimmungen zu erlassen;
3. das Salzsteuergesetz in fortlaufender Paragraphenfolge neu bekanntzumachen und es dabei den geltenden Vorschriften anzupassen.

Artikel 5.

Die Vorschriften dieses Kapitels treten am 16. Juli 1932 in Kraft.

Kapitel III.

Aufhebung der Krisenlohnsteuer und Weitererhebung der Krisensteuer der Veranlagten.

Artikel 1.

Die Krisenlohnsteuer (Zweite Verordnung des Reichspräsidenten zur Sicherung von Wirtschaft und Finanzen vom 5. Juni 1931, Dritter Teil, Kapitel III, Reichsgesetzbl. I S. 279, 298) wird von dem Arbeitslohn, der für die Zeit nach dem 30. Juni 1932 gewährt wird, nicht mehr erhoben.

Artikel 2.

(1) Bei der Krisensteuer der veranlagten Einkommensteuerpflichtigen wird außer dem in der Zweiten Verordnung des Reichspräsidenten zur Sicherung von Wirtschaft und Finanzen vom 5. Juni 1931, Dritter Teil, Kapitel III, § 11 Abs. 3 Nr. 1 (Reichsgesetzbl. I S. 279, 298) vorgesehenen Betrag von 50 vom Hundert ein weiterer Betrag von 50 vom Hundert erhoben.

(2) Besteuerungsgrundlage für diesen weiteren Betrag ist das Einkommen, das für Steuerabschnitte, die im Kalenderjahr 1931 geendet haben, veranlagt worden ist oder veranlagt wird. Maßgebend ist die endgültige Veranlagung; solange eine endgültige Veranlagung noch nicht vorliegt, ist die vorläufige Veranlagung maßgebend.

(3) Der weitere Betrag (Abs. 1) wird nicht erhoben, wenn die persönliche Einkommensteuerpflicht vor dem 1. Juni 1932 weggefallen ist.

Artikel 3.

Der weitere Betrag (Artikel 2) ist fällig

1. regelmäßig am 10. Januar 1933,
2. bereits einen Monat nach Zugang des Einkommensteuer- und Krisensteuerbescheides für den Steuerabschnitt 1931:
   a) soweit der weitere Betrag durch Anrechnung auf zu erstattende Einkommensteuervorauszahlungen oder Krisensteuervorauszahlungen getilgt werden kann,
   b) wenn nach Vornahme der unter a bezeichneten Anrechnung der danach noch zu entrichtende Restbetrag 20 Reichsmark nicht übersteigt oder wenn die gesamte Krisensteuerabschlußzahlung 1931 nicht mehr als 20 Reichsmark beträgt.

Kapitel IV.

Aufbringungsumlage 1932.

Artikel 1.

Für das Rechnungsjahr 1932 ist der Umlagesatz für die Aufbringungsumlage auf der Grundlage der Betriebsvermögen vom 1. Januar 1931, abweichend von § 2 Abs. 1 des Industriebankgesetzes vom 31. März 1931 (Reichsgesetzbl. I S. 124), so zu bemessen, daß statt eines Aufkommens von 200 Millionen Reichsmark ein Aufkommen von 100 Millionen Reichsmark erzielt wird.

Artikel 2.

Von dem Aufkommen aus der Aufbringungsumlage für das Rechnungsjahr 1932 werden, abweichend von § 1 Abs. 2, § 3 des Industriebankgesetzes, § 16 Abs. 2 des Osthilfegesetzes vom 31. März 1931 (Reichsgesetzbl. I S. 117), 40 Millionen Reichsmark für die Zwecke des Reichshaushalts in Anspruch genommen. Der Restbetrag der Aufbringungsumlage in Höhe von 60 Millionen Reichsmark fließt der Bank für deutsche Industrieobligationen zu; hiervon werden 45 Millionen Reichsmark für die Zwecke der landwirtschaftlichen Entschuldung im Osthilfegebiet und 15 Millionen Reichsmark für Kredite an gewerbliche Betriebe, insbesondere kleinen und mittleren Umfanges, zur Verfügung gestellt.

Artikel 3.

Der Reichsminister der Finanzen wird ermächtigt, die zur Durchführung des Artikels 1 erforderlichen Bestimmungen zu treffen.

Artikel 4.

Die Artikel 1 bis 3 treten mit Wirkung vom 1. April 1932 in Kraft.

Kapitel V.

Reichsabgabenordnung (Sicherung des Kirchensteueraufkommens).

Der § 369 der Reichsabgabenordnung vom 22. Mai 1931 (Reichsgesetzbl. I S. 161) ist in folgender Fassung anzuwenden:

„§ 369.

(1) Die in der Zivilprozeßordnung und in anderen Reichsgesetzen enthaltenen Vorschriften, die die Pfändung von Forderungen und Ansprüchen aus nicht selbständiger Arbeit (insbesondere

von Lohn-, Gehalts- und Ruhegehaltsforderungen) verbieten oder beschränken, gelten nicht für die Beitreibung direkter persönlicher Steuern, sofern diese Steuern nicht seit länger als drei Monaten fällig geworden sind.

(2) Im übrigen gelten die Verbote und Beschränkungen, die für die Pfändung von Forderungen und Ansprüchen nach der Zivilprozeßordnung (§§ 850 bis 852) und anderen Reichsgesetzen bestehen, auch für das Zwangsverfahren."

Otto Walter, Buchdruckerei, Berlin S 14

Nachtrag
zur Vierten Notverordnung
(Guttentagsche Sammlung Deutscher Reichsgesetze Nr. 180)

---

1. **Zu Seite 22, 26 und 29:**

Siehe weiterhin Verordnung betr. Übertragung der Befugnisse des **Reichskommissars** für **Preisüberwachung** an die obersten Landesbehörden vom 30. Dezember 1931 (RGBl. 1932 I S. 13), Verordnung über **Preisschilder und Preisverzeichnisse** vom 8. Januar 1932 (RGBl. I S. 18), die sich auf Mehl und eine Reihe von Lebensmitteln bezieht, Verordnung über Preisverzeichnisse für **Schuhreparaturen** vom 18. Januar 1932 (RGBl. I S. 30), Verordnung über **Schornsteinfegertaxen** vom 21. Januar 1932 (RGBl. I S. 33).

---

2. **Zu Seite 68 und 72:**

Am 22. Januar 1932 (RGBl. I vom 25. Januar 1932 S. 31) erging folgende

Zweite Verordnung des Reichspräsidenten über Zuschläge für Steuerrückstände.

Vom 22. Januar 1932 (RGBl. I S. 31).

Auf Grund des Artikel 48 Abs. 2 der Reichsverfassung wird folgendes verordnet:

§ 1.

(1) Wird eine Zahlung (§ 2), die vor dem 1. Februar 1932 fällig geworden ist oder fällig wird, nicht bis zum Ablauf des 1. Februar 1932 entrichtet, so ist für jeden auf den 1. Februar 1932 folgenden angefangenen halben Monat ein Zuschlag in Höhe von einundeinhalb vom Hundert des Rückstandes zu zahlen.

(2) Wird eine Zahlung (§ 2), die nach dem 31. Januar 1932 fällig wird, nicht rechtzeitig entrichtet, so ist für jeden auf den Zeitpunkt der Fälligkeit folgenden angefangenen halben Monat ein Zuschlag in Höhe von einundeinhalb vom Hundert des Rückstandes zu zahlen.

§ 2.

(1) Die Zuschläge finden unter den Voraussetzungen des § 1 Anwendung auf Zahlungen, die

1. nach dem Einkommensteuergesetz, Körperschaftsteuergesetz, Vermögensteuergesetz, Erbschaftsteuergesetz oder Umsatzsteuergesetz,
2. nach den Vorschriften über die Aufbringungsumlage,
3. nach den Vorschriften über die Grundsteuer, Gewerbesteuer oder Hauszinssteuer (Geldentwertungsausgleich bei bebauten Grundstücken),
4. nach den Vorschriften über Zuschläge zur Einkommensteuer, zur Grundsteuer oder zur Gewerbesteuer,
5. nach den Vorschriften über die Krisensteuer

dem Steuergläubiger (Reich, Land, Gemeinde oder Gemeindeverband) geschuldet werden.

(2) Ist auf Grund des § 168 Abs. 2 der Reichsabgabenordnung vom 22. Mai 1931 (Reichsgesetzbl. I S. 161) ein Zuschlag zu einer der im Abs. 1 bezeichneten Zahlungen zu entrichten, so finden auch hierauf die im § 1 bezeichneten Zuschläge Anwendung.

(3) Auf andere als die in den Abs. 1, 2 bezeichneten Zahlungen, insbesondere auf Geldstrafen, finden die Zuschläge (§ 1) keine Anwendung.

§ 3.

(1) Für die Zeit, für die ein rückständiger Betrag gestundet ist, wird ein Zuschlag nicht erhoben.

(2) Ein Zuschlag wird ferner nicht erhoben, wenn der rückständige Betrag 10 Reichsmark nicht erreicht.

§ 4.

Bei der Berechnung des Zuschlags wird wie folgt verfahren:

1. Der rückständige Betrag wird für die Berechnung des Zuschlags auf volle 10 Reichsmark nach unten abgerundet. Hierdurch wird die Verpflichtung, den rückständigen Betrag in voller Höhe zu zahlen, nicht berührt.

2. Für die Berechnung des Zuschlags gilt als halber Monat ein Zeitraum von fünfzehn Tagen (wenn ein halber Monat im

Februar beginnt: ein Zeitraum von vierzehn Tagen). Hat ein Monat einunddreißig Tage, so wird der einunddreißigste Tag, hat der Februar neunundzwanzig Tage, so wird der neunundzwanzigste Tag nicht gerechnet.

§ 5.

(1) Soweit ein Zuschlag erhoben wird, findet eine Verzinsung des rückständigen Betrags nicht statt.

(2) Im übrigen bewendet es sich für Verzugszinsen, die auf Grund des § 126 der Reichsabgabenordnung vom 22. Mai 1931 oder auf Grund anderer Vorschriften der Steuergesetze dem Steuergläubiger (Reich, Land, Gemeinde oder Gemeindeverband) geschuldet werden, sowie für Steuerzinsen, die bei Zahlungsaufschub oder bei Stundung zu entrichten sind, bei den Vorschriften des Ersten Teiles Kapitel IV der Vierten Verordnung des Reichspräsidenten zur Sicherung von Wirtschaft und Finanzen und zum Schutze des inneren Friedens vom 8. Dezember 1931 (Reichsgesetzbl. I S. 699, 704).

§ 6.

Gegen die Anforderung des Zuschlags steht nur die Beschwerde offen.

§ 7.

Der Zuschlag gehört nicht zu den öffentlichen Lasten im Sinne des § 10 Abs. 1 Nr. 3 des Gesetzes über die Zwangsversteigerung und die Zwangsverwaltung.

§ 8.

Der § 6 der Vorschriften über die Reichsfluchtsteuer (Siebenter Teil Kapitel III Erster Abschnitt der Vierten Verordnung des Reichspräsidenten zur Sicherung von Wirtschaft und Finanzen und zum Schutze des inneren Friedens vom 8. Dezember 1931 — Reichsgesetzbl. I S. 699, 731 —) bleibt unberührt.

§ 9.

Der Reichsminister der Finanzen wird ermächtigt, die in dieser Verordnung enthaltenen Vorschriften ganz oder teilweise außer Kraft zu setzen, soweit die Vorschriften nicht mehr erforderlich sind, um den ordnungsmäßigen Eingang der Steuern zu gewährleisten.

Berlin, den 22. Januar 1932.

3. Zu Seite 130:

Am 11. Januar 1932 (GS. vom 13. Januar 1932 S. 4) erging für Preußen eine „Dritte Verordnung über die Mietsenkung", die den § 4 Abs. 1 Satz 2 der VO. vom 5. Januar dahin abänderte, daß der Antrag bei Altbauten spätestens bis zum 25. Januar 1932 gestellt werden mußte.

---

4. Zu Seite 165:

Am 23. Januar 1932 (RGBl. I vom 25. Januar 1932 S. 32) erging folgende

Verordnung des Reichspräsidenten zur Sicherung der Frühjahrsdüngung und Saatgutversorgung.

Vom 23. Januar 1932 (RGBl. I S. 32).

Auf Grund des Artikel 48 Abs. 2 der Reichsverfassung wird folgendes verordnet:

§ 1.

Wegen der Ansprüche aus der Lieferung von Düngemitteln sowie von anerkanntem Originalsaatgut und anerkannten Absaaten — mit Ausnahme von Rübensamen —, welche von dem Eigentümer, Eigenbesitzer, Nutznießer oder Pächter eines landwirtschaftlichen Grundstücks im Rahmen der bisherigen Wirtschaftsweise in der für derartige Geschäfte üblichen Art seit dem 1. Januar 1932 für das Erntejahr 1932 zur Steigerung des Ernteertrags beschafft und verwendet werden, hat der Gläubiger ein gesetzliches Pfandrecht an den Früchten des Grundstücks, auch wenn die Früchte noch nicht von dem Grundstück getrennt worden sind; das Pfandrecht erstreckt sich nicht auf die der Pfändung nicht unterworfenen Früchte.

Die Vorschrift des Abs. 1 gilt auch für Ansprüche aus Darlehen, die von dem Eigentümer, Eigenbesitzer, Nutznießer oder Pächter zur Bezahlung dieser Lieferungen in der für derartige Geschäfte üblichen Art aufgenommen werden.

§ 2.

Auf das Pfandrecht finden die Vorschriften von §§ 560, 561 Abs. 2, 562 des Bürgerlichen Gesetzbuchs entsprechende Anwendung.

Das Pfandrecht geht allen an den Früchten bestehenden dinglichen Rechten im Range vor.

Sind mehrere Gläubiger der im § 1 bezeichneten Art vorhanden, so haben deren Ansprüche untereinander gleichen Rang.

§ 3.

Sowohl der Pfandgläubiger wie der Schuldner kann nach Beginn der Ernte jederzeit, auch vor Fälligkeit der Forderung, verlangen, daß aus den dem Pfandrecht unterliegenden Früchten eine Menge, die zur Sicherung der Forderung ausreicht, ausgeschieden, als dem Pfandrecht unterliegend kenntlich gemacht und gesondert aufbewahrt wird. Geschieht dies, so beschränkt sich das Pfandrecht auf diese Menge; § 560 des Bürgerlichen Gesetzbuchs findet keine Anwendung.

§ 4.

Das Pfandrecht erlischt mit dem 1. April 1933, wenn es nicht vorher gerichtlich, insbesondere nach § 805 der Zivilprozeßordnung, geltend gemacht worden ist.

§ 5.

Die Vorschriften der §§ 1 bis 4 finden keine Anwendung auf landwirtschaftliche Betriebe, über die das Sicherungsverfahren gemäß der Verordnung des Reichspräsidenten zur Sicherung der Ernte und der landwirtschaftlichen Entschuldung im Osthilfegebiete vom 17. November 1931 (Reichsgesetzbl. I S. 675) eröffnet ist.

§ 6.

Der Reichsminister der Finanzen wird ermächtigt, für Forderungen aus Düngemittellieferungen an landwirtschaftliche Betriebe für die diesjährige Frühjahrsdüngung Bürgschaft bis zur Höhe von insgesamt 57 Millionen Reichsmark zu übernehmen.

§ 7.

Die Verordnung tritt mit dem Tage ihrer Verkündung in Kraft.

Berlin, den 23. Januar 1932.

5. Zu Seite 76:

Am 1. Februar 1932 erschien im Deutschen Reichsanzeiger (Abendausgabe) Nr. 26 folgende

Verordnung zur Durchführung des Dritten Teiles der Vierten Verordnung des Reichspräsidenten zur Sicherung von Wirtschaft und Finanzen und zum Schutze des inneren Friedens vom 8. Dezember 1931 (RGBl. I S. 699, 710).

Vom 30. Januar 1932.

Auf Grund des § 25 des Dritten Teiles der Vierten Verordnung des Reichspräsidenten zur Sicherung von Wirtschaft und Finanzen und zum Schutze des inneren Friedens vom 8. Dezember 1931 (RGBl. I S. 699, 710) verordnet die Reichsregierung:

§ 1.

(1) Hat der Schuldner unterlassen, die einstweilige Einstellung der Zwangsversteigerung gemäß § 5 des Dritten Teils der Verordnung vom 8. Dezember 1931 innerhalb der in den § 6, § 22 Abs. 3 Satz 1 das. bestimmten Fristen zu beantragen, so ist ihm auf Antrag, auch ohne daß die Voraussetzungen des § 233 der Zivilprozeßordnung vorliegen, die Wiedereinsetzung in den vorigen Stand zu gewähren.

(2) Der Antrag auf Wiedereinsetzung gemäß Abs. 1 ist nur bis zum 29. Februar 1932 zulässig.

(3) Der Gewährung der Wiedereinsetzung steht nicht entgegen, daß ein Antrag gemäß § 5 des Dritten Teils der Verordnung vom 8. Dezember 1931 bereits als verspätet zurückgewiesen oder die Wiedereinsetzung auf Grund der bisherigen Vorschriften bereits abgelehnt war.

§ 2.

(1) Ist in einem Falle der im § 1 bezeichneten Art später, jedoch vor dem 1. März 1932, der Zuschlag erteilt worden, so kann der Schuldner die einstweilige Einstellung der Zwangsversteigerung noch nachträglich im Wege der Beschwerde gegen den Zuschlag beantragen. War die Frist für diese Beschwerde bei Inkrafttreten dieser Verordnung noch nicht abgelaufen, so endet sie nicht vor dem 29. Februar 1932.

(2) War die Beschwerdefrist bei Inkrafttreten dieser Verordnung bereits abgelaufen, so kann der Schuldner bis zum 29. Februar 1932 in entsprechender Anwendung des § 1 die Wiedereinsetzung in den vorigen Stand beantragen.

§ 3.

Hat der Schuldner im Falle des § 22 Abs. 3 Satz 2 des Dritten Teils der Verordnung vom 8. Dezember 1931 unterlassen, die einstweilige Einstellung der Zwangsversteigerung im Wege der Beschwerde rechtzeitig zu beantragen, so kann er bis zum 29. Februar 1932 in entsprechender Anwendung des § 1 die Wiedereinsetzung in den vorigen Stand beantragen.

§ 4.

In den Fällen der § 2 Abs. 2, § 3 ist die Wiedereinsetzung in den vorigen Stand zu versagen, wenn die Verteilung des Versteigerungserlöses bereits stattgefunden hat.

---

6. Zu Seite 204:

Am 14. Januar 1932 erging eine **Verordnung über kassenärztliche Versorgung** (RGBl. I vom 18. Januar 1932 S. 19).

---

7. Zu Seite 341:

Am 16. Januar 1932 (RGBl. I vom 18. Januar 1932 S. 19) erging folgende

Verordnung des Reichspräsidenten über das Tragen von Abzeichen.

Vom 16. Januar 1932 (RGBl. I S. 19).

Auf Grund des Artikel 48 Abs. 2 der Reichsverfassung wird folgendes verordnet:

Vom Inkrafttreten dieser Verordnung ab gilt das im Achten Teil Kapitel II der Vierten Verordnung des Reichspräsidenten zur Sicherung von Wirtschaft und Finanzen und zum Schutze des inneren Friedens vom 8. Dezember 1931 (Reichsgesetzbl. I S. 699) ausgesprochene Verbot des Tragens von Abzeichen nicht mehr für Nadeln, Rosetten und ähnliche kleinere Abzeichen in der Form und Größe, wie sie bisher bei politischen Vereinigungen üblicherweise getragen wurden.

Berlin, den 16. Januar 1932.

Einleitung.

Die vierte der im Laufe eines Jahres ergangenen „Verordnungen des Reichspräsidenten zur Sicherung von Wirtschaft und Finanzen“ [1]) soll nach allgemeiner Ansicht die letzte dieser Art sein und einen gewissen Abschluß bringen. Die abgekürzte Bezeichnung „Notverordnung“ entspricht in zweierlei Hinsicht der Tatsache eines Notstandes: Die Not des Reiches veranlaßte diese Verordnungen, die zugleich das Mittel von Nothandlungen behufs Abwehr dieses gegenwärtigen Notstandes anwenden. Ihre Verfassungsmäßigkeit soll nicht bezweifelt werden, da das Volk, in dessen Recht, Eigentum und Gebaren diese Notverordnungen tief und tiefer eingreifen, davon durchdrungen ist, daß außerordentliche Zeiten auch außerordentliche Maßnahmen verlangen und Art. 48 RVerf.

[1]) Die vier Notverordnungen zur Sicherung von Wirtschaft und Finanzen wurden erlassen:

die erste am 1. Dezember 1930 (RGBl. I S. 517—694) (vgl. darüber Stier-Somlo, Artikel „Notverordnung“ im Handwörterbuch der Rechtswissenschaft Bd. VII S. 326 ff.),

die zweite am 5. Juni 1931 (RGBl. I S. 279 bis 314) (vgl. darüber Friedrichs, Artikel „Zweite Notverordnung“ im Handwörterbuch der Rechtswissenschaft Bd. VII S. 672 ff.),

die dritte am 6. Oktober 1931 (RGBl. I S. 537—568),

die vierte am 8. Dezember 1931 (RGBl. I S. 699—745).

dafür die Genehmigung gibt. Auf der verständnisvollen und willigen Durchführung der in dieser „letzten" Notverordnung gegebenen Bestimmungen beruht die generelle Wirksamkeit des der Notverordnung zugrunde liegenden Planes.

Um nun diese verständnisvolle Durchführung zu ermöglichen, bedarf es einer eindringenden Kenntnis der Einzelheiten, die vielfach schwere Zweifelsfragen stellen. Die Aufgabe eines Kommentars, der nicht von den Vätern der Verordnung, sondern von Juristen der täglichen Praxis verfaßt ist, wird es sein, nicht nur die Absichten der Bestimmungen herauszuarbeiten und zu erläutern, sondern auch die wohlverstandenen Interessen des Publikums, soweit die Auslegung in solcher Hinsicht in Betracht kommt, zu beachten.

Dabei muß jedoch hier der grundlegende Widerspruch hervorgehoben werden, der diese vier Notverordnungen, insbesondere die vierte, kennzeichnet und der — kurz ausgedrückt — auf dem Versuch beruht, gleichzeitig „Wirtschaft" und „Finanzen" zu „sichern". In einer Zeit der Finanznot des Reiches und der im Laufe der letzten Jahre geschehenen Überdrehung der Steuerschraube ist eine gleichzeitige organische Sicherung der Staatsfinanzen und der Privatwirtschaft eine sehr schwierige Aufgabe, weil ja gerade die überhöhten Steuern es sind, die die Substanz angreifen, die Kapitalbildung hindern und die Wirtschaftsunternehmungen lähmen. Daß dies alles auf die Kriegstribute zurückgeht, ist eine nicht mehr geleugnete Tatsache. Wenn also die Vierte NotVO. insbesondere durch kategorische Preis- und Zinssenkung (Teil I der VO.), durch Mietpreissenkung (Teil II), durch Lohn- und Gehaltssenkung (Teil VI), durch erneute Beamtengehaltskürzung (Kap. 6 von Teil VII) das gesamte Preisniveau herabdrücken und es dadurch dem Weltmarkt anpassen will, so versucht sie damit durch Wiederherstellung der deutschen Wettbewerbsfähigkeit auf dem Weltmarkt eine wirtschaftliche Förderung des Ganzen. Freilich werden dabei zugleich einige Hemmungen verstärkt infolge neuer Steuererhöhungen (namentlich der Umsatzsteuer auf 2 v. H. und der Börsenumsatzsteuer, siehe Teil VII), denen — abgesehen von der möglich gewordenen Neubewertung für die Vermögensteuer — nur geringfügige Steuererleichterungen und (neben der Neuordnung der kassenärztlichen Verträge) eine nur bescheidene Ermäßigung der Soziallasten (Teil V) gegenübersteht. Sind auch die Steuererhöhungen der Vierten NotVO. nicht sehr umfangreich, so müssen gerade sie doch im Zusammenhang mit den erheblichen Steuerbelastungen vorangegangener Notverordnungen (Einkommensteuer, Krisensteuer, Krisenlohnsteuer, Bürgersteuer usw.) beurteilt werden. Wenn der Reichsarbeitsminister Stegerwald anläßlich der Vierten NotVO. — in einer Zentrumsversammlung in Münster — gesagt hat, wir seien 1927 bis 1929 in wirtschafts-, finanz- und sozialpolitischer Hinsicht in einem Irrgarten gewandelt und müßten jetzt zur nüchternen Wirklichkeit zurückkehren, so scheint der erste Teil dieser Ansicht richtig, aber ob die Vierte NotVO. den Ruhm für sich in Anspruch nehmen kann, Ausdruck einer Rückkehr zur nüchternen Wirklichkeit zu sein, bleibt immerhin fraglich, zumal sie in den Soziallasten noch teilweise die Wandlung im Irrgarten weiter zuläßt. Rechtspolitisch besonders einschneidend erscheinen die Zinssenkung und die Beschränkungen der Zwangsversteigerung.

Den Zusammenhang zwischen Zinsfragen und anderen Maßnahmen der Notverordnung kennzeichnet Professor Max Sering in einer für die tiefere Erfassung dieser Probleme sehr aufschlußreichen Schrift „Zinsfuß und internationale Verschuldung im Lichte der deutschen Wirtschafts-Enquete" [1]) und sagt in einem nach Bekanntwerden der Vierten NotVO. geschriebenen Nachtrag: „Die in der Notverordnung vom 8. Dezember 1931 ausgesprochene Zwangskonversion der inländischen langfristigen Forderungen entlastet die öffentlichen und privaten Schuldner um ein Viertel ihrer Leistungen. Sie wird vielleicht eine stärkere Kapitalbildung in den Unternehmungen ermöglichen, auf der anderen Seite aber voraussichtlich die Spartätigkeit entmutigen und freiwerdende Geldkapitalien dem Produktionsprozeß entziehen. Die Auslandsschulden und die neu aufzunehmenden Kredite bleiben von der Herabsetzung jener Zinsen unberührt. Schon deshalb kann nicht erwartet werden, daß durch die Notverordnung der allgemeine Realzinsfuß für langfristige Anlagen gesenkt wird. Vielmehr werden die geschilderten Hemmungen der wirtschaftlichen Entwicklung durch den hohen Zinsfuß ebenso lange wie die Tributpflicht fortdauern."

Nach dem grundlegend programmatischen Aufsatz von Dr. Hermann Pünder (Staatssekretär in der Reichskanzlei) in der Juristischen Wochenschrift 1931 S. 3617 ff. ist es Zweck und Ziel dieser Notverordnung, die auf Grund der Weltwirtschaftskrise — ausgegangen von der Verlagerung und Fehlleitung von Kapital, Kredit und Zins und dem Absinken aller Rohstoffmärkte der Welt — aus dem Gleis gekommenen innerdeutschen Verhältnisse wieder an die Weltwirtschaft anzupassen, indem man schnell das deutsche Preisniveau zu ändern, d. h. zu senken, versuchte, um es dem gesunkenen Weltstandard anzugleichen, und dadurch der deutschen „Deflation" ein Ende bereitet, und zwar unter Umgehung jeglichen Maßes von Inflation.

[1]) Sitzungsberichte der Preußischen Akademie der Wissenschaften, 1931.

Wenn es nun galt, zunächst und daneben den Haushalt der öffentlichen Hand auszugleichen, so gibt auch Pünder zu (S. 3618), daß „die Durchführung dieses Grundsatzes Maßnahmen verlangte, die in gewissem oder scheinbarem Gegensatz zu dem Leitmotiv, der Schaffung von Entlastungen für die Gesamtproduktion, zu stehen scheinen", und er ist sich ebenfalls klar über die Neuartigkeit und Beispiellosigkeit dieses Versuches, den die Vierte NotVO. macht: „In ihr ist die Lösung von Fragen gesucht und gefunden worden, für die es Musterbeispiele in der Geschichte der zivilisierten Menschheit keine gibt. Auch ist auf der ganzen Erde kein Sachverständiger vorhanden, der für ihre Probleme eine Patentlösung zur Hand gehabt hätte." Nun ist freilich die dort behauptete Beispiellosigkeit und Neuartigkeit nicht so unbedingt richtig. Abgesehen von zahlreichen Eingriffen in Notzeiten, die die Zinsen und die Preise betrafen, sind auch namentlich bezüglich der Zwangsvollstreckung und der Behandlung von Gläubiger und Schuldner Vorgänge, ganz ähnlich denen der Vierten NotVO., wie der Verfasser des Abschnittes III (unten S. 137 ff.) nachweist, schon im 1870er Kriege sowie namentlich während des Weltkrieges zu verzeichnen.

Wie tief die Bestimmungen in das geltende Recht eingreifen, das zeigt sich insbesondere an den Teilen I und III, aber natürlich, wenn auch auf spezielleren Gebieten, auch an den anderen (z. B. II, IV und VI). Es erscheint berechtigt, zu fragen, ob es sich hier um vorübergehende Rechtsverschiebungen des Schuldrechts und Schuldnerrechts handelt oder ob wir Anfänge einer in gleicher Richtung fortgehenden Entwicklung darin zu erblicken haben.

Es liegt aber eine wesentliche Aufgabe der Vierten NotVO. (wie wohl auch teilweise der früheren) darin, daß sie für die außenpolitischen, insbesondere die Tributfragen ein sichtbares Zeichen der gedrosselten Lebens- und Wirtschaftsführung des Schuldnerstaates Deutschland ist — zur Entkräftung der Vorwürfe des Auslandes wegen unsolider Wirtschaftsführung Deutschlands —. Sicher ist weiter, daß diese Notverordnung noch mehr als die früheren ein aus der Not geborenes Manifest ist, das sich über Rechte der Volksgenossen hinwegsetzt, um ein unbedingt notwendiges Gesamtziel zu erreichen. Dieser Eingriff der Vierten NotVO. in wohlerworbene Rechte[1]), diese ausdrückliche Betonung der Außerkraftsetzung geltender Vertragsbindungen (z. B. in Teil I Kap. 1 § 1 III: „entgegenstehende Vertrags- oder Satzungsbestimmungen gelten insoweit nicht") ist eine vom Standpunkt des Rechts bedenkliche Erscheinung. Dahin gehört auch z. B. die Bestimmung in Teil I Kap. 1 § 6, daß die Entscheidung des Reichswirtschaftsministers „Gerichte, Schiedsgerichte und Verwaltungsbehörden bindet". Es handelt sich, juristisch gesehen, um Eingriffe in die Rechtssicherheit, die eigentlich nur — außer durch die Not — durch den ehrlichen Willen zur Rettung und — durch den Erfolg (so daß sie nicht wiederholt zu werden brauchen) selbst einigermaßen gerechtfertigt erscheinen können. Auch Schlegelberger (Die Zinssenkung nach der VO. vom 8. Dezember 1931, Berlin 1932) sagt (S. 7), es habe „keinen Zweck, davor die Augen zu verschließen, daß hier ein Eingriff in die Privatverträge von hoher Hand vorliegt, der vom Rechtsstandpunkt aus aufs tiefste zu bedauern ist", aber er weist zur Rechtfertigung auf den vorliegenden Notstand hin, dem selbst das Recht Opfer bringen müsse. Den Vorwurf, daß die Vierte NotVO. einen „rechtlosen Staat" schaffe, hat Reichsfinanzminister Dietrich im Haushaltungsausschuß des Reichstags am 11. De-

[1]) Vgl. insbesondere Teil II, III, VI, VII (Kap. 6).

zember (vgl. Reichsanzeiger Nr. 29 vom 14. Dezember) u. a. mit folgenden Worten zu widerlegen versucht: „Wir haben nur die Rechtsverhältnisse in einigen Punkten abgeändert, wie das von jeher in großen Krisen geschehen ist. Diese Änderungen sind jetzt notwendig; denn wir leben in einem wirtschaftlichen Kriegszustand, den wir überwinden müssen, wenn wir nicht zugrunde gehen wollen. Damit meine ich, daß wir in der Welt keine normalen wirtschaftlichen Verhältnisse haben. Es ist nicht normal, wenn im Verfolg der Pfundkrisis noch ein paar Dutzend Währungen dem Pfund folgen und nun eine Dumpingwirtschaft entsteht, gegen die die Betroffenen Gegenmaßnahmen unternehmen. Es ist nicht normal, wenn anderthalb Jahre nach der Zollfriedenskonferenz in Genf wieder Kontingente und allgemeine Zollerhöhungen, Anti-Dumping-Zölle und ähnliche Maßnahmen durchgeführt werden. Die Kreditbeziehungen unter den Nationen kann man vollends nicht mehr als normal bezeichnen. Wenn wir unsere Verpflichtungen erfüllen sollen, dann müssen wir einen normalen Kreditverkehr haben. Es ist noch nie vorgekommen, daß eine Bank an einem Tage alle ihre Verpflichtungen abwickeln mußte oder daß gar ein Staat auf einen Schlag alle seine Schulden abtragen sollte."

Nicht mit Unrecht weist man darauf hin, daß sich in der Einschränkung des Individualismus im Eigentums- und Schuldrecht deutschrechtliche Anschauungen an die Stelle römischrechtlicher zu setzen suchen und daß darin ein Zug bleibender Entwicklung liegt, der sich dem in der Reichsverfassung Art. 153 geäußerten Grundsatz nähert: „Eigentum verpflichtet. Sein Gebrauch soll zugleich Dienst sein für das Gemeine Beste." Das Eigentum ist gewährleistet, aber zum Wohle der Allgemeinheit kann auch eine Enteignung stattfinden. Vielleicht ist der Weg, den die Vierte

NotVO. beschreitet, ein Weg zur Ausführung des Art. 153 RVerf. Je nach der Weltanschauung des Einzelnen wird er sich kritisch zu diesen Versuchen und Problemen stellen und sie mit seinem Rechtsbewußtsein in Einklang zu bringen suchen. Adalbert Düringer sagte einmal (vgl. Max Hachenburg, Adalbert Düringer, Mannheim 1931): „Über Weltanschauungen verständigt man sich nicht. Aber über praktische Gegenwartsfragen kann und muß man sich verständigen." In der Vierten NotVO. handelt es sich ja aber noch mehr um praktische Gegenwartsfragen, bei deren Lösungsversuchen freilich eine sich verändernde Weltanschauung über das Problem der Rechtssicherheit mitgesprochen hat.

Alexander Elster.

Vierte Verordnung des Reichspräsidenten zur Sicherung von Wirtschaft und Finanzen und zum Schutze des inneren Friedens

(auf Grund des Art. 48 Abs. 2 der Reichsverfassung).

Vom 8. Dezember 1931 (RGBl. I S. 699 ff.).

Erster Teil.

Preis- und Zinssenkung.

Erläutert von Rechtsanwalt Dr. Adolf Hollaender.

Kapitel I.

Anpassung gebundener Preise an die veränderte Wirtschaftslage.

§ 1.

(1) Gebundene Preise sind zur Anpassung an die veränderte Wirtschaftslage bis zum 1. Januar 1932 um mindestens zehn vom Hundert gegenüber dem Stande vom 30. Juni 1931 zu senken.

(2) Als gebunden gelten Preise, zu deren Einhaltung die Beteiligten sich durch Verträge oder Beschlüsse der im § 1 des Fünften Abschnitts der Verordnung des Reichspräsidenten zur Behebung finanzieller, wirtschaftlicher und sozialer Notstände vom 26. Juli 1930 (Reichsgesetzbl. I S. 311) bezeichneten Art für den inländischen Geschäftsverkehr verpflichtet haben (z. B. Kartelle, Syndikate und Preisbindungen der nächsten Stufe auf den Gebieten der Eisenwirtschaft, der Eisen- und Metallverarbeitungs-, Baustoff-, Chemie-, Papier-, Glas-, Keramik- und Textilwirtschaft sowie der Wirtschaft der künstlichen Düngemittel).

(3) Der Beschluß über die Senkung kann auch brieflich, fernschriftlich oder fernmündlich gefaßt werden; entgegenstehende Vertrags- oder Satzungsbestimmungen gelten insoweit nicht.

(4) Hält der Reichswirtschaftsminister für bestimmte Waren oder gewerbliche Leistungen oder Gruppen von diesen eine weitergehende Senkung für erforderlich, so kann er deren Ausmaß festsetzen und verlangen, daß sie bis zu einem von ihm bestimmten Zeitpunkt durchgeführt wird.

(5) Werden die Preise für Waren oder gewerbliche Leistungen nicht nach Abs. 1 gesenkt oder wird einem Verlangen des Reichswirtschaftsministers (Abs. 4) nicht in der bestimmten Frist entsprochen, so ist der Vertrag oder Beschluß (Abs. 2) so weit nichtig, wie er Verpflichtungen über die Forderung von Preisen für diese Waren oder gewerblichen Leistungen enthält; haben sich die Beteiligten in einem Vertrag oder Beschluß (Abs. 2) verpflichtet, ihre Waren oder gewerblichen Leistungen gemeinsam abzusetzen, so ist auch diese Verpflichtung so weit nichtig, wie sie sich auf Waren oder Leistungen bezieht, deren Preise nicht nach den Vorschriften des Abs. 1 gesenkt sind.

1. Die Preise sollen an die veränderte Wirtschaftslage angepaßt werden. Die NotVO. unterscheidet hierbei zwischen gebundenen Preisen und solchen des freien Markts. Die Preisbindungen werden nicht allgemein aufgehoben, Kartelle und Syndikate werden nicht zerschlagen; das Ziel der Bestimmungen liegt vielmehr in einer Auflockerung der Preisbindungen. Die VO. verlangt, daß alle Preise, die durch Kartelle, Syndikate und ähnliche Abmachungen, durch Verpflichtungsscheine und Lieferungsbedingungen gebunden sind, bis zum 1. Januar 1932 um mindestens 10 v. H. gegenüber dem Stand vom 1. Juli 1931 gesenkt werden. Wird der Preis nicht so weit ge-

senkt, so hört die Preisbindung auf. Eine individuelle Behandlung findet mit Rücksicht auf die Vielgestaltigkeit der in Betracht kommenden Verhältnisse nicht statt (vgl. amtl. Begr.). Besondere Bestimmungen gibt die VO. für Markenwaren (§ 2). Zur Preisbeeinflussung der lebenswichtigen Gegenstände und Leistungen des freien Marktes dient die Einsetzung eines Reichskommissars für Preisüberwachung, der außerordentliche Vollmachten erhalten hat (Kap. II).

2. Die VO. ist eine Preisabbauverordnung; die Bestimmungen der KartellVO., soweit sie sich nicht auf Preise beziehen, werden durch sie grundsätzlich nicht berührt (Ausnahme § 3 Abs. 1 Nr. 3). Die Regierung hat durch den Reichsk. f. Preisüberw. auch die Möglichkeit, Preise, Preisspannen oder Zuschläge unmittelbar herabzusetzen, also die Preise zu diktieren (§ 1 VO. über die Befugnisse des Reichsk. f. Preisüberw.; siehe S. 28). Diese Möglichkeit besteht auch bei Preisen, die durch Kartelle, Syndikate und Preisbindungen der nächsten Stufe gebunden sind, sowie bei preisgebundenen Markenwaren (§ 13). Der RWM. selbst kann eine Senkung über 10 v. H. verlangen und das Ausmaß festsetzen (Abs. 4), kann auch auf die Herabsetzung ganz oder zum Teil verzichten (§ 5 I).

3. Als gebunden gelten die Preise, welche durch Kartellverträge im Sinne des § 1 VO. vom 2. November 1923 festgesetzt sind (Haußmann-Hollaender, KartVO. vom 2. November 1923, S. 17 f.), ferner durch solche Verträge, durch die sich mehrere selbständige Unternehmungen, welche der gleichen Wirtschaftsstufe angehören, einzeln gegenüber anderen in bezug auf die Art der Preisfestsetzung oder der Forderung von Preisen zu einem bestimmten Verhalten verpflichten (VO. vom 26. Juli 1930 § 1 III). Von der VO. werden also horizontale und vertikale Preisbindungen betroffen, also auch Vereinbarungen, auf Grund deren ein Fabrikant seine Abnehmer verpflichtet, die von ihm gekauften Waren, auch wenn sie nicht Markenwaren sind, zu einem bestimmten Preis zu verkaufen, durch Reversverträge oder auf Grund Lieferungsbedingungen, die den Kunden binden (vgl. über die verschiedenen Arten der

vertikalen Bindungen RGZ. 133, 337). Betroffen werden nach dem Zweck der Vorschrift auch die Preise von Syndikaten (Kartellen mit zentralisiertem Absatz), aber auch die Kalkulationskartelle, soweit sie nicht nur Kalkulationsschemen aufstellen, sondern auch Einfluß auf die Preisfestsetzung ausüben, wie z. B. wenn sie ihre Mitglieder binden, bei der Preisbestimmung auf die tatsächlich gezahlten Arbeitslöhne einen Zuschlag von 20 v. H. zu machen. (In diesem Fall ist der Zuschlag auf 18 v. H. zu senken.) Es ist nicht nötig, daß sämtliche Rubriken des Preisschemas mit starren Faktoren ausgefüllt sind (abw. Isay, Bestimmungen über gebundene Preise, S. 6). Ist nur ein Teil eines Preises gebunden (z. B. die Fasson), so bedarf nur dieser Teil der Senkung. Konditionenkartelle fallen nicht unter die VO., auch wenn sie Bestimmungen darüber treffen, welche Verzugszinsen zu entrichten oder welche Preise für nicht zurückgelieferte Emballagen zu zahlen sind u. ä. Hier kann nur der Preiskommissar eingreifen.

Zu senken sind alle gebundenen Preise, die Preise für Waren und für gewerbliche Leistungen. Wenn in der Klammer des Abs. 2 bestimmte Beispiele erwähnt sind, so hat dies lediglich den Zweck, durch Hervorhebung der wichtigsten Fälle von Preisbindungen auch der breiten Masse die Bedeutung der VO. klarzumachen.

4. Der Zwang zur Preisherabsetzung besteht nur für das Inland. Eine Senkung der Exportpreise wird nicht verlangt. Dem Zweck der VO. entspricht es, daß auch Lieferungen an deutsche Exporteure mit der Bindung der Ausfuhr der Ware nicht unter die VO. fallen. Betreffs der internationalen Kartelle siehe § 5 II.

5. Im Gegensatz zu § 2 III 2 muß die Senkung hier stets um volle 10 v. H. erfolgen, sie darf nicht um den Bruchteil eines Reichspfennigs hinter der vorgeschriebenen Senkung zurückbleiben. Zu senken sind die Verkaufspreise, diejenigen Mengen von Werteinheiten, die der Käufer im Tauschverkehr für die Ware oder die gewerbliche Leistung zahlt. Verkaufspreis ist also der Betrag, den der Käufer je nach Art des Geschäfts

für die Wareneinheit unter Berücksichtigung der Zuschläge (z. B. für Lieferung frei Stockwerk, Lieferung in Säcken u. ä.) und der Nachlässe (z. B. Mengenrabatt, Skonti) zu bezahlen hat. Zu senken ist der Preis, wie er bisher tatsächlich berechnet wurde, nicht der Listenpreis. Ob die Preise dem Verkäufer bisher einen Gewinn gebracht haben, ist gleichgültig. Auch Verlust- und Kampfpreise, soweit es gebundene Preise sind, sind zu senken. Auch wenn Zölle, Verbrauchsabgaben u. ä. seit dem 30. Juni 1931 erhöht worden sind, ist dies ohne Belang (vgl. aber § 5). Nebenleistungen, bei denen nur die wirklichen Auslagen ohne jeden Aufschlag erstattet werden, brauchen nicht gesenkt werden (Isay a. a. O. 8): der Fortfall des Aufschlags, wenn er unter 10 v. H. ist, reicht aber nicht aus. Eine Senkung vor dem 30. Juni 1931 bleibt außer Betracht, eine spätere wird angerechnet. Ist also nach dem 30. Juni 1931 der Preis um 5 v. H. gesenkt, so genügt eine Senkung um weitere 5 v. H. War der Preis am 1. Juli 1931 noch nicht gebunden, so bedarf es keiner Senkung.

Eine durchschnittliche Senkung mehrerer preisgebundener Waren um 10 v. H. reicht nicht aus: eine jede Ware muß um 10 v. H. gesenkt werden. Sind die Preise einer Ware bei den verschiedenen Arten der Lieferung verschieden, so muß ein jeder dieser Preise um 10 v. H. gesenkt werden, also z. B. die verschiedenen Preise bei Lieferung von Zement in Säcken, für Abholen vom Lager, für Lieferung vor die Baustelle. Sind die Preise in den einzelnen Teilen Deutschlands verschieden, so müssen die Preise an einem jeden Ort gegenüber dem Stande vom 30. Juni 1931 um 10 v. H. gesenkt werden, auch wenn der Preis an einem Ort am 30. Juni 1931 ein gebundener Kampf- und Verlustpreis war (siehe aber § 5). Sind die Preise für die verschiedenen Arten von Beziehern verschieden, so ist die Preissenkung für eine jede Art von Beziehern vorzunehmen. (Für den Fall der Zusammenziehung der Verbraucherklassen kommt § 9 in Betracht.)

6. Die Preissenkung darf nicht auf Kosten der Qualität erfolgen, auch nicht der Menge, die in einer Wareneinheit enthalten ist (vgl. § 9). Der VO. wird also nicht genügt, wenn zugleich der Preis und der Inhalt eines Kartons Seife um 10 v. H. vermindert wird. Wird aber die Menge der Seife um $11^1/_9$ v. H.

erhöht, so braucht der Preis nicht gesenkt werden. Wenn aber die Erhöhung der Warenmenge für den wirtschaftlichen Erfolg unerheblich ist, wenn also z. B. eine für ein Bad reichende Menge Fichtennadelessenz um 11 1/9 v. H. erhöht wird, so kann dadurch die Preissenkung nicht vermieden werden (vgl. § 9).

7. Die Preissenkung tritt ohne Rücksicht auf die Erhöhung der Umsatzsteuer ein, so daß in Wirklichkeit bei einer Preissenkung von 10 v. H. der Veräußerer 11,035 v. H. einbüßt, wenn man von seinen eigenen Ersparnissen durch die Preissenkungsaktion absieht; was er an Frachten, Senkung der Preise der Vorlieferer und verringerten Arbeitslöhnen erspart, braucht er dem Abnehmer nicht zuzuwenden.

Abs. 4 gibt dem Reichswirtschaftsminister die Befugnis, eine über die Mindest- oder sonst beschlossene Senkung hinausgehende Senkung zu verlangen, er kann deren Ausmaß auch selbständig festsetzen.

8. Die Form der Beschlußfassung über die Senkung ist erleichtert. Die satzungsmäßigen Fristen sind, wenn nicht alle Beteiligten verzichten, innezuhalten.

9. Die nach Abs. 5 eintretende Nichtigkeit ist eine Teilnichtigkeit. Sie tritt bei allen Preisbindungen ein, auch bei den Syndikaten, die ihre Preise nicht gemäß der VO. senken. Ob sie zu einer Nichtigkeit des gesamten Vertrages führt, entscheidet sich gemäß § 139 BGB. Bei Reversverträgen wird die Nichtigkeit des gesamten Vertrages praktisch stets eintreten, aber im allgemeinen auch bei Sukzessivlieferungsverträgen, weil die Preisbindung auch bei ihnen von wesentlicher Bedeutung, meistenteils auch für den Käufer nützlich ist (abw. Wolff, MarkenwarenVO. 53). Die Nichtigkeit tritt mit dem 1. Januar 1932 ein. Alle früher abgewickelten Rechtsverhältnisse werden durch sie nicht berührt. (Ob die Senkung gemäß der VO. erfolgt, kann der Reichswirtschaftsminister endgültig und bindend entscheiden [§ 6], braucht dies aber nicht. Dann entscheiden die Gerichte, die auch über die zivilrechtlichen Folgen der nicht vorgenommenen Senkung zu entscheiden haben.) Die Nichtigkeit trifft lediglich die Parteien des Preisbindungsvertrages. Der Abnehmer einer

preisgebundenen Partei, der seinerseits nicht preisgebunden ist, kann auf Grund der VO. selbst keine Rechte aus der Verabsäumung der Preissenkung, die also Abschlüsse mit ihm nicht berührt, herleiten (vgl. Wolff, Die Preisbindung von Markenwaren, in JW. 1931, 3620); hier kann bei Dauerlieferungsverträgen eine Kündigung aus wichtigem Grunde in Betracht kommen (Staudinger [9] zu § 626 XI), auch bei einem Einzellieferungsvertrag kann in Frage kommen, daß Treu und Glauben die Erzwingung der Abnahme verbieten (RG. 101, 74; 103, 180). Aber wenn der Verkäufer seinen Preis entsprechend § 1 ermäßigt, werden diese Rechte fortfallen (RG. 103, 328). Auch über die Frage, ob eine Partei, die zur Senkung von Preisen gezwungen ist, Verträge, die sie zu den alten Preisen abgeschlossen hat, zu den neuen Preisen erfüllen muß, entscheidet das ordentliche Gericht. Dauerlieferungsverträge werden auch hier unter besonderen Umständen, etwa bei Gefährdung der Existenz, aus wichtigem Grunde gekündigt werden können; bei Kartell- (Exklusiv-) Verträgen kann eine Kündigung nach § 8 KartVO. vom 2. November 1923 in Frage kommen.

§ 2.

(1) Die Preise für Markenwaren, die durch Verträge der in § 1 Abs. 2 bezeichneten Art gebunden sind, sind für den inländischen Geschäftsverkehr zur Anpassung an die veränderte Wirtschaftslage bis zum 1. Januar 1932 um mindestens zehn vom Hundert gegenüber dem Stande vom 30. Juni 1931 zu senken.

(2) Hält der Reichswirtschaftsminister für bestimmte Markenwaren oder Gruppen von diesen eine weitergehende Senkung für erforderlich, so kann er deren Ausmaß festsetzen und verlangen, daß sie bis zu einem von ihm bestimmten Zeitpunkt durchgeführt wird.

(3) Werden die Preise für Markenwaren nicht nach Abs. 1 gesenkt oder wird einem Verlangen des Reichs-

wirtschaftsministers (Abs. 2) nicht in der bestimmten Frist entsprochen, so sind die Verträge (Abs. 1) so weit nichtig, wie sie Verpflichtungen über die Forderung von Preisen für diese Markenwaren enthalten. Diese Rechtsfolge tritt nicht ein, wenn die Senkung nur um den Bruchteil eines Reichspfennigs hinter der vorgeschriebenen Senkung zurückbleibt.

(4) Markenwaren im Sinne der Abs. 1 bis 3 sind Waren, die selbst oder deren Umhüllungen, Ausstattungen oder Behältnisse, aus denen sie verkauft werden, mit einem ihre Herkunft kennzeichnenden Merkmal (z. B. Firma, Wort- oder Bildzeichen) versehen sind.

1. Markenwaren werden nur insoweit durch die VO. betroffen, als ihre Preise gebunden sind. Die Herstellerpreise bei Markenwaren sind regelmäßig nicht gebunden. Die Einwirkung auf ihre Senkung wird infolgedessen regelmäßig Sache des Preiskommissars sein. Die Pflicht zur Senkung besteht für alle Preise, die gebunden sind, gleichviel in welcher Stufe des Verteilungsprozesses. Im übrigen siehe betreffs der Senkung im einzelnen § 1 Anm. 2, 3, 4, 5, 6, 7, 8.

2. Die Senkung hat auch hier mindestens 10 v. H. gegenüber dem Stande vom 30. Juni 1931 zu betragen. Eine vorher erfolgte Senkung bleibt außer Betracht. Wenn die Senkung um den Bruchteil eines Reichspfennigs hinter der vorgeschriebenen Senkung zurückbleibt, bringt dies keinen Nachteil (§ 2 III, 2), z. B. bei Senkung von 15 Rpf auf 14 Rpf.

3. Der Begriff der Markenwaren ist in Abs. 4 definiert. Der volkswirtschaftliche Begriff des Markenartikels, über den Streit besteht, kommt für die VO. nicht in Betracht. Herkunftsbezeichnungen sind auch Verbandszeichen, nicht aber bloße Eigentumszeichen, die nicht für den Verbraucher bestimmt sind (Isay a.a.O. 7), wie sie z. B. bei Kohlensäureflaschen vorkommen. Im übrigen siehe über den Herkunftsbegriff die Kommentare zum WZG. Durch die VO. werden alle Markenwaren betroffen, nicht nur gewisse, wie

durch die MarkenwarenVO. vom 16. Januar 1931. Auch die von dieser VO. betroffenen Waren unterliegen der neuen Preissenkungsverpflichtung.

4. Betreffs der Rechtsfolgen der unterlassenen Preissenkung (Abs. 3) siehe § 1 Anm. 8.

Wird der Preis eines Markenartikels nicht vorschriftsmäßig gesenkt, so macht sich auch der sogenannte Preisschleuderer vom 1. Januar 1932 ab nicht mehr des unlauteren Wettbewerbs schuldig. Wird indessen in allen Stufen, soweit Bindung besteht, der Preis vorschriftsmäßig gesenkt, so macht sich der Schleuderer, der unter dem gesenkten Preis verkauft, vom Standpunkt der herrschenden Rechtsprechung des unlauteren Wettbewerbs schuldig, vorausgesetzt, daß die Preissenkung bekanntgegeben ist, da nur dann ein sittenwidriges Handeln in Betracht kommen kann. Eine bestimmte Form der Bekanntgabe ist indessen nicht erforderlich (vgl. Wolff, Preisbindungen, in JW. 1931, 3621).

§ 3.

(1) Für die Kohlenwirtschaft gelten folgende besonderen Bestimmungen:

1. Die im Deutschen Reichs- und Preußischen Staatsanzeiger durch den Reichskohlenverband zuletzt veröffentlichten Preise der Steinkohlen- und Braunkohlensyndikate werden mit Wirkung vom 1. Januar 1932 ab um zehn vom Hundert gesenkt.
2. Der Reichswirtschaftsminister kann Bestimmungen über Preisnachlässe der Syndikate treffen.
3. Die Syndikate der Kohlenwirtschaft und solche Unternehmungen des Kohlengroßhandels, die für bestimmte Gebiete ausschließlich lieferungsberechtigt sind, dürfen gegen Einzelhändler Maßnahmen im Sinne des § 9 Abs. 1 der Verordnung gegen Mißbrauch wirtschaftlicher Machtstellungen vom 2. November 1923 (Reichsgesetzbl. I S. 1067, 1090) und

Vertragsstrafen wegen Unterschreitung von Kleinverkaufspreisen, die durch Verträge oder Beschlüsse der im § 1 bezeichneten Art gebunden sind, nicht verhängen. Sie dürfen Einzelhändler beim Bezug inländischer Brennstoffe nicht beschränken.

4. Für die Preisbindungen des Kohleneinzelhandels erfolgt eine besondere Regelung.

(2) Für die Kaliwirtschaft gelten folgende besonderen Bestimmungen:

1. Die in der Bekanntmachung des Reichskalirats vom 22. Dezember 1926 (Reichsanzeiger Nr. 298) festgesetzten Kalisalzhöchstpreise für das Inland sind bis zum 1. Januar 1932 um zehn vom Hundert zu senken.
2. Der Reichswirtschaftsminister kann Bestimmungen über Preisnachlässe des Deutschen Kalisyndikats treffen.

1. Gesenkt werden die sogenannten Reichsanzeigerpreise um 10 v. H. Der Reichswirtschaftsminister kann weitere Bestimmungen über Preisnachlässe der Syndikate treffen. Von besonderer Bedeutung ist das Verbot der Sperre (§ 9 KartVO. vom 2. November 1923; siehe Haußmann-Hollaender, KartVO. 83) und der Verhängung von Konventionalstrafen wegen Unterschreitung gebundener Kleinverkaufspreise. Der Kohleneinzelhändler, der gegen eine Preisbindung verstößt, kann also nicht vom Bezuge von Kohlen ausgeschlossen werden; auch Konventionalstrafen dürfen gegen ihn nicht verhängt werden. Nach wie vor bleibt aber die Möglichkeit der Unterlassungs- und Schadensersatzklage. Für eine diese ausschließende extensive Auslegung liegt kein hinlänglicher Anlaß vor.

Einzelhändler dürfen in Zukunft Kohlen aus anderen Syndikatsbezirken beziehen.

2. Betreffs der Preisbindungen des Einzelhandels vgl. Bekanntmachung über die Senkung der gebundenen Preise des Kohleneinzelhandels vom 16. Dezember 1931 (RGBl. I 777).

3. Abs. 2. Siehe Bekanntmachung betreffend Neufestsetzung der Kalipreise für das Inland (Reichsanz. vom 24. Dezember 1931 abends).

§ 4.

Es ist verboten, einem anderen Empfehlungen (Ratschläge und ähnliche Anregungen) dahin zu erteilen, für Waren oder gewerbliche Leistungen im inländischen Geschäftsverkehre bestimmte Preise zu fordern, es sei denn, daß die empfohlenen Preise entsprechend den Vorschriften dieses Kapitels gesenkt sind.

§ 4 soll Handwerkerverbände (Innungen) und Einzelhandelsverbände verhindern, einen Druck auf ihre Mitglieder zwecks Hinwegsetzung über die Preissenkungsbestimmungen auszuüben. Strafbestimmung § 10.

§ 5.

(1) Der Reichswirtschaftsminister kann Ausnahmen von den Vorschriften dieses Kapitels zulassen, wenn bei ihrer Durchführung unvorhergesehene, erhebliche wirtschaftliche Nachteile zu befürchten sind, die auf andere Weise nicht behoben werden können, und wenn die Interessen der Gesamtwirtschaft und des Gemeinwohls dem nicht entgegenstehen; die Ausnahmen können beschränkt erteilt werden.

(2) Die Vorschriften dieses Kapitels finden keine Anwendung auf die Preise für Waren oder gewerbliche Leistungen, zu deren Einhaltung sich die Beteiligten durch einen internationalen Vertrag oder Beschluß des in § 1 Abs. 2 bezeichneten Inhalts verpflichtet haben. Die Beteiligten, die unter diese Ausnahmebestimmung fallen, haben dies unter Vorlage der Verträge dem Reichswirtschaftsminister bis zum 1. Januar 1932 anzuzeigen.

1. Die schematische Preissenkung des § 1 kann zu schweren Schädigungen des einzelnen und ganzer Geschäftszweige führen, zumal dann, wenn infolge Zollerhöhungen oder Einführung von Inlandsabgaben in der Zeit vom 1. Juli 1931 eine besondere Belastung eines Geschäftszweigs eingetreten ist oder wenn in einzelnen Bezirken aus besonderen Gründen (Preiskampf) sehr niedrige Verbandspreise am 1. Juli 1931 bestanden haben. In Fällen dieser Art kann der Reichswirtschaftsminister Ausnahmen zulassen, d. h. auf eine Preissenkung ganz oder teilweise verzichten oder sogar eine Preiserhöhung zulassen, wenn die Interessen der Gesamtwirtschaft und des Gemeinwohls dem nicht entgegenstehen.

2. Durch internationalen Vertrag oder Beschluß gebundene Preise sind frei, auch wenn sie sich nur auf den Inlandsmarkt beziehen. Es besteht nur eine Anzeigepflicht, deren Erfüllung durch § 10 gewährleistet ist. Bei Senkung der Preise entsprechend der VO. fällt die Anzeigepflicht fort. Nicht durch jeden internationalen Vertrag sind die Preise für das Inland gebunden. Die Länderkartelle, die ein internationales Kartell bilden, brauchen in der Preisbestimmung für ihr Land nicht gebunden sein. Dann gelten für das Landeskartell die Preissenkungsvorschriften.

§ 5 II bezieht sich auch auf Reversverträge, insbesondere auf Markenartikel. Der deutsche Markenartikelhändler, der durch seinen ausländischen Fabrikanten preisgebunden ist, braucht den Preis nicht zu senken (Isay a. a. O. 4).

§ 6.

Wenn der Reichswirtschaftsminister eine Entscheidung darüber trifft, ob die Preise entsprechend den Vorschriften dieses Kapitels gesenkt sind, so ist diese Entscheidung endgültig; sie bindet Gerichte, Schiedsgerichte und Verwaltungsbehörden.

Ob der Reichswirtschaftsminister eine Entscheidung gemäß § 6 trifft, hängt von seinem Ermessen ab. Trifft er die Entscheidung, so ist sie endgültig und bindet Gerichte, Schiedsgerichte und Verwaltungsbehörden. Diese müssen die Richtigkeit der

Entscheidung des Reichswirtschaftsministers unterstellen, auch wenn sie sie für unzutreffend halten. Sie können freilich dem Reichswirtschaftsminister ihre Bedenken mitteilen, und dieser ist dann zur Änderung seiner Entscheidung befugt; zu einer Auslegung des Begriffs „endgültig" wie in § 12 Abs. 2 KartVO. vom 2. November 1923 liegt hier keine Veranlassung vor, da es sich hier nicht um eine Gerichtsentscheidung handelt, sondern um eine reine Verwaltungsentscheidung, bei der die Berichtigung eines Irrtums nicht ausgeschlossen ist. Wenn hier an den Wortlaut der alten Bestimmung angeknüpft wird, so zwingt dies doch nicht zu derselben Auslegung.

Entscheidet der Reichswirtschaftsminister nicht, so sind die Gerichte in ihren Entscheidungen, ob eine Preissenkung entsprechend dem Gesetz erfolgt ist, frei. Der Reichswirtschaftsminister ist nicht verpflichtet, auf Ersuchen eines Gerichts eine Entscheidung gemäß § 6 zu treffen. Er kann die Entscheidung ablehnen, kann sich auch auf eine gutachtliche Äußerung beschränken, die dann nur die Bedeutung eines Sachverständigengutachtens hat.

Die Entscheidung über die zivilrechtlichen Folgen einer nicht vorgenommenen Preissenkung ist Sache der Zivilgerichte. Auch hat das Zivilgericht zu entscheiden, ob überhaupt eine Pflicht zur Preissenkung bestand.

§ 7.

Der Reichswirtschaftsminister kann unbeschadet des § 3 die Preise von Verbänden, deren Bildung in Gesetzen oder Verordnungen angeordnet ist oder die auf Grund besonderer gesetzlicher Ermächtigung gebildet sind, festsetzen und dabei Preisnachlässe regeln. Die §§ 1 und 2 sind auf die im Satz 1 bezeichneten Verbände nicht anzuwenden.

Vgl. besonders VO. über den Zusammenschluß der Zuckerindustrie vom 27. März 1931 (RGBl. 1931 I S. 86 ff.), VO. über den Zusammenschluß der Kartoffelstärke-Industrie vom 12. Juni 1931 (RGBl. 1931 I S. 339), Zündwarenmonopolgesetz vom 29. Januar 1930 (RGBl. 1930 I S. 11).

§ 8.

(1) Ohne Einwilligung des Reichswirtschaftsministers dürfen bis zum 1. Juli 1932 für Waren oder gewerbliche Leistungen

1. Preise, die entsprechend den Vorschriften dieses Kapitels gesenkt sind, unter Aufrechterhaltung der Preisbindung nicht erhöht werden;

2. Preise, für die beim Inkrafttreten dieses Kapitels eine Bindung nicht bestand oder deren Bindung nach den Vorschriften dieses Kapitels nichtig ist, nicht in Verträgen oder Beschlüssen der im § 1 bezeichneten Art gebunden werden.

(2) Abs. 1 Ziffer 1 ist nicht anzuwenden auf die Preise der Syndikate der Kohlenwirtschaft und des Deutschen Kalisyndikats.

1. Gemäß §§ 1, 2 gesenkte Preise dürfen ohne Einwilligung des Reichswirtschaftsministers bis Ende Juni 1932 nicht erhöht werden, solange die Preise gebundene Preise im Sinne der §§ 1, 2 bleiben; werden sie freigegeben, so können sie auch erhöht werden, sofern nicht der Preiskommissar eingreift. Eine Erhöhung darf ohne Einwilligung nicht erfolgen, auch wenn die Preissenkung über das gesetzlich gebotene Maß hinausgegangen ist oder wenn die Einführung von Zöllen oder Inlandsverbrauchsabgaben eine Preiserhöhung erfordert.

2. Preise, für die am 9. Dezember 1931 eine Bindung nicht bestand, dürfen ohne Genehmigung des Reichswirtschaftsministers bis Ende Juni 1932 nicht gebunden werden. Ohne Genehmigung des Reichswirtschaftsministers können also Kartelle nicht Preise binden, auch wenn sie die Preisbindung nur vorübergehend aufgehoben hatten. Es entspricht auch dem Sinne des Gesetzes, daß eine Preisbindung, die nur auf dem Papier stand, nicht ohne Einwilligung des Reichswirtschaftsministers wieder in eine tatsächliche Bindung verwandelt werden kann. — Auch die Einführung von Preisbindungen durch Reversverträge oder Geschäfts-

bedingungen bedarf der Genehmigung. Dieser bedarf ferner die Einführung einer Preisbindung in Fällen, in denen die bisherige Preisbindung durch Verabsäumung der Senkung nichtig geworden ist.

3. Die Erteilung der Genehmigung steht im freien Ermessen des Reichswirtschaftsministers. Die Einführung von Preisbindungen für die Zeit nach dem 1. Juli 1932 bedarf nach dem jetzigen Rechtszustand nicht der Einwilligung des Reichswirtschaftsministers. Sie kann vor dem 1. Juli 1932 beschlossen werden.

§ 9.

Es wird untersagt, Handlungen vorzunehmen, durch die unmittelbar oder mittelbar

1. der gleiche wirtschaftliche Erfolg wie durch die nach diesem Kapitel nichtigen Verträge oder Beschlüsse oder Teile von ihnen herbeigeführt werden kann;
2. die in diesem Kapitel vorgeschriebenen Preissenkungen umgangen werden können.

In Betracht kommen vor allem Senkung auf Kosten der Qualität, Verringerung der in einer Wareneinheit enthaltenen Menge, neue Einordnung der preislich verschieden behandelten Verbraucherklassen, Entziehung bisher gewährter, wenn auch nicht vertraglich erzwingbarer Sondervorteile (Umsatzvergütung, Rabatt), Ersatz eines Preiskartells durch ein Kontingentierungskartell unter scheinbarer Freigabe der Preise. Die Umgehungshandlungen sind gefährlich, da durch sie Nichtigkeit der Preisbindung eintritt, wenn im wirtschaftlichen Ergebnis die Preissenkung 10 v. H. nicht erreicht.

§ 10.

Wer sich über eine auf den Vorschriften dieses Kapitels beruhende Nichtigkeit eines Vertrags oder Be-

schlusses oder von Teilen von ihnen oder über eine Anordnung nach § 7 hinwegsetzt oder den Vorschriften der §§ 3, 4, 5 Abs. 2 Satz 2, §§ 8 oder 9 zuwiderhandelt, wird auf Antrag des Reichswirtschaftsministers von dem Vorsitzenden des Kartellgerichts oder seinem Vertreter mit einer Ordnungsstrafe in Geld bestraft. Der Höchstbetrag der Ordnungsstrafe ist unbeschränkt. Die Beitreibung erfolgt nach den Vorschriften der Reichsabgabenordnung.

1. Diese Strafvorschrift knüpft an § 17 KartVO. vom 2. November 1923, § 5 VO. vom 26. Juli 1930 an. Sie trifft die Verbände und die einzelnen, die sich gemäß §§ 1, 2 auf nichtig gewordene Preisbindungen berufen, z. B. den nicht oder nicht genügend gesenkten Preis für Markenartikel verlangen. Dasselbe gilt für die Überschreitung eines gemäß § 7 festgesetzten Preises. Ferner trifft die Vorschrift eine Verletzung des § 3, z. B. die Verhängung einer Sperre gegen einen preisunterbietenden Kohleneinzelhändler, des § 4, z. B. die Empfehlung einer Schuhmacherinnung, anstatt des gesenkten Preises für das Besohlen den alten Preis zu nehmen, des § 5 II 2 (Verletzung der dort bestimmten Anzeigepflicht), des § 8, z. B. die vorschriftswidrige Heraufsetzung gesenkter Preise, des § 9 (Umgehungshandlung), z. B. Senkung der Qualität bei gleichzeitiger Senkung des Preises.

2. Die Ordnungsstrafe kann auch gegen Verbände als solche verhängt werden (Entsch. 110); der Verband hat für das ordnungswidrige Verhalten seiner satzungsmäßig berufenen Organe aufzukommen.

Bei der Abweichung in der Fassung der Bestimmung gegenüber § 17 KartVO. vom 2. November 1923 (bewußt) wird anzunehmen sein, daß in den Fällen, in denen die Zuwiderhandlung bestraft wird, Fahrlässigkeit ausreicht (vgl. Wolff, KartNotVO. 49). In den Fällen, in denen die Hinwegsetzung bestraft wird, ist aber ein bewußtes Handeln verlangt, da man sich nur über etwas hinwegsetzen kann, was man kennt.

§ 11.

Die Aufgaben nach den §§ 1 bis 3, 5 bis 8, 10 übt innerhalb seiner Zuständigkeit der Reichsminister für Ernährung und Landwirtschaft aus.

Nicht wie bei der MarkenwarenVO. nur der Reichswirtschaftsminister, sondern jeder der beiden Minister im Rahmen seiner Zuständigkeit.

§ 12.

(1) Ist der Markteinfluß von Verträgen oder Beschlüssen der in § 1 Abs. 2 bezeichneten Art örtlich beschränkt oder richtet sich eine Empfehlung (§ 4) an einen örtlich beschränkten Personenkreis, so kann die Reichsregierung ihre Befugnisse ganz oder zum Teil der obersten Landesbehörde übertragen; soweit die Reichsregierung von dieser Ermächtigung Gebrauch macht, kann die oberste Landesbehörde die ihr übertragenen Befugnisse einer nachgeordneten Behörde übertragen.

(2) Wird das Gebiet mehrerer Länder berührt, so kann die Reichsregierung im Einvernehmen mit den beteiligten Landesregierungen die oberste Landesbehörde oder die nachgeordnete Behörde bestimmen, auf die die Befugnisse übertragen werden.

§ 12 weicht von dem entsprechenden § 4 MarkenschutzVO. ab. Sämtliche Befugnisse sind bei der Reichsregierung zentralisiert. Die Landesbehörden werden nur auf Grund Übertragung von Befugnissen zuständig, nicht, wie nach der MarkenwarenVO., auf Grund eigenen Rechts; infolgedessen kann die Reichsregierung auch die Übertragung ihrer Befugnisse ganz oder zum Teil widerrufen.

§ 13.

Die Pflichten und Befugnisse des Reichskommissars für Preisüberwachung (Kapitel II dieses Teils) bleiben unberührt.

Die Bedeutung dieser Bestimmung kann praktisch sehr groß werden. Der Reichspreiskommissar kann neben dem Reichswirtschaftsminister auch bei gebundenen Preisen eingreifen. Er kann also z. B. auch Kartelle zwingen, ihre Preise zu senken (Kap. II § 2), also dasselbe tun, was der Reichswirtschaftsminister gemäß § 1 III tun kann. Es wird Vorsorge zu treffen sein, daß sich durch dieses Überschneiden der Zuständigkeiten keine Schwierigkeiten ergeben. Dadurch, daß der Reichspreiskommissar dem Reichskanzler direkt untersteht, nicht dem Reichswirtschaftsminister und Reichsernährungsminister (Kap. II § 1), ist auch bei bestem Willen aller Beteiligten die Möglichkeit gegeben, daß die Maßnahmen der Minister und des Reichspreiskommissars nicht völlig ineinandergreifen. Es wäre wohl richtiger gewesen, dem Reichswirtschaftsminister allein die gesamte Preisüberwachung zu übertragen und den Reichspreiskommissar dem Reichswirtschaftsminister zu unterstellen.

§ 14.

Der Reichswirtschaftsminister und der Reichsminister für Ernährung und Landwirtschaft können die zur Durchführung dieses Kapitels erforderlichen Rechtsverordnungen und allgemeinen Verwaltungsvorschriften erlassen.

Vorschriften ergänzenden Inhalts dürfen nicht erlassen werden (im Gegensatz zu Kap. III 1. Abschn. § 11).

§ 15.

Der Reichswirtschaftsminister und der Reichsminister für Ernährung und Landwirtschaft bestimmen den Zeitpunkt, an dem dieses Kapitel außer Kraft tritt.

Kapitel II.

Schutz gegen Überteuerung.

§ 1.

(1) Zum Schutze der Bevölkerung gegen Überteuerung von Preisen für lebenswichtige Gegenstände des täglichen Bedarfs und lebenswichtige Leistungen zur Befriedigung des täglichen Bedarfs wird ein Reichskommissar für Preisüberwachung bestellt. Er untersteht dem Reichskanzler und hat seinen Sitz in Berlin.

(2) Die Reichsregierung bestimmt die Dauer seines Auftrags.

1. Durch § 1 wird der Reichspreiskommissar bestellt und seine Aufgaben werden programmartig umschrieben. Zum Kommissar ist Dr. Goerdeler, Oberbürgermeister von Leipzig, bestellt. Die Ausfüllung dieses Programms ist in weitem Umfange seinem Ermessen überlassen. Seine Befugnisse im einzelnen sind durch die VO. über die Befugnisse des Reichskommissars für Preisüberwachung vom 8. Dezember 1931 (RGBl. I 747) bestimmt (Abdruck der VO. — im folgenden BefugnisVO. genannt — hier S. 28). Vgl. ferner RGBl. 1932 I S. 13. Siehe auch Kap. I § 13.

2. Nach § 4 der BefugnisVO. ist der Reichspreiskommissar berechtigt, selbst zu bestimmen, was als lebenswichtiger Gegenstand des täglichen Bedarfs und als lebenswichtige Leistung zur Befriedigung des täglichen Bedarfs anzusehen ist. Die aus der Preistreibereiverordnung übernommenen Begriffe „Gegenstände des täglichen Bedarfs" und „Leistungen zur Befriedigung des täglichen Bedarfs" sind dort außerordentlich weit ausgelegt worden (siehe Komm. z. PrTrVO.), und die Beschränkung auf *lebenswichtige* (nicht lebensnotwendige) Gegenstände und Leistungen ist daher wichtig.

§ 2.

Der Reichskommissar hat die Aufgabe, die im § 1 genannten Preise sowie ihre Entstehung, insbesondere die den einzelnen Wirtschaftsstufen zufließenden Preisspannen und Zuschläge, ständig zu überwachen. Hält der Reichskommissar Preise, Preisspannen oder Zuschläge für überhöht, so trägt er für ihre Senkung Sorge.

1. Die Tätigkeit des Reichspreiskommissars bezieht sich auf Preise des freien Marktes und gebundene Preise für Waren und gewerbliche Leistungen (Kap. I § 13), nicht auf den Geldmarkt (Kap. III 2. Abschn.).

2. In welcher Weise die ständige Preisüberwachung erfolgt, unterliegt seinem Ermessen. Der Überwachung dienen die Auskünfte, die er gemäß § 5 BefugnisVO. (S. 30) verlangen kann, ferner der Preisschilderzwang. Dieser kann für ausgestellte und nicht ausgestellte Waren und auch für Leistungen angeordnet werden (§ 3 BefugnisVO. — S. 29 — VO. über Preisschilder und Preisverzeichnisse vom 17. Dezember 1931, betr. Brot, Kleingebäck, Frischfleisch und das Friseurgewerbe — RGBl. I 788 —). Der Reichspreiskommissar kann auch beim Vorliegen eines besonderen Bedürfnisses zur Begutachtung von Preisen, Preisspannen und Zuschlägen Preisausschüsse bilden und ihre Befugnisse regeln (§ 6 BefugnisVO.; S. 30).

3. In welcher Weise der Reichspreiskommissar für eine Senkung überhöhter Preise, Preisspannen oder Zuschläge Sorge tragen soll, ist in § 1 BefugnisVO. (S. 28) bestimmt. Er kann mit dem Ziele der Preissenkung Vorschriften oder Anordnungen über alle Preise für lebenswichtige Gegenstände des täglichen Bedarfs oder für lebenswichtige Leistungen zur Befriedigung des täglichen Bedarfs erlassen und wird, wie die Begründung sagt, seine besondere Aufmerksamkeit der Beseitigung überhöhter Preisspannen in den Preisen zuwenden. Das sachliche Arbeitsgebiet des Reichspreiskommissars ist dabei praktisch unbegrenzt. Er kann im Lebensmittelmarkt eingreifen,

überhöhte Preise für industrielle Erzeugnisse herabsetzen, er kann auch für angemessene Senkung der Werktarife der Kommunen (Gas, Elektrizität u. ä.) sowie der Tarife für handwerkliche Leistungen (Reparaturen usw.) Sorge tragen. — Der Reichspreiskommissar wird regelmäßig zunächst auf eine freiwillige Senkung hinwirken. Erfolgt diese nicht, so kann er selbst die Preise, Preisspannen oder Zuschläge herabsetzen. Er kann auch auf die Senkung abzielende Maßnahmen treffen; so kann er z. B. eine Preissenkung für den Fall anordnen, daß ein Vorlieferant seine Ware oder seine Leistungen verbilligt oder ein bestimmter Lohnabbau erfolgt u. ä. Alle Einzelmaßnahmen dienen dem Endziel der allgemeinen Senkung des Preisniveaus. Davon, daß der Reichspreiskommissar hierbei zwar planmäßig, aber nicht schematisch, sondern unter Berücksichtigung der besonderen Verhältnisse des einzelnen Geschäftszweigs vorgeht, hängt der Erfolg seiner Tätigkeit ab.

4. § 1 II BefugnisVO. (S. 28) bedroht Zuwiderhandlungen gegen Vorschriften und Anordnungen des Reichspreiskommissars mit Strafen; diese sind durch die Strafgerichte zu verhängen.

§ 3.

(1) Die Reichsregierung bestimmt, welche Strafen in Vorschriften, die auf Grund dieses Kapitels erlassen werden, angedroht werden dürfen.

(2) Soweit nicht Strafen angedroht werden, weisen die obersten Landesbehörden auf Verlangen der Reichsregierung die Polizeibehörden an, die Durchführung der auf Grund dieses Kapitels allgemein vorgeschriebenen Maßnahmen im Einzelfalle durch polizeiliche Verfügung anzuordnen und erforderlichenfalls durch die ihnen nach Landesrecht zustehenden Zwangsmittel durchzusetzen. Solche polizeilichen Verfügungen sind im verwaltungsgerichtlichen Verfahren anfechtbar. Die Reichsregierung kann hierüber weitere Bestimmungen treffen.

Abs. 1 wird durch § 3 BefugnisVO. (S. 29) im einzelnen ergänzt. Hiernach hat der Reichspreiskommissar folgende Befugnisse:

a) Er kann die Fortführung von Betrieben, durch die lebenswichtige Gegenstände und Leistungen zur Befriedigung des täglichen Bedarfs in den Verkehr gebracht werden, untersagen, wenn der Inhaber oder Leiter des Betriebs seinen Vorschriften oder Anordnungen zuwiderhandelt oder wenn sonst Tatsachen die Annahme rechtfertigen, daß der Inhaber oder Leiter des Betriebs die erforderliche Zuverlässigkeit nicht besitzt. Diese Vorschrift lehnt sich an § 20 der VO. über Handelsbeschränkungen vom 13. Juli 1923 an, ohne mit ihm übereinzustimmen. Hier kann die Fortführung von Betrieben untersagt werden, also auch von Fabrikationsstätten und Handwerksbetrieben, die nicht Handel treiben, sofern sie nur die Ware in den Verkehr bringen, z. B. sie durch Kommissionäre oder Tochterunternehmungen vertreiben lassen.

b) Der Reichspreiskommissar kann die Schließung der Betriebs- und Geschäftsräume solcher Unternehmungen anordnen.

c) Er kann den Handel mit Gegenständen des täglichen Bedarfs untersagen, wenn Tatsachen die Annahme rechtfertigen, daß der Handeltreibende die für den Handelsbetrieb mit lebenswichtigen Waren des täglichen Bedarfs erforderliche Zuverlässigkeit nicht besitzt. Die Untersagung wirkt für das Reichsgebiet. Er kann die Schließung der Geschäftsräume, in denen der Betroffene den Handel betrieben hat, anordnen, wenn begründeter Verdacht besteht, daß in den Geschäftsräumen weiterhin in unzuverlässiger Weise Handel betrieben werden würde. Er kann die Wiederaufnahme des Handelsbetriebs gestatten oder die Schließung der Geschäftsräume aufheben, wenn seit der Anordnung mindestens drei Monate verflossen sind. Ausländer, die gegen die Vorschriften des Reichspreiskommissars verstoßen, können durch die Landespolizeibehörde aus dem Reichsgebiet verwiesen werden.

Gegen die Untersagung der Fortführung eines Betriebs oder Schließung von Betriebs- und Geschäftsräumen gibt § 2 IV BefugnisVO. ein Rechtsmittel, das aber nicht aufschiebend wirkt; im Einzelfall kann aber eine Aufschiebung verfügt werden.

§ 4.

Privateisenbahnen, Kleinbahnen und Straßenbahnen ist auf Antrag des Reichskommissars die Beförderungsteuer nach dem Beförderungsteuergesetz vom 29. Juni 1926 (Reichsgesetzbl. I S. 357) ganz oder teilweise zu erlassen, wenn sie ihren im Zeitpunkt des Inkrafttretens dieses Kapitels geltenden Beförderungstarif unter Berücksichtigung der in dieser Verordnung getroffenen Maßnahmen in angemessenem Umfange senken.

Privateisen-, Klein- und Straßenbahnen können, wenn sie ihren Tarif nicht senken, in derselben Weise wie andere Versorgungsbetriebe zur Senkung ihrer Tarife gezwungen werden. § 4 gibt diesen Bahnen einen besonderen Anreiz zur Ermäßigung durch die Ermächtigung zum vollen oder Teilerlaß der Beförderungssteuer bei angemessener Senkung der Tarife. Die Möglichkeit des Erlasses besteht im übrigen schon gemäß § 131 AO. n. F. (vgl. Erl. zu § 12 Anm. 2).

§ 5.

(1) Der Reichskommissar kann seine Befugnisse ganz oder teilweise den obersten Landesbehörden übertragen. Soweit er von dieser Ermächtigung Gebrauch macht, können die obersten Landesbehörden die ihnen übertragenen Befugnisse nachgeordneten Behörden übertragen.

(2) Beim Vorliegen eines besonderen Bedürfnisses kann der Reichskommissar im Benehmen mit den zuständigen Landesregierungen für ihren Landesbereich oder Teile davon Beauftragte bestellen und ihnen

seine Befugnisse ganz oder teilweise übertragen. Die Beauftragten unterstehen unmittelbar dem Reichskommissar.

(3) Im übrigen werden die Vorschriften dieses Kapitels von den Landesbehörden ausgeführt. Die Reichs-, Landes- und Gemeindebehörden sowie andere Körperschaften des öffentlichen Rechtes haben die zur Durchführung der Vorschriften dieses Kapitels dienliche Amtshilfe unentgeltlich zu leisten.

1. Der Reichskommissar für Preisüberwachung hat dem Präsidenten des Bayerischen Statistischen Landesamts, Dr. Zahn (München), für Bayern zu seinem Beauftragten bestellt (Reichsanzeiger vom 24. Dezember 1931 abends) und ihn ermächtigt, von den ihm zustehenden Befugnissen Gebrauch zu machen. Diese Bestellung ist gemäß Abs. 2 erfolgt. Der Reichspreiskommissar hat seine Befugnis nicht den bayerischen obersten Landesbehörden übertragen. Der Unterschied besteht darin, daß bei einer Bestellung gemäß Abs. 2 sich der Reichspreiskommissar die unmittelbare Einwirkung sichert, während dies bei einer Übertragung der Befugnisse gemäß Abs. 1 nicht der Fall ist.

2. Zu Abs. 2 vgl. § 7 BefugnisVO. (S. 30). Die Polizeibehörden der Länder haben nicht den Weisungen des Reichspreiskommissars zu entsprechen. Die Weisungen an die Polizeibehörden erfolgen durch die obersten Landesbehörden. Die Anordnung der Maßnahmen im Einzelfall erfolgt durch die Polizeibehörden im Wege der polizeilichen Verfügung und wird durch die ihnen nach Landesrecht zustehenden Zwangsmaßnahmen durchgesetzt (vgl. für Preußen §§ 40, 55 PrPolVerwG. vom 1. Juni 1931). Diese polizeilichen Verfügungen sind im verwaltungsgerichtlichen Verfahren anfechtbar. Soweit das Landesrecht eine Beschwerde im verwaltungsgerichtlichen Verfahren vorsieht, z. B. § 45 Pr. PolVerwG., muß diese dem verwaltungsgerichtlichen Verfahren vorgehen.

Die Polizeibehörden der Länder sollen auf Verlangen des Reichspreiskommissars angewiesen werden, ihm von Zuwiderhandlungen gegen seine Vorschriften und Anordnungen unmittelbar Nachricht zu geben. Praktisch ist naturgemäß nur bei Zusammenarbeiten des Reichspreiskommissars und der Landesbehörden die Durchführung der Preissenkungsaktion möglich. Die Bestellung von Beauftragten gemäß § 5 Abs. 2 wird die praktische Durchführung der Preissenkungsaktion unter Umständen wesentlich erleichtern.

§ 6.

(1) Die Reichsregierung ist ermächtigt, zur Durchführung dieses Kapitels Rechtsverordnungen und allgemeine Verwaltungsvorschriften zu erlassen. Sie kann auch, wenn sie dies für notwendig hält, ergänzende Vorschriften erlassen; sie kann insbesondere Vorschriften über die Art der Durchführung von Preissenkungen, über das Anbringen von Preisschildern und Preisverzeichnissen sowie über die Untersagung der Fortführung von Betrieben und die Schließung von Betriebs- und Geschäftsräumen erlassen. Sie kann das Außerkrafttreten dieses Kapitels oder einzelner Vorschriften von ihm anordnen und dabei die dazu notwendigen Übergangsbestimmungen erlassen.

(2) Soweit der Reichskommissar Vorschriften oder Anordnungen erläßt, kann er dies mit Wirkung für das Reichsgebiet oder Teile davon tun.

Vgl. VO. über Preisschilder und Preisverzeichnisse vom 17. Dezember 1931 (RGBl. I 788).

§ 7.

Die Vorschriften dieses Kapitels treten mit dem Tage der Verkündung in Kraft.

Am 9. Dezember 1931.

Anhang.

Verordnung über die Befugnisse des Reichskommissars für Preisüberwachung.

Vom 8. Dezember 1931 (RGBl. I S. 747).

Auf Grund der §§ 3, 6 des Teiles 1 Kapitel II der Vierten Verordnung des Reichspräsidenten zur Sicherung von Wirtschaft und Finanzen und zum Schutze des inneren Friedens vom 8. Dezember 1931 (Reichsgesetzbl. I S. 699) und des § 1 der Verordnung über Auskunftspflicht vom 13. Juli 1923 (Reichsgesetzbl. I S. 723) wird hiermit verordnet:

§ 1.

Der Reichskommissar kann Vorschriften oder Anordnungen über Preise für lebenswichtige Gegenstände des täglichen Bedarfs oder für lebenswichtige Leistungen zur Befriedigung des täglichen Bedarfs erlassen, insbesondere die den einzelnen Wirtschaftsstufen zufließenden Preisspannen und Zuschläge regeln. Er kann auf die freiwillige Senkung durch die Beteiligten hinwirken oder die Preise, Preisspannen oder Zuschläge durch entsprechende Vorschriften oder Anordnungen senken; er kann nach seinem Ermessen die Preise, Preisspannen oder Zuschläge unmittelbar herabsetzen oder andere hierauf abzielende Maßnahmen treffen.

Zuwiderhandlungen gegen die auf Grund von Abs. 1 erlassenen Vorschriften oder Anordnungen des Reichskommissars können mit Gefängnis, Haft oder Geldstrafe oder mit mehreren dieser Strafen bedroht werden; die Geldstrafe kann in unbeschränkter Höhe angedroht werden.

Siehe Erl. NotVO. Kap. II § 2 (S. 22).

§ 2.

Der Reichskommissar kann die Fortführung von Betrieben, durch die lebenswichtige Gegenstände des täglichen Bedarfs oder lebenswichtige Leistungen zur Befriedigung des täglichen Bedarfs in den Verkehr gebracht werden, untersagen, wenn der Inhaber oder Leiter des Betriebs den auf Grund dieser Verordnung erlassenen Vorschriften oder Anordnungen zuwiderhandelt oder wenn sonst Tatsachen die Annahme rechtfertigen, daß der Inhaber oder Leiter des Betriebs die für den Betrieb erforderliche Zuverlässigkeit nicht besitzt.

Er kann die Schließung der Betriebs- und Geschäftsräume solcher Unternehmungen anordnen.

Die Vorschriften der §§ 20 bis 22, 24, 26, 28 bis 30, 33 der Verordnung über Handelsbeschränkungen vom 13. Juli 1923 in der Fassung der Verordnung vom 26. Juni 1924 und des Gesetzes vom 19. Juli 1926 (Reichsgesetzbl. 1923 I S. 706; 1924 I S. 661; 1926 I S. 413) finden entsprechende Anwendung.

Gegen eine auf Grund des Abs. 1 angeordnete Untersagung der Fortführung eines Betriebs oder Schließung von Betriebs- und Geschäftsräumen kann der Betroffene binnen einer Ausschlußfrist von einer Woche die Entscheidung des Reichswirtschaftsgerichts anrufen. Das Reichswirtschaftsgericht entscheidet endgültig und soll die Entscheidung innerhalb eines Monats seit der Anrufung treffen.

Die auf Grund des Abs. 1 angeordnete Untersagung der Fortführung eines Betriebs oder Schließung von Betriebs- und Geschäftsräumen tritt sofort in Kraft, sofern nicht im Einzelfall anders verfügt wird.

Siehe Erl. NotVO. Kap. II § 3 (S. 23).

§ 3.

Der Reichskommissar kann vorschreiben, daß, wer lebenswichtige Gegenstände des täglichen Bedarfs oder bestimmte Arten solcher Gegenstände in Läden, Schaufenstern, Schaukästen, auf dem Wochenmarkt, in der Markthalle oder im Straßenhandel sichtbar ausstellt oder anpreist, verpflichtet ist, die Ware mit Preisschildern zu versehen, aus denen der genaue Verkaufspreis der einzelnen Ware ersichtlich ist.

Der Reichskommissar kann ferner vorschreiben, daß, wer lebenswichtige Gegenstände des täglichen Bedarfs oder bestimmte Arten solcher Gegenstände im Kleinhandel absetzt, ohne sie sichtbar auszustellen, für die nicht ausgestellten Gegenstände ein Preisverzeichnis gut sichtbar in seinen Läden, Schaufenstern und Schaukästen und an seinem Verkaufsstand anzubringen hat. Der Reichskommissar kann auch vorschreiben, daß, wer lebenswichtige Leistungen zur Befriedigung des täglichen Bedarfs liefert, ein Verzeichnis der hierfür geforderten Preise gut sichtbar in seinen Läden, Schaufenstern und Schaukästen anzubringen hat.

Soweit Vorschriften nach Abs. 1 oder 2 erlassen werden, kann der Reichskommissar bestimmen, daß auf den Preisschildern oder Preisverzeichnissen auch die Art der Gegenstände nach der üblichen Einheit (z. B. Gewicht, Maß, Stückzahl) und nach Sorte, Güte und Herkunft ersichtlich zu machen ist.

Siehe Erl. NotVO. Kap. II § 2 Anm. 2 (S. 22) und VO. über Preisschilder und Preisverzeichnisse vom 17. Dezember 1931 (RGBl. I 788).

§ 4.

Der Reichskommissar kann bestimmen, was als lebenswichtiger Gegenstand des täglichen Bedarfs und was als lebenswichtige Leistung zur Befriedigung des täglichen Bedarfs anzusehen ist.

Siehe Erl. NotVO. Kap. II § 1 Anm. 2 (S. 21).

§ 5.

Der Reichskommissar ist berechtigt, gemäß der Verordnung über Auskunftspflicht vom 13. Juli 1923 (Reichsgesetzbl. I S. 723) Auskunft zu verlangen.

S. Erl. NotVO. Kap. II § 1 (S. 21).

§ 6.

Der Reichskommissar kann beim Vorliegen eines besonderen Bedürfnisses zur Begutachtung von Preisen, Preisspannen und Zuschlägen der im § 1 bezeichneten Art Preisausschüsse aus den beteiligten Kreisen bilden und ihre Befugnisse regeln.

Siehe Erl. NotVO. Kap. II § 2 Anm. 2 (S. 22).

§ 7.

Die obersten Landesbehörden weisen die Polizeibehörden an, die Durchführung der auf Grund des § 3 allgemein vorgeschriebenen Maßnahmen im Einzelfalle durch polizeiliche Verfügung anzuordnen und erforderlichenfalls durch die ihnen nach Landesrecht zustehenden Zwangsmittel durchzusetzen. Ihre Verfügungen können im verwaltungsgerichtlichen Verfahren angefochten werden. Soweit das Landesrecht zunächst eine Beschwerde im Verwaltungsverfahren vorsieht, bleibt dies unberührt. Das Verfahren und die Zuständigkeit der Behörden richten sich nach Landesrecht.

Auf Verlangen des Reichskommissars weisen die obersten Landesbehörden die Polizeibehörden an, ihm von Zuwiderhandlungen gegen Vorschriften und Anordnungen, die auf Grund dieser Verordnung erlassen werden, unmittelbar Nachricht zu geben.

Siehe Erl. NotVO. Kap. II § 5 Anm. 2 (S. 26).

§ 8.

Diese Verordnung tritt mit dem Tage der Verkündung in Kraft.

Berlin, den 8. Dezember 1931.

Der Reichskanzler.
Dr. Brüning.

Der Reichsminister der Finanzen.
H. Dietrich.

Der Reichsminister für Ernährung und Landwirtschaft.
Schiele.

Der Reichswirtschaftsminister.
Warmbold.

Kapitel III.
Zinssenkung.

Erster Abschnitt.
Kapitalmarkt.

§ 1.

(1) Der Zinssatz von Anleihen, die in öffentlichen Schuldbüchern eingetragen oder über die Teilschuldverschreibungen ausgegeben sind (Schuldverschreibungen des Reichs, der Länder, Gemeinden und Gemeindeverbände, Pfandbriefe, Kommunal- und Kleinbahnobligationen, Schuldverschreibungen von Kreditanstalten oder Ablösungsanstalten des privaten oder öffentlichen

Rechtes, Obligationen von Aktiengesellschaften, Kommanditgesellschaften auf Aktien, Gesellschaften mit beschränkter Haftung, Genossenschaften, Einzelpersonen usw.), wird, wenn er 8 vom Hundert oder weniger, aber mehr als 6 vom Hundert beträgt, auf 6 vom Hundert, wenn er mehr als 8 vom Hundert beträgt, im Verhältnis von 8 zu 6 herabgesetzt.

(2) Soweit der Zinssatz mehr als 12 vom Hundert beträgt, wird der 12 vom Hundert übersteigende Teil des Zinssatzes im Verhältnis von 8 zu 4 herabgesetzt; im übrigen gilt Abs. 1.

(3) Ergibt sich als herabgesetzter Zinssatz eine Zahl, die nicht in volle Viertel teilbar ist, so wird sie nach oben auf ein volles Viertel abgerundet.

(4) Die Herabsetzung gilt nur für Zinsen, die für einen nach dem Inkrafttreten dieses Abschnitts liegenden Zeitraum geschuldet werden.

1. Die Zinssenkung ist ein Glied in der Reihe der Maßnahmen zur Senkung der Gestehungskosten und Preise. Die deutsche Wirtschaft muß sich ihre Exportfähigkeit trotz der Hemmnisse durch Währungsverschlechterung und zollpolitische Absperrmaßnahmen in anderen Ländern erhalten, um ihre ausländischen Anleihen verzinsen und tilgen und ihre kurzfristigen Auslandskredite zurückzahlen zu können. Diesem Ziele, unter gleichzeitiger Wahrung der Absatzfähigkeit im Inlande, dient neben der Anpassung gebundener Preise an die veränderte Wirtschaftslage, dem Schutze gegen Überteuerung sowie der Senkung der Löhne vornehmlich die Zinssenkung.

2. Die Zinssenkung erfolgt bei Anleihen (§ 1) und langfristigen Forderungen (§ 2), nicht aber bei kurzfristigen, bei denen die Preissenkung durch die im zweiten Abschnitt dieses Kapitels vorgesehenen Maßnahmen erreicht werden soll. Die Unterscheidung der durch § 1 und § 2 von der Zinssenkung betroffenen Fälle ist nach § 4 III bedeutsam (Hinaus-

schiebung der Kündbarkeit). Auch Aufwertungsanleihen (-obligationen) werden von der Zinssenkung erfaßt.

3. Eine Anleihe liegt vor, wenn Massendarlehen aufgenommen werden. Der Kreditnehmer wendet sich zur Beschaffung der von ihm benötigten Geldmittel nicht an einzelne, sondern an den Kapitalmarkt. Die aufzunehmende Summe wird in Teilabschnitten, die über bestimmte planmäßig aufgestellte Summen lauten, aufgebracht; auch die Rückzahlung erfolgt in der Regel planmäßig.

Die VO. trifft zwei Arten von Anleihen: die in öffentlichen Schuldbüchern eingetragenen und diejenigen, für welche Schuldverschreibungen ausgegeben sind. Ein öffentliches Schuldbuch ist ein amtliches Register, in welches Anleiheforderungen gegen die buchführende öffentlich-rechtliche Korporation eingetragen werden (z. B. Reichsschuldbuch-, Staatsschuldbuchforderungen; vgl. EG.BGB. Art. 97). — Teilschuldverschreibungen liegen vor, wenn die Art der Verbriefung die einzelnen Urkunden aus dem Bereich der Individualität herausnimmt und zu fungiblen marktfähigen Sachen gestaltet. Üblicherweise werden sie unter fortlaufenden Nummern in großer Anzahl ausgegeben. (Sog. Schuldscheindarlehen, Darlehen, über die ein einheitlicher Schuldschein ausgestellt, können nur unter § 2 fallen; vgl. Schlegelberger, Zinssenkung [2] S. 11.) Die Übertragung kann auch an die Genehmigung des Ausstellers geknüpft werden, nur dürfen nicht materielle Bindungen in der Weiterveräußerung bestehen, auch dürfen nicht verschiedenartige Rechte gewährt oder nichtmarktfähige Beträge verbrieft werden (vgl. Strutz, Einkommensteuergesetz zu § 37 Anm. 26). Von wem sie ausgegeben werden, ist unerheblich. Das Gesetz führt nur Beispiele von Schuldverschreibungen an; es fehlen z. B. die Teilschuldverschreibungen der Gewerkschaften und Kirchenverbände (vgl. auch Staub-Könige HGB. [12] zu § 363 Anm. 22). Unerheblich ist, ob die Schuldverschreibungen Inhaber-, Namenpapier oder durch Blankoindossament übertragbar sind.

Unter § 1 fallen nur inländische Anleihen; betreffs der im Ausland begebenen Schuldverschreibungen siehe § 7 und

Erste DurchfVO. Art. 17 Abs. 1. In welcher Währung die Wertpapiere ausgestellt sind, ist unerheblich, auch ob sie auf einen bestimmten Geldbetrag ausgestellt, wertbeständige Anleihen oder Sachwertanleihen sind (z. B. Roggenanleihen). Ob der Gläubiger Inländer oder Ausländer ist, ist ohne Belang. Der Ausländer, der — gleichviel, wo — in Deutschland begebene Schuldverschreibungen oder Pfandbriefe gekauft hat, wird also von der Zinssenkung betroffen.

4. Nach § 1 wird der Zinssatz gesenkt, nach § 2 die Zinsen. Dies ist sachlich dasselbe. Zinsen sind die vom Schuldner zu entrichtenden fortlaufenden Vergütungen für den Gebrauch eines in Geld oder anderen vertretbaren Sachen bestehenden Kapitals, ausgedrückt in einem Teilbetrag der geschuldeten Menge (vgl. Endemann II § 122). Herabzusetzen ist nicht nur der durch eine Zahl, sondern nach einem Maßstab (z. B. Reichsbankdiskont) errechnete Zinssatz (Erste DurchfVO. Art. 2). Unter § 1 fallen daher nicht Aktien, auch nicht solche Aktien, deren Dividende garantiert ist; z. B. die Aktien eines verpachteten Unternehmens, dessen Aktionären der Pächter eine bestimmte Dividende garantiert hat. Der Damno gehört nicht zu den Zinsen; er ist eine einmalige, keine fortlaufende Vergütung. Verzugs- und wegen Nichtbewirkung von Nebenleistungen zu leistende Zuschläge gelten auch dann nicht als Zinsen, wenn sie als solche bezeichnet sind (Art. 3 Abs. 1 Erste DurchfVO.); Verzugs- und Strafzinsen, wie sie z. B. von Hypothekenbanken bei unpünktlicher Zinszahlung vereinbart sind, werden also nicht herabgesetzt. Eine Verzinsung liegt nicht vor, wenn der Schuldner bei Rückzahlung des Kapitals einen Aufschlag (Agio) zahlt. Ein von der Höhe des Reingewinns einer Aktiengesellschaft abhängiger Zuschlag, der neben einem festen Zins gewährt wird, ist kein Zins, sondern Gewinnanteil (RG. 86, 400), unterliegt also schon deswegen nicht der Senkung. Nach der Ersten DurchfVO. Art. 3 Abs. 2 gilt dies aber für jeden Zuschlag, der nach dem Geschäftsergebnis des Schuldners zu leisten ist. Diese ausdrückliche Bestimmung ist wichtig; denn ein Zins liegt nach RG. 118, 156 auch dann vor, wenn seine Höhe nicht unmittelbar

ziffernmäßig feststeht, sondern sich nach bestimmten, möglicherweise zu einem wechselnden Ergebnis führenden Umständen richtet, wie z. B. nach irgendwelchen geschäftlichen Verhältnissen des Schuldners oder eines Dritten, und auch nach der Dividende, die eine Aktiengesellschaft verteilt, sei es die Schuldnerin selbst oder eine andere (vgl. aber auch RFH. 27, 263; RFH. in RStBl. 31, 558). Auch Zuschläge, die von der *Dividende* des Schuldners oder eines mit ihm wirtschaftlich verbundenen Dritten (z. B. Tochter-, Schwester-, Dachgesellschaft) abhängen, sind nicht als Zinsen im Sinne der VO. anzusehen, obwohl die Dividende nicht vom Geschäftsergebnis des einzelnen Geschäftsjahrs abzuhängen braucht. Auch *Umsatzvergütungen* sind nicht als Zinsen zu behandeln.

5.

Ein Zins von .. v. H.	wandelt sich in einen Zins von .. v. H.	Ein Zins von .. v. H.	wandelt sich in einen Zins von .. v. H.
6	6	12	9
7	6	12¼	9
8	6	12½	9¼
8¼	6¼	12¾	9½
8½	6½	13	9½
8¾	6¾	13¼	9¾
9	6¾	13½	9¾
9¼	7	13¾	10
9½	7¼	14	10
9¾	7½	14¼	10¼
10	7½	14½	10¼
10¼	7¾	14¾	10½
10½	8	15	10½
10¾	8¼	15¼	10¾
11	8¼	15½	10¾
11¼	8½	15¾	11
11½	8¾	16	11
11¾	9		

Zuschläge gemäß § 2 Abs. 2 sind hierbei nicht berücksichtigt. Eine Herabsetzung von Zinsen bis 6 v. H. findet nicht statt. Ist der Zins ein wechselnder, richtet er sich z. B. nach dem Reichsbankdiskont, so ist der jeweils geltende Zinssatz für die Zeit seiner Geltung entsprechend der Vorschrift herabzusetzen.

8- und 7prozentige Pfandbriefe und Obligationen werden in 6prozentige konvertiert.

Liquidationspfandbriefe der Hypothekenbanken und Mobilisierungsgoldpfandbriefe werden auf 5½ v. H. Zins herabgesetzt (vgl. § 1 VO. vom 11. Juni 1931 — RGBl. I 337 —).

6. Nach § 5 erlischt die Forderung oder Grundschuld für die nach § 2 Abs. 1 herabgesetzten Zinsen; diese Bestimmung gilt auch für die nach § 1187 BGB. bestellte Sicherungshypothek (Erste DurchfVO. Art. 15).

7. Die Herabsetzung gilt nur für Zinsen, die für die Zeit nach dem 1. Januar 1932 geschuldet werden (§ 12). Sind also Zinsen für die Zeit vom 1. Oktober 1931 bis 31. März 1932 für eine bisher mit 8 v. H. verzinsliche Industrieobligation von 1000 RM zu zahlen, so sind 20 RM + 15 RM = 35 RM Zinsen zu zahlen.

8. Verzichte auf die Zinssenkung, die vor dem 9. Dezember 1931 erfolgt sind, sind nichtig (Erste DurchfVO. Art. 4). Die nach dem 9. Dezember 1931 vereinbarte Ausschließung der Zinssenkung ist wirksam, wenn die Beteiligten die durch die NotVO. vorgesehene Zinssenkung ausschließen wollten (Erste DurchfVO. Art. 5 Abs. 1).

§ 2.

(1) Die Vorschriften des § 1 gelten entsprechend für Zinsen von Forderungen, einschließlich der Hypotheken, sowie von Grundschulden, wenn die regelmäßige Fälligkeit nicht früher als ein Jahr nach ihrem Entstehen eintritt.

(2) Nicht gekürzt wird der Verwaltungskostenbeitrag, der bei Forderungen oder Grundschulden vereinbart ist, die zur Zeit des Inkrafttretens dieser Verordnung einer Hypothekenbank, einer Schiffspfandbriefbank oder einer öffentlich-rechtlichen Kredit-

anstalt im Sinne des Gesetzes vom 21. Dezember 1927 (Reichsgesetzbl. I S. 492) zustehen; ist ein Verwaltungskostenbeitrag nicht besonders vereinbart, so gilt nach näherer Bestimmung der Durchführungsvorschriften ein Teil des bisherigen Zinssatzes als Verwaltungskostenbeitrag.

1. § 2 bezieht sich auf Zinsen von Forderungen, gleichviel welcher Art, nicht nur aus Darlehn, sondern z. B. auch aus Kauf, Werkvertrag, vorausgesetzt, daß ihre regelmäßige Fälligkeit mindestens ein Jahr nach ihrem Entstehen eintritt. Unerheblich ist, ob und in welcher Weise die Forderungen gesichert sind, durch Grundstücks-, sonstiges Pfand, Sicherheitsübereignung, ob der Schuldner mit seinem ganzen Vermögen haftet oder nur mit gewissen Vermögensteilen. Auch Grundschulden fallen unter § 2, Rentenschulden nur, wenn die Renten sich als fortlaufende Vergütung für den Gebrauch eines Kapitals darstellen. (Wenn die Rente nicht im bestimmten Verhältnis zur Rentenschuld steht, kommt für sie ein zinsartiger Charakter nicht in Frage.) Dienen Rentenschulden zur Deckung von Rentenbriefen, deren Verzinsung ja nach § 1 herabgesetzt ist, so ist der Zinssatz zu kürzen (ähnlich Münzer in JW. 1931, 622; abw. Schlegelberger a. a. O. 17). Reallastleistungen fallen unter § 2 nur, wenn die Reallasten zur Sicherung von Darlehen bestellt sind und die einzelnen Leistungen wirtschaftlich Zinsen darstellen (RGZ. 85, 247). Amortisationsraten sind nicht Zinsen. Betreffs Zusatzvergütungen in Gewinnanteilen, Dividenden, Umsatzvergütungen § 1 Anm. 4.

2. § 2 betrifft alle „Forderungen, deren regelmäßige Fälligkeit nicht früher als ein Jahr nach ihrem Entstehen eintritt". Ob eine Forderung unter besonderen Umständen (z. B. unpünktlicher Zinszahlung) vorzeitig fällig wird, ist unerheblich (§ 4 Abs. 5). Aber die Länge der Laufzeit ist nicht allein entscheidend (Erste DurchfVO. Art. 8). Es muß sich außerdem um eine Forderung des Kapitalmarktes, nicht des Geldmarktes handeln (vgl. Schlegelberger a. a. O. 16).

3. Der Zinsherabsetzung unterliegen, weil dem Kapitalmarkt angehörend, auch Forderungen, die für unbestimmte Zeit begründet sind und deren Fälligkeit von einer Kündigung abhängt, wenn die Kündigung nicht für einen Zeitpunkt ausgesprochen worden ist, der innerhalb eines Jahres seit dem Entstehen der Forderung (Hypothek) oder Grundschuld liegt (Erste DurchfVO. Art. 7 Abs. 1). Ist also z. B. ein Darlehen von 10 000 RM am 1. Januar 1930 auf unbestimmte Zeit gegeben worden, aber bisher nicht gekündigt, oder für einen Zeitpunkt nach dem 31. Dezember 1931 gekündigt, so unterliegt die Forderung der Zinssenkung. Auch wird ihre Kündbarkeit hinausgeschoben (§ 4 Abs. 1). Durch diese Bestimmung werden auch Sparkassenhypotheken betroffen (amtl. Erl.).

Forderungen (Hypotheken) und Grundschulden, deren Fälligkeit durch Stundung hinausgeschoben worden ist, unterliegen der Zinssenkung, wenn die am 1. Januar 1932 laufende Stundungsfrist mindestens ein Jahr beträgt. Beträgt die Stundungsfrist weniger als ein Jahr, so werden die Zinsen der Forderung nicht herabgesetzt; wenn also z. B. eine Forderung am 31. März 1930 fällig war und dann von Vierteljahr zu Vierteljahr gestundet worden ist, so tritt eine Zinsherabsetzung nicht ein. Dies gilt auch für den Fall, daß eine bestimmte Stundung überhaupt nicht gewährt worden ist, sondern die infolge Kündigung fällig gewordene Forderung stehengeblieben ist, weil sie eben nicht bezahlt werden konnte. Damit fallen die eingefrorenen Kredite aus der Zinssenkung heraus.

4. Ohne daß es auf die Fälligkeit ankommt, unterliegen, weil dem Geldmarkt angehörend, folgende Forderungen nicht der Zinsherabsetzung (Erste DurchfVO. Art. 8):

a) Forderungen im Rahmen eines bankmäßigen Personalkreditgeschäfts. Die amtliche Erläuterung betont, daß es sich um einen rein bankmäßigen Personalkredit handeln muß. Personalkredit steht im Gegensatz zum Realkredit; aber der Personalkredit braucht nicht ein Blankokredit zu sein. Hat der Bankkunde für seine Schulden bei der Bank Wechsel gegeben, Forderungen abgetreten, Waren zur Sicherheit übereignet, hat er für seine sämtlichen Schulden gegenüber der Bank eine Sicherungshypothek bestellt, so bleibt der Kredit ein Personalkredit; er hört auf, ein Personalkredit zu sein, wenn für eine spezielle Schuld, z. B. für ein Darlehen von 100 000 RM, eine Verkehrs- oder Sicherungshypothek bestellt wird. — Notwendig ist ferner, daß der Kredit ein bankmäßiger ist, d. h. daß er im Rahmen des üblichen von Banken ihren Kunden gewährten Kredits gewährt wird, unter den üblichen Bankbedingungen, die in einzelnen Punkten den Erfordernissen des Einzelfalls angepaßt sein können. Die Tatsache, daß die Bank an dem Unternehmen beteiligt ist, ihre Vertreter im Aufsichtsrat des Unternehmens sitzen, hindert nicht die Gewährung eines bankmäßigen Personalkredits. Äußeres Kennzeichen des bankmäßigen Kredits ist vor allem die Aufnahme in das Kontokorrent und ein Wechseln in der Höhe der Schuld. Daß der Kredit eingefroren ist, ist ohne Belang. Hat also z. B. eine Bank einem Unternehmen, an dem sie durch Aktienbesitz beteiligt ist, einen für 1½ Jahre festen, in der üblichen Weise gesicherten Personalkredit gegeben, so unterliegt dieser Kredit nicht der Zinsherabsetzung. Ein bankmäßiger Personalkredit kann auch von anderen als Banken gewährt werden;

b) sog. Zwischenkredite, bei denen Hypothekenbanken oder andere Realkreditinstitute beabsichtigen, langfristige Kredite zu geben, zunächst aber gezwungen sind, einen Zwischenkredit, der häufig auch länger als ein Jahr dauert, zu geben. Es wird Sache der Regierung sein, zu kontrollieren, daß die Hypothekenbanken nicht dieses Privileg dazu mißbrauchen, sich die hohen Zinsen für den Kredit durch Hinauszögerung der Hypothekenbewilligung zu erhalten;

c) sog. Policedarlehen, d. h. die Vorschüsse, welche der Versicherer auf Grund des Versicherungsvertrages bis zur Höhe des Rückkaufswertes (der Rückvergütung) auf

Antrag gewährt (§ 6 AllgTodesfallVersbdg.; Bruck, VersR. 400);

d) Forderungen aus Darlehen, die aus Gefälligkeit oder sonst unter Umständen gegeben worden sind, aus denen zu entnehmen ist, daß eine langfristige Kreditgewährung nicht beabsichtigt war. Die Bestimmung wird besonders in Fällen des Art. 7 Abs. 1 der Ersten DurchfVO. von Bedeutung sein. Das Gefälligkeitsdarlehen ist nur ein Beispiel. Ist ein Darlehen eine Vermögensanlage im Sinne des § 63 AufwG., so ist eine langfristige Kreditgewährung beabsichtigt. Will sich der Darlehnsgeber auf eine geraume Zeit von der Sorge um die Erhaltung der Vermögenswerte befreien, so spricht dies für eine langfristige Kreditgewährung (RG. in JW. 26, 149). Darlehen, die aus Gefälligkeit, Freundschaft, Hilfsbereitschaft gewährt werden, fallen nicht unter die Bestimmung. Daß sich der Darlehnsgeber eine Verzinsung im mäßigen Rahmen ausbedungen hat, spricht nicht dagegen, daß es sich um ein Gefälligkeitsdarlehen handelt. Brauereidarlehen, die zur Steigerung des Bierabsatzes gegeben werden, werden im allgemeinen nicht als langfristige Kreditgewährung anzusehen sein, zumal wenn der Fall des Art. 7 Abs. 1 Erste DurchfVO. vorliegt. Forderungen, die wirtschaftlich Kautionen sind, auch wenn sie in Form von Darlehen gewährt sind, werden nicht als langfristiger Kredit zu gelten haben.

5. Auch ausländische Zinsgläubiger werden von der Zinssenkung betroffen, ausländische Schuldner insoweit, als nach den Regeln des deutschen internationalen Privatrechts deutsches Recht für die Erfüllung ihrer Schuldverbindlichkeiten maßgeblich ist. Ausländische Eigentümer deutscher Grundstücke werden also für die Hypothekenzinsen die Vorteile der Zinsermäßigung genießen, auch soweit sie persönliche Schuldner der der Hypothek zugrunde liegenden Forderungen sind. Auch für diese wird regelmäßig deutsches Recht maßgeblich sein, da dies dem — zum mindesten stillschweigend erklärten — Willen beider Parteien

entspricht und auch nach dem objektiven Moment des natürlichen Zusammenhanges deutsches Recht als dasjenige, zu dem das Rechtsverhältnis die engsten Beziehungen hat, anzuwenden ist (vgl. Frankenstein in Int. Privatrecht I, 180; Düringer-Hachenburg-Geiler I, 61 ff.). Wenn die Hypothek indessen eine Sicherungshypothek ist, wird die Tatsache der Bestellung der Hypothek auf dem deutschen Grundstück nicht ausschlaggebend sein.

6. Betreffs des Zeitpunkts der Zinssenkung siehe § 1 Anm. 6. Zinsrückstände aus der Zeit vor dem 1. Januar 1932 können in alter Höhe gefordert werden. Vorausgezahlte Zinsen können in Höhe des durch die Zinssenkung verringerten Zinsbetrages zurückgefordert werden (BGB. § 812 I 2).

7. Übergangsrecht. Folgende Perioden sind zu unterscheiden:

a) die Zeit bis zum 8. Dezember 1931 einschließlich,
b) die Zeit vom 9. bis 31. Dezember 1931,
c) die Zeit nach dem 31. Dezember 1931.

Zu a: In vereinzelten Fällen haben Gläubiger, die in der letzten Zeit vor Verkündung der Notverordnung Darlehen gegeben haben, mit ihren Schuldnern vereinbart, daß sie auf eine gesetzliche Zinsherabsetzung verzichten oder die Hauptforderung im Falle einer gesetzlichen Zinssenkung fällig, vorzeitig kündbar oder mit einem Aufgeld zurückzuzahlen ist oder daß die Fälligkeit oder die Rückzahlung mit einem Aufgeld eintreten soll, wenn die Zinsen gesenkt werden. Diese Vereinbarungen sind nach Art. 4 der Ersten DurchfVO. nichtig.

Zu b: Der Herabsetzung unterliegt auch der Zinssatz einer Forderung (Hypothek) oder Grundschuld, der in der Zeit vom 9. bis 31. Dezember 1931 vereinbart worden ist. Indessen tritt die Herabsetzung nicht ein, wenn die Beteiligten die durch die Notverordnung vorgesehene Zinsherabsetzung ausschließen wollten (Art. 5 Abs. 1 NotVO.).

Es kommt hier also auf den Willen der Beteiligten an, der indessen im Prozeß beweisbar sein muß, sich also aus den Umständen ergeben oder sich nach außen kundgetan haben muß.

In den Schuldurkunden, die zwischen dem 9. und 31. Dezember 1931 aufgenommen worden sind, ist häufig ausdrücklich bestimmt, daß die Zinsherabsetzung nicht gelten soll; dann können Zweifel nicht bestehen. Bisweilen ergibt sich dieser Wille aber auch aus nebenher aufgenommenen Erklärungen, aus dem Schriftwechsel oder auch aus dem Inhalt der mündlichen Besprechungen. Zeugenbeweis für den Beweis des Willens der Ausschließung der Zinsherabsetzung ist zulässig. Es gibt aber auch Fälle, in denen überhaupt nicht über die Frage der Zinsherabsetzung gesprochen worden ist, weil beide Teile irrtümlich annahmen, daß für den Fall der Aufnahme der Schuldurkunde nach Verkündung der Notverordnung die Zinsherabsetzung nicht eintrete, was freilich mit § 12 NotVO. nicht zu vereinen ist. Wenn dies nachgewiesen werden kann, so liegt der Wille der Ausschließung der Zinsherabsetzung vor. Im übrigen spricht überhaupt eine gewisse wirtschaftliche Wahrscheinlichkeit dafür, daß bei Zinsvereinbarungen, die in Kenntnis der Notverordnung getroffen worden sind, die Zinsherabsetzung nicht dem Willen der Parteien entsprach.

Bisweilen haben Parteien, die vor dem 9. Dezember 1931 eine Zinsvereinbarung getroffen haben, zwischen dem 9. und dem 31. Dezember 1931 die Vereinbarung wiederholt, bisweilen ist auch der Gläubiger dem Schuldner entgegengekommen, indessen ohne daß die volle Senkung des Zinssatzes entsprechend der Notverordnung eintrat. Diese Vereinbarungen sind als rechtswirksam anzusehen, da es vom 9. Dezember 1931 ab allgemein zulässig war, die Wirkungen der Zinsherabsetzung auszuschließen.

Zu c: Vom 1. Januar 1932 ab kann der Zinssatz frei vereinbart werden. Der Senkung dieser Zinsen dienen die Maßnahmen des Reichskommissars für das Bankgewerbe (Kap. III 2. Abschn.) und die Wiederinkraftsetzung des § 247 BGB. (NotVO. § 8).

Nach § 12 NotVO. war anzunehmen, daß eine Zinsherabsetzung auch bei den Forderungen nicht eintritt, zu deren Begründung sich der Gläubiger vor dem 1. Januar 1932 verpflichtet hatte, die aber erst nachher entstanden, also z. B. wenn eine Hypothek am 5. oder 10. Dezember 1931 bewilligt war, die Auszahlung aber erst am 2. Januar 1932 erfolgen sollte. Der Zins dieser Forderungen wird durch Erste DurchfVO. Art. 6 Satz 1 nunmehr herabgesetzt. Der Darlehnsgeber kann auch nicht vom Vertrage zurücktreten; er muß das Darlehen gewähren. Der rechtspolitische Grund dieser neuen Bestimmung, die eine Abänderung des § 12 NotVO. darstellt, liegt (nach Schlegelberger a. a. O. S. 18) darin, daß es zu unerträglichen Ergebnissen geführt hätte, wenn die neue Hypothek zur Ablösung einer im Zins gesenkten Hypothek bestimmt ist, da in Höhe der Zinssenkung die alte Hypothek erlischt (§ 5 NotVO.), der Schuldner also nicht in der Lage ist, dem Geber der neuen Hypothek den zugesagten Rang auch für den übersteigenden Zins zu gewähren. Zweifellos wäre die Ablösung vieler am 1. Januar 1932 fälliger Hypotheken unmöglich gewesen und ein gefährlicher wirtschaftlicher Wirrwarr entstanden. Freilich ist dieser Wirrwarr nicht völlig beseitigt worden; denn nur für die Hypothekenzusagen, die vor dem 9. Dezember 1931 erfolgt sind, tritt die Zinssenkung der neuen Hypothek stets ein, nicht aber in den Fällen, in denen die Verpflichtung zwischen dem 9. und 31. Dezember erfolgt ist, sofern die Parteien, was hier regelmäßig der Fall war, die gesetzliche Zinsherabsetzung ausschließen wollten (Beleihungszusagen sind freilich in der Zeit von Verkündung der Notverordnung bis zur Verkündung der Ersten DurchfVO. nur in sehr geringer Zahl gegeben worden). Siehe hierzu § 5 Anm. 2.

8. Nach Abs. 2 bleiben die Hypothekenbanken usw. (Erste DurchfVO. Art. 9), soweit sie besondere Verwaltungskostenzuschläge berechnen, für diese Zuschläge von der Zinssenkung befreit; mit diesen Zuschlägen decken die Institute die Kosten für Ausfälle, Verwaltung u. ä. Vielfach wird der Verwaltungskostenzuschlag nicht besonders berechnet; er liegt vielmehr in der Zinsspanne. Wenn z. B. Hypothekenbanken für die 7prozentigen Pfandbriefe 7½prozentige Hypotheken als Unterlagen haben und den Zinssatz für beide auf 6 v. H. herabsetzen, dann bliebe ihnen ohne eine Sonderregelung keine Zinsspanne, aus der die Verwaltung und die Unkosten der Bank gedeckt werden können. Die VO. sieht daher vor, daß in diesen Fällen ein gewisser Teil

des Zinssatzes als Verwaltungskostenbeitrag abgesondert und nicht gesenkt wird. Dies gilt auch bei Sparkassen, weil diese ohne eine Zinsspanne nicht auskommen könnten. Die Sparkassen werden nach Herabsetzung der Habenzinsen im Durchschnitt zwischen etwa 4½ und 5 v. H. für ihre Einlagen vergüten. Wenn die Institute nun für ihre Hypotheken bloß 6 v. H. erhalten, würden sie, da sie 80 v. H. ihrer Gelder in Werten angelegt haben, die der Zinssenkung unterliegen, mit der Spanne nicht auskommen. Infolgedessen ist auch für die Sparkassen eine Absonderung des Verwaltungskostenbeitrages zugelassen. Für Versicherungsgesellschaften ist dies indessen nicht geschehen.

Die DurchfVO. scheidet folgende Höchstsätze aus dem Zins als Verwaltungskostenbeitrag aus: regelmäßig ½ v. H., für Hypotheken bis einschließlich 15 000 RM ¾ v. H., bei Beteiligung mehrerer Kreditinstitute hintereinander an einer Kreditgewährung gilt ein Gesamthöchstsatz von je ⅓ v. H., bei Hypotheken bis zu 15 000 RM tritt an Stelle ⅓ v. H. ½ v. H. Art. 10 Abs. 4 Erste DurchfVO. sieht die Möglichkeit einer abweichenden Regelung vor. Nach Art. 11 Erste DurchfVO. dürfen bei sog. Disagiodarlehen, d. h. wenn der Schuldner ein Zusatzdarlehen zu seinem Hauptdarlehen erhalten hat, um das Damnum — die VO. spricht von Deckung der Geldbeschaffungskosten — wieder einzubringen, die Tilgungsquoten für dieses Darlehen nicht gesenkt werden, wie Amortisationsbeträge ja überhaupt nicht der Zinssenkung unterliegen. Sie dürfen daher auch nicht in Pfandbriefen zurückgezahlt werden. Beispiel: Hat eine 8prozentige Pfandbriefemission, auf Grund deren eine Hypothek bewilligt worden ist, bei einem Hypothekenzins von 8½ v. H. nur eine Auszahlung von 96 gestattet, so ist bisweilen dem Eigentümer volle Auszahlung gewährt worden, also ein Zusatzdarlehen, das durch eine Erhöhung des Zinssatzes, in Wirklichkeit durch Amortisationsbeträge zu tilgen ist. Dieser Fall ist bei 8prozentigen Pfandbriefen ziemlich selten, bei 7prozentigen Pfandbriefen häufiger. Hier kommt also zu dem Verwaltungskostenbeitrag die Amortisationsquote für das Zusatzdarlehen und unter Umständen der Auslandsanleihenzuschlag (§ 7 Erl. 3).

§ 3.

Die nach § 1 Abs. 1 des Gesetzes über die Fälligkeit und Verzinsung der Aufwertungshypotheken vom 18. Juli 1930 (Reichsgesetzbl. I S. 300) über 5 vom Hundert hinaus zu leistenden Mehrzinsen (Aufwertungszinszuschlag) werden auf 1 vom Hundert herabgesetzt.

1. Vom 1. Januar 1932 sollten für Aufwertungshypotheken 7½ v. H. Zinsen gezahlt werden (5 v. H. + 2½ v. H. Aufwertungszinszuschlag; Fälligkeitsgesetz vom 18. Juli 1930 § 1 Abs. 1). Der Aufwertungszinszuschlag wird nunmehr auf 1 v. H. herabgesetzt, so daß vom 1. Januar 1932 für Aufwertungshypotheken 6 v. H. Zinsen zu zahlen sind.

Die Herabsetzung auf 6 v. H. gilt für ungekündigte Aufwertungshypotheken, für Aufwertungshypotheken, für die eine Zahlungsfrist bewilligt oder eine einstweilige Anordnung ergangen ist, daß sie bis zur Entscheidung auf den Zahlungsfristenantrag nicht zurückgezahlt werden brauchen.

2. § 3 gilt nicht für Aufwertungshypotheken, für die ein von der gesetzlichen Regelung abweichender Zinssatz vereinbart ist; ist z. B. vom 1. Januar 1932 ab auf Grund Vergleichs vor der Aufwertungsstelle oder durch sonstigen Vergleich der Zins auf 9 v. H. erhöht, so sind gemäß § 2 NotVO. 6¾ v. H. Zinsen zu zahlen. Hat der Schuldner gegen Verlängerung des Laufs der Aufwertungshypothek eine bestimmte Summe gezahlt (Damnum), so wird diese Summe bei der Herabsetzung der Verzinsung nicht berücksichtigt, da sie als einmalige Vergütung keine Verzinsung darstellt.

3. Betreffs der Liquidationspfandbriefe siehe § 1 Anm. 5 am Ende.

§ 4.

(1) Forderungen und Grundschulden der in §§ 1, 2 bezeichneten Art, deren Zinsen nach diesem Abschnitt herabgesetzt sind, kann der Gläubiger nicht vor dem 31. Dezember 1933 kündigen. Ist die Kündigung ver-

traglich für eine bestimmte Frist ausgeschlossen, so verlängert sich diese Frist um zwei Jahre. Durch die Verlängerung wird die Frist über den 31. Dezember 1935 hinaus nicht erstreckt. Ist die Kündigung vertraglich erst zu einem nach dem 31. Dezember 1935 liegenden Termin zulässig, so behält es dabei sein Bewenden.

(2) Bereits ausgesprochene Kündigungen bleiben wirksam.

(3) Für die Fälligkeit der in § 1 Abs. 1 genannten Anleihen bleibt es bei den bisherigen Bestimmungen.

(4) Die Kreditinstitute der in § 2 Abs. 2 bezeichneten Art können den Tilgungsplan ihrer Pfandbriefe und Schuldverschreibungen ändern, wenn durch die im Abs. 1 vorgesehene Änderung der Fälligkeit die Rückzahlung der zur Deckung dienenden Forderungen oder Grundschulden hinausgeschoben wird.

(5) Bestehende Vereinbarungen und Satzungsbestimmungen, nach denen die Forderung oder die Grundschuld vorzeitig fällig wird, sowie die Rechte des Gläubigers nach den §§ 1133 bis 1135 des Bürgerlichen Gesetzbuchs bleiben unberührt.

(6) Das Kündigungsrecht des Schuldners und des Eigentümers des belasteten Grundstücks wird durch die Vorschriften dieses Abschnitts nicht beschränkt.

(7) Die Fälligkeitsvorschriften des Gesetzes über die Fälligkeit und Verzinsung der Aufwertungshypotheken vom 18. Juli 1930 (Reichsgesetzbl. I S. 300) und der Verordnung vom 10. November 1931 (Reichsgesetzbl. I S. 667) bleiben unberührt.

1. Die Wirkung der Zinsherabsetzung für die alten Forderungen (Hypotheken) unter Aufrechterhaltung der freien Vereinbarung vom 1. Januar 1932 ab wäre die Kündigung der alten Forderungen zum nächsten zulässigen Termin gewesen; darum führt § 4 Abs. 1 ein Kündigungsverbot für zwei

Jahre ein. Forderungen, die vereinbarungsgemäß an einem bestimmten Tage fällig werden, ohne daß es einer Kündigung bedarf, werden durch § 4 nicht berührt. Dies ergibt sich aus dem § 4 Abs. 1 und 2 NotVO. und Erste DurchfVO. Art. 12. Die Fälle, in denen nach der getroffenen Vereinbarung die Fälligkeit von selbst eintritt, könnten schwerlich anders behandelt werden wie diejenigen, in denen die Kündigung vor Inkrafttreten des Gesetzes erfolgt ist: diese Kündigungen bleiben wirksam (Abs. 2). Infolgedessen wird nicht nur gemäß § 12 NotVO. die Fälligkeit der am 31. Dezember 1931 rückzahlbaren Hypotheken, sondern auch der später, z. B. am 31. Juni 1932, ohne Kündigung rückzahlbaren Hypotheken nicht hinausgeschoben, auch nicht der am 31. Dezember 1931 rückzahlbaren Aufwertungshypotheken oder der Aufwertungshypotheken, deren Rückzahlungstermin durch Vereinbarung oder Spruch der Aufwertungsstelle zu einem späteren Zeitpunkt ohne Kündigung erfolgen soll. Ist indessen bei der Vereinbarung der Verlängerung des Laufs von Aufwertungshypotheken eine Kündigungsfrist bestimmt worden, so wird diese gemäß § 4 Abs. 1 NotVO. hinausgeschoben.

Die Bestimmung der VO., daß die Fälligkeit der ohne weiteres rückzahlbaren Hypotheken nicht hinausgeschoben wird, ist rechtspolitisch kaum verständlich: denn es hängt vom Zufall ab, von der Gewohnheit des beurkundenden Notars, dem benutzten Formular u. ä., ob die Kündbarkeit oder die automatische Fälligkeit vereinbart worden ist. Ein Unterschied in der wirtschaftlichen Bewertung der Hypotheken bestand nicht; wirtschaftlich gleichliegende Fälle sollten aber von der Gesetzgebung gleichmäßig behandelt werden, wie dies auch Aufgabe der Rechtsprechung ist. (Dieser Grundsatz wird vom RFH. immer wiederum mit besonderem Nachdruck betont.)

2. Nur für Forderungen (Hypotheken) und Grundschulden, deren Zinsen herabgesetzt sind, besteht die Kündigungsbeschränkung, also nicht für Forderungen und Grundschulden mit einem Zinssatz von 6 v. H. und weniger; diese Forderungen fallen nicht unter §§ 1, 2 (siehe § 1 Anm. 5).

3. Die Kündigung kann überhaupt nicht vor dem 31. Dezember 1933 erfolgen, alsdann mit vertraglicher oder gesetzlicher Frist. Bis zum 31. Dezember 1933 ist eine Kündigung nicht zulässig. Es sollte verhindert werden, daß am 31. Dezember 1933 außerordentlich viele Umschuldungen stattfinden (vgl. Schlegelberger 24). Erfolgt vor dem 31. Dezember 1931 eine Kündigung, so gilt sie, da der 31. Dezember 1933 ein Sonntag ist, nach § 193 BGB. als am 2. Januar 1934 erfolgt (Münzer in JW. 31, 3624; Schlegelberger 24).

Im übrigen verlängert sich die Frist für eine Kündigung, die für eine bestimmte Zeit ausgeschlossen ist, um zwei Jahre; ist also z. B. die Kündigung zum 30. Juni 1932 ausgeschlossen, so verlängert sich diese Frist bis zum 30. Juni 1934. (Wenn es bei Schlegelberger S. 24 heißt, daß die Frist in diesem Fall bis zum 31. Dezember 1933 verlängert wird, so ist dies offenbar ein Druckfehler.) Ist die Kündigung vertraglich bis zum 31. Dezember 1932 ausgeschlossen, so verlängert sich die Frist bis zum 31. Dezember 1934; ist sie für einen Zeitpunkt nach dem 31. Dezember 1933 ausgeschlossen, so verlängert sie sich stets bis zum 31. Dezember 1935, aber nicht darüber hinaus. Ist die Kündigung erst zum 31. Dezember 1935 zulässig, so behält es dabei sein Bewenden, ebenso wenn die Kündigung zu einem Zeitpunkt nach dem 31. Dezember 1935 zulässig ist.

4. Durch das Kündigungsverbot werden die Fälle der vorzeitigen Fälligkeit nach Vertrag, Satzung oder Gesetz nicht berührt. Der Gläubiger kann also z. B. trotz der Zinssenkung von seinem vertraglichen Kündigungsrecht bei nicht rechtzeitiger Zinszahlung Gebrauch machen, aber auch in den sonstigen Fällen, in denen ihm nach dem Vertrag ein vorzeitiges Kündigungsrecht zusteht. Nach Erste DurchfVO. Art. 25 treten aber Rechtsnachteile, die an eine unpünktliche Zahlung geknüpft sind, nicht ein, wenn bis zum 1. Juli 1932 fällige Zins- und Tilgungsbeträge infolge eines nicht auf grober Fahrlässigkeit beruhenden Irrtums über die Höhe der nach der Notverordnung und der zu ihrer Durchführung oder Ergänzung erlassenen Verordnungen unvollständig gezahlt werden. Eine Kündigung ist,

auch wenn dies nicht vereinbart ist, ohne Einhaltung einer Kündigungsfrist vorzeitig zulässig, wenn der Schuldner länger als einen Monat mit der Zahlung im Verzug ist (Erste DurchfVO. Art. 14).

Die Fälligkeit tritt auch in den Fällen der §§ 1133—1135 BGB. ein (Gefährdung der Sicherheit der Hypotheken).

5. Das Kündigungsverbot gilt nur zugunsten des Schuldners und Eigentümers des belasteten Grundstücks; sie können aber kündigen. Kündigt der Schuldner, der nicht Eigentümer ist, so geht die Forderung des Gläubigers gemäß § 1164 BGB. auf ihn über; kündigt der Eigentümer und befriedigt er den Gläubiger, so geht die Forderung gegen den persönlichen Schuldner gemäß § 1143 BGB. auf ihn über; in beiden Fällen bleibt es bei der Zinsermäßigung.

6. Die Kreditinstitute dürfen den Tilgungsplan ihrer Pfandbriefe und Schuldverschreibungen entsprechend der Hinausschiebung der Fälligkeit der Deckungswerte ändern; siehe auch Erste DurchfVO. Art. 13, 24.

7. Die Fälligkeitsvorschriften des § 4 finden auf die im § 1 Abs. 1 erwähnten Anleihen keine Anwendung (Abs. 3).

§ 5.

Die Hypothek oder die Grundschuld für die nach § 2 Abs. 1 herabgesetzten Zinsen erlischt.

1. Infolge des Erlöschens der Hypothek für die herabgesetzten Zinsen entsteht keine Eigentümergrundschuld. Wenn dies nicht auch für den Fall des § 3 (AufwHyp.) bestimmt ist, so ist dies darin begründet, daß bei diesen Hypotheken die Erhöhung der Zinsen auf 7½ v. H. überhaupt nicht erfolgt (rückwirkend vor dem Inkrafttreten der Erhöhung aufgehoben) ist, also eine Eigentümergrundschuld hier nicht in Frage kommt. Für die Sicherungshypotheken gemäß § 1187 BGB. siehe Erste DurchfVO. Art. 15.

2. In den Fällen der Ersten DurchfVO. Art. 5 und 6 tritt die Zinsherabsetzung für den Regelfall ein, nicht aber wenn die

Beteiligten die durch die Notverordnung vorgesehene Zinsherabsetzung ausschließen wollten. Man wird vorbehaltlich einer Regelung durch weitere DurchfVO. zunächst annehmen müssen, daß die Hypotheken, auch wenn die Beteiligten die Zinsherabsetzung ausschließen wollten, nur mit den entsprechend der Notverordnung gesenkten Zinsen entstanden sind. Für den Fall, daß durch Rückzahlung einer Hypothek eine Eigentümergrundschuld entstanden ist, ist auch der Zinssatz dieser Eigentümergrundschuld gemäß der Notverordnung herabgesetzt und die Zinsen der neuen Hypotheken, die den herabgesetzten Zinssatz überschreiten, können nur mit Zustimmung der gleich- und nachstehenden Hypothekengläubiger den Rang der alten Hypothek erhalten. Dasselbe gilt, wenn die Hypothek von dem alten Gläubiger vereinbarungsgemäß an den neuen Gläubiger abgetreten wird. Hier müßte der Eigentümer die Erhöhung des Zinssatzes besonders bewilligen und der erhöhte Zinssatz erhält den Rang nach den gleichstehenden und nachfolgenden Hypotheken.

§ 6.

(1) Nach dem 31. Dezember 1931 dürfen Schuldverschreibungen auf den Inhaber auf Grund einer bis zu diesem Zeitpunkt erteilten staatlichen Genehmigung nicht mehr in den Verkehr gebracht werden.

(2) Im Inland ausgestellte Schuldverschreibungen auf den Inhaber im Sinne des § 795 des Bürgerlichen Gesetzbuchs oder des Gesetzes über die Ausgabe wertbeständiger Schuldverschreibungen auf den Inhaber vom 23. Juni 1923 (Reichsgesetzbl. I S. 407) dürfen nur mit Genehmigung der Reichsregierung in den Verkehr gebracht werden.

(3) Vor Erteilung der Genehmigung ist die Zustimmung der obersten Landesbehörde des Landes herbeizuführen, in dessen Gebiet der Aussteller seinen Wohnsitz oder seine gewerbliche Niederlassung hat.

(4) Die übrigen Vorschriften des § 795 des Bürgerlichen Gesetzbuchs finden entsprechende Anwendung.

(5) Das Nähere bestimmen die Durchführungsvorschriften.

1. An Stelle der staatlichen Genehmigung, die bisher nach § 795 BGB. vorgeschrieben war, tritt gemäß Abs. 2 das Erfordernis der Genehmigung des Reiches. Bereits erteilte staatliche Genehmigungen behalten nur bis zum 31. Dezember 1931 ihre Wirksamkeit. Schuldverschreibungen, die mit staatlicher Genehmigung ausgestellt, aber noch nicht in den Verkehr gebracht sind, dürfen nach diesem Zeitpunkt nicht mehr ausgegeben werden. Eine Schuldverschreibung ist in den Verkehr gebracht, wenn sie vor dem 9. Dezember 1931 an einer deutschen Börse zugelassen oder Gegenstand eines Kaufvertrages gewesen ist. Bis zum 15. Januar 1932 sind solche Verkäufe der obersten Landesbehörde anzuzeigen (Erste DurchfVO. Art. 16).

Dies gilt auch für wertbeständige Schuldverschreibungen (§ 1 Gesetz vom 23. Juni 1923, RGBl. I 407).

2. § 795 wird im übrigen nicht abgeändert; nur tritt an allen Stellen, an denen dort von staatlicher Genehmigung die Rede ist, die Genehmigung des Reiches.

§ 7.

(1) Die Vorschriften der §§ 1 bis 6 finden nach näherer Bestimmung der Durchführungsvorschriften auf im Ausland begebene Schuldverschreibungen keine Anwendung.

(2) Dasselbe gilt nach näherer Bestimmung der Durchführungsvorschriften für inländische Forderungen, die der Deckung der im Abs. 1 bezeichneten Schuldverschreibungen dienen.

1. Im Ausland begebene Schuldverschreibungen unterliegen nicht der Zinssenkung; der Zweck dieser Bestimmung ist, eine Schädigung des Auslandskredits zu vermeiden. Das Ziel der Durchführungsverordnung mußte sein, ein Kompromiß

zwischen diesem Bestreben und der grundsätzlichen Erwägung herbeizuführen, daß der Ausländer, der in einem fremden Land Kapitalanlagen macht, sich damit dem Rechte dieses Landes unterwirft. Wenn ein Ausländer deutsche Pfandbriefe an der Börse gekauft hat, sei es im Inland oder im Ausland, wird er von der Senkung betroffen; aber diejenigen, die sie in geschlossenen ausländischen Emissionen erworben haben, sei es, daß sie von ausländischen Bankkonsortien herausgegeben wurden oder von ähnlichen Instituten, sollen von der Zinssenkung befreit bleiben (amtl. Erl.). Erste DurchfVO. Art. 17 bestimmt daher, daß Schuldverschreibungen, die von inländischen Schuldnern ausgestellt worden sind und entweder auf ausländische Zahlungsmittel lauten oder ausschließlich für den Absatz und Handel im Ausland bestimmt waren, als im Ausland begeben gelten. Ohne Bedeutung ist, ob ein Deutscher oder Ausländer ihr Eigentümer ist und ob sie — etwa im Arbitragewege — nach Deutschland zurückgekommen sind. Es wird auch eine gesetzliche Vermutung für die Begebung der Schuldverschreibungen im Auslande begründet, wenn ihre Zinsen vom Steuerabzug vom Kapitalertrag befreit waren (EinkStG. §§ 83, 85, 115). — Schuldverschreibungen, die zum amtlichen Handel an einer deutschen Börse zugelassen sind, gelten jedoch in keinem Fall als im Ausland begeben, also auch dann nicht, wenn sie zugleich an einer ausländischen Börse zugelassen sind.

2. Den im Ausland begebenen Schuldverschreibungen stehen im Ausland aufgenommene Anleihen sowie anleiheähnliche Finanzierungen gleich, die im Ausland durchgeführt worden sind (Erste DurchfVO. Art. 17 Abs. 2 Satz 1). Es handelt sich hierbei hauptsächlich um die Geschäfte der Investment-Trusts, Konsortialkredite und ähnliches. Der leitende Gedanke ist, wie es in der amtlichen Erläuterung heißt, daß ein Ausländer, der fremdes Geld ausgeliehen hat und seinen Gläubigern die alten Zinsen zahlen muß, nicht von der Zinssenkung in Deutschland betroffen werden soll, da er diese Zinssenkung ja seinen Gläubigern gegenüber nicht geltend machen kann.

Von der Zinssenkung ausgeschlossen sind die Fälle, in denen Forderungen, insbesondere Hypotheken oder Grundschulden zu Spekulationszwecken in Deutschland aufgekauft worden und im Ausland verkauft worden sind.

3. Ist eine deutsche Anleihe an das Ausland von der Zinssenkung ausgeschlossen, so bleiben ihre Deckungsunterlagen im Inland von der Zinssenkung verschont. Wo Anlagen und Deckung korrespondieren, ist dies einfach. Im deutschen Hypothekenbankwesen herrscht aber nicht das System der Sonderdeckungsmasse, vielmehr bilden die Deckungsmassen eine große Einheit; daher kann man nicht aussondern, was mit Auslandsschulden korrespondiert und was auf Grund solcher Emissionen als Deckung angesehen werden kann. Infolgedessen muß der Mehrbetrag, der für die vollen Auslandszinsen aufgebracht werden muß, auf alle Deckungsunterlagen umgelegt werden (Erste DurchfVO. Art. 18). Dieser Zuschlag wird bisher auf noch nicht 1 pro mille geschätzt.

4. Bei Zweifeln oder Streitigkeiten darüber, ob eine Schuldverschreibung als im Ausland begeben anzusehen ist, ob eine im Ausland aufgenommene Anleihe oder im Ausland durchgeführte anleiheähnliche Finanzierung vorliegt oder ob eine inländische Forderung (Hypothek) oder Grundschuld zur Deckung einer solchen Schuldverschreibung, Anleihe oder Finanzierung dient, entscheidet auf Antrag eines Beteiligten das Reichswirtschaftsgericht endgültig und für Gerichte, Schiedsgerichte und Verwaltungsbehörden bindend (Erste DurchfVO. Art. 19).

§ 8.

§ 247 des Bürgerlichen Gesetzbuchs tritt wieder in Kraft.

§ 247 BGB. lautet wie folgt:

„§ 247.

Ist ein höherer Zinssatz als sechs vom Hundert für das Jahr vereinbart, so kann der Schuldner nach dem Ablaufe von sechs Monaten das Kapital unter

Einhaltung einer **Kündigungsfrist von sechs Monaten kündigen.** Das Kündigungsrecht kann nicht durch Vertrag ausgeschlossen oder beschränkt werden.

Diese Vorschriften gelten nicht für Schuldverschreibungen auf den Inhaber."

Die Bestimmung war durch Gesetz vom 3. März 1923 (RGBl. I S. 163) außer Kraft gesetzt. Damno und Aufgelder gelten nicht als Zinsen, auch nicht Zuschläge in Form von Gewinn-, Dividenden- und Umsatzbeteiligungen oder Amortisationsquoten.

Gemäß § 2 Abs. 2 ist vom vereinbarten Zins der in ihm enthaltene Verwaltungskostenbeitrag abzusetzen, ferner die Zuschläge nach der Ersten DurchfVO. Art. 11 und Art. 18 (vgl. Erste DurchfVO. Art. 20 Abs. 1).

Die Frist von sechs Monaten beginnt frühestens mit dem 1. Januar 1932 (Erste DurchfVO. Art. 20 Abs. 2).

§ 9.

(1) Zur Erhaltung der Wirksamkeit gegenüber dem öffentlichen Glauben des Grundbuchs bedürfen die auf diesem Abschnitt beruhenden Veränderungen der Zinssätze und der Fälligkeitsbedingungen nicht der Eintragung.

(2) Die Vorschriften des § 796 des Bürgerlichen Gesetzbuchs finden keine Anwendung, soweit nach diesem Abschnitt Zinssätze und Fälligkeitsbedingungen verändert werden.

1. Der gutgläubige Erwerber einer Hypothek oder Grundschuld, deren Zins- und Fälligkeitsbedingungen durch die Verordnung verändert sind, kann sich auf den öffentlichen Glauben des Grundbuchs, insoweit die Herabsetzung des Zinssatzes und die Hinausschiebung der Kündbarkeit nicht eingetragen sind, nicht berufen. Diese gelten auch ohne Eintragung. Das Recht, die Berichtigung des Grundbuchs gemäß § 894 BGB. zu **verlangen**, bleibt bestehen.

2. Auch derjenige, der eine Schuldverschreibung auf den Inhaber erwirbt, kann sich in Abänderung des § 796 BGB. nicht darauf berufen, daß sich die Veränderung der Verzinsung und der Hinausschiebung der Kündbarkeit nicht aus der Urkunde ergeben.

§ 10.

Haben Kreditinstitute der in § 2 Abs. 2 bezeichneten Art auf Grund der erworbenen Hypotheken oder Grundschulden Schuldverschreibungen ausgegeben, so können die Schuldner dieser Hypotheken und Grundschulden ihre Schuld nach näherer Bestimmung der Durchführungsvorschriften durch Hingabe gleichartiger Schuldverschreibungen des Gläubigerkreditinstituts tilgen.

1. Häufig steht es den Hypothekenschuldnern von Kreditinstituten frei, ihre Schuld durch Schuldverschreibungen zu tilgen, welche durch die Hypothek gedeckt werden. § 10 NotVO. gibt dieses Recht nunmehr auch in denjenigen Fällen, in denen die Tilgung durch Schuldverschreibungen nach den Beleihungsbedingungen des Kreditinstituts dem Schuldner bisher nicht freistand. Der Zweck dieser Bestimmung ist die Hebung des übermäßig gesunkenen Pfandbriefkurses (amtl. Erl.). Es bestand aber die Gefahr, daß die Kreditinstitute am Ende überhaupt kein Bargeld mehr hereinbekommen, sondern nur ihre Pfandbriefe und infolgedessen neue Geschäfte nicht mehr würden machen können. Man hat daher in der Ersten DurchfVO. bestimmt, daß die normalen Tilgungs- und Abzahlungsbeträge in bar geleistet werden müssen, ferner, daß ein Schuldner von der Befugnis nach § 10 nur bis zum 31. Dezember 1933 Gebrauch machen kann. Die Möglichkeit der Deckung durch Pfandbriefe besteht nur bei Hypotheken, die im Deckungsregister der Hypothekenbank eingetragen sind, nicht bei Hypotheken aus Eigenmitteln der Hypothekenbank. Auch müssen sie, da das Recht am 31. Dezember 1933 erlischt, bis zum 31. Dezember 1933 fällig oder rückzahlbar sein. Privatleute brauchen für ihre

Hypotheken nicht Pfandbriefe annehmen, auch nicht Kommunen für Kommunalobligationen, für die nicht Hypotheken bestellt sind.

Im Sinne des § 10 NotVO. gleichartig sind die Schuldverschreibungen, die nach Wertbenennung (Reichsmark, Feingold, Roggen usw.), Zinssatz und Kündbarkeit der zu tilgenden Hypothek oder Grundschuld entsprechen. Der Treuhänder oder, wenn ein solcher nicht bestellt ist, die Aufsichtsbehörde kann Näheres bestimmen (Erste DurchfVO. Art. 23). Ist eine Pfandbrief- oder Obligationenserie mit anderen Serien in der Börsennotiz zusammengefaßt, so werden alle in der Notiz zusammengefaßten Serien für die Rückzahlung benutzt werden können. Der Schuldner, der von seiner Befugnis zur Hingabe von Schuldverschreibungen Gebrauch machen will, hat dies spätestens zwei Monate vor Eintritt der Fälligkeit dem Kreditinstitut mitzuteilen (Erste DurchfVO. Art. 22 Abs. 2). Eine Tilgung von Hypotheken durch Pfandbriefe ist also nicht zulässig, wenn die Hypothek, z. B. infolge unpünktlicher Zinszahlung, mehr als zwei Monate vor der regelmäßigen Fälligkeit fällig wird. Eine Tilgung nach § 1 ist unzulässig, wenn die Schuldverschreibungen im Ausland begeben sind (Erste DurchfVO. Art. 21 Abs. 1).

2. Betreffs des Rechts auf Änderung der Tilgungspläne siehe Erste DurchfVO. Art. 24.

§ 11.

Der Reichswirtschaftsminister und der Reichsminister der Justiz können die zur Durchführung dieses Abschnitts erforderlichen Rechtsverordnungen und allgemeinen Verwaltungsvorschriften erlassen. Sie können, soweit sie es zur Erreichung des Zweckes dieses Abschnitts für erforderlich halten, allgemeine Vorschriften ergänzenden Inhalts treffen.

Der Reichswirtschaftsminister und der Reichsminister der Justiz dürfen auch Vorschriften ergänzenden Inhalts treffen, soweit sie es zur Erreichung des Zwecks dieses Abschnitts (nach ihrem pflichtgemäßen Ermessen) für erforderlich halten. Dies schließt praktisch auch die Möglichkeit von Abänderungen in sich, insoweit, als die Grundgedanken der Verordnung dadurch nicht berührt werden. Sie könnten also nicht etwa eine weitere Zinsherabsetzung bestimmen, könnten aber die Hinausschiebung der Fälligkeit bei Forderungen, die von selbst — ohne Kündigung — fällig werden, einführen.

Die Erste Durchführungs- und Ergänzungs-VO. über die Zinssenkung auf dem Kapitalmarkt vom 23. Dezember 1931 (RGBl. I 793) ist unten (S. 66) abgedruckt.

§ 12.

Dieser Abschnitt tritt mit dem 1. Januar 1932, der § 4 mit dem Tage der Verkündung in Kraft.

Die Bestimmung, daß der Abschnitt mit Ausnahme des § 4 mit dem 1. Januar 1932 in Kraft tritt, ist durch Erste DurchfVO. Art. 6 durchbrochen worden. Vgl. auch Art. 5 (siehe § 2 Anm. 7).

Zweiter Abschnitt.

Geldmarkt.

§ 1.

(1) Der Reichskommissar für das Bankgewerbe hat durch Verhandlungen mit den Spitzenverbänden der Kreditinstitute sicherzustellen, daß bis zum 31. Dezember 1931 zwischen den Spitzenverbänden Vereinbarungen über die Höhe der für die hereingenommenen Gelder zu gewährenden Zinsen und über die Berechnung der bei der Weitergabe der Gelder an Dritte maßgebenden Zinssätze und Provisionen geschaffen werden. Die Vereinbarungen bedürfen der Zustimmung des Reichskommissars für das Bankgewerbe; sie gelten für alle Unternehmungen der betreffenden Art, auch falls diese den Spitzenverbänden nicht angeschlossen sind.

Artikel 17.

(1) Als im Ausland begeben gelten Schuldverschreibungen, die von inländischen Schuldnern ausgestellt worden sind und entweder auf ausländische Zahlungsmittel lauten oder ausschließlich für den Absatz und Handel im Ausland bestimmt waren. Wären die Zinsen einer Schuldverschreibung vom Steuerabzug vom Kapitalertrage befreit worden, so wird vermutet, daß die Schuldverschreibung im Ausland begeben war. Schuldverschreibungen, die zum amtlichen Handel an einer deutschen Börse zugelassen sind, gelten jedoch in keinem Falle als im Ausland begeben.

(2) Den im Ausland begebenen Schuldverschreibungen stehen im Ausland aufgenommene Anleihen sowie solche anleiheähnlichen Finanzierungen gleich, die im Ausland durchgeführt worden sind. Dies gilt nicht für Finanzierungen, die auf Grund angekaufter Forderungen (Hypotheken) oder Grundschulden im Ausland durchgeführt worden sind.

Siehe § 7 Anm. 1, 2 (S. 51, 52).

Artikel 18.

(1) Ist bei mehreren inländischen Forderungen (Hypotheken) oder Grundschulden eines Kreditinstituts nicht unterscheidbar, welche Forderungen (Hypotheken) oder Grundschulden der Deckung einer Schuldverschreibung oder Anleihe (Artikel 17) dienen, so unterbleibt die Herabsetzung des Zinssatzes aller inländischen Forderungen (Hypotheken) oder Grundschulden so weit, wie es notwendig ist, um eine Deckung für die Schuldverschreibung oder Anleihe zu erhalten.

(2) Die Bestimmung, welcher Teil des Zinssatzes nach Abs. 1 nicht gekürzt werden soll, bedarf der Genehmigung der Aufsichtsbehörde oder, wenn eine solche nicht bestimmt ist, der nach dem Hauptsitz des Instituts zuständigen obersten Landesbehörde.

Siehe § 7 Anm. 3 (S. 53).

Artikel 19.

Die Entscheidung, ob eine Schuldverschreibung als im Ausland begeben (Artikel 17 Abs. 1) anzusehen ist, ob eine im Ausland aufgenommene Anleihe oder im Ausland durchgeführte anleiheähnliche Finanzierung (Artikel 17 Abs. 2) vorliegt oder ob eine inländische Forderung (Hypothek) oder Grundschuld der Deckung einer Schuldverschreibung, Anleihe oder

(2) Kommen Vereinbarungen zwischen den Spitzenverbänden der Kreditinstitute nicht bis zum 31. Dezember 1931 zustande, so erläßt der Reichskommissar für das Bankgewerbe nach Anhörung der Spitzenverbände der Kreditinstitute im Einvernehmen mit dem Reichsbankdirektorium die erforderlichen Bestimmungen. Dasselbe gilt im Verhältnis zu Kreditinstituten, für die ein Spitzenverband nicht besteht. Die gleiche Befugnis steht dem Reichskommissar für das Bankgewerbe zu, wenn ohne seine Zustimmung die getroffenen Vereinbarungen fortfallen oder durch andere ersetzt werden.

Durch die Bestimmung (neben dem praktisch wenig bedeutsamen § 8 des ersten Abschnittes) soll eine Senkung der Zinsen für die Zukunft auch für kurzfristige Kredite erreicht werden. Die Rechte des Reichskommissars für das Bankgewerbe (Teil II Art. 1 § 1 VO. d. Reichspr. vom 19. September 1931 — RGBl. I 493 —) sind außerordentlich weitgehend. Seine Aufgabe besteht in der Feststellung der Höchstdebet- und -creditzinsen sowie der Provisionen. Er tritt an die Stelle des Reichspreiskommissars, in dessen Aufgabenkreis (Kap. II § 2) sonst auch die Überwachung des Bankgewerbes fiele. Die hier dem Reichsbankenkommissar übertragene Aufgabe beschränkt sich nicht auf die Banken, erstreckt sich vielmehr auf alle Geldkreditgewerbe betreibenden privaten und öffentlichen Unternehmungen, also auf Sparkassen, Kreditgenossenschaften usw.

Zwangsmaßnahmen sollen nur erfolgen, wenn freiwillige Vereinbarungen der Spitzenverbände nicht getroffen werden (Abs. 1 Satz 1). Die freiwilligen Vereinbarungen bedürfen der Zustimmung des Reichskommissars für das Bankgewerbe. Vgl. DurchfVO. über Zinssenkung auf dem Geldmarkt vom 9. Januar 1932 (Reichsanzeiger vom 11. Januar 1932 abends). Sie gelten für alle Unternehmungen der betreffenden Art ohne Rücksicht, ob sie den Spitzenverbänden angeschlossen sind. Diese Unternehmungen werden also nicht den Spitzenunternehmungen zwangsweise beigeschlossen, wie dies bei Zwangskartellen der Fall ist, sondern sie haben sich nur an die Vereinbarungen zu halten. Tun sie dies nicht, so treten die Folgen der §§ 2, 3 ein.

Bei Nichtzustandekommen von Vereinbarungen der Spitzenverbände setzt der Kommissar — nach Anhörung der Spitzenverbände und im Einvernehmen mit der Reichsbank — die Zinssätze und Provisionen fest. Folge der Nichtbeachtung der festgesetzten Sätze §§ 2, 3. — Dasselbe gilt, wenn ohne Zustimmung des Reichskommissars die getroffenen Vereinbarungen fortfallen oder durch andere ersetzt werden.

Fehlt ein Spitzenverband, so trifft der Reichskommissar ohne weiteres die erforderlichen Festsetzungen. Folgen der Nichtbeachtung §§ 2, 3.

§ 2.

Unternehmungen, die geschäftsmäßig die Verwahrung oder Verwaltung von Geldbeträgen, insbesondere die Übernahme von Geldbeträgen zur Verzinsung (Depositengeschäfte), betreiben, kann auf Antrag des Reichskommissars für das Bankgewerbe durch den Reichswirtschaftsminister der weitere Betrieb von Depositengeschäften untersagt werden, wenn sie sich nicht an die nach § 1 getroffenen Vereinbarungen oder erlassenen Bestimmungen halten.

Der Betrieb der Depositengeschäfte ist frei. Der Reichswirtschaftsminister kann Unternehmungen, die geschäftsmäßig Depositengeschäfte betreiben, bei Verstoß gegen § 1 den Betrieb untersagen. Strafbestimmungen § 3.

§ 3.

Wer vorsätzlich nach Untersagung des Betriebs (§ 2) weiter Depositengeschäfte vornimmt, wird mit Gefängnis bis zu einem Jahre oder Geldstrafe bis zu fünfhunderttausend Reichsmark bestraft.

§ 4.

Der Reichswirtschaftsminister kann die zur Durchführung dieses Abschnitts erforderlichen Rechtsverordnungen und allgemeinen Verwaltungsvorschriften erlassen.

Anhang.

Erste Durchführungs- und Ergänzungsverordnung über Zinssenkung auf dem Kapitalmarkt.

Vom 23. Dezember 1931 (RGBl. I S. 793).

Auf Grund des § 11 des Ersten Abschnitts des Kapitels III des Ersten Teiles der Vierten Verordnung des Reichspräsidenten zur Sicherung von Wirtschaft und Finanzen und zum Schutze des inneren Friedens vom 8. Dezember 1931 (Reichsgesetzbl. I S. 699) wird verordnet:

Artikel 1.

Unter Notverordnung ist in den folgenden Vorschriften der Erste Abschnitt des Kapitels III des Ersten Teiles der Vierten Verordnung des Reichspräsidenten zur Sicherung von Wirtschaft und Finanzen und zum Schutze des inneren Friedens vom 8. Dezember 1931 (Reichsgesetzbl. I S. 699) zu verstehen.

Artikel 2.

Herabzusetzen ist auch ein Zinssatz, der nicht durch eine Zahl bestimmt, sondern nach einem Maßstab (z. B. Reichsbankdiskont) zu errechnen ist, soweit sich dabei für einen nach dem 31. Dezember 1931 liegenden Zeitraum ein Zinssatz von mehr als 6 vom Hundert ergibt.

Siehe § 1 Anm. 4, 5 (S. 34, 35).

Artikel 3.

(1) Nicht als Zinsen gelten Zuschläge, die ein Schuldner wegen Verzugs oder wegen Nichtbewirkung von Nebenleistungen zu zahlen hat, auch wenn sie als Zinsen (z. B. Verzugs- oder Strafzinsen) bezeichnet sind.

(2) Nicht als Zinsen gelten ferner solche Zuschläge zu festen Zinsen, die für den Fall eines bestimmten Geschäftsergebnisses des Schuldners zu leisten sind.

Siehe § 1 Anm. 3 (S. 33).

Artikel 4.

(1) Nichtig ist eine vor dem 9. Dezember 1931 getroffene Vereinbarung oder Satzungsbestimmung,

a) wonach für den Fall einer gesetzlichen Zinsherabsetzung auf diese verzichtet wird,
b) wonach für den Fall einer gesetzlichen Zinsherabsetzung die Hauptforderung fällig oder vorzeitig kündbar wird oder mit einem Aufgeld zurückzuzahlen ist,
c) wonach die Hauptforderung fällig oder vorzeitig kündbar wird oder mit einem Aufgeld zurückzuzahlen ist, wenn eine Vereinbarung nach a gesetzlich für nichtig erklärt werden sollte.

(2) Eine Nichtigkeit nach Abs. 1 berührt nicht die Gültigkeit der übrigen Teile der Vereinbarung oder Satzung.

Siehe § 2 Anm. 7 (S. 41).

Artikel 5.

(1) Der Herabsetzung unterliegt auch der Zinssatz einer Forderung (Hypothek) oder Grundschuld, der in der Zeit vom 9. bis zum 31. Dezember 1931 vereinbart worden ist. Die Herabsetzung tritt nicht ein, wenn die Beteiligten die durch die Notverordnung vorgesehene Zinsherabsetzung ausschließen wollten.

(2) Eine Zinsherabsetzung nach Abs. 1 Satz 1 berührt nicht die übrigen Teile der Vereinbarung.

Siehe § 2 Anm. 7 (S. 41).

Artikel 6.

Der Zinsherabsetzung unterliegt auch eine Forderung (Hypothek) oder Grundschuld, die erst nach dem 31. Dezember 1931 entsteht, zu deren Begründung sich der Gläubiger aber vor dem 1. Januar 1932 verpflichtet hat. Durch die Zinsherabsetzung wird die Verpflichtung zur Begründung der Forderung (Hypothek) oder Grundschuld nicht berührt. Artikel 5 gilt entsprechend.

Siehe § 2 Anm. 7 (S. 42).

Artikel 7.

(1) Der Zinsherabsetzung nach § 2 Abs. 1 der Notverordnung unterliegen auch solche Forderungen (Hypotheken) und Grundschulden, die für unbestimmte Zeit begründet sind und deren Fälligkeit von einer Kündigung abhängt, wenn die Kündigung nicht für einen Zeitpunkt ausgesprochen worden ist, der innerhalb eines Jahres seit dem Entstehen der Forderung (Hypothek) oder Grundschuld liegt.

(2) Der Zinsherabsetzung nach § 2 Abs. 1 der Notverordnung unterliegen nicht Forderungen (Hypotheken) und Grundschulden, deren Fälligkeit durch Stundung hinausgeschoben worden ist, wenn die am 1. Januar 1932 laufende Stundungsfrist weniger als ein Jahr beträgt.

Siehe § 2 Anm. 3 (S. 38).

Artikel 8.

Der Zinsherabsetzung unterliegen, ohne daß es auf die Fälligkeit ankommt, Forderungen nicht, die entstanden sind

a) im Rahmen eines bankmäßigen Personalkreditgeschäftes,
b) daraus, daß Kreditinstitute Vorschüsse auf Darlehen gegeben haben, die langfristig aufgenommen werden sollten (Zwischenkredite),
c) aus Darlehen und Vorauszahlungen, die auf Versicherungsscheine gewährt worden sind,
d) aus Darlehen, die aus Gefälligkeit oder sonst unter Umständen gegeben worden sind, aus denen zu entnehmen ist, daß eine langfristige Kreditgewährung nicht beabsichtigt war.

Siehe § 2 Anm. 4 (S. 38 f.).

Artikel 9.

(1) § 2 Abs. 2 der Notverordnung ist auch auf andere als die dort bezeichneten Kreditinstitute anzuwenden, soweit sie Geld hereinnehmen und langfristig weiterverleihen.

(2) Der Reichswirtschaftsminister kann bestimmen, daß § 2 Abs. 2 der Notverordnung auch für andere Unternehmungen gilt.

Siehe § 2 Anm. 8 (S. 43).

Artikel 10.

(1) Ist ein Verwaltungskostenbeitrag (§ 2 Abs. 2 der Notverordnung) nicht besonders vereinbart, so gelten höchstens ein Halbes, bei Forderungen (Hypotheken) oder Grundschulden von

nicht mehr als fünfzehntausend Reichsmark höchstens drei Viertel vom Hundert der Forderung (Hypothek) oder Grundschuld als Verwaltungskostenbeitrag.

(2) Sind an einer Kreditgewährung hintereinander mehrere Kreditinstitute beteiligt, so darf als Verwaltungskostenbeitrag insgesamt kein höherer Beitrag bestimmt werden, als je einem Drittel vom Hundert der Forderung (Hypothek) oder Grundschuld für ein beteiligtes Institut entspricht; bei Forderungen (Hypotheken) oder Grundschulden von nicht mehr als fünfzehntausend Reichsmark tritt an die Stelle eines Drittels vom Hundert ein Halbes vom Hundert.

(3) Bei den unter Artikel 9 fallenden Unternehmungen beträgt der Verwaltungskostenbeitrag höchstens drei Achtel vom Hundert der Forderung (Hypothek) oder Grundschuld.

(4) Die Bestimmung der Höhe des Verwaltungskostenbeitrags (Abs. 1, 2, 3) bedarf der Genehmigung der Aufsichtsbehörde oder, wenn eine solche nicht bestimmt ist, der nach dem Hauptsitz des Instituts zuständigen obersten Landesbehörde. Die Behörde kann im Einvernehmen mit dem Reichswirtschaftsminister den Verwaltungskostenbeitrag in Abweichung von Abs. 1, 2, 3 festsetzen.

Siehe § 2 Anm. 8 (S. 43 f.).

Artikel 11.

Soweit in einem Zinssatz ein Zuschlag enthalten ist zur Tilgung eines Zusatzdarlehens, das dem Schuldner von dem Kreditinstitut (§ 2 Abs. 2 der Notverordnung, Artikel 9) zur Deckung der Geldbeschaffungskosten aus eigenen Mitteln gewährt worden ist (Disagiodarlehen), wird der Zuschlag nicht gekürzt. Artikel 10 Abs. 4 gilt entsprechend.

Siehe § 2 Anm. 8 (S. 44).

Artikel 12.

Durch § 4 Abs. 1 der Notverordnung wird die Fälligkeit einer Forderung (Hypothek) oder Grundschuld nicht berührt, wenn die Fälligkeit, ohne daß es einer Kündigung bedarf, nach Vereinbarung oder Satzungsbestimmung eintritt

Siehe § 4 Anm. 1 (S. 46).

Artikel 13.

(1) Die Kreditinstitute (§ 2 Abs. 2 der Notverordnung, Artikel 9) können außer im Falle des § 4 Abs. 4 der Notverordnung den

Tilgungsplan ihrer Pfandbriefe und Schuldverschreibungen ändern, wenn durch die Zinsherabsetzung die Tilgungsdauer der zur Deckung dienenden Forderungen (Hypotheken) oder Grundschulden verlängert wird. Die Institute können den Tilgungsplan ferner so weit ändern, wie es notwendig ist, um die Einlösungsfristen der Laufzeit der Deckungsforderungen (-hypotheken) oder -grundschulden anzupassen.

(2) Die Kreditinstitute können auch die von ihren Schuldnern einzuhaltenden Tilgungspläne ändern. Den bisherigen Tilgungssatz dürfen sie jedoch nur so weit erhöhen, wie es zu einer Abrundung erforderlich ist.

(3) Die Änderung eines Tilgungsplans bedarf der Genehmigung der Aufsichtsbehörde oder, wenn eine solche nicht bestimmt ist, der nach dem Hauptsitz des Instituts zuständigen obersten Landesbehörde. Die Behörde kann Näheres über die Änderung des Tilgungsplans bestimmen.

Siehe § 2 Anm. 8 (S. 43).

Artikel 14.

Der Gläubiger einer Forderung (Hypothek) oder Grundschuld, deren Fälligkeitsbedingungen nach § 4 Abs. 1 der Notverordnung verändert werden, kann, auch wenn dies nicht vereinbart ist, ohne Einhaltung einer Kündigungsfrist vorzeitig kündigen, wenn der Schuldner länger als einen Monat mit einer Zinszahlung im Verzug ist.

Siehe § 4 Anm. 4 (S. 48).

Artikel 15.

§ 5 der Notverordnung gilt auch für die gemäß § 1187 des Bürgerlichen Gesetzbuchs bestellten Sicherungshypotheken.

Siehe § 1 Anm. 6 (S. 41).

Artikel 16.

(1) § 6 Abs. 1 der Notverordnung gilt nicht für Schuldverschreibungen, die vor dem 9. Dezember 1931 zum amtlichen Handel an einer deutschen Börse zugelassen worden sind.

(2) § 6 Abs. 1 der Notverordnung gilt ferner nicht für die Lieferung von Schuldverschreibungen, die vor dem 9. Dezember 1931 verkauft worden sind. Der Aussteller der Schuldverschreibungen hat der Aufsichtsbehörde oder obersten Landesbehörde (§ 10 Abs. 4) solche Verkäufe bis zum 15. Januar 1932 anzuzeigen.

Siehe § 6 Anm. 1 (S. 51).

Finanzierung dient, so entscheidet auf Antrag eines Beteiligten das Reichswirtschaftsgericht in der Besetzung von einem Vorsitzenden, zwei rechtskundigen und zwei sachverständigen Beisitzern. Vor der Entscheidung ist ein Vertreter der Reichsregierung zu hören. Die Entscheidung ist endgültig; sie bindet Gerichte, Schiedsgerichte und Verwaltungsbehörden.

Siehe § 7 Anm. 4 (S. 53).

Artikel 20.

(1) Ein Verwaltungskostenbeitrag (§ 2 Abs. 2 der Notverordnung, Artikel 10), ein Zuschlag nach Artikel 11 sowie solche Teile des Zinssatzes, die nach Artikel 18 nicht gekürzt werden, gelten nicht als Teil des Zinssatzes im Sinne des § 247 des Bürgerlichen Gesetzbuchs.

(2) Die Frist von sechs Monaten, nach deren Ablauf ein Schuldner gemäß § 247 Abs. 1 des Bürgerlichen Gesetzbuchs ein Kapital kündigen darf, beginnt frühestens mit dem 1. Januar 1932.

Siehe § 8 (S. 54).

Artikel 21.

(1) Eine Tilgung nach § 10 der Notverordnung ist unzulässig, wenn die Schuldverschreibungen im Ausland begeben sind (Artikel 17 Abs. 1).

(2) § 10 der Notverordnung gilt nur zugunsten der Schuldner solcher Hypotheken und Grundschulden, die vor dem 1. Januar 1932 bestellt worden sind.

(3) Vereinbarte regelmäßige Tilgungs- und Abzahlungsbeträge können auf Grund des § 10 der Notverordnung nicht durch Hingabe von Schuldverschreibungen entrichtet werden.

Siehe § 10 Anm. 1 (S. 55).

Artikel 22.

(1) Von der Befugnis nach § 10 der Notverordnung kann ein Schuldner nur bis zum 31. Dezember 1933 Gebrauch machen.

(2) Ein Schuldner, der von seiner Befugnis zur Hingabe von Schuldverschreibungen Gebrauch zu machen beabsichtigt, hat dies spätestens zwei Monate vor Fälligkeit dem Kreditinstitut mitzuteilen.

Siehe § 10 Anm. 1 (S. 56).

Artikel 23.

(1) Gleichartig (§ 10 der Notverordnung) sind Schuldverschreibungen, die nach Wertbenennung (Reichsmark, Feingold, Roggen usw.), Zinssatz und Kündbarkeit der zu tilgenden Hypothek oder Grundschuld entsprechen. Der Treuhänder oder, wenn ein solcher nicht bestellt ist, die Aufsichtsbehörde kann Näheres bestimmen.

(2) Vereinbarungen zwischen dem Kreditinstitut und dem Schuldner darüber, welche Schuldverschreibungen zur Tilgung geeignet sind, bleiben unberührt.

Siehe § 10 Anm. 1 (S. 56).

Artikel 24.

Die Kreditinstitute können im Falle des § 10 der Notverordnung den Tilgungsplan ihrer Pfandbriefe und Schuldverschreibungen ändern, soweit es infolge Ersetzung von Barzahlungen durch Hingabe von Schuldverschreibungen erforderlich ist. Artikel 13 Abs. 3 gilt entsprechend.

Siehe § 10 Anm. 1 (S. 56).

Artikel 25.

Rechtsnachteile, die an eine unpünktliche Zahlung geknüpft sind, treten nicht ein, wenn bis zum 1. Juli 1932 fällige Zins- und Tilgungsbeträge infolge eines nicht auf grober Fahrlässigkeit beruhenden Irrtums über die Höhe der nach der Notverordnung und den zu ihrer Durchführung oder Ergänzung erlassenen Verordnungen geschuldeten Beträge unvollständig gezahlt werden.

Siehe § 4 Anm. 4 (S. 48).

Artikel 26.

Diese Verordnung tritt, soweit sie Vorschriften des § 4 der Notverordnung durchführt oder ergänzt, mit Wirkung vom 9. Dezember 1931, im übrigen mit Wirkung vom 1. Januar 1932 in Kraft.

Berlin, den 23. Dezember 1931.

Der Reichswirtschaftsminister.
Warmbold.
Der Reichsminister der Justiz.
Dr. Joël.

Kapitel IV.

Aufhebung der Steuerverzugszuschläge. Senkung der Steuerzinsen.

Allgemeines.

§ 1.

Mit Wirkung vom 1. Januar 1932 ab werden

1. die in der Verordnung des Reichspräsidenten vom 20. Juli 1931 (Reichsgesetzbl. I S. 385) enthaltenen Vorschriften über Zuschläge für Steuerrückstände (Verzugszuschläge) aufgehoben,
2. die Steuerzinsen (Verzugszinsen, Aufschubzinsen und Stundungszinsen) nach näherer Maßgabe der folgenden Vorschriften herabgesetzt.

Durch die VO. vom 20. Juli 1931 waren Verzugs z u s c h l ä g e für jeden auf den Monat Juli 1931 folgenden angefangenen halben Monat in Höhe von 5 v. H. des Rückstandes einer Anzahl von Steuern (§§ 1, 2 dieser VO.) eingeführt worden. Soweit Verzugszuschläge erhoben wurden, wurden Verzugszinsen und Zinsen nicht erhoben (§§ 7, 5 VO. vom 20. Juli 1931). An Verzugszinsen waren, soweit Verzugszuschläge nicht erhoben wurden, an die Steuergläubiger (Reich, Länder, Gemeinden, Gemeindeverbände) 2 v. H. monatlich zu entrichten, an Aufschubszinsen 10 v. H. jährlich, an Stundungszinsen, wenn nicht zinslose Stundung erfolgte, mindestens 5 v. H., höchstens 12 v. H. jährlich (§§ 7, 8, 9 VO. vom 20. Juli 1931).

Verzugszinsen.

§ 2.

Wird eine nach den Steuergesetzen an den Steuergläubiger (Reich, Länder, Gemeinden oder Gemeindeverbände) zu leistende Zahlung nicht rechtzeitig entrichtet, so sind von der Fälligkeit an Verzugszinsen zu zwölf vom Hundert jährlich zu entrichten.

Verzugszinsen siehe AO. § 126 (a. F. § 104). Bisher 24 v. H. jährlich (siehe Erl. zu § 1), jetzt 12 v. H. Inkrafttreten 1. Januar 1932 (§ 6), Übergangsvorschrift § 8 I, II 2.

Aufschubzinsen.

§ 3.

Soweit bei Zahlungsaufschub (§ 129 der Reichsabgabenordnung vom 22. Mai 1931) Zinsen zu entrichten sind, beträgt der Zinsfuß bis auf weiteres acht vom Hundert jährlich.

AO. § 129 (a. F. § 105.) Hinausschiebung fälliger Beträge bei Zöllen und Verbrauchsabgaben. Bisher 10 v. H. jährliche Verzinsung (siehe Erl. zu § 1), jetzt 8 v. H. Inkrafttreten § 2, Übergangsvorschrift § 9.

Stundungszinsen.

§ 4.

(1) Die Behörde, die zur Bewilligung von Stundung (insbesondere auf Grund des § 127 der Reichsabgabenordnung vom 22. Mai 1931) zuständig ist, bestimmt, wenn sie nicht zinslose Stundung gewährt, bei Bewilligung der Stundung den Zinsfuß, zu dem der gestundete Betrag zu verzinsen ist.

(2) Der Zinsfuß beträgt mindestens fünf vom Hundert und höchstens acht vom Hundert jährlich. Wie hoch innerhalb dieses Rahmens der Zinsfuß zu bemessen ist, richtet sich nach den besonderen Umständen des einzelnen Falles.

(3) In der Verfügung, durch die Stundung gegen Verzinsung bewilligt wird, ist, wenn nicht der Zinsfuß

auf acht vom Hundert jährlich bestimmt wird, die Heraufsetzung des Zinsfußes für die Zukunft vorzubehalten.

AO. § 107 (a. F. § 104 a). Bisher 5—12 v. H. (siehe Erl. zu § 1), jetzt bis 8 v. H. jährlich. Inkrafttreten § 7, Übergangsvorschrift § 9.

Übergangs- und Schlußvorschriften.

§ 5.

Die Vorschriften dieses Kapitels gelten sowohl für Zahlungen auf dem Gebiete der Reichssteuern als auch für Zahlungen auf den Gebieten der Steuern der Länder, der Gemeinden und der Gemeindeverbände.

Ebenso wie durch § 11 der VO. vom 20. Juli 1931 die Verzugs- und Stundungszinsen auch für Zahlungen auf den Gebieten der Steuern der Länder, Gemeinden und Gemeindeverbände heraufgesetzt wurden, das Reichsrecht also in das Landes- und Kommunalrecht eingriff, erfolgt jetzt bei der Herabsetzung der entsprechende Eingriff.

§ 6.

Die Zinssätze, die sich aus den Bestimmungen dieses Kapitels ergeben, treten für die Geltungsdauer dieses Kapitels an die Stelle der Zinssätze, die in den bisher geltenden Vorschriften der Steuergesetze für Verzugszinsen, Aufschubzinsen und Stundungszinsen bestimmt sind.

§ 7.

(1) Die Vorschriften dieses Kapitels treten mit dem 1. Januar 1932 in Kraft.

(2) Gleichzeitig tritt die Verordnung des Reichspräsidenten über Zuschläge für Steuerrückstände vom 20. Juli 1931 (Reichsgesetzbl. I S. 385) außer Kraft.

(3) Der § 6 der Vorschriften über die Reichsfluchtsteuer (Siebenter Teil Kapitel III Erster Abschnitt dieser Verordnung) bleibt unberührt.

§ 8.

(1) Für die Zeit vom 1. Januar 1932 ab findet der Zinsfuß von zwölf vom Hundert jährlich auch bei Verzugszinsen von solchen Beträgen Anwendung, die vor dem 1. Januar 1932 fällig geworden sind.

(2) Ist vor dem 1. Januar 1932 eine Verpflichtung zur Zahlung von Verzugszuschlägen entstanden, so werden die Verzugszuschläge nur noch insoweit erhoben, als die halben Monate, auf die die Verzugszuschläge entfallen, vor dem 1. Januar 1932 abgelaufen sind. Soweit hiernach Verzugszuschläge nicht zur Erhebung gelangen, werden Verzugszinsen (zwölf vom Hundert jährlich) erhoben.

1. Nur die Verzugszinsen für die Zeit vom 1. Januar 1932 ab werden herabgesetzt; eine rückwirkende Herabsetzung findet also nicht statt.

2. Verzugszuschläge: Letzter halber Monat läuft z. B. am 19. Dezember 1931 ab. Vom 20. ab nicht mehr Verzugszuschläge, aber Verzugszinsen von 12 v. H. jährlich.

§ 9.

Ist vor dem 1. Januar 1932 durch Gesetz oder durch Verfügung einer Finanzbehörde Zahlungsaufschub oder Stundung zu einem Zinsfuß von mehr als acht vom Hundert jährlich bewilligt worden, so beträgt für die Zeit vom 1. Januar 1932 ab der Zinsfuß acht vom Hundert jährlich.

Automatische Herabsetzung; Antrag nicht erforderlich.

§ 10.

Für Verzugszinsen, die auf Grund steuerrechtlicher Vorschriften (einschließlich der Vorschriften dieses Kapitels) dem Steuergläubiger geschuldet werden, sowie für Zinsen, die bei Zahlungsaufschub (§ 129 der Reichsabgabenordnung) oder bei Stundung (§ 127 der Reichsabgabenordnung) zu entrichten sind, kann der Reichsminister der Finanzen die Zinssätze abweichend von den Vorschriften dieses Kapitels festsetzen. Übergangsbestimmungen, die bei Änderung der Zinssätze erforderlich werden, trifft der Reichsminister der Finanzen. Auf Grund der Sätze 1 und 2 kann der Reichsminister der Finanzen Bestimmungen über die Zinssätze sowohl für das Gebiet der Reichssteuern als auch für die Gebiete der Steuern der Länder, der Gemeinden und der Gemeindeverbände treffen.

Allgemeine Ermächtigung für Änderung der Sätze von Verzugs-, Aufschubs- und Stundungszinsen, aber nicht zur Wiedereinführung von Verzugszuschlägen.

Zweiter Teil.

Wohnungswirtschaft.

Erläutert von
den Rechtsanwälten am Kammergericht Dr. Arthur Bloch und Dr. Ralph Pulvermacher.

Kapitel I.

Geldentwertungsausgleich bei bebauten Grundstücken.

Vorbemerkung.

Kap. I regelt den stufenweisen Abbau der Gebäudeentschuldungsteuer (§ 1), ihre Ablösung (§ 2) und die Beschaffung der hierfür durch Aufnahme einer der vorhandenen Belastung vorgehenden Hypothek (§ 3) sowie die Verwendung des Aufkommens (§§ 4—8). Weitere Bestimmungen: Anpassungsverordnung vom 23. Dezember 1931 Kap. V §§ 1 und 2 sowie Kap. VI 2. Abschn. (RGBl. I S. 781, 782).

§ 1.

(1) Die Steuer, die nach dem Gesetz über den Geldentwertungsausgleich bei bebauten Grundstücken in der Fassung der Bekanntmachung vom 1. Juni 1926 (Reichsgesetzbl. I S. 251) in Verbindung mit Kapitel I Vierter Teil der Dritten Verordnung des Reichspräsidenten zur Sicherung von Wirtschaft und Finanzen und zur Bekämpfung politischer Ausschreitungen vom 6. Oktober 1931 (Reichsgesetzbl. I

S. 537) in den Ländern und Gemeinden erhoben wird (Gebäudeentschuldungsteuer), wird in allen Steuerstufen um folgende Hundertsätze gesenkt:

vom 1. April 1935 ab um 25 vom Hundert,
vom 1. April 1937 ab um weitere 25 vom Hundert.

Vom 1. April 1940 ab wird die Steuer nicht mehr erhoben.

(2) Der Senkung zugrunde zu legen ist der volle Jahresbetrag der Steuer, der für das Rechnungsjahr 1932 Geltung hat, ohne Berücksichtigung der niedergeschlagenen oder erlassenen Beträge.

1. Die Gebäudeentschuldungsteuer wird auf Grund der §§ 26—32 der Dritten SteuerNotVO. vom 14. Februar 1924 (RGBl. I S. 74) von den Ländern und Gemeinden zur Deckung ihres allgemeinen Finanzbedarfs erhoben, und zwar entweder als Aufwertungsteuer oder als Steuer vom Grundvermögen und unter verschiedenen Bezeichnungen (Hauszinssteuer, Mietzinssteuer, Grundsteuer, Haussteuer, Gebäudesteuer usw.). Reichsgesetzliche Grundlage für die Steuerordnungen der Länder ist die Neufassung im Gesetz über den Geldentwertungsausgleich bei bebauten Grundstücken vom 1. Juni 1926 (RGBl. I S. 251). In Preußen gilt die mehrfach geänderte Hauszinssteuerverordnung vom 2. Juli 1926 (GS. S. 123). Die Steuer wird hier in Prozenten der Grundvermögensteuer erhoben (1924: 400 v. H., gestiegen auf jetzt 1140 v. H.: VO. vom 23. März 1931). Der Senkung ist zugrunde zu legen der nach den landesgesetzlichen Bestimmungen veranlagte Jahresbetrag.

Schuldner der Steuer ist im allgemeinen der Hauseigentümer (Anm. 1 zu § 2). Die Steuer wird jedoch meist wie in Preußen durch die gesetzliche Miete abgegolten, so daß die Mieter Träger der Steuer sind (Preußen: VO. vom 25. Juni 1924 — GS. S. 570 —). Wird die Steuer erlassen oder gestundet, so ermäßigt sich der Mietzins um den entsprechenden Betrag.

2. Durch die NotVO. vom 6. Oktober 1931 Teil IV Kap. I § 1 (RGBl. I 551) ist die Steuer bereits um 20 v. H. mit Wirkung vom 1. April 1932 gesenkt. Eigentümlich ist die vorliegende Regelung für die fernliegende Zeit 1935 bis 1940 durch NotVO., namentlich im Hinblick auf Art. 48 Abs. 3 Reichsverfassung; wirtschaftlich gerechtfertigt durch die Notwendigkeit, den mit längeren Zeiträumen rechnenden Grundkredit zu heben.

Ausnahme von der 20prozentigen Senkung: Die Länder können nach § 2 Kap. I Teil IV der NotVO. vom 6. Oktober 1931 (RGBl. I 551) statt der 20prozentigen Senkung eine Ermäßigung nach § 2 Abs. 3 Satz 6—9 des Geldentwertungsausgleichsgesetzes (in der Fassung der NotVO. vom 5. Juni 1931 Kap. II Teil VI — RGBl. I 309 —) wählen, jedoch nur mit Zustimmung des Reichsministers der Finanzen. Die Anpassungsverordnung vom 23. Dezember 1931 (RGBl. I 781 Kap. V § 1) bestimmt, daß diese Zustimmung nur noch bis zum 31. Dezember 1931 nachgesucht werden kann.

3. Betrag der Senkung: vom 1. April **1932** ab gemäß NotVO. vom 6. Oktober 1931 20 v. H. des Jahresbetrags (damals in Preußen noch 1200 v. H. der Grundvermögenssteuer) für das vom 1. April 1930 bis 31. März 1931 laufende Rechnungsjahr (ausnahmsweise ist bei landesgesetzlicher Erhöhung der Steuer für gut verzinsliche Grundstücke das Rechnungsjahr 1931 zugrunde zu legen, Kap. V § 2 der Anpassungsverordnung vom 23. Dezember 1931 — RGBl. I 781 —). Den weiteren Senkungen ist das Rechnungsjahr **1932** zugrunde zu legen. Sie sind also nach dem bereits um 20 v. H. (oder anderweitig, siehe Anm. 2) ermäßigten Betrag zu berechnen. Die Steuer beträgt demnach

vom 1. April 1932 bis 31. März 1935: 80 v. H. des Betrages für das Rechnungsjahr **1930**,

vom 1. April 1935 bis 31. März 1937: 75 v. H. des Betrages für das Rechnungsjahr **1932**,

vom 1. April 1937 bis 31. April 1940: 50 v. H. des Betrages für das Rechnungsjahr **1932**.

4. Die Senkung erfolgt nach dem vollen rechtskräftig veranlagten Betrag unter Außerachtlassung der in der Praxis sehr häufig niedergeschlagenen oder erlassenen Beträge (vgl. für Preußen § 9 der HauszinssteuerVO.).

§ 2.

(1) Der Eigentümer ist berechtigt, die sich nach § 1 für die Zeit vom 1. April 1932 bis zum Ablauf des Rechnungsjahrs 1939 ergebende Gebäudeentschuldungssteuer in der Zeit bis zum 31. März 1934 durch Zahlung eines einmaligen Betrags abzulösen.

(2) Macht der Eigentümer von dem ihm nach Abs. 1 zustehenden Rechte Gebrauch, so hat er, soweit der Ablösungsbetrag bis zum 31. März 1932 entrichtet wird, das Dreifache, und soweit der Ablösungsbetrag in der Zeit bis zum 31. März 1934 entrichtet wird, das Dreieinhalbfache des vollen Jahresbetrags der Gebäudeentschuldungsteuer (§ 1 Abs. 2) zu zahlen. Neben dem Ablösungsbetrage sind die bis zur Entrichtung des Ablösungsbetrags fällig gewordenen Gebäudeentschuldungsteuerbeträge zu zahlen.

(3) Die Ablösung kann auch teilweise nach näherer Anordnung der Landesregierung erfolgen. Über die Höhe der gezahlten Ablösung und den etwa verbleibenden Restbetrag hat die Steuerbehörde auf Antrag eine Bescheinigung zu erteilen.

(4) Soweit die Gebäudeentschuldungsteuer nach den Landesbestimmungen mit Rücksicht auf die Hilfsbedürftigkeit der Mieter zu stunden und niederzuschlagen ist, bestimmen die Landesregierungen, in welcher Weise die Auswirkungen der Ablösung für hilfsbedürftige Mieter unter Mitwirkung der Fürsorgeverbände auszugleichen sind. Sie haben hierfür die erforderlichen Mittel zur Verfügung zu stellen.

1. Der öffentlich-rechtliche Anspruch auf Ablösung steht dem Eigentümer zu. Dieser kann unter Umständen ohne Interesse an der Ablösung sein. Gleichzustellen nach Sinn und Zweck der Bestimmung ist ihm derjenige, der wirtschaftlich eigentümergleiche Stellung hat oder Schuldner der Steuer ist, also in der Regel der Erbbauberechtigte, Nutznießer, Nießbraucher, Eigentümer von Gebäuden auf fremdem Boden (für Preußen: § 8 HauszinssteuerVO. in Verbindung mit § 4 des Gesetzes über die Erhebung einer vorläufigen Steuer vom Grundvermögen vom 14. Februar 1923 — GS. S. 28 —). Ablösungsberechtigt auch der Vertreter kraft Amtes, Testamentsvollstrecker, Konkursverwalter. Die zivilrechtlichen Erstattungsansprüche gegen den Eigentümer richten sich, wenn ein anderer ablöst, nach den Vorschriften über Auftrag, Geschäftsführung ohne Auftrag oder ungerechtfertigte Bereicherung.

2. Das Ablösungsrecht erlischt, wenn der einmalige Betrag nicht bis zum 31. März 1934 an die zuständige Stelle gezahlt ist.

3. Der Ablösungsbetrag errechnet sich bei Zahlung bis zum 31. März 1932 nach dem Dreifachen, bei späterer Ablösung nach dem Dreieinhalbfachen des rechtskräftig veranlagten Jahresbetrages der Steuer für 1932, d. h. also nach dem um 20 v. H. gesenkten Steuerbetrag für 1931. Die Ablösung befreit nicht von der Steuerschuld, die bis zur Zahlung der Ablösung fällig geworden ist; erfolgt die Zahlung der Ablösung nicht gerade an einem Fälligkeitstermin, so ist also der letzte Fälligkeitstermin entscheidend, nicht der Tag der Zahlung.

4. Nach der VO. kann nur volle Ablösung erfolgen, doch kann die Landesregierung Anordnungen über eine teilweise Ablösung erlassen; es kann hiernach eine einmalige Teilablösung, aber auch eine ratenweise Ablösung der ganzen Hauszinssteuer zugelassen werden.

5. Den auf Stundung oder Niederschlagung der Steuer angewiesenen Mietern kann diese Erleichterung nach Ablösung nicht gewährt werden. Hier soll durch Anordnung der Landesregierungen geholfen werden. Da nicht vorauszusehen ist, welche Steuerbeträge bis zum Jahre 1940 erlassen

werden, wird die praktische Bedeutung des Ablösungsrechts erst durch die Anordnungen der Landesregierung klargestellt werden. Nur wenn hiernach der Eigentümer vor Mietsausfällen unbedingt gesichert erscheint, wird er ablösen. Bei Grundstücken, die mit privatrechtlichen wertbeständigen Lasten vor dem 14. Februar 1924 oder sogenannten schweizerischen Goldhypotheken belastet sind, wird sich eine Ablösung im allgemeinen nicht empfehlen, weil sich in diesen Fällen die Hauszinssteuer um die laufenden geldlichen Verpflichtungen vermindert (vgl. § 4 Abs. 2 des Gesetzes über den Geldentwertungsausgleich vom 1. Juni 1926 — RGBl. I 251 — und Abkommen zwischen Schweiz und Deutschem Reich in der Verbalnote vom 26. Juli 1925).

6. Zur Sicherheit des ablösenden Eigentümers bestimmt Kap. VI 2. Abschn. der AnpassungsVO. vom 23. Dezember 1931 (RGBl. I 782), daß Grundstücke, bei denen abgelöst ist, zur Grundsteuer nicht höher veranlagt werden dürfen als andere Grundstücke.

§ 3.

(1) Will der Eigentümer zum Zwecke der Ablösung der Gebäudeentschuldungsteuer bei einem öffentlichen oder unter Staatsaufsicht stehenden Unternehmen, das nach Gesetz oder Satzung Grundkredit gibt (Hypothekenbank, Sparkasse, Versicherungsunternehmen usw.), ein hypothekarisch gesichertes Darlehen aufnehmen, so kann die Hypothek auf Antrag des Eigentümers mit dem Range vor allen anderen Rechten an dem Grundstück im Grundbuch eingetragen werden.

(2) Der Antrag ist nur zulässig, wenn der Eigentümer dem Grundbuchamte nachweist, daß Rückstände (§ 2 Abs. 2 Satz 2) nicht vorhanden sind und daß der Darlehnsbetrag zur Ablösung der Gebäudeentschuldungsteuer verwendet werden soll, und wenn das Unternehmen sich verpflichtet, den Darlehnsbetrag unmittelbar an die zuständige Steuerbehörde zu ent-

richten. Der Nachweis der Bezahlung etwaiger Rückstände sowie der Höhe des Ablösungsbetrags wird durch eine Bescheinigung der Steuerbehörde erbracht.

(3) Hinsichtlich der Rechte am Grundstück, deren Rang durch die Eintragung der Ablösungshypothek betroffen wird, finden Bestimmungen, die eine vorzeitige Fälligkeit der Schuld für den Fall der Rangänderung oder der Nichteinhaltung bestimmter Beleihungsgrenzen vorsehen, im Falle der Eintragung der Ablösungshypothek keine Anwendung.

(4) Eine Hypothek oder Grundschuld verliert ihre Eignung, gemäß § 10 des Hypothekenbankgesetzes als Deckung für Hypothekenpfandbriefe benutzt zu werden, nicht dadurch, daß sie infolge der Eintragung der Ablösungshypothek den in § 11 Abs. 2 des Hypothekenbankgesetzes vorgeschriebenen Wertteil übersteigt.

(5) Wird das Darlehen ganz oder teilweise zurückgezahlt, so erlischt die Hypothek in Höhe des zurückgezahlten Betrags. Die Hypothek erlischt ferner mit Ablauf von zehn Jahren seit der Eintragung; die persönliche Forderung bleibt unberührt. Bei der Eintragung der Hypothek ist der Zeitpunkt des Erlöschens im Grundbuch zu vermerken. Im Zwangsversteigerungsverfahren gilt die Hypothek auch nach Ablauf der zehn Jahre als nicht erloschen, wenn der Antrag auf Einleitung des Zwangsversteigerungsverfahrens vor Ablauf der Frist gestellt ist.

(6) Die Vorschriften der Abs. 1 bis 4 finden insoweit keine Anwendung, als mit anderen Staaten getroffene Vereinbarungen entgegenstehen.

1. § 3 bedeutet einen Eingriff in das Vertragsrecht und das durch § 879 BGB. gewährleistete Rangverhältnis der Rechte am Grundstück. Ob der Zweck der Vorschrift, dem Eigentümer die Aufnahme der Geldmittel für die Ablösung zu er-

möglichen, praktisch erreicht wird, ist fraglich, da die zugelassenen Geldinstitute regelmäßig Inhaber erster Hypotheken sind und durch die Gewährung der Ablösungsgelder ihre Hypotheken selbst des ersten Rangs berauben würden.

2. „Die Hypothek kann auf Antrag des Eigentümers eingetragen werden" bedeutet: Der Eigentümer kann den Antrag stellen, und die Hypothek muß dann eingetragen werden. Außer diesem Antrag setzt die Eintragung voraus:

a) Nachweis der Tilgung von Steuerrückständen bis zum letzten Fälligkeitstermin (Anm. 3 zu § 2).

b) Nachweis der Verwendung des ganzen Darlehensbetrages für die Ablösung. Dieser Nachweis bezieht sich nur auf die Höhe des Ablösungsbetrages, da die Verwendung des Darlehens für die Ablösung besonders sichergestellt ist (c).

c) Verpflichtung des Unternehmens, das Darlehen unmittelbar an die (nach Landesrecht) zuständige Steuerbehörde auszuzahlen. Aus dieser Verpflichtung muß — sei es durch Vertrag zugunsten der Steuerbehörde (§ 328 BGB.), sei es durch direkte Verpflichtung gegenüber der Steuerbehörde — diese einen unmittelbaren Anspruch auf Auszahlung der Darlehenssumme erwerben.

Nachweis zu a und b durch Bescheinigung der Steuerbehörde, zu c gemäß § 26 GBO.

d) Aufnahme des Hypothekendarlehens bei einem Unternehmen, das nach Gesetz (z. B. Hypothekenbankgesetz vom 13. Juli 1899) oder nach Satzung Grundstücke beleiht und ein öffentliches Unternehmen (also Unternehmen des Reichs, der Länder, der Gemeinden und der öffentlichen Verbände) ist oder unter Staatsaufsicht steht. Der Grund dieser Einschränkung liegt in der Möglichkeit der staatlichen Einflußnahme auf diese Institute. — Bei Unzulässigkeit des Antrages auf Eintragung: Verfahren nach § 18 GBO.

3. Die Ablösungshypothek erhält kraft Gesetzes den Vorrang vor allen in Abt. II und III des Grundbuchs eingetragenen Belastungen. Im Falle der Zwangsversteigerung gehen ihr nur die in § 10 Ziff. 1—3 ZwVG. genannten Ansprüche vor. Die

nach § 886 BGB. erforderliche Einigung des Gläubigers der neuen Hypothek und der zurücktretenden Berechtigten fällt fort. Der Eigentümer hat somit einen privatrechtlichen Anspruch gegen die dinglich Berechtigten dahin, der Ablösungshypothek den Vorrang einzuräumen. Zur Verwirklichung dieses Anspruchs bedarf es jedoch keiner Zustimmung. Ein weiterer Eingriff gegenüber den nachrückenden Grundpfandgläubigern besteht darin, daß vertragliche Bestimmungen über ihre vorzeitige Fälligkeit außer Kraft gesetzt werden. Dies gilt nicht für Bestimmungen anderer Art, z. B. Vertragsstrafen, Erhöhung der Zinsen usw.

4. Nur über den Zweck, nicht über den Inhalt der Darlehensverpflichtung (Zinshöhe, Fälligkeit und sonstige Modalitäten) sind Vorschriften gegeben. Den Vereinbarungen sind hier keine Grenzen gezogen. Für die Hypothek ist bindend nur der Rang und das Erlöschen durch Rückzahlung oder Zeitablauf (zehn Jahre) vorgeschrieben. Die Darlehensgeber werden daher regelmäßig Fälligkeit vor Ablauf von zehn Jahren vereinbaren.

5. Verzicht auf Eintragung der Ablösungshypothek gegenüber bereits eingetragenen oder neuen Grundpfandgläubigern ist möglich und obligatorisch wirksam; denn es steht im Belieben des Eigentümers, die Ablösungshypothek aufzunehmen. Er kann also durch Vertrag darauf verzichten. Der dinglichen Wirkung eines solchen Verzichts steht § 137 BGB. entgegen. Darum ist es nicht zulässig, daß die Hypothekengläubiger sich durch Vormerkung gegen die ihren Rang verschlechternde Eintragung der Ablösungshypothek sichern (KG. in OLG. VI 123, und KGBl. 1907, 95). Ein Anspruch auf Unterlassung kann übrigens auch nicht durch Vormerkung gesichert werden. Der Realkreditverkehr wird aber einen solchen Schutz verlangen, da sonst die Beleihung mit Gefahr verbunden wäre. Möglich vielleicht: Vormerkung zur Sicherung des Anspruchs, einer Hypothek den Vorrang vor einer etwa aufzunehmenden Ablösungshypothek einzuräumen, da künftiger oder bedingter Anspruch gesichert werden kann (§ 883 Abs. 1 S. 2 BGB.). Praktisch würde dadurch die Aufnahme der Ablösungshypothek vereitelt werden.

6. A. Erlöschen der Ablösungshypothek kraft Gesetzes:

a) Bei Rückzahlung des Darlehens. Zustimmung des Eigentümers nach § 1183 BGB. entfällt. Die Entstehung einer Eigentümergrundschuld nach § 1163 BGB., welche das den nachstehenden Grundpfandgläubigern zugefügte Unrecht vergrößern würde, ist also ausgeschlossen, ebenso ein Übergang der Hypothek nach § 1164 BGB. bei Befriedigung durch einen persönlichen Schuldner, z. B. im Falle einer Übernahme der Darlehensschuld, Bürgschaft usw. — Teilweise Tilgung bewirkt Erlöschen eines entsprechenden ranglezten Teils der Hypothek.

b) Nach Ablauf von zehn Jahren seit der Eintragung: Die Darlehnsforderung bleibt bestehen. Der Zeitpunkt des Erlöschens ist mit Rücksicht auf § 24 GBO. von vornherein einzutragen. Die Einleitung eines Zwangsversteigerungs- (nicht Zwangsverwaltungs-) Verfahrens vor Ablauf der zehn Jahre bewirkt, daß die Hypothek als fortbestehend fingiert wird („gilt"). Diese Fiktion muß sinngemäß aufhören, die Hypothek also bei Ablauf von zehn Jahren seit der Eintragung als erloschen angesehen werden, wenn das Zwangsversteigerungsverfahren nicht durchgeführt wird. Die Fiktion gilt nur „im", d. h. für das Zwangsversteigerungsverfahren. Bleibt bei einer Versteigerung die Ablösungshypothek gemäß § 52 ZwVG. bestehen, so wird der Zeitpunkt des Erlöschens nicht berührt.

B. In beiden Fällen zu A ist das Erlöschen im Interesse der sonstigen Grundpfandgläubiger bestimmt, die damit den gebührenden Rang erhalten. Sie können sinngemäß Löschung von dem Eigentümer verlangen. Bei Erlöschen durch Zeitablauf kann die Löschung auch gemäß § 23, 24 GBO. nach Ablauf eines Sperrjahres erfolgen, bei Erlöschen durch Rückzahlung werden die sonstigen Grundpfandgläubiger in der Regel nicht wissen, ob und wann Rückzahlung erfolgt ist. Es fehlt eine Bestimmung darüber, daß der Darlehensgeber die Rückzahlung dem Grundbuchamt mitzuteilen und daß dieses daraufhin zu löschen hat. Das Grundbuchamt wird beglaubigte Löschungsbewilligung, aber auch beglaubigte Zustimmungserklärung des Eigentümers verlangen, nicht nach § 1183 BGB., 19 GBO. (da das Erlöschen materiellrechtlich ohne Zustimmung des Eigentümers eintritt), wohl aber auf Grund der formellrechtlichen Vorschrift des § 27 GBO. Die Grundpfandgläubiger können von dem Eigentümer Zustimmung und Beschaffung der Löschungsbewilligung klageweise beanspruchen, soweit ihr Rang durch die Eintragung der Ablösungshypothek beeinträchtigt würde.

7. Die für Hypothekenforderungen übernommene Bürgschaft wird durch die Aufnahme einer Ablösungshypothek insofern berührt, als die Verpflichtung des Bürgen gemäß § 767 Abs. 1 Satz 2 BGB. durch das Zurücktreten der Hypothek erweitert wird. Soweit der Bürge das ihm an sich gemäß § 774, 412, 401 BGB. zustehende Recht auf Befriedigung aus der Hypothek infolge der vorgehenden Ablösungshypothek nicht verwirklichen kann, wird er daher von seiner Bürgschaft frei. Dagegen wird die Ausbietungsgarantie (über Begriff und Wesen vgl. Stillschweig in JW. 1914, 334) durch Aufnahme einer Ablösungshypothek nicht berührt, da sie insoweit, als der Garant die Verpflichtung übernommen hat, für ein ausreichendes Gebot bei einer Versteigerung zu sorgen, kein Eintreten für eine fremde Verbindlichkeit, sondern eine eigene direkte Verbindlichkeit gegenüber dem Hypothekengläubiger darstellt.

8. Bei Grundstücken, die mit Frankengrundschulden belastet sind (Anm. 5 zu § 2), ist die Aufnahme der Ablösungshypothek nicht möglich (RGBl. 1920 I 2032; RGBl. 1923 II 284).

§ 4.

(1) Das laufende Aufkommen an Gebäudeentschuldungsteuer soll vorbehaltlich des Abs. 2 zur Deckung des allgemeinen Finanzbedarfs der Länder und Gemeinden (Gemeindeverbände) dienen.

(2) Die Landesregierungen können bestimmen, ob und inwieweit aus dem Aufkommen Mittel für den

Wohnungsbau (Kleinstwohnungsbau, Erhaltung des Altwohnraums, Teilung von Großwohnungen), Mittel für die Abdeckung der von der Umschuldung gemäß dem Dritten Teil Kapitel II der Dritten Verordnung des Reichspräsidenten zur Sicherung von Wirtschaft und Finanzen und zur Bekämpfung politischer Ausschreitungen vom 6. Oktober 1931 nicht erfaßten kurzfristigen Verpflichtungen aus Vorausverfügungen über die Gebäudeentschuldungsteuer und aus Bürgschafts- oder ähnlichen Verpflichtungen, die zur Förderung des Wohnungsbaues eingegangen sind, ferner Mittel für Zins- oder Mietzuschüsse für Neubauwohnungen bereitzustellen sind. Diese Mittel dürfen ein Fünftel des tatsächlichen Aufkommens für ein Rechnungsjahr nicht übersteigen.

Siehe Anm. zu § 5.

§ 5.

(1) Das Aufkommen aus der Ablösung (§ 2) ist von den laufenden Gebäudeentschuldungsteuerbeträgen getrennt zu vereinnahmen und zu verwalten.

(2) Unbeschadet der Vorschrift des Abs. 3 sind von dem Aufkommen aus der Ablösung zu den im § 4 bezeichneten Zwecken zu verwenden:

a) je ein Drittel der bis zum 31. März 1932 eingehenden Ablösungsbeträge für die Rechnungsjahre 1932 und 1933,

b) je 30 vom Hundert der im Rechnungsjahre 1932 eingehenden Ablösungsbeträge für die Rechnungsjahre 1932 und 1933,

c) 30 vom Hundert der im Rechnungsjahre 1933 eingehenden Ablösungsbeträge für das Rechnungsjahr 1933.

Die Länder können bestimmen, daß weitere 30 vom Hundert des Gesamtaufkommens aus der Ablösung in gleicher Weise für das Rechnungsjahr 1934 zu verwenden sind. Der verbleibende Teil des Aufkommens ist, soweit er nicht nach Abs. 3 in Anspruch zu nehmen ist, zur Abdeckung der Schulden der Länder und Gemeinden zu verwenden. Die näheren Bestimmungen treffen die Landesregierungen.

(3) Soweit sich das laufende Aufkommen an Gebäudeentschuldungsteuer infolge der Ablösung mindert, haben die Länder aus dem Aufkommen aus der Ablösung so viel zur Verfügung zu stellen, daß die Durchführung der Umschuldung der Gemeinden im Rahmen des Dritten Teils Kapitel II § 4 der Dritten Verordnung des Reichspräsidenten zur Sicherung von Wirtschaft und Finanzen und zur Bekämpfung politischer Ausschreitungen vom 6. Oktober 1931 in der Fassung des Vierten Teils Kapitel VII § 1 Nr. 2a gesichert ist.

Die §§ 4 und 5 enthalten Rahmenbestimmungen, deren Durchführungsmöglichkeit von der Entwicklung der Wirtschaftslage abhängen wird. Laufendes Aufkommen und Aufkommen aus Ablösung sind getrennt zu vereinnahmen und zu verwalten und in folgender Weise zu verwenden:

1. Laufendes Aufkommen:

a) Bis zu einem Fünftel des Jahresbetrages nach Bestimmung der Landesregierung für Wohnungsbau, Abdeckung der kurzfristigen Verschuldung aus Vorausverfügung über die Steuer (soweit nicht die Umschuldung, d. h. Verwandlung in langfristige Verpflichtung nach der NotVO. vom 6. Oktober 1931 Platz greift), Zins- und Mietzuschüsse für Neubauten (§ 4 Abs. 2).

b) Der Rest zur Deckung des allgemeinen Finanzbedarfs der Länder und Gemeinden (§ 4 Abs. 1).

2. Ablösungsaufkommen:

a) Zur Deckung des infolge der Ablösung entstehenden Verlustes der entsprechende Betrag, soweit er für Umschuldungszwecke erforderlich ist.

b) Von dem Rest die in § 5 Abs. 2 angegebenen Prozentsätze für die Zwecke des § 4, also bis zu einem Fünftel dieser Prozentsätze gemäß § 4 Abs. 2. Was noch verbleibt, ist zur Deckung der Schulden der Länder und Gemeinden zu verwenden.

§ 6.

Der Reichsminister der Finanzen ist befugt, mit Zustimmung des Reichsrats zur Durchführung dieses Kapitels und für den Übergang, insbesondere zur Erleichterung der Ablösung, Rechtsverordnungen und allgemeine Verwaltungsvorschriften zu erlassen und, soweit erforderlich, allgemeine Vorschriften ergänzenden Inhalts zu treffen.

Bisher sind Durchführungsbestimmungen nicht erschienen.

§ 7.

Das Gesetz über den Geldentwertungsausgleich bei bebauten Grundstücken in der Fassung der Bekanntmachung vom 1. Juni 1926 (Reichsgesetzbl. I S. 251), des Abänderungsgesetzes vom 22. März 1930 (Reichsgesetzbl. I S. 91), des Siebenten Teils Kapitel III § 27 der Verordnung des Reichspräsidenten zur Sicherung von Wirtschaft und Finanzen vom 1. Dezember 1930 (Reichsgesetzbl. I S. 517) und des Sechsten Teils Kapitel II der Zweiten Verordnung des Reichspräsidenten zur Sicherung von Wirtschaft und Finanzen vom 5. Juni 1931 (Reichsgesetzbl. I S. 279) sowie die zur Durchführung dieses Gesetzes in den Ländern erlassenen Vorschriften treten unbeschadet der Durchführung bereits entstandener Steueransprüche mit dem Ablauf des Rechnungsjahres 1939 außer Kraft; ausgenommen sind die Vorschriften des § 1 Abs. 7 bis 10.

Die Bestimmung über das Außerkrafttreten entspricht dem § 1 Abs. 2. In Kraft bleiben über den 1. April 1940 hinaus die Bestimmungen, daß Rückzahlungen von Darlehenssummen und Rückflüsse anderer Mittel, die für Wohnungsbau und Siedlung gegeben sind, nur hierfür weiterhin verwandt werden dürfen.

§ 8.

Soweit den Ländern und Gemeinden (Gemeindeverbänden) durch die Senkung der Gebäudeentschuldungsteuer (§ 1) in den Rechnungsjahren 1935 bis 1940 Ausfälle entstehen, die nicht durch die wirtschaftliche Lage bedingt sind, wird das Reich für eine entsprechende Neuordnung des Finanzausgleichs Sorge tragen. Der Berechnung der Ausfälle ist der Sollbetrag der Gebäudeentschuldungsteuer im Rechnungsjahre 1934 zugrunde zu legen.

Kapitel II.

Mietsenkung.

Vorbemerkung.

Zu den §§ 1—4 sind ergangen:

1. für das Reich die Verordnung zur Durchführung der Mietsenkung vom 15. Dezember 1931 (RGBl. S. 752) (im folgenden RDVO. I genannt) auf Grund Kap. II § 5,
2. für Preußen die preußische Verordnung über die Mietsenkung vom 21. Dezember 1931 (GS. S. 289), abgeändert durch Zweite Verordnung über die Mietsenkung vom 5. Januar 1932 und neu gefaßt in GS. 1932 S. 3 (im folgenden PrDVO. genannt) auf Grund Art. 10 RDVO. I.

Siehe Anhang dieses Teiles unten S. 126 ff.

§ 1.

(1) Bei Mietverhältnissen, auf die die Vorschriften des Reichsmietengesetzes Anwendung finden, ermäßigt sich für die mit dem 1. Januar 1932 beginnende Mietzeit die gesetzliche Miete um zehn vom Hundert der Friedensmiete.

(2) Von dem gleichen Zeitpunkt an ermäßigt sich der Mietzins bei sonstigen Mietverhältnissen über Gebäude oder Gebäudeteile, die bis zum 1. Juli 1918 bezugsfertig geworden sind, um zehn vom Hundert der Friedensmiete.

1. Grundlage der Mietsenkung ist die gesetzliche Herabsetzung des Hypothekenzinsfußes (Teil I Kap. III) in Verbindung mit der jetzigen Neuregelung der Hauszinssteuer (vgl. amtliche Verlautbarung zur Notverordnung vom 8. Dezember 1931). Über Abbau der Hauszinssteuer durch Dritte Notverordnung vom 6. Oktober 1931 vgl. Anm. 1 und 2 zu Teil II Kap. I § 1.

2. Der Mietsenkung unterliegen mit Wirkung vom 1. Januar 1932:

I. Mietverhältnisse, auf die die Vorschriften des Reichsmietengesetzes Anwendung finden (Abs. 1):

A. Mietverhältnisse über Altwohnungen, das sind Wohnungen, die bis zum 1. Juli 1918 bezugsfertig geworden sind; ausgenommen sind:

a) Mietverhältnisse über Wohnungen mit bestimmter Mindestmiete (vgl. Teil II Kap. IV Art. I);

b) Mietverhältnisse, die seit dem 1. April 1931 über freigewordene oder freiwerdende Räume neu begründet sind, soweit diese Räume bei Vertragsschluß einer Inanspruchnahme auf Grund des Wohnungsmangelgesetzes nicht unterliegen (gilt nicht für Tauschwohnungen); VO. vom 1. Dezember 1930 (RGBl. Teil VII Kap. IV Art. II S. 598).

Die 7. PrLockVO. vom 26. Oktober 1931 (GS. S. 228) hatte aus dem Reichsmietengesetz für Preußen ausgenommen Wohnungen, deren Jahresfriedensmiete

a) 1800 RM und mehr in Berlin,
b) 1500 RM und mehr in den übrigen Orten der Sonderklasse,
c) 1200 RM und mehr in den Orten der Ortsklasse A,
d) 900 RM und mehr in den Orten der Ortsklasse B,
e) 600 RM und mehr in den Orten der Ortsklasse C,
f) 400 RM und mehr in den Orten der Ortsklasse D

beträgt (§§ 7, 11 PrLockVO. vom 26. Oktober 1931). An Stelle dieser Sätze treten, da Reichsgesetz dem Landesgesetz vorgeht, zu a 1600 RM, zu b 1400 RM; (vgl. Teil II Kap. IV Art. I). Sind auf Grund des § 22 Satz 3 RMG. für einzelne Länder oder Gemeinden weitere Wohnungen von den Bestimmungen des Reichsmietengesetzes ausgenommen worden (wie z. B. in Preußen, vgl. f), so behält es hierbei sein Bewenden, da die diesbezüglichen Anordnungen rechtsgültig ergangen sind.

B. Geschäftsräume, die Teile einer Altwohnung bilden oder wegen ihres wirtschaftlichen Zusammenhangs mit Altwohnräumen zugleich mit solchen vermietet sind, wenn die Gesamtfriedensmiete hinter den jetzt geltenden Mindestsätzen zurückbleibt (Teil II Kap. IV Art. I);

II. „sonstige Mietverhältnisse“ (Abs. 2). Art. 2 Abs. 2 der RDVO. I definiert die „sonstigen Mietverhältnisse“ als solche über Altwohnungen, bei denen nicht die gesetzliche Miete zu zahlen ist (ebenso PrDVO. § 2). Demnach fallen hierunter solche Mietverhältnisse, bei denen sich der Mietzins kraft Gesetzes oder kraft Vertrags nicht nach dem Reichsmietengesetz richtet.

Der Mietsenkung unterliegen nur Mietverhältnisse, nicht Pacht oder dingliches Wohnrecht. (Wegen der Unterscheidung von Pacht und Miete vgl. RG. Bd. 81 S. 24; 91 S. 310; 109 S. 206; 122 S. 274; 123 S. 128). Für Dienst- und Werkwohnungen tritt Mietsenkung nur ein, wenn ein Mietvertrag vorliegt. Keine Mietsenkung bei Mietverhältnissen über Räume, die nicht Gebäude oder Gebäudeteile sind (Lagerplätze, Höfe und dergl.); vgl. § 1 RMG.; ferner nicht in Preußen bei Grundstücken, die mit Schweizer Goldhypotheken belastet sind (PrDVO. § 17).

3. a) Die gesetzliche Miete ermäßigt sich um 10 v. H. der Friedensmiete (abw. Proskauer in Grundstückswarte 1931 S. 393, der die Zuschläge von der um 10 v. H. gesenkten Friedensmiete berechnet). Unter Friedensmiete ist nach Art. 2 Abs. 1 RDVO. I derjenige Mietzins zu verstehen, der nach Landesrecht der Berechnung der gesetzlichen Miete zugrunde zu legen ist (reine Friedensmiete). In Preußen gilt die VO. über Mietzinsbildung in Preußen vom 17. April 1924 (GS. S. 474). Unter Friedensmiete ist hiernach (§ 2 Abs. 1) derjenige Mietzins zu verstehen, der für die mit dem 1. Juli 1914 beginnende Zeit vereinbart war. Von dieser Raumfriedensmiete sind zum Zweck der Berechnung der reinen Friedensmiete abzurechnen: in Preußen 7 v. H. für Heizstoffe für Sammelheizung und 3 v. H. für Heizstoffe für Warmwasserversorgung (VO. über Mietzinsbildung in Preußen vom 17. April 1924 — GS. S. 474 —), in Berlin für Bereitstellung von Wasserkraft, Elektrizität, Dampf, Preßluft und dergl. 2 v. H., für Spiegelglasversicherung 2 v. H. und für Fahrstuhlbenutzung 2 v. H., ferner für Wassergeld 3 v. H., wenn das Wassergeld auf die Mieter umgelegt wird (§§ 2, 9 der Berl. Bek. zum RMG. vom 26. März 1926).

Bei Verträgen mit einer Staffelmiete gilt als Friedensmiete der Durchschnittsbetrag des für die ganze Vertragsdauer vereinbarten Mietzinses (Rechtsentscheid 17 Y 55/24; JW. 1924 S. 2006).

In Preußen ermäßigt sich die gesetzliche Miete von den laut VO. vom 26. März 1927 (GS. S. 36) festgesetzten 120 v. H. auf 110 v. H. der reinen Friedensmiete (PrDVO. § 1; anders Dahm in JW. 1931 S. 3631). Für Berlin beträgt die gesetzliche Miete nach der mehrfach abgeänderten Bekanntmachung des Magistrats vom 26. März 1926 121 v. H. der reinen Friedensmiete; sie ermäßigt sich demnach jetzt auf 111 v. H., da die zulässigen Gemeindezuschläge von der Senkung nicht berührt werden.

Zu den 110 bezw. 111 v. H. sind für Kosten für laufende Instandsetzungsarbeiten 16 v. H. in Ansatz gebracht (PrDVO § 1 Abs. 2) (statt bisher 17 v. H.; vgl. VO. vom 26. März 1927 — GS. S. 36 —). Dies ist u. a. von Bedeutung wegen § 11 Abs. 2 Ziff. 3 der MietzinsbildungsVO. vom 17. April 1924 (GS. S. 474). Zu den 110 bezw. 111 v. H. treten die Umlagen der Grundvermögensteuer und der sonstigen Nebenleistungen des Vermieters.

Die um 10 v. H. der Friedensmiete gesenkte Miete ist bei Mietverhältnissen, auf die das Reichsmietengesetz Anwendung findet, ab 1. Januar 1932 gesetzliche Miete; auf die Mietsenkung kann auch bei gesetzlicher Miete verzichtet werden. Es liegt dann vereinbarte Miete vor. Nicht verzichtet werden kann aber darauf, die nicht gesenkte gesetzliche Miete gemäß §§ 1, 1 a RMG. auf das gesetzliche Maß, d. h. ab 1. Januar 1932 auf den um 10 v. H. gesenkten Betrag zurückzuführen (§ 19 RMG.); vgl. Anm. zu b.

b) Bei vereinbarter Miete gilt ebenfalls der Abzug von 10 v. H., und zwar

aa) beträgt der Abzug bei sogenannter Festmiete 10 v. H. der reinen Friedensmiete (über die Berechnung vgl. Anm. 3 a; PrDVO. § 2 Abs. 1);

bb) bei vereinbarter Friedensmiete, d. h. wenn die gesetzlichen Zuschläge zu einer angenommenen Friedensmiete erhoben werden, gelten in Preußen nicht die Vorschriften des § 2, sondern nur des § 1 PrDVO. (§ 3 Pr. DVO.), d. h. die Miete ist um 10 v. H. der vertragsmäßig zugrunde gelegten Friedensmiete zu senken.

Die Fassung des § 3 gibt zwar zu Zweifeln Anlaß; doch kann die Bestimmung, daß § 1 „entsprechend" und § 2 überhaupt nicht anzuwenden ist, keine andere Bedeutung haben.

c) Überleitung eines Mietverhältnisses mit frei vereinbarter Miete in die gesetzliche Miete nach §§ 1, 1 a RMG. nur bei Mietverhältnissen, auf die das Reichsmietengesetz noch Anwendung findet, und nur nach Maßgabe von Teil VII Kap. IV Art. III der VO. des Reichspräsidenten vom 1. Dezember 1930 (RGBl. S. 598). Dieser lautet in dem hier in Betracht kommenden Teil:

„Hinter § 1 RMG. wird folgende Vorschrift als § 1 a eingefügt:

§ 1 a.

Eine Berufung auf die gesetzliche Miete ist nicht zulässig,

a) wenn der Vermieter zum Abschluß des Mietvertrages wesentlich dadurch bewogen worden ist, daß der Mieter ihm ein günstigeres Angebot gemacht hatte als ein anderer Bewerber,

b) wenn der andere Vertragsteil mit Rücksicht auf die abweichende Vereinbarung entsprechende Leistungen übernommen hat,

c) nach Ablauf eines Jahres seit dem Beginn der Mietzeit, es sei denn, daß derjenige, der sich auf die gesetzliche Miete beruft, in eine wirtschaftliche Notlage geraten ist und die Änderung des Mietzinses auch bei Berücksichtigung der Verhältnisse des anderen Teils nicht als unbillig bezeichnet werden kann."

d) Bei Streit über den Umfang der Ermäßigung des Mietzinses entscheidet nach Art. 4 RDVO. I auf Antrag eines Vertragsteiles das Mieteinigungsamt, soweit nicht für Entscheidungen über solche Streitigkeiten von der Landesbehörde eine andere Stelle bestimmt wird. Für Preußen entscheidet nach § 4 Pr. DVO. das Mieteinigungsamt endgültig mit Bindung für Gericht und Verwaltungsbehörde. Der Antrag muß innerhalb zwei Wochen gestellt werden nach Empfang der Mietberechnung des Vermieters. Bei Versäumung der Frist gilt die von dem Vermieter angegebene Mietermäßigung (§ 4 mit § 15 PrDVO.); unter Umständen Wiedereinsetzung, falls die ganze Frist oder ein Teil bei Inkrafttreten der Abänderungsverordnung vom 5. Januar 1932 verstrichen war. Rechtsbeschwerde nach § 41 MSchG. unzulässig. Der Vermieter ist verpflichtet, bei der Verhandlung die erforderlichen Unterlagen vorzulegen, damit das Mieteinigungsamt in der Lage ist, die Höhe der Friedensmiete, nach der sich die Ermäßigung richtet, zu bestimmen. Erforderlichenfalls muß der Vermieter den Editionseid leisten. Die Bestimmungen des Art. 4 RDVO. I, die offenbar im Interesse der Beschleunigung der über die Mietsenkung geführten Streitigkeiten gegeben sind, finden keine Anwendung bei sonstigen Streitigkeiten, die die Feststellung oder Festsetzung der Friedensmiete betreffen; z. B. sind Anträge auf Herabsetzung oder Heraufsetzung der Friedensmiete wegen Veränderung der Geschäftsgegend weiterhin zulässig. Gegen Entscheidungen in derartigen Streitigkeiten ist auch die Rechtsbeschwerde weiterhin gegeben.

4. Der Vermieter hat dem Mieter unverzüglich den Mietzins mitzuteilen, der auf Grund der Mietsenkung ab 1. Januar 1932 zu zahlen ist (vgl. Art. I RDVO. I und § 15 PrDVO.). Mitzuteilen ist die neuberechnete Jetztmiete (nicht die Berechnung im einzelnen). Berechnungsschwierigkeiten irgendwelcher Art befreien den Vermieter nicht von der Mitteilungsverpflichtung, doch kann er in den Fällen des § 1 Abs. 2 (sonstige Mietverhältnisse) und des § 2 (Neubauten) eine vorläufige Mitteilung machen, welche den Mieter zur Vorbehaltszahlung verpflichtet. In PrDVO. § 16 ist die vorläufige Mitteilung auch zugelassen für die Fälle, in denen die Anrechnung einer Ermäßigung Schwierigkeiten macht. Bis zum 25. Januar 1932 hat die endgültige Mitteilung des Vermieters unbedingt nachzufolgen. Bei Verletzung der Mitteilungspflicht des Vermieters kann der Mieter den Mietzins gefahrlos schuldig bleiben (Vertragsstrafen, Verzugszinsen, Räumungspflicht fallen fort). Dies gilt nicht bei Mietverhältnissen mit gesetzlicher Miete (RDVO. I Art. I Abs. 2 und PrDVO. § 16). Da der Vermieter jedoch nach § 316 BGB. auch in Fällen gesetzlicher Miete zur Berechnung verpflichtet ist, soweit dem Mieter die Unterlagen fehlen (OLG. 8, 439), kann der Mieter, solange der Vermieter die Berechnung nicht mitteilt, nicht in Verzug kommen.

5. Eine Besonderheit gilt für gemeinnützige Wohnungsunternehmen. Hier findet nach Art. 9 RDVO. I und § 12 PrDVO. nicht eine Senkung um 10 v. H. statt, vielmehr sind die Beträge, die sich bei der gesetzlichen Senkung für die gesamten Grundstücke des Unternehmens ergeben würden, zum Zwecke einer Mietangleichung zu verwenden, so daß der Senkungsbetrag für jede dem Unternehmen gehörige

Wohnung verschieden sein kann. Bei Streitigkeiten in Berlin zuständig der Oberbürgermeister (Stadtamt für Siedlungs- und Wohnungswesen, Berlin C 2), im übrigen vgl. §§ 10, 12, 14 PrDVO. Bei Wohnungsunternehmen im Reichsinteresse vgl. Art. 9 Abs. 3 RDVO. I.

§ 2.

Bei Mietverhältnissen über Gebäude oder Gebäudeteile, die nach dem 1. Juli 1918 bezugsfertig geworden sind, ermäßigt sich vom 1. Januar 1932 ab der Mietzins anteilig um den Betrag, um den die laufende Belastung des Grundstücks nach den Vorschriften über die Zinssenkung (Erster Teil Kapitel III dieser Verordnung) gesenkt wird.

Bei Neubauten (Gebäude oder Gebäudeteile, die nach dem 1. Juli 1918 bezugsfertig geworden sind) ist unterschiedslose Herabsetzung der Miete nicht möglich wegen Verschiedenheit der Gestehungskosten und der Belastungen, auch wegen der Unmöglichkeit der Zugrundelegung einer Friedensmiete. Der Betrag der Senkung ist sehr verschieden. Der Betrag, den der Eigentümer durch die Zinssenkung erspart, ist den Mietern anteilig, d. h. nach dem Verhältnis der Gesamtmiete zu den Einzelmieten, welche für die mit dem 1. Januar 1931 beginnende Mietzeit zu entrichten wären, gutzubringen (vgl. Art. 5 RDVO. I). Hierbei sind nichtvermietete Räume mit dem letzten Vertragsmietzins, ferner am 1. Januar 1931 noch nicht erstellte Räume mit der ersten vereinbarten Miete und überhaupt noch nicht vermietete Räume mit einem auf Grund der übrigen vermieteten Räume zu errechnenden Betrag zugrunde zu legen. Bei der Berechnung scheiden Heizungskosten oder sonstige Nebenlasten, die besonders berechnet werden, aus (vgl. PrDVO. § 7). Auch die Miete des im Hause wohnenden Eigentümers ist zu berücksichtigen. Die Ermäßigung nach § 2 und nicht nach § 1 erfolgt auch dann, wenn der Mietzins bei Neubauten vertragsmäßig nach der Höhe der gesetzlichen Miete für Altbauten berechnet wird (Art. 6 RDVO. I und PrDVO. § 8).

Wegen der Mitteilungspflicht des Vermieters siehe Anm. 4 zu § 1.

Wie sich die Mietsenkung bei Um- und Einbauten gestaltet, ist weder in der NotVO. noch in RDVO. I erwähnt. Hier werden sich besondere Schwierigkeiten ergeben, da der Vermieter die Mietermäßigung zum Teil nach § 1, zum Teil nach § 2 berechnen muß. Für Preußen bestimmt § 9 PrDVO. eine achtprozentige Ermäßigung des am 10. Dezember 1931 geltenden Mietzinses.

Bei Streitigkeiten über die Höhe der Ermäßigung entscheiden nach Art. 8 RDVO. I Behörden oder Körperschaften des öffentlichen Rechts, die von der obersten Landesbehörde noch bestimmt werden. Gegen die Entscheidungen dieser Stellen ist die weitere Prüfung einer Behörde zuzulassen, soweit nicht die erste Entscheidung durch eine staatliche Behörde erfolgt ist. Der Vermieter ist verpflichtet, den zur Entscheidung berufenen Stellen die erforderlichen Unterlagen vorzulegen. Die endgültige Entscheidung bindet die Gerichte und die Verwaltungsbehörden.

Das Nähere über das Verfahren wird durch die oberste Landesbehörde bestimmt werden; es darf auch angeordnet werden, daß die Streitigkeiten im ordentlichen Rechtswege entschieden werden. Für Preußen gilt nach § 10 PrDVO. folgendes: Über die Ermäßigung des Mietzinses entscheidet auf Antrag einer der Parteien der Vorstand der Gemeinde; in Berlin der Oberbürgermeister (Stadtamt für Siedlungs- und Wohnungswesen, Berlin C 2). Gebühren 2 bis 10 RM.

Der Antrag muß innerhalb zweier Wochen gestellt werden. Die Frist beginnt mit dem Zeitpunkt, in welchem der Vermieter dem Mieter den gemäß § 15 PrDVO. neuberechneten Mietzins mitgeteilt hat. Wird die Frist versäumt, so bleibt es bei der von dem Vermieter gegebenen Berechnung. Ist die Stellung des Antrages durch Naturereignisse oder andere unabwendbare Zufälle verhindert worden, so wird § 233 ZPO. (Antrag auf Wiedereinsetzung in den vorigen Stand) analog anzuwenden sein. Die Entscheidung des Gemeindevorstandes hat, soweit dies nötig ist, die Mietermäßigung für sämtliche Mieter des Grundstücks festzustellen, ohne Rücksicht darauf, ob sie sich an dem Verfahren beteiligt haben. Die Entscheidung muß den am Verfahren beteiligten Parteien sowie den Mietern zugestellt werden, deren Miete gegenüber der von dem Vermieter gegebenen Berechnung erhöht worden ist.

Gegen die Entscheidung des Vorstandes der Gemeinde ist die Beschwerde innerhalb zwei Wochen nach Zustellung gegeben; sie ist zu richten an den zuständigen Regierungspräsidenten, im Gebiete des Siedlungsverbandes Ruhrkohlenbezirk an den Verbandspräsidenten im Bezirk des Stadtkreises, in Berlin an den Oberpräsidenten. Die Entscheidung der Beschwerdeinstanz ist endgültig und bindend für Gerichte und Verwaltungsbehörden.

Der Vermieter hat den zur Entscheidung berufenen Stellen die erforderlichen Unterlagen vorzulegen.

§ 3.

Die Vorschriften dieses Kapitels finden auf Untermietverhältnisse keine Anwendung.

Untermietverhältnis ist ein Mietverhältnis, auf Grund dessen der Hauptmieter an einen Dritten vermietet. Der Begriff ist wirtschaftlich zu fassen; daher findet § 3 auch Anwendung, wenn der Eigentümer als Inhaber einer Etagenwohnung Zimmer abvermietet (vgl. § 24 II MSchG. und § 17 Abs. 2 PrDVO.). Der Untermietzins wird weder im Fall des § 1 noch des § 2 gesetzlich gesenkt (PrDVO. § 17). Wird in einem Untermietverhältnis die Miete in Prozentsätzen der Hauptmiete berechnet oder ist vereinbart, daß sie sich im Fall der Ermäßigung der Hauptmiete ebenfalls ermäßigt, so wirken sich die §§ 1 und 2 auch für die Untermiete aus; die Untermiete wird dann auch um 10 v. H. gesenkt, jedoch kraft Vertrages, nicht kraft Gesetzes.

§ 4.

Gilt bei Inkrafttreten dieses Kapitels ein Mietzins, der niedriger ist als der Mietzins für die mit dem 1. Januar 1931 beginnende Mietzeit, so darf der Unterschied auf die Ermäßigung nach §§ 1, 2 angerechnet werden.

1. „Darf angerechnet werden“ bedeutet: der Vermieter kann Anrechnung verlangen.

2. Mietzins bei Inkrafttreten dieses Kapitels ist der am 10. Dezember 1931 (Teil IX, RGBl. S. 745) geltende Mietzins (nicht die Friedensmiete); für Preußen ausdrücklich: PrDVO. § 1 Abs. 3 und §§ 2, 6.

3. „Mietzins für die mit dem 1. Januar beginnende Mietzeit.“ Dieser Begriff ist unklar und leider in RDVO. I wörtlich übernommen. Jedenfalls setzt § 4 eine Mietsenkung voraus, die nach dem 1. Januar 1931 eingetreten sein muß, da sonst der Mietzins vom 10. Dezember 1931 nicht niedriger sein kann als derjenige für die mit dem 1. Januar 1931 beginnende Mietzeit. Die Unklarheiten sind durch PrDVO. §§ 1, 2, 3 noch vermehrt: Es wird z. B. in § 1 PrDVO. die Ermäßigung der gesetzlichen Miete geregelt, dabei aber in Abs. 3 eine bereits ermäßigte gesetzliche, d. h. vereinbarte Miete zugrunde gelegt. Man wird unterscheiden müssen:

a) die Fälle, in denen die gesetzliche Miete bis zum 31. Dezember 1930 galt (denn jede spätere Ermäßigung bedeutet bereits ein Abgehen von der gesetzlichen Miete; daher kann Kap. II § 1 Abs. 1 NotVO. und § 1 Abs. 3 PrDVO. nur Sinn haben, wenn die Geltung der gesetzlichen Miete auf den 31. Dezember 1930 abgestellt wird). Ist die gesetzliche Miete in der Zeit vom 1. Januar bis 10. Dezember 1931 ermäßigt worden, sei es durch Herabsetzung des Mietbetrages im ganzen, sei es durch Zugrundelegung einer geringeren Friedensmiete, so ist die Ermäßigung in ihrer vollen Auswirkung auf den Senkungsbetrag von 10 v. H. der reinen Friedensmiete anzurechnen (§ 1 Abs. 3 und § 3 Satz 2 PrDVO.);

b) die Fälle, in denen bereits am 31. Dezember 1930 eine vereinbarte Miete galt.

aa) Hat in der Zeit vom 1. Januar bis 10. Dezember 1931 nur eine einmalige Ermäßigung für die ganze Mietdauer stattgefunden, so ist sie voll auf den Senkungsbetrag von 10 v. H. der reinen Friedensmiete anzurechnen.

bb) Schwierigkeiten ergeben sich, wenn eine gestaffelte Ermäßigung oder eine Ermäßigung bei Erhöhung für spätere Mietzeit vereinbart worden ist. Dies wird hauptsächlich in Frage kommen bei vertraglich festgesetzter Mietdauer („Mietzeit"). Kap. II § 4 NotVO. gibt für diese Fälle keine klare Regelung. PrDVO. § 2 Abs. 4 zeigt, daß der Gesetzgeber unter Mietzeit offenbar nur eine vertraglich festgelegte Mietdauer verstanden wissen will (worunter auch diejenigen Dauerverträge zu begreifen sind, bei denen die Parteien ein Kündigungsrecht während der Mietdauer, ein Optionsrecht oder ein sonstiges Recht dieser Art verabredet haben, wenn nur für die bestimmte oder in Aussicht genommene Mietzeit die Ermäßigung oder Erhöhung des Mietzinses von vornherein festgelegt ist). In diesen Fällen ist nach § 2 Abs. 4 PrDVO. die Durchschnittsermäßigung zu berechnen, und zwar vom Zeitpunkt des Eintritts der Ermäßigung ab (abweichend von Kap. II § 4 NotVO.: „mit dem 1. Januar 1931 beginnende Mietzeit"). Die Durchschnittsermäßigung ist auf den Senkungsbetrag von 10 v. H. der reinen Friedensmiete anzurechnen.

Beispiel: Miete am 1. Januar 1931: 140 RM. Friedensmiete 120 Mark, ermäßigter Mietzins für die Zeit vom 1. Juli 1931 bis 30. September 1931: 135 RM, vom 1. Oktober 1931 bis zum Ende des Vertrages, 30. Juni 1932: 130 RM monatlich. Durchschnittliche Ermäßigung demnach monatlich 8,75 RM. 10 v. H. der Friedensmiete = 12 RM. Senkung demnach 3,25 RM monatlich. Vgl. hierzu auch das Beispiel bei Lilienthal, Grundeigentum 1931 S. 1403.

cc) § 2 Abs. 4 PrDVO. kann auf diejenigen Fälle, in denen im Jahre 1931 eine Ermäßigung für die Zeit nach dem 10. Dezember 1931 vereinbart worden ist, keine unmittelbare Anwendung finden. Die Vorschrift verweist ausdrücklich auf Abs. 3, womit klargestellt ist, daß nur eine am 10. Dezember 1931 bereits geltende

Ermäßigung anzurechnen ist. Man wird diese Fälle analog den Fällen zu aa und bb behandeln müssen. Der Mieter kann Senkung der am 10. Dezember 1931 geltenden Miete um 10 v. H. der reinen Friedensmiete verlangen, muß sich aber vom Zeitpunkt der vertraglich vereinbarten späteren Ermäßigung diese anrechnen lassen. Ist die vertraglich vereinbarte Ermäßigung höher als die gesetzliche Senkung, so verbleibt es bei diesem höheren Betrage, da die Parteien nicht gehindert sind, höhere Ermäßigungen als die gesetzlich vorgeschriebenen zu vereinbaren.

c) Bei Neubauten gelten die gleichen Grundsätze (§ 6 PrDVO.) mit der Maßgabe, daß der Senkungsbetrag gemäß Kap. II § 2 NotVO., § 5 PrDVO. zu berechnen ist.

4. § 4 findet auch Anwendung auf einen Mietvertrag, der in der Zeit zwischen dem 1. Januar 1931 und dem 10. Dezember 1931 mit einem neuen Mieter geschlossen worden ist. Es kann zweifelhaft sein, wie in Fällen dieser Art ein etwa nach § 4 anzurechnender Betrag zu berechnen ist; denn es fehlt die Möglichkeit, den vereinbarten Mietzins mit einem früher von dem Mieter gezahlten Mietzins zu vergleichen. Für Neubauten bestimmt Art. 5 Abs. 2 RDVO. I (ebenso § 7 Abs. 2 PrDVO.), daß zur Berechnung der Mietsenkung bei Räumen, die am 1. Januar 1931 nicht vermietet waren, der zuletzt vereinbart gewesene Mietzins zugrunde zu legen ist; bei Bauten, die nach dem 1. Januar 1931 fertiggestellt sind, gilt die erste vereinbarte Miete; soweit die Räume noch nicht vermietet waren, ist ein den vermieteten Räumen des Grundstücks entsprechender Mietzins zugrunde zu legen. Diese Bestimmung wird man, um die nach § 4 zum Vergleich heranzuziehende Miete zu finden, analog anwenden. Ist bei Altbauten der Mietvertrag erst 1931 abgeschlossen, so wird man die Miete mit einer entsprechend dem Reichsmietengesetz zu berechnenden Miete vergleichen müssen. (Abw. Brandis JW. 1931 S. 3628, der die mit dem früheren Mieter vereinbarte Miete den Vergleichsmaßstab bilden läßt. Dies gibt keinen gerechten Maßstab, da der nachfolgende Mieter

auf die früheren Vereinbarungen mit dem Vermieter keinen Einfluß hatte.) Das Vorstehende gilt auch bei Räumen, die vor dem Einzug des neuen Mieters nicht vermietet waren. In Preußen ist jedoch im letzteren Fall bestimmt (PrDVO. § 2 Abs. 3 Satz 2), daß der vorher zuletzt vereinbarte Mietzins zugrunde zu legen ist.

5. Eine Anrechnung auf die Ermäßigung findet nicht statt, wenn

a) bei Alt- oder Neubauten die Herabsetzung mit Rücksicht auf die Wucherbestimmung des § 49 a MSchG. erfolgt ist (Art. 7 RDVO. I, §§ 2, 6 PrDVO.),

b) bei Altbauten die Herabsetzung gemäß § 2 RMG. durch Festsetzung oder Feststellung der Friedensmiete oder durch Berufung auf die gesetzliche Miete nach § 1, 1 a RMG. erfolgt ist (Art. 3 RDVO. I),

c) bei Neubauten die Herabsetzung durch seit dem 1. Januar 1931 gewährte Beihilfen aus öffentlichen Mitteln oder sonstige Vergünstigung bewirkt ist (Art. 7 RDVO. I).

Diese Bestimmungen müssen entsprechende Anwendung finden, wenn kraft Parteivereinbarung an Stelle der Behörde oder Gerichte ein Schiedsgericht die Herabsetzung bestimmt hat.

§ 5.

(1) Der Reichsarbeitsminister und der Reichsminister der Justiz erlassen zur Durchführung und Ergänzung dieses Kapitels Rechtsverordnungen und allgemeine Verwaltungsvorschriften; dabei können sie für Fälle bestimmter Art Ausnahmen von den Vorschriften dieses Kapitels zulassen.

(2) Die ihnen hiernach zustehenden Befugnisse können sie ganz oder teilweise auf die obersten Landesbehörden übertragen.

Kapitel III.

Außerordentliche Kündigung von Mietverträgen.

Vorbemerkung.

Zu den §§ 1—4 ist für das Reich die Verordnung über die außerordentliche Mietkündigung zum 5. Januar 1932 vom 23. Dezember 1931 (veröffentlicht im Deutschen Reichsanzeiger und Preußischen Staatsanzeiger Nr. 300 vom 24. Dezember 1931 und RGBl. S. 796) auf Grund Kap. III § 5 ergangen (im folgenden RDVO. II genannt). Siehe Anhang dieses Teiles, unten S. 136 ff.

§ 1.

(1) Ein vor dem 15. Juli 1931 über Gebäude oder Gebäudeteile geschlossener Mietvertrag kann von dem Mieter zum 31. März 1932 gekündigt werden, auch wenn eine solche Kündigung nach Gesetz oder Vertrag nicht zulässig wäre. Dies gilt nicht, wenn der Mieter seit dem 15. Juli 1931 von einem ihm gesetzlich oder vertraglich zustehenden Kündigungsrechte keinen Gebrauch gemacht hat.

(2) Die Kündigung muß schriftlich erfolgen und dem Vermieter spätestens am 5. Januar 1932 zugehen.

1. Es können gekündigt werden Gebäude oder Gebäudeteile, also auch Läden, Geschäftsräume, Schuppen und ähnliches, nicht Plätze. Gilt auch für Untermietverträge (vgl. RDVO. II Art. 7). Über Pachtverträge siehe § 3. Die außerordentliche Kündigung ist nur bis zum 5. Januar 1932 zulässig, ferner nur bei Mietverträgen, die vor dem 15. Juli 1931 geschlossen sind und nur zum 31. März 1932. Teilweise Kündigung des Mietvertrages ausgeschlossen.

2. Kündigungsberechtigt ist der Mieter. Haben mehrere gemietet, so muß die Kündigung von allen ausgesprochen werden,

es sei denn, daß der Mietvertrag Kündigung durch den einzelnen für wirksam erklärt (abweichend Brandis JW. 1932 S. 21). Dies gilt auch für Eheleute (JW. 1920 S. 1042, KGBl. 1919, 39).

3. Die Kündigung muß gegenüber dem Hauseigentümer erfolgen. Gegenüber dem Verwalter oder einem sonst Bevollmächtigten ist sie nur zulässig, soweit diese Personen zur Empfangnahme der Kündigung legitimiert sind.

4. Die Kündigung ist unzulässig, wenn der Mieter seit dem 15. Juli 1931 (Bankfeiertage) von einem ihm gesetzlich oder vertraglich zustehenden Kündigungsrecht keinen Gebrauch gemacht hat, z. B. auch nach Kündigung der Verlängerungsklausel durch den Vermieter (RG. 107, 301) oder nach Erklärung des Mieters (nach dem 15. Juli 1926) gemäß §§ 1, 1 a RMG. Es ist ohne Bedeutung, ob die seit dem 15. Juli 1931 zulässig gewesene Kündigung zu einem vor oder nach dem 31. März 1932 liegenden Zeitpunkt wirksam gewesen wäre. Es ist auch gleichgültig, ob das Kündigungsrecht ein vertraglich vereinbartes oder ein gesetzlich ordentliches (§ 565 BGB.) oder außerordentliches (§§ 569, 570 BGB.) war. Das Kündigungsrecht ist auch dann ausgeschlossen, wenn ein früherer Mieter, in dessen Vertrag der jetzige Mieter gemäß Art. 5 Abs. 1 RDVO. II eingetreten ist, von einem ihm nach dem 15. Juli 1931 zustehenden Kündigungsrecht keinen Gebrauch macht (Art. 5 RDVO. II); ferner dann, wenn ein zwischen dem 15. Juli und 31. Dezember 1931 endender Mietvertrag stillschweigend fortgesetzt oder erneuert wird; anders, wenn in dieser Zeit bei laufendem Vertrag einzelne Bestimmungen, wie Mietshöhe, Dauer, Kündigungsfrist, geändert sind. Die Kündigung ist ferner unzulässig, wenn der Mietvertrag nach dem 15. Juli 1931 geschlossen worden ist. Der Zeitpunkt des Einzuges des Mieters in die Wohnung ist bedeutungslos. Die Vorschrift des § 1 gilt nicht für Gebäude oder Räume, die mit der Bestimmung vermietet sind, daß der Mieter nicht nur berechtigt, sondern auch verpflichtet ist, den Gebrauch auszuüben (Art. 8 RDVO. II). Unter diese Ausnahmebestimmung fallen u. a. die Verträge, die über Benutzung von Messeräumlichkeiten mit den ausstellenden Firmen abgeschlossen sind.

5. Schriftlichkeit der Kündigung Erfordernis. Einschreibebrief, auch wenn vertraglich vorgeschrieben, nicht nötig, aber empfehlenswert, da die Beweislast für die ordnungsmäßige Kündigung den Mieter trifft. Telegraphische Erklärung genügt nicht (§§ 126, 127 BGB.).

6. Über den Begriff des „Zugehens" vgl. § 130 BGB.

7. In Art. 4 RDVO. II ist die Frage der Rückzahlung etwaiger Baukostenzuschüsse, Baudarlehen, Mietvorauszahlungen und ähnlicher Leistungen, die dem Vermieter zur freien Verfügung überlassen sind, geregelt. Das Rückforderungsrecht derartiger Leistungen wird verschieden behandelt, je nachdem, ob sie vertraglich auf den Mietzins angerechnet (abgewohnt) werden sollen oder ob eine Anrechnung nicht vorgesehen ist. Im ersteren Fall ist ein Rückforderungsrecht des Mieters ausgeschlossen; im zweiten Fall können derartige Gelder zurückgefordert werden. Die Rückforderung ist aber, falls kein bestimmter Rückzahlungstermin vereinbart ist, erst für den Zeitpunkt zulässig, zu dem das Mietverhältnis ohne Rücksicht auf die außerordentliche Kündigung nach Gesetz oder Vertrag gekündigt werden könnte oder ablaufen würde. Das Rückforderungsrecht besteht grundsätzlich nur dann, wenn der jetzige Mieter die Leistung gewährt hat. Eine Ausnahme ist nur für den Fall vorgesehen, daß die Leistung von einem früheren Mieter bewirkt worden ist, in dessen Vertrag der jetzige Mieter gemäß Art. 5 Abs. 1 RDVO. II eingetreten ist (Art. 5 Abs. 3 RDVO. II). Das Rückforderungsrecht stellt sich als besonderer gesetzlicher Anspruch, nicht Bereicherungsanspruch (§ 812 BGB.), dar. Eine Berufung des Vermieters auf § 818 Abs. 3 BGB. (Fortfall der Bereicherung) ist daher nicht zulässig. Eine von dem Mieter geleistete Sicherheit, über die der Vermieter nicht frei verfügen konnte, ist schon bei Beendigung des Mietverhältnisses, also bei Ausübung des außerordentlichen Kündigungsrechts am 31. März 1932 zurückzugewähren. Ist ein Zuschuß a fonds perdu geleistet und mit Rücksicht hierauf der Mietzins niedriger bemessen, so ist wie im Falle des Abwohnens Rückforderung ausgeschlossen.

8. Der Mieter kann eine bis zum 31. Dezember 1931 erklärte außerordentliche Kündigung widerrufen,

a) wenn der Vermieter von ihm die Vornahme von Wiederherstellungsarbeiten (Art. 3 RDVO. II) fordern kann. Die Verpflichtung des Mieters aus Art. 3 RDVO. II besteht auch dann, wenn der Mietvertrag etwas anderes bestimmt; sie entfällt, wenn ein früherer Mieter die Änderungen vorgenommen hat (vgl. aber § 5 Abs. 2 RDVO. II und für den Fall eines Tauschs Anm. 1 und 2 zu § 2);

b) wenn der Mieter die Rückzahlung von Baukostenzuschüssen oder ähnlichen Leistungen (Art. 4 RDVO. II) überhaupt nicht oder nicht schon bei der Beendigung des Mietverhältnisses verlangen kann.

Der Widerruf muß schriftlich erfolgen und dem Vermieter spätestens am 5. Januar 1932 zugehen; er ist wirkungslos, wenn das Gebäude oder die Räume in der Zeit zwischen der Kündigung und dem Widerruf anderweit vermietet worden sind (Art. 6 Abs. 2 RDVO. II).

Hat der Mieter vor dem 5. Januar die Kündigung widerrufen, so kann er, da irgendeine Beschränkung des außerordentlichen Kündigungsrechts nicht vorgesehen ist, von dem außerordentlichen Kündigungsrecht bis zum 5. Januar nochmals Gebrauch machen.

§ 2.

Die Kündigung ist ausgeschlossen,

1. wenn der Vermieter im Laufe des Jahres 1931 den Mietzins im Wege der Vereinbarung spätestens mit Wirkung vom 1. April 1932 dauernd um mindestens zwanzig vom Hundert des zur Zeit der Vereinbarung maßgebenden Betrags ermäßigt hat; Heizungskosten und sonstige Nebenleistungen bleiben außer Betracht, wenn die gesetzliche Miete gilt oder wenn solche Kosten

neben der Vertragsmiete besonders berechnet werden,

2. wenn der Vermieter auf Wunsch des Mieters in den Mieträumen besondere, mit einem außergewöhnlichen Kostenaufwand verbundene bauliche Arbeiten vorgenommen hat.

Ausnahmen vom außerordentlichen Kündigungsrecht.

1. Bei Ermäßigung der Miete um 20 v. H. Die Ermäßigung muß im Jahre 1931 gewährt worden sein und nicht nur 20 v. H. der Friedensmiete, sondern 20 v. H. des gesamten zur Zeit der Vereinbarung maßgebenden Betrages betragen haben, und zwar dauernd, spätestens mit Wirkung vom 1. April 1932 ab. Heizungskosten und sonstige Nebenleistungen bleiben bei der Berechnung des „maßgebenden Betrages" nur dann außer Ansatz, wenn

a) die gesetzliche Miete gilt,

b) Heizkosten und Nebenleistungen neben der vereinbarten Miete besonders berechnet werden.

Bei Staffelmiete muß die vereinbarte Ermäßigung sich auf mindestens 20 v. H. desjenigen Betrages belaufen, der nach den zur Zeit der Vereinbarung geltenden Vertragsbestimmungen von dem Eintritt der Ermäßigung ab jeweils zu zahlen war (Art. 1 Abs. 1 RDVO. II). Ist im Laufe des Jahres 1931 mehrmals eine Ermäßigung vereinbart worden, so sind die 20 v. H. von dem zur Zeit der ersten Ermäßigung maßgebenden Betrage zu berechnen (Art. 1 Abs. 2 RDVO. II). Die Ermäßigung von 20 v. H. muß ohne Gegenleistung gewährt worden sein. Hat beispielsweise der Mieter wegen der Ermäßigung sich mit einer wesentlichen Verlängerung des Mietvertrages einverstanden erklärt, so ist er kündigungsberechtigt. Eine Ermäßigung im Sinne des § 2 Nr. 1 liegt nicht vor, wenn sie lediglich mit Rücksicht auf § 49 a MSchG. vereinbart oder erfolgt ist oder darauf beruht, daß dem Vermieter von Neubauräumen seit dem 1. Januar 1931 aus öffentlichen Mitteln Beihilfen gewährt oder erhöht oder sonstige Vergünstigungen bewilligt worden sind (Art. 1 Abs. 3 RDVO. II).

Da der Mieter die Kündigung bis zum 5. Januar 1932 aussprechen kann, kann die Vereinbarung gemäß § 2 Nr. 1 bis zum 31. Dezember 1931 getroffen werden. Diese Möglichkeit besteht allerdings nicht im Fall der Pfändung oder Abtretung der Miete. Einseitiges Angebot einer 20 prozentigen Mietermäßigung seitens des Hauseigentümers schließt das Kündigungsrecht nicht aus, ebensowenig eine im Jahre 1930 oder früher bewilligte Ermäßigung. Die Mietermäßigung von 20 v. H. muß dem jetzigen Mieter gewährt worden sein. Bei Einzug eines neuen Mieters mit verbilligter Miete gilt das zu Kap. II § 4 Anm. 4 Gesagte. Nach Art. 5 Abs. 1 RDVO. II steht dem jetzigen Mieter ein früherer Mieter gleich, in dessen Vertrag der Mieter gemäß Art. 5 Abs. 1 RDVO. II eingetreten ist. Hat der jetzige Mieter die Wohnung im Tauschwege erlangt und ist die Ermäßigung seinem Vorgänger (Tauschpartner) im Jahre 1931 gewährt worden, so entfällt das Kündigungsrecht, da der jetzige Mieter das Mietverhältnis seines Vorgängers fortsetzt (abw. Brandis in JW. 1931 S. 23).

2. Bei baulichen Arbeiten. Bauliche Arbeiten müssen auf Wunsch des Mieters vorgenommen sein. Arbeiten, die der Vermieter in eigenem Interesse vorgenommen hat, schließen die Kündigung selbst dann nicht aus, wenn sie für den Mieter Vorteile mit sich bringen. Die Arbeiten müssen besondere, d. h. nicht nur übliche Instandsetzungen sein und einen außergewöhnlichen Kostenaufwand erfordert haben. Es wird hierbei darauf ankommen, in welchem Verhältnis der Aufwand zu dem Wert der Mieträume steht. Der Vornahme der baulichen Arbeiten in den Räumen steht es gleich, wenn der Vermieter das Gebäude oder die Räume nach dem Wunsch des Mieters errichtet oder wenn er die Räume oder das Mietgrundstück auf Wunsch des Mieters mit außergewöhnlich kostspieligen

Einrichtungen versehen hat (Art. 2 RDVO. II). Der Sinn der Bestimmung ist, daß Arbeiten mit erheblichem Kostenaufwand nur im Vertrauen auf die vorgesehene Mietsdauer vorgenommen worden sind. Deshalb wird man erhebliche Instandsetzungen seitens des Vermieters kurz vor dem 15. Juli 1931 als „besondere Arbeiten" im Sinne von § 2 ansehen müssen.

Das Gesetz sagt nicht, wann die baulichen Arbeiten vorgenommen sein müssen. Man muß deshalb annehmen, daß die Kündigung auch dann ausgeschlossen ist, wenn die Arbeiten vor langer Zeit vorgenommen worden sind, es sei denn, daß die aufgewendeten Kosten sich bereits amortisiert haben. Die Arbeiten müssen für den jetzigen Mieter vorgenommen sein. Diesem steht ein Rechtsnachfolger im Sinn des § 5 RDVO. II sowie ein Tauschpartner gleich; vgl. Anm. 1 a. E. (abw. Brandis in JW. 1931 S. 23).

Hat der jetzige Mieter in dem Gebäude oder in den Räumen bauliche Veränderungen vorgenommen oder das Gebäude oder die Räume mit besonderen Einrichtungen versehen, so hat er auf Verlangen des Vermieters den früheren Zustand wiederherzustellen, wenn er von dem außerordentlichen Kündigungsrecht Gebrauch macht (Art. 3 RDVO. II). Diese Verpflichtung des Mieters besteht auch dann, wenn die baulichen Veränderungen von einem früheren Mieter vorgenommen worden sind, in dessen Vertrag der jetzige Mieter gemäß Art. 5 Abs. 1 RDVO. II eingetreten ist (Art. 5 Abs. 2 RDVO. II).

§ 3.

Die Vorschriften dieses Kapitels finden auf einen vor dem 15. Juli 1931 geschlossenen Pachtvertrag über gewerbliche Räume entsprechende Anwendung.

Gewerbliche Räume sind Räume, die vereinbarungsgemäß zu gewerblichen Zwecken benutzt werden, nicht lediglich zu gewerblichen Zwecken bestimmte Räume. Gewerbliche Räume sind also auch Wohnräume, in denen vereinbarungsgemäß ein Gewerbe, z. B. ein Pensionat, betrieben wird. Der Pachtvertrag muß über gewerbliche Räume abgeschlossen sein, nicht über unbebaute Grundstücke, Plätze und dergl. Ist ein wirtschaftliches Unternehmen verpachtet und ist dem Pächter hierbei auch der Gebrauch von Gebäuden oder Gebäudeteilen überlassen, so liegt ein Pachtvertrag im Sinne des § 3 dann nicht vor, wenn sich die Überlassung des Unternehmens als Hauptleistung des Verpächters darstellt. Dies ist im Zweifel dann anzunehmen, wenn dem Pächter die Befugnis erteilt ist, die Firma des Verpächters fortzuführen (Art. 9 RDVO. II). Der Pachtvertrag muß vor dem 15. Juli geschlossen sein.

Lediglich die Bestimmungen über das außerordentliche Kündigungsrecht finden auf Pachtverträge und Unterpachtverträge (Art. 9 Abs. 1 RDVO. II) Anwendung. Eine Mietsenkung kommt für Pachtverhältnisse nicht in Frage. Über Abgrenzung von Pacht und Miete vgl. Anm. II, 2 zu Kap. II § 1.

§ 4.

Wird der Vermieter oder Verpächter infolge einer Kündigung nach § 1 ohne sein Verschulden gehindert, eine in der Zeit vom 1. April bis 15. Juli 1932 fällig werdende Verbindlichkeit aus einer auf dem Grundstück ruhenden Last zu erfüllen, so gelten die Rechtsfolgen, die wegen der Nichtzahlung oder der nicht rechtzeitigen Zahlung nach Gesetz oder Vertrag eintreten, als nicht eingetreten.

Wann ein Verschulden des Vermieters vorliegt, ist Ermessensfrage. Beispielsweise wird Verschulden dann anzunehmen sein, wenn eine unangemessen hohe Miete vereinbart worden ist und der Mieter zur Kündigung gezwungen ist infolge der Weigerung des Vermieters, den Mietzins herabzusetzen.

Eine Weigerung des Vermieters, einen an sich angemessenen Mietzins um 20 v. H. zu kürzen (§ 2), wird regelmäßig ein Verschulden nicht darstellen.

§ 5.

Der Reichsminister der Justiz kann zur Durchführung und Ergänzung dieses Kapitels Rechtsverordnungen und allgemeine Verwaltungsvorschriften erlassen.

Vgl. Vorbemerkung zu § 1.

Kapitel IV.

Abbau und Beendigung der Wohnungszwangswirtschaft.

Artikel I.

(1) Die Vorschriften des Reichsmietengesetzes und des Gesetzes über Mieterschutz und Mieteinigungsämter gelten nicht für Mietverhältnisse über Wohnungen, deren Jahresfriedensmiete

a) 1600 Mark und mehr in Berlin,
b) 1400 Mark und mehr in den Orten der Sonderklasse,
c) 1200 Mark und mehr in den Orten der Ortsklasse A,
d) 900 Mark und mehr in den Orten der Ortsklasse B,
e) 600 Mark und mehr in den Orten der Ortsklasse C,
f) 450 Mark und mehr in den Orten der Ortsklasse D

beträgt. Sie gelten auch nicht für Geschäftsräume; doch bleiben Geschäftsräume, die Teile einer Wohnung bilden oder wegen ihres wirtschaftlichen Zusammenhanges mit Wohnräumen zugleich mit solchen vermietet sind, den Vorschriften der genannten Gesetze unterworfen, wenn die Friedensmiete für die Wohn- und Geschäftsräume zusammen hinter den im Satz 1 bezeichneten Grenzen zurückbleibt. Der Reichsarbeitsminister kann mit Zustimmung des Reichsrats die Grenzen herabsetzen.

(2) Der § 49 a des Gesetzes über Mieterschutz und Mieteinigungsämter bleibt unberührt. Die Vorschriften des § 52 e dieses Gesetzes gelten auch für die im Abs. 1 bezeichneten Mietverhältnisse.

1. Durch Lockerungsverordnungen der Länder, in Preußen durch die 7. LockVO. vom 26. Oktober 1931 (GS. S. 228), waren das Reichsmietengesetz und der Teil I des Mieterschutzgesetzes bereits für solche Wohnungen außer Kraft gesetzt worden, deren Mietzins eine bestimmte Mindestmiete überstieg (teure Wohnungen). Diese Verordnungen der Länder sind jetzt durch das gemäß Art. 13 RVerf. vorgehende Notgesetz rechtswirksam abgeändert. Die Aufhebung des Reichsmieten- und des Mieterschutzgesetzes gilt ab 1. April 1932 (vgl. Art. VII) für alle Wohnungen, deren Jahresfriedensmiete die im Art. I genannten Mindestgrenzen erreicht, und für alle reinen Geschäftsräume. Geschäftsräume, die mit Wohnräumen verbunden sind (Mischräume), verbleiben unter dem Schutz des Reichsmieten- und Mieterschutzgesetzes, wenn die Gesamtmiete für Wohn- und Geschäftsraum zusammen die vorgeschriebenen Mindestmieten nicht erreicht. Die Aufhebung des Reichsmietengesetzes und Mieterschutzgesetzes gilt für die teuren Wohnungen nicht nur, wenn sie nach dem 1. April 1931 frei werden und demnächst ein neuer Mietvertrag geschlossen wird (vgl. VO. vom 1. Dezember 1930 Kap. IV Art. II, VII RGBl. S. 598), sondern auch, wenn ein laufender Mietvertrag sich über den 1. April 1931 hinaus verlängert hat.

Die Mindestmieten können noch gemäß Abs. 1 herabgesetzt werden.

2. Folge der Aufhebung des Reichsmietengesetzes ist, daß bezüglich der teuren Wohnungen die Miete ab 1. April 1932 (vgl. Art. VII) frei vereinbart werden kann, jedoch mit den Einschränkungen, die sich aus § 49 a MSchG. (Wuchervorschrift) ergeben. (Wegen der Rechtsprechung zu der

Frage des Mietwuchers vgl. Hertel „Der Mietwucher“ und „Die Rechtsprechung des Reichsgerichts zum Mietwucher“, JW. 1930 S. 3186, ferner Thiele „Zivilrechtliche Rückwirkung des § 49 a MSchG. und nachfolgender Raumwucher“, JW. 1930 S. 3195, RG. 122 S. 187 und Deutsches Mietrecht 1932 S. 1268.) Im Falle der Vereinbarung einer Festmiete wird künftig anzunehmen sein, daß durch die Festmiete, falls nicht entgegenstehende Abreden getroffen sind, alle Nebenleistungen des Vermieters mit abgegolten werden sollen. Daher wird es auf die Festmiete künftig keinen Einfluß haben, wenn die Kosten für die Nebenleistungen des Vermieters gesenkt werden. Bei Streit, ob Räume dem Reichsmietengesetz noch unterliegen, entscheidet das ordentliche Gericht, doch ist das Mietseinigungsamt verpflichtet, auf Anruf einer Partei die Friedensmiete festzusetzen (vgl. PrVO. vom 8. Oktober 1931, GS. S. 223), vgl. Deutsches Mietrecht 1931 S. 1228: Das Mieteinigungsamt, das nicht berufen ist, zu entscheiden, ob im einzelnen Fall das Reichsmietengesetz gilt oder nicht, kann der Entscheidung nicht ausweichen, sofern nur substantiiert behauptet wird, es liege ein an sich unter das Reichsmietengesetz fallendes Mietverhältnis vor (Rechtsentscheid des Kammergerichts 17 Y 142. 25, JW. 1927 S. 587).

3. Folgen der Aufhebung des Mieterschutzes:

a) Freies Kündigungsrecht, sei es nach Maßgabe von § 565 BGB. oder nach Maßgabe des Vertrages.

b) Räumungsklage an Stelle der bisherigen Mietaufhebungsklage. Der Streitwert bei Räumungsklagen bemißt sich nicht nach § 13 Abs. 5 MSchG. (dreimonatlicher Mietzins), sondern nach § 9 a GKG. Zuständig das Amtsgericht.

c) Fortfall der Vollstreckungsbeschränkung (§ 13 Abs. 3 MSchG.), des Verbots der einstweiligen Verfügung (§ 18 MSchG.) und der Vorschriften über Ersatzraum (§ 6 MSchG.).

d) Vom 1. April 1932 ab (vgl. Art. VII) kommen zum Schutz der in Art. I Abs. 1 bezeichneten Mietverhältnisse nur die Bestimmungen der §§ 49 a, 52 e MSchG. in Anwendung; die Geltung des § 52 a bedeutet:

aa) Dem Mieter kann auf seinen Antrag eine den Umständen nach angemessene Frist zur Räumung gewährt werden (§§ 52e Ziff. 1, 27 Abs. 1 S. 3 MSchG.). Die Vorschriften des § 721 ZPO. in Verbindung mit § 6 Abs. 3 Satz 2, 3 MSchG. gelten entsprechend, d. h. auf das Verfahren finden die Vorschriften des § 319 Abs. 2, 3 ZPO. entsprechende Anwendung. Ein Urteil, in welchem der Antrag auf Bewilligung einer Räumungsfrist übergangen ist, kann durch das Gericht auch von Amts wegen berichtigt werden. Wird das Urteil nur wegen der Gewährung oder Versagung einer Räumungsfrist angefochten, so erfolgt die Anfechtung durch sofortige Beschwerde.

bb) Wegen der Aufrechnungsbefugnis vgl. Anm. 4 zu Art. II.

cc) Ist der Mietzins nach einem längeren Zeitabschnitt als einem Vierteljahr bemessen, so kann der Vermieter verlangen, daß der Mieter den Mietzins in vierteljährlichen Zeitabschnitten entrichtet (§ 52e Ziff. 3 und § 30 MSchG.). Für Preußen gilt außerdem auf Grund des § 30 Abs. 2 MSchG. der § 1 der VO. vom 25. September 1923 (GS. S. 449). Hiernach kann der Vermieter wie der Mieter verlangen, daß der Mietzins in Monatsabschnitten gezahlt wird.

dd) Der Vermieter kann (vgl. für das Folgende § 52e Ziff. 4 MSchG.) das Mietverhältnis ohne Einhaltung einer Kündigungsfrist nach den §§ 553 (vertragswidriger Gebrauch der Mietsache und unbefugte Gebrauchsüberlassung), 554 BGB. (Zahlungsverzug) sowie unter den Voraussetzungen kündigen, unter denen nach § 2 MSchG. die Aufhebung eines Mietverhältnisses wegen erheblicher Belästigung verlangt werden kann. Nach § 554 BGB. ist die Kündigung wegen Nichtzahlung von Miete nur dann zulässig, wenn der Mieter für zwei aufeinanderfolgende Termine mit der Entrichtung des Mietzinses oder eines Teils des Mietzinses in Verzug ist. Die rechtliche Stellung des Vermieters ist hier ungünstiger, als sie es nach § 3 MSchG. war. Der Vermieter kann jedoch unter Umständen bei fortwährender unpünktlicher Zahlung wegen erheblicher Belästigung nach § 2 MSchG. kündigen. Geringfügige Mietrückstände berechtigen den Vermieter nicht zu einer fristlosen Kündigung.

Eine wegen Zahlungsverzugs erfolgte Kündigung ist unwirksam, wenn der Mieter bis zum Ablauf von zwei Wochen seit der Fälligkeit des Mietzinses den Vermieter befriedigt, eine gegenüber der Mietzinsforderung zulässige Aufrechnung erklärt oder ein ihm zustehendes Minderungs- oder Zurückbehaltungsrecht geltend macht. § 3 Abs. 2 und 3 MSchG. findet entsprechende Anwendung; das bedeutet: Der Räumungsanspruch besteht auch dann nicht, wenn der Verzug des Mieters auf Unkenntnis über den Betrag, über den Zeitpunkt der Fälligkeit oder auf irrige Annahme eines Aufrechnungs-, Minderungs- oder Zurückbehaltungsrechts zurückzuführen ist, es sei denn, daß die Unkenntnis auf Fahrlässigkeit oder Irrtum beruht (§ 3 Abs. 2 MSchG.). Eine Verurteilung zur Räumung kann nicht erfolgen, wenn bis zum Ablauf von zwei Wochen seit Erhebung der Klage der Mieter den Vermieter befriedigt oder eine gegenüber der Mietzinsforderung zulässige Aufrechnung erklärt. Geht innerhalb der zweiwöchigen Frist dem Gericht eine Erklärung der Fürsorgebehörde zu, daß sie zur Befriedigung des Vermieters bereit sei, so verlängert sich die zweiwöchige Frist um weitere zwei Wochen. Beantragt in Fällen dieser Art der Vermieter alsbald, den Rechtsstreit in der Hauptsache für erledigt zu erklären, so hat der Mieter die Kosten des Rechtsstreits zu tragen (§ 3 Abs. 3 MSchG.).

Für Mietverhältnisse über Wohnräume gilt § 10 Abs. 2 und 3 MSchG.: Von dem Eingang einer Klage, mit welcher Räumung wegen Zahlungsverzuges verlangt wird, hat die Geschäftsstelle des Amtsgerichts der Fürsorgebehörde unter Hinweis auf die Fürsorgepflicht gemäß den Reichsgrundsätzen über Voraussetzung, Art und Maß der öffentlichen Fürsorge unverzüglich Mitteilung zu machen. Der Vermieter hat für die Mitteilung eine weitere Abschrift der Klage einzureichen, die der Fürsorgebehörde zugestellt wird. Eine Verurteilung zur Räumung wegen Zahlungsverzugs darf nicht vor Ablauf der im § 3 Abs. 3 bezeichneten zweiwöchigen bezw. vierwöchigen Frist erfolgen.

Die Zweiwochenfrist, innerhalb deren der Mieter die Folgen der Kündigung durch Zahlung der Miete abwenden kann, läuft von der Fälligkeit derjenigen Rate an, wegen deren Nichtzahlung der Vermieter gekündigt hat (streitig! ebenso Lilienthal, Grundeigentum 1931 S. 1406; anderer Meinung Hertel „Mieterschutznovelle“ S. 671 und Günther „Mietrecht“ 1928 S. 59).

ee) Auf eine vertragliche Vereinbarung, die das Recht der fristlosen Kündigung anderweit regelt, kann sich der Vermieter nicht berufen. Dasselbe gilt mit Ausnahme von Untermietverhältnissen (§ 52e Abs. 1 Nr. 5 und Abs. 2) für eine Vereinbarung, wo die Kündigung des Mietverhältnisses zuungunsten des Mieters abweichend von § 565 BGB. geregelt ist.

Artikel II.

Das Gesetz über Mieterschutz und Mieteinigungsämter ist mit folgenden Maßgaben anzuwenden:

1. Die Amtsgerichte und Mieteinigungsämter entscheiden ohne Beisitzer.
2. Die Vorschriften des ersten Abschnitts gelten für Neubauten oder durch Um- oder Einbauten neugeschaffene Räume (§ 33) auch dann nicht, wenn sie mit Zuschüssen aus öffentlichen Mitteln erstellt sind. Bei Teilung einer Wohnung oder

bei Ausbau von Gewerberäumen (§§ 33 a, 33 b) sind sämtliche Räume von den Vorschriften des ersten Abschnitts und von der Beschlagnahme durch die Gemeindebehörde befreit.

3. Die Vorschriften des ersten Abschnitts gelten nicht für Untermietverhältnisse und ähnliche Rechtsverhältnisse (§ 24 Abs. 2). Die Erlaubnis des Vermieters zur Weiterüberlassung der Mieträume kann nicht durch das Mieteinigungsamt ersetzt werden.

4. Eine Prüfung der Aufrechnungsbefugnis des Mieters durch eine besondere Stelle (§ 28) findet nicht mehr statt. Der § 52 e Abs. 1 Nr. 2 gilt auch für die noch unter Mieterschutz stehenden Mietverhältnisse.

5. Schiedsverfahren vor dem Mieteinigungsamte nach § 52 a finden nicht mehr statt.

6. Im Falle des § 13 Abs. 4 beträgt die Beschwerdegrenze fünfzig Reichsmark.

Die Bestimmungen des Mieterschutzgesetzes sind für sämtliche Mietverhältnisse, auf die es nach Fortfall der in Art. I genannten Räume noch Anwendung findet, vereinfacht worden.

1. Bisher entschieden sowohl das Amtsgericht als auch das Mieteinigungsamt unter Hinzuziehung von zwei Beisitzern (§§ 7, 38 MSchG.). Ab 1. Januar 1932 (Art. VII) entscheiden sowohl Amtsgerichte als auch Mieteinigungsämter ohne Beisitzer.

2. Bisher standen noch unter Mieterschutz Neubauten mit öffentlichen Zuschüssen, die vor dem 1. April 1931 vermietet waren (§ 33 Abs. 3 MSchG., PrVO. vom 16. März 1928 — GS. S. 30 — und PrVO. über Aufhebung des Mieterschutzes bei Neubauten vom 12. September 1931 — GS. S. 210 —), sowie Neubauten, die mit Zuschüssen aus den für die Wiederherstellung der während des Krieges zerstörten Gebiete bereitgestellten Mitteln errichtet worden sind. Der Mieter-

schutz ist mit Wirkung vom 1. April 1932 ab (Art. VII) für alle Neubauten sowie für durch Umbau und Einbau neugeschaffenen Räume aufgehoben. Auch § 52e MSchG. gilt bei Neubauten nicht, da er nach § 52 nur Anwendung findet, wenn der Mieterschutz landesrechtlich gelockert wird. Hingegen gelten in der Übergangszeit §§ 52b, 52c MSchG. (vgl. Art. VII und unten Anm. zu Art. VII). § 49a MSchG. (vgl. Anm. 2 zu Art. I) gilt auch bei Neubauten unbeschränkt.

Bereits durch § 3 der PrVO. vom 4. Oktober 1927 (GS. S. 192) waren die abgeteilten Wohnungen in Preußen von dem Mieterschutz ausgenommen worden. Ab 1. April 1932 (Art. VII) sind bei Teilung einer Wohnung oder bei Ausbau von Gewerberäumen in räumlich und wirtschaftlich selbständige Wohnungen sämtliche Räume vom Mieterschutz und von der Beschlagnahme durch die Gemeindebehörde befreit. (Das letztere ergibt sich bereits aus Art. IV Ziff. 3 und ist in Art. II offenbar nur durch ein redaktionelles Versehen gekommen.)

3. Untermietverhältnisse sind ab 1. April 1932 (Art. VII) aus dem Mieterschutzgesetz Teil I herausgenommen. Dies gilt auch für die untermietähnlichen Rechtsverhältnisse (§ 24 Abs. 2 MSchG.).

Die Erlaubnis des Vermieters zur Untervermietung (§ 29 MSchG.) kann ab 1. April 1932 (vgl. Art. VII) nicht mehr durch das Mieteinigungsamt ersetzt werden. Bereits erteilte Genehmigungen können nicht widerrufen werden. Die in der Notverordnung getroffene Regelung gilt sowohl für leere als auch für möblierte Räume, sowie für Untermieter, die eine eigene Wirtschaft führen.

§ 52e findet auf Untermietverhältnisse keine Anwendung, wohl aber § 49a.

4. Gemäß § 538 Abs. 2 BGB. darf der Mieter, wenn der Vermieter mit der Beseitigung eines vertragswidrigen Mangels des Mietraumes im Verzuge ist, den Mangel auf seine Kosten beseitigen lassen und Ersatz der erforderlichen Aufwendungen verlangen. Nach § 28 Satz 1 MSchG. kann sich der Vermieter auf eine Verpflichtung des Mieters, eine ihm nach

§ 538 Abs. 2 BGB. gegenüber dem Vermieter zustehende Ersatzforderung nicht gegen den Mietzins aufzurechnen, nicht berufen. Für die Fälle der gesetzlichen Miete war dieses Recht des Mieters durch § 28 Satz 2 MSchG. jedoch dahin eingeschränkt, daß er nur dann aufrechnen dürfe, wenn eine von der Landesbehörde bezeichnete Stelle vor der Vornahme der Instandsetzungsarbeit diese für erforderlich erklärt hatte (§ 6 Abs. 2 RMG.). Diese Prüfung der Aufrechnungsbefugnis findet ab 1. Januar 1932 (Art. VII) nicht mehr statt. Damit hat § 28 Satz 2 MSchG. seine praktische Bedeutung verloren. Die Aufrechnungsmöglichkeit ist jetzt für alle Mietverhältnisse, die noch unter Mieterschutz stehen, in gleicher Weise ohne Einschränkung geregelt. Das gleiche gilt, wenn im Mietvertrage die Geltendmachung von Minderungs- und Zurückbehaltungsansprüchen oder ein Recht auf Aufrechnung mit einem Schadensersatzanspruch (§ 538 Abs. 1 BGB.) ausgeschlossen ist. Der Mieter kann jedoch nur aufrechnen, wenn er dem Vermieter die Absicht der Aufrechnung mindestens einen Monat vor der Fälligkeit des Mietzinses in schriftlicher Form angezeigt hat (§ 52c Abs. 1 Nr. 2). Ist im Mietvertrage das Zurückbehaltungsrecht oder das Recht auf Aufrechnung mit einem Schadensersatzanspruch nach § 538 Abs. 1 BGB. ausgeschlossen, so kann der Mieter diese Rechte doch geltend machen.

5. Bisher mußte der Hauseigentümer, der auf Herausgabe von Geschäftsräumen klagen wollte, gemäß § 52c MSchG. ein Schiedsverfahren vor dem Mieteinigungsamt zur Erlangung eines Sühneattestes durchführen. Das Sühneattest war für die Räumungsklage Prozeßvoraussetzung. Dies gilt ab 1. Januar 1932 (Art. VII) nicht mehr.

6. Nach § 13 Abs. 4 MSchG. können die Kosten des Rechtsstreits, wenn die Aufhebung des Mietverhältnisses lediglich wegen Eigenbedarfs des Vermieters nach § 4 MSchG. erfolgt ist, ganz oder teilweise dem Vermieter auferlegt werden. Die Entscheidung über die Kosten kann selbständig durch sofortige Beschwerde angefochten werden. Die Beschwerdegrenze betrug bisher 30 RM. Ab 1. Januar 1932 (Art. VII) beträgt sie 50 RM.

Artikel III.

Im Reichsmietengesetz ist der § 16 Abs. 1 Satz 1 in folgender Fassung anzuwenden:

„Die Vorschriften dieses Gesetzes finden auf Neubauten oder durch Um- oder Einbauten neugeschaffene Räume, wenn sie nach dem 1. Juli 1918 bezugsfertig geworden sind oder künftig bezugsfertig werden, keine Anwendung. Sie gelten auch nicht bei Teilung einer Wohnung und bei Ausbau von Gewerberäumen (§§ 33 a, 33 b des Gesetzes über Mieterschutz und Mieteinigungsämter)."

Vgl. hierzu Anm. 2 zu Art. II.

Artikel IV.

Das Wohnungsmangelgesetz ist in folgender Fassung anzuwenden:

1. Der § 1 erhält folgenden Abs. 2:

„Die Befugnis der obersten Landesbehörde besteht nicht für Wohnungen, deren Jahresfriedensmiete

a) 800 Mark und mehr in Berlin und den übrigen Orten der Sonderklasse,
b) 600 Mark und mehr in den Orten der Ortsklasse A,
c) 500 Mark und mehr in den Orten der Ortsklasse B,
d) 300 Mark und mehr in den Orten der Ortsklasse C und D

beträgt. Der Reichsarbeitsminister kann mit Zustimmung des Reichsrats die Grenzen herabsetzen."

2. Der § 2 wird gestrichen.

3. Im § 12 Abs. 1 wird folgender zweiter Satz angefügt:

„Sie gelten auch nicht bei Teilung einer Wohnung und bei Ausbau von Gewerberäumen (§§ 33 a, 33 b des Gesetzes über Mieterschutz und Mieteinigungsämter)."

4. Der § 13 erhält folgende Fassung:

„Räume in Gebäuden, die gemeinnützigen Wohnungsunternehmen gehören, sowie Räume, die zur Unterbringung von Angehörigen eines Betriebs von dem Inhaber des Betriebs errichtet oder vor dem 1. Juli 1918 zu Eigentum erworben oder gemietet sind, dürfen von der Gemeindebehörde zur Unterbringung von Wohnungsuchenden nicht in Anspruch genommen werden."

5. Der § 15 wird gestrichen.

1. Das Wohnungsmangelgesetz ist ein Rahmengesetz. Im § 1 WMG. ist gesagt, in welchem Umfange die Gemeindebehörden ermächtigt werden können, Anordnungen zum Zweck der Zwangsbewirtschaftung von Räumen zu treffen. Durch den jetzt dem § 1 WMG. hinzugefügten Abs. 2 ist die Zwangsbewirtschaftung der teuren Wohnungen (die Mindestgrenzen sind anders als in Art. I) beendigt. Anordnungen der Gemeinden über Zwangsbewirtschaftung teurer Wohnungen treten ab 1. Januar 1932 (Art. VII) außer Kraft.

Teure Wohnungen können daher ab 1. Januar 1932 frei vermietet werden. Wohnungstausch unter zwangsfreien Wohnungen ist unbeschränkt zulässig; Mietverträge, auf Grund deren die Parteien ihre gegenseitigen Wohnungen beziehen, müssen neu abgeschlossen werden (anders für das bisherige Recht RG. 17 Y 98/24, JW. 1925, 1127). Ist eine der Tauschwohnungen noch zwangsbewirtschaftet, so ist für diese die Genehmigung des Wohnungsamts beizubringen.

Außer dem Wohnungsmangelgesetz treten bezüglich der aus der Wohnungszwangswirtschaft herausgenommenen Räume die nebenher zum Zweck der Zwangsbewirtschaftung erlassenen Verordnungen außer Kraft; es gelten daher ab 1. Januar unter anderem nicht mehr Art. V des Notgesetzes vom 24. Februar 1923 (RGBl. I S. 147), die Verordnung über die Bewirtschaftung des Wohnraums für Reichs- und unmittelbare Staatsbeamte und für Reichswehrangehörige vom 29. Mai 1925 (GS. S. 65) und die preußische Anordnung für besondere Verpflichtung der Gemeinde zur Inanspruchnahme von Wohnungen vom 30. Juni 1925 (GS. S. 87).

Beschlagnahmen durch die Wohnungsämter sind ab 1. Januar 1932 (Art. VII) nicht mehr zulässig; hingegen bleiben früher abgeschlossene Zwangsmietverträge wirksam, bis sie durch Kündigung oder Ablauf ihr Ende erreichen.

Nach § 5 Abs. 3 WMG. vom 26. Juli 1923 hat die Gemeinde den der früheren Zweckbestimmung und Ausstattung entsprechenden Zustand der beschlagnahmten Räume auf Verlangen des Berechtigten wiederherzustellen. Diese Verpflichtung des Gemeinde ist nicht aufgehoben.

2. Durch Streichung des § 2 ist das Verbot des Abbruchs von Gebäuden, der Vereinigung mehrerer Wohnungen und die Verwendung der Wohnungen zu anderen als zu Wohnzwecken aufgehoben worden. Unmittelbare Folge des Fortfalls von § 2 ist der Fortfall der Anordnung über die Verwendung von Wohnräumen zu anderen Zwecken vom 24. Mai 1925 (GS. S. 60). Der Fortfall des § 2 gilt nicht nur für die teuren, sondern für sämtliche Wohnungen, und zwar ab 1. Januar 1932 (Art. VII).

3. Die Vorschriften des Wohnungsmangelgesetzes gelten nicht mehr, wenn eine Wohnung geteilt wird und wenn Gewerberäume zu einer Wohnung ausgebaut werden. Durch die Pr. LockVO. vom 4. Oktober 1927 (GS. S. 192) waren bereits früher die durch Teilung einer unbenutzten Wohnung von mehr als fünf Wohnräumen räumlich neu hergestellten und wirtschaftlich selbständigen Wohnungen von der Zwangsbewirtschaftung ausgenommen worden. Es galten jedoch auch für diese

Wohnungen das Umwandlungsverbot (§ 2) und die Bestimmung über Zuschläge bei gemeinnützigen Wohnungsunternehmen, bei Teilung einer Wohnung und bei Ausbau von Gewerberäumen in räumlich und wirtschaftlich selbständige Wohnungen die Vorschriften des Wohnungsmangelgesetzes auf solche Räume keine Anwendung mehr (vgl. auch Art. II Ziff. 2).

4. Bereits durch § 6 der PrAusfVO. vom 28. Oktober 1931 (GS. S. 223) war die Zwangswirtschaft über Räume, die im Eigentum von gemeinnützigen Gesellschaften oder Genossenschaften standen, gelockert worden. Mit Wirkung ab 1. Januar 1932 (vgl. Art. VII) ist durch die Änderung des § 13 WMG. das Beschlagnahmerecht des Wohnungsamts nunmehr im vollen Umfange außer Kraft gesetzt worden. Das gleiche gilt für Räume, die der Inhaber eines Betriebes zur Unterbringung seiner Angestellten oder Arbeiter entweder selbst errichtet oder die vor dem 1. Juli 1918 zu Eigentum erworben oder gemietet hat. [illegible] für Räume dieser Art [illegible] (Art. IV Ziff. 2) aufgehoben [illegible] § 2 WMG.

5. § 15 WMG. mußte infolge der neuen Fassung des § 13 WMG. (vgl. Ziff. 4) gestrichen werden.

Abschnitt V.

Schlußbestimmungen.

Artikel V.

Die Zugehörigkeit einer Gemeinde zu den in den Artikeln I–IV bezeichneten Ortsklassen bestimmt sich nach dem auf Grund des § 12 des Reichsbesoldungsgesetzes aufgestellten Ortsklassenverzeichnis.

Artikel VI.

Der Reichsarbeitsminister und der Reichsminister der Justiz können zur Durchführung der Vorschriften dieses Kapitels Rechtsverordnungen und allgemeine Verwaltungsvorschriften erlassen.

Artikel 9.

(1) Gemeinnützige Wohnungsunternehmen sind berechtigt und verpflichtet, den Betrag, um den die Mietzinsen ihrer gesamten Grundstücke nach den §§ 1 und 2 zu senken wären, derart zur Ermäßigung der einzelnen Mietzinsen zu verwenden, daß unter Wahrung des Grundsatzes einer möglichst allgemeinen Mietermäßigung eine weitgehende Angleichung der Mietzinsen vergleichbarer Räume erreicht wird.

(2) Die gemäß Artikel 8 bestimmten Stellen entscheiden [illegible].

(3) Dient ein gemeinnütziges Wohnungsunternehmen ausschließlich dem Zwecke, im öffentlichen Interesse des Reichs einen besonderen Wohnungsbedarf zu befriedigen, so kann der Reichsarbeitsminister bestimmen, daß eine andere als die gemäß Artikel 8 bestimmte Stelle über die Ermäßigung der Mietzinsen entscheidet. [illegible] Grundstücke, die in verschiedenen Gemeinden liegen, zusammengefaßt werden.

Artikel 10.

Zur Durchführung und Ergänzung der Vorschriften der Mietsenkungsverordnung und dieser Verordnung können die obersten Landesbehörden [illegible] Verwaltungsvorschriften erlassen und für Fälle bestimmter Art Ausnahmen von den Vorschriften zulassen. Insbesondere kann zur Vermeidung von Unbilligkeiten zugelassen werden, daß die Mieten sich in Fällen bestimmter Art um einen geringeren als den in den §§ 1 und 2 genannten Betrag ermäßigen und daß bei Berechnung der Mietermäßigung die Belastungsverhältnisse mehrerer Grundstücke des gleichen Vermieters zusammengefaßt zugrunde gelegt werden.

(2) Sie werden ermächtigt, den Wortlaut der in den Artikeln I bis IV bezeichneten Gesetze und der Anordnung für das Verfahren vor dem Mieteinigungsamt und der Beschwerdestelle (Reichsgesetzbl. 1923 I S. 889) mit dieser Verordnung in Einklang zu bringen und ihn ganz oder teilweise im Reichsgesetzblatt neu bekanntzumachen.

Die Durchführungsverordnungen sind bisher noch nicht erlassen.

Artikel VII.

(1) Die Artikel I, II Nr. 2, 3, III treten am 1. April 1932, die übrigen Vorschriften des Artikel II und die Artikel IV, V treten am 1. Januar 1932 in Kraft. Für die Übergangszeit finden die §§ 52 b, 52 c des Gesetzes über Mieterschutz und Mieteinigungsämter und der § 22 a des Reichsmietengesetzes entsprechende Anwendung.

(2) Der Artikel V des Notgesetzes vom 24. Februar 1923 (Reichsgesetzbl. I S. 147) tritt am 1. Januar 1932 außer Kraft.

1. Vgl. über Zeitpunkt des Inkrafttretens der einzelnen Bestimmungen die Anmerkungen zu den einzelnen Artikeln.

2. Der Ausdruck „Übergangszeit“ ist ohne nähere Bestimmung unverständlich, da der Zeitpunkt des Inkrafttretens für jede Vorschrift bestimmt ist. Er bedeutet offenbar für die Anwendung der §§ 52 b und c MSchG. etwas anderes als für die Anwendung des § 22 a RMG. Die Anwendung der Mieterschutzbestimmungen (§ 52 b und c) kann nur Sinn haben für die Zeit bis 1. April 1932, da nachher nur noch § 52 e gilt (Art. I). Eine spätere Zeit kann als Übergangszeit nicht in Frage kommen. Unter der Übergangszeit, in der § 22 a anzuwenden ist, kann nur die Zeit nach dem 1. April 1932 verstanden werden, und zwar nur die Zeit, bis

zu der der vorher abgeschlossene Mietvertrag noch läuft. Denn bis zum 1. April 1932 gilt noch das Reichsmietengesetz.

3. Auf Grund des § 52 b Abs. 1 kann der Vermieter Mietverträge über Räume, die aus dem Mieterschutzgesetz herausgenommen sind, mit Wirkung vom 10. Dezember 1931 ab zum 31. März 1932 kündigen. § 52 b spricht zwar nur davon, daß die Kündigung zum Zeitpunkt des Inkrafttretens der Anordnung erfolgen kann; nach Art. I tritt die Aufhebung des Mieterschutzes erst am 1. April 1932, nicht schon am 31. März 1932 in Kraft. Es liegt hier offenbar ein redaktionelles Versehen vor.

Die Kündigung muß, wenn etwa durch Vertrag längere Kündigungsfristen vereinbart sind, mit den im § 565 Abs. 1 Satz 1 BGB. vorgesehenen Kündigungsfristen erfolgen. Der Vermieter kann jedoch schon vor dem 31. März 1932 auf künftige Räumung klagen.

Eine vor dem 10. Dezember 1931 vom Vermieter erklärte Kündigung berechtigt ihn nicht zum Verlangen auf die Herausgabe des Mietraumes (§ 52 b Abs. 2).

4. Mit Wirkung vom 10. Dezember 1931 ab kann der Vermieter an Stelle einer Mietaufhebungsklage die Räumungsklage erheben; er kann, wenn er eine Mietaufhebungsklage erhoben hat, zur Räumungsklage übergehen, wenn es sich um einen Mietraum handelt, der aus den Bestimmungen über Mieterschutz herausgenommen worden ist. Mit dem 31. März 1931 ist der Aufhebungsstreit in der Hauptsache erledigt; jede Partei trägt die ihr entstandenen außergerichtlichen Kosten, die Gerichtskosten werden niedergeschlagen. Wenn der Vermieter zur Räumungsklage übergeht, gilt dasselbe bezüglich der durch das Aufhebungsverfahren verursachten besonderen Kosten (§ 52 c MSchG.).

5. Es ist zweifelhaft, welche Miete ab 1. April 1932 an Stelle der bisher gezahlten Miete für aus dem Reichsmietengesetz herausgenommene Räume zu zahlen ist (vgl. Urteil des Reichsgerichts vom 4. November 1929, Mietgericht 1930 S. 6, RG. in JW. 29 S. 3236, KG. in JW. 29 S. 2892, sowie Nußbaum, Miet- und Wohnungsnotrecht 1931 S. 165 und die

dort zitierte Rechtsprechung und Literatur). Deshalb bestimmt Art. VII, daß § 22a RMG. entsprechende Anwendung findet. Hiernach ist der bisherige Mietzins weiterzuzahlen, wenn vor dem 10. Dezember 1931 die gesetzliche Miete galt oder der Mietzins nach den Vorschriften über die gesetzliche Miete zu berechnen war. Auch bleibt die Verpflichtung des Mieters zur Tragung von Betriebs- und Instandsetzungskosten unberührt. Änderungen der gesetzlichen Miete gelten auch für diese Mietverhältnisse. Der Vermieter wie der Mieter können jedoch jederzeit dem anderen Vertragsteil gegenüber erklären, daß die Mietzahlung so wie sie in einem etwa noch geltenden Vertrage geregelt ist, erfolgen soll. Die Erklärung bedarf der schriftlichen Form; sie wirkt von dem ersten Termin ab, für den die Kündigung nach § 565 BGB. zulässig sein würde. Ob die Kündigung nach dem Vertrage zulässig ist, ist gleichgültig. War die Miete im Vertrage nach Reichsmark oder sonst wertbeständig bemessen, so tritt der vereinbarte Mietzins wieder in Kraft. War der Mietzins in Mark oder einer anderen nicht mehr geltenden inländischen Währung bestimmt oder läßt er sich nicht feststellen, so gilt der angemessene Mietzins. Als solcher ist nicht ohne weiteres der heute übliche Mietzins anzusehen. Es sind vielmehr bei seiner Bemessung die Verhältnisse zur Zeit des Vertragsabschlusses, insbesondere die damalige Beschaffenheit der Mieträume und die damaligen wirtschaftlichen und persönlichen Verhältnisse der Vertragsteile zu berücksichtigen. Änderungen des Verkehrswertes der Gegend sowie Verbesserungen an den Räumen sind zu berücksichtigen (vgl. Lilienthal, RMG. 5. Aufl. S. 129 sowie Hertel, Gesetzl. Miete S. 338).

Die Übergangsregelung gilt nicht für Untermietverhältnisse (§ 22a Abs. 3).

6. Zu Abs. 2 vgl. Anm. 1 zu Art. IV.

Artikel VIII.

Die Vorschriften des Siebenten Teiles Kapitel IV der Verordnung des Reichspräsidenten zur Sicherung von Wirtschaft und Finanzen vom 1. Dezember 1930 (Reichsgesetzbl. I S. 517, 598) sind in folgender Fassung anzuwenden:

1. Der Artikel I erhält folgende Fassung:

„Das Wohnungsmangelgesetz tritt am 1. April 1933 außer Kraft."

2. Im Artikel II

a) wird im Abs. 3 die Jahreszahl „1934" durch „1933" ersetzt,

b) erhält Abs. 4 folgende Fassung:

„Das Reichsmietengesetz und das Gesetz über Mieterschutz und Mieteinigungsämter treten am 1. April 1933 außer Kraft, falls bis zu diesem Zeitpunkt ein Gesetz in Kraft tritt, wodurch die Vorschriften des Bürgerlichen Gesetzbuchs über die Miete unter sozialen Gesichtspunkten ausgestaltet werden."

Die drei Notgesetze treten am 1. April 1933 außer Kraft. Für das Mieterschutzgesetz und das Reichsmietengesetz gilt diese Bestimmung mit der Einschränkung, daß bis zum 1. April 1933 ein Gesetz in Kraft tritt, durch das die Vorschriften des Bürgerlichen Gesetzbuches über Miete unter sozialen Gesichtspunkten ausgestaltet werden.

Kapitel V.

Beamtenheimstätten.

Das Gesetz über die Abtretung von Beamtenbezügen zum Heimstättenbau vom 30. Juni 1927 (Reichsgesetzbl. I S. 133) ist in folgender Fassung anzuwenden:

denen [illegible] §§ 15, 16 angegebenen Mietzins erhöht wird.

(3) Gegen die Entscheidung des Vorstandes der Gemeinde (des Gemeindeverbandes) ist innerhalb zwei Wochen nach Zustellung die Beschwerde an den Regierungspräsidenten, im Gebiet des Siedlungsverbandes Ruhrkohlenbezirk an den Verbandspräsidenten, im Gebiet des Stadtkreises Berlin an den Oberpräsidenten der Provinz Brandenburg und von Berlin gegeben. Die Entscheidung ist endgültig und bindet die Gerichte und Verwaltungsbehörden.

(4) Der Vermieter hat den zur Entscheidung berufenen Stellen die erforderlichen Unterlagen vorzulegen.

§ 11

(1) Für die Entscheidung (§ 10) wird eine Verwaltungsgebühr erhoben, deren Höhe die entscheidende Stelle unter Berücksichtigung der entstandenen Kosten festsetzt. Die Gebühr soll [illegible] in der Regel [illegible] bis zu zehn Reichsmark für jedes Mietverhältnis betragen.

(2) Die Gebühr hat der unterliegende Teil zu tragen. Die entscheidende Stelle kann die Gebühr ganz oder zum Teil dem obsiegenden Teile auferlegen, soweit dies nach Lage der Sache der Billigkeit entspricht.

Dritter Abschnitt.

Mietangleichung.

§ 12

(1) Gemeinnützige Wohnungsunternehmen sind berechtigt und verpflichtet, den Betrag, um den die Mietzinsen ihrer gesamten Grundstücke nach den Vorschriften dieser Verordnung zu senken wären, derart zur Ermäßigung der einzelnen Mieten zu verwenden, daß unbeschadet des Grundsatzes einer möglichst allgemeinen Mietermäßigung eine weitgehende Angleichung der Mietzinsen vergleichbarer Räume erreicht wird. Als Mietzinsen gelten auch Nutzungsgebühren. §§ 2, 3, 5, 7, 9 finden keine Anwendung.

(2) Gemeinnützigen Wohnungsunternehmen gleichzuachten sind Gemeinden und Gemeindeverbände hinsichtlich ihrer Grundstücke, die nach dem 1. Juli 1918 zu Wohnzwecken bebaut worden sind.

(3) Soweit sich die Tätigkeit gemeinnütziger Wohnungsunternehmen auf mehrere Gemeinden erstreckt hat, gelten als die gesamten Grundstücke (Abs. 1) nur die innerhalb einer Gemeinde belegenen Grundstücke.

1. Der § 2 Abs. 2 erhält folgenden Wortlaut:

„Die Abtretung ist nur zulässig zur Beschaffung, Verzinsung oder Tilgung von Darlehen, die durch Hypotheken, Grund- oder Rentenschulden gesichert sind oder gesichert werden sollen."

2. Der § 3 Abs. 3 wird gestrichen.

Das Heimstättengesetz hat die Abtretung der laufenden Bezüge von Beamten für die Zwecke der Errichtung von Heimstätten zugelassen. Nach § 2 Abs. 2 bedurfte die Abtretung der Zustimmung einer bestimmten Behörde und war nur zulässig für Grundpfanddarlehen auf Wohnheimstätten. Das Erfordernis der Zustimmung und die Beschränkung auf Wohnheimstätten fällt nunmehr fort. Anscheinend ist hierbei nicht bedacht worden, daß abgesehen von den [illegible] in der Regel gewerbliche Anlagen.

Verordnung zur Durchführung der Mietsenkung.

Vom 15. Dezember 1931 (RGBl. I S. 752).

In der Fassung vom 5. Januar 1932 (Reichsanzeiger Nr. 7 vom 9. Januar 1932).

Zur Durchführung und Ergänzung der §§ 1 bis 4 Kapitel II des Zweiten Teiles der Vierten Verordnung des Reichspräsidenten zur Sicherung von Wirtschaft und Finanzen und zum Schutze des inneren Friedens vom 8. Dezember 1931 (Reichsgesetzbl. I S. 699/707) — Mietsenkungsverordnung — wird auf Grund von § 5 des genannten Kapitels folgendes verordnet:

Abschnitt I.

Allgemeine Bestimmungen.

Artikel 1

(1) Der Vermieter hat dem Mieter unverzüglich den Mietzins mitzuteilen, der sich für die mit dem 1. Januar 1932 beginnende Mietzeit ergibt.

(2) Bereitet in den Fällen des § 1 Abs. 2 und § 2 die endgültige Bereichnung des Mietzinses Schwierigkeiten, so hat der Vermieter dem Mieter unverzüglich eine vorläufige Mitteilung zu machen; der Mieter ist verpflichtet, den in der vorläufigen Mitteilung angegebenen Mietzins vorbehaltlich der endgültigen Mietberechnung zu zahlen. Den endgültig errechneten Mietzins hat der Vermieter dem Mieter bis zum 25. Januar 1932 mitzuteilen. Kommt der Vermieter diesen Verpflichtungen nicht nach und zahlt infolgedessen der Mieter den Mietzins nicht oder nicht rechtzeitig, so gelten die Rechtsfolgen, die deswegen nach Gesetz oder Vertrag eintreten, als nicht eingetreten.

Abschnitt II.

Altbauten.

Artikel 2.

(1) Friedensmiete im Sinne des § 1 ist der Mietzins, der nach Landesrecht der Berechnung der gesetzlichen Miete zugrunde zu legen ist.

(2) Sonstige Mietverhältnisse im Sinne des § 1 Abs. 2 sind alle Mietverhältnisse, bei denen nicht die gesetzliche Miete zu zahlen ist.

Artikel 3.

Eine Anrechnung nach § 4 findet nicht statt, wenn der Unterschied im Mietzins darauf beruht, daß die Friedensmiete auf Grund des § 2 des Reichsmietengesetzes geändert ist oder der Mieter sich auf die gesetzliche Miete berufen hat oder die Ermäßigung lediglich mit Rücksicht auf § 49 a des Mieterschutzgesetzes erfolgt ist.

Artikel 4.

Über die Ermäßigung des Mietzinses entscheidet auf Antrag eines Vertragsteils das Mieteinigungsamt, soweit nicht die oberste Landesbehörde hierfür eine andere Behörde bestimmt. Der Vermieter hat diesen Stellen die erforderlichen Unterlagen vorzulegen. Die Entscheidung ist endgültig und bindet die Gerichte und Verwaltungsbehörden.

Abschnitt III.

Neubauten.

Artikel 5.

(1) In den Fällen des § 2 ist der Betrag, um den die laufende Belastung des Grundstücks gesenkt wird, auf die einzelnen Miet-

[illegible] der Schweizerischen Eidgenossenschaft, betreffend schweizerische Goldhypotheken in Deutschland und gewisse Arten von Frankenforderungen an deutsche Schuldner, vom 23. Juni 1923 (Reichsgesetzbl. II S. 284) aus der Umwandlung einer schweizerischen Goldhypothek entstandenen Frankengrundschuld sowie aus solchen Hypotheken in in- und ausländischer Währung belastet sind, die der Grundstückseigentümer zur Ablösung dieser Frankengrundschuld aufgenommen hat.

(2) Die Vorschriften dieser Verordnung finden ferner keine Anwendung auf Untermietverhältnisse. Einem Untermietverhältnisse steht es gleich, wenn der Hauseigentümer oder jemand, der einen Raum auf Grund eines Erbbaurechts, Nießbrauchs oder eines ähnlichen Rechtsverhältnisses innehat, einen Teil des von ihm selbst im Hause benutzten Raumes vermietet.

Verordnung über die außerordentliche Mietkündigung zum 5. Januar 1932.

Vom 23. Dezember 1931 (RGBl. I S. 790).

Zur Durchführung und Ergänzung der Verordnung des Reichspräsidenten zur Sicherung von Wirtschaft und Finanzen und zum Schutze des inneren Friedens vom 8. Dezember 1931 (Reichsgesetzbl. I S. 699), Zweiter Teil Kapitel III, wird auf Grund von § 5 dieses Kapitels folgendes verordnet:

(1) Die obersten Landesbehörden bestimmen Behörden oder Körperschaften des öffentlichen Rechtes, die auf Antrag eines Vertragsteils die Ermäßigung des Mietzinses nachzuprüfen haben. Gegen die Entscheidung dieser Stellen ist die weitere Anrufung einer Behörde zuzulassen, soweit nicht bereits die erste Entscheidung durch eine staatliche Behörde erfolgt ist. Der Vermieter hat diesen Stellen die erforderlichen Unterlagen vorzulegen. Die endgültige Entscheidung bindet die Gerichte und Verwaltungsbehörden.

(2) Das Nähere über das Verfahren bestimmen die obersten Landesbehörden. [illegible]

[illegible]

(2) Bei Räumen, die am 1. Januar 1931 nicht vermietet waren, ist der Mietzins zugrunde zu legen, der vorher zuletzt vereinbart war. Bei Bauten, die nach dem 1. Januar 1931 fertiggestellt sind, gilt die erste vereinbarte Miete. Soweit die Räume noch nicht vermietet waren, ist ein den vermieteten Räumen des Grundstücks entsprechender Mietzins zugrunde zu legen.

(3) Heizungskosten oder sonstige Nebenleistungen bleiben außer Betracht, wenn sie besonders berechnet werden.

Artikel [illegible]

Richtet sich nach dem Mietvertrage der Mietzins nach der Höhe der gesetzlichen Miete für Altbauten, so kann der Mieter auf Grund der allgemeinen Ermäßigung der gesetzlichen Miete, die nach § 1 erfolgt, eine entsprechende Ermäßigung seines Mietzinses nicht verlangen. § 2 bleibt unberührt.

Eine Anrechnung nach § 4 findet nicht statt, wenn der Unterschied im Mietzins darauf beruht, daß seit dem 1. Januar 1931 aus öffentlichen Mitteln Beihilfen gewährt oder erhöht oder sonstige Vergünstigungen bewilligt worden sind, oder wenn die Ermäßigung lediglich mit Rücksicht auf § 49a des Mieterschutzgesetzes erfolgt ist.

Artikel 8.

(1) War der Mietzins für einzelne Abschnitte der Mietzeit in verschiedener Höhe bestimmt, so muß sich die vereinbarte Ermäßigung (§ 2 Nr. 1 der Verordnung des Reichspräsidenten) auf mindestens 20 vom Hundert des Betrags belaufen, der nach den zur Zeit der Vereinbarung geltenden Vertragsbestimmungen von dem Eintritt der Ermäßigung ab jeweils zu zahlen war.

(2) Ist im Laufe des Jahres 1931 mehrmals eine Ermäßigung vereinbart, so ist der Hundertsatz von dem zur Zeit der ersten Ermäßigung [illegible]

[illegible] Rücksicht auf § 49a des Mieterschutzgesetzes vereinbart ist oder darauf beruht, daß dem Vermieter von Neubauräumen seit dem 1. Januar 1931 aus öffentlichen Mitteln Beihilfen gewährt oder erhöht oder sonstige Vergünstigungen bewilligt worden sind.

Artikel 2.

Der Vornahme der im § 2 Nr. 2 der Verordnung des Reichspräsidenten bezeichneten Arbeiten steht es gleich, wenn der Vermieter das Gebäude oder die Räume nach den Wünschen des Mieters errichtet oder wenn er die Räume oder das Mietgrundstück auf Wunsch des Mieters mit außergewöhnlich kostspieligen Einrichtungen versehen hat.

Artikel 3.

Hat der Mieter in dem Gebäude oder in den Räumen bauliche Veränderungen vorgenommen oder das Gebäude oder die Räume mit besonderen Einrichtungen versehen, so hat er im Falle der außerordentlichen Kündigung auf Verlangen des Vermieters den früheren Zustand wiederherzustellen.

Artikel 4.

Im Falle der außerordentlichen Kündigung kann der Mieter Baukostenzuschüsse, Baudarlehen, Mietvorauszahlungen und ähnliche Leistungen, die dem Vermieter zur freien Verfügung überlassen sind, nicht zurückfordern, soweit sie vertraglich auf den Mietzins angerechnet werden sollen. Soweit eine Anrechnung nicht vorgesehen ist, können solche Beträge, falls kein bestimmter Rückzahlungstermin vereinbart ist, erst für den Zeitpunkt zurückgefordert werden, zu dem das Mietverhältnis ohne Rücksicht auf die außerordentliche Kündigung nach Gesetz oder Vertrag gekündigt werden könnte oder ablaufen würde. Eine von dem Mieter geleistete Sicherheit, über die der Vermieter nicht frei verfügen konnte, ist bei der Beendigung des Mietverhältnisses zurückzugeben.

Artikel 5.

(1) Im Sinne des § 1 Abs. 1 Satz 2 und des § 2 der Verordnung des Reichspräsidenten steht dem Mieter ein früherer Mieter gleich, in dessen Vertrag der Mieter als Erbe oder im Zusammenhange mit der Übernahme eines Vermögens oder dem Erwerb eines Handelsgeschäfts eingetreten ist.

(2) Die im Artikel 3 bezeichnete Verpflichtung des Mieters besteht auch dann, wenn die Veränderungen von einem der im Abs. 1 bezeichneten Rechtsvorgänger des Mieters vorgenommen worden sind.

(3) Im Sinne des Artikel 4 stehen den von dem Mieter bewirkten Leistungen solche Leistungen gleich, die von einem der im Abs. 1 bezeichneten Rechtsvorgänger bewirkt worden sind.

Artikel 6.

(1) Der Mieter kann eine bis zum 31. Dezember 1931 erklärte außerordentliche Kündigung widerrufen, wenn der Vermieter von ihm die Vornahme von Wiederherstellungsarbeiten (Artikel 3) fordern kann. Das gleiche gilt, wenn der Mieter nach Artikel 4 die Rückzahlung von Baukostenzuschüssen oder ähnlichen Leistungen nicht oder nicht schon bei der Beendigung des Mietverhältnisses verlangen kann.

(2) Der Widerruf muß schriftlich erfolgen und dem Vermieter spätestens am 5. Januar 1932 zugehen. Er hat keine Wirkung, wenn das Gebäude oder die Räume in der Zeit zwischen der Kündigung und dem Widerruf anderweit vermietet worden sind.

Artikel 7.

Die Vorschriften über die außerordentliche Kündigung finden auf Untermietverhältnisse Anwendung.

Artikel 8.

Die Vorschriften über die außerordentliche Kündigung gelten nicht für Gebäude oder Räume, die mit der Bestimmung vermietet worden sind, daß der Mieter verpflichtet ist, den Gebrauch auszuüben.

Artikel 9.

(1) Die Vorschriften dieser Verordnung finden auf Pachtverhältnisse und Unterpachtverhältnisse über gewerbliche Räume entsprechende Anwendung.

(2) Ist ein wirtschaftliches Unternehmen verpachtet und ist dem Pächter hierbei auch der Gebrauch von Gebäuden oder Gebäudeteilen überlassen, so liegt ein Pachtvertrag über gewerbliche Räume im Sinne des § 3 der Verordnung des Reichspräsidenten nicht vor, wenn sich die Überlassung des Unternehmens als die Hauptleistung des Verpächters darstellt. Dies ist im Zweifel anzunehmen, wenn dem Pächter die Befugnis erteilt ist, die Firma des Verpächters fortzuführen.

Artikel 10.

Diese Verordnung tritt mit ihrer Verkündung in Kraft.

Preußische Verordnung über die Mietsenkung.

Vom 21. Dezember 1931 (GS. S. 289).

In der Fassung vom 5. Januar 1932 (GS. S. 3).

Auf Grund des § 5 des Kapitels II im Zweiten Teile der Vierten Verordnung des Reichspräsidenten zur Sicherung von Wirtschaft und Finanzen und zum Schutze des inneren Friedens vom 8. Dezember 1931 (Reichsgesetzbl. I S. 699) in Verbindung mit der Verordnung zur Durchführung der Mietsenkung vom 15. Dezember 1931 (Reichsgesetzbl. I S. 752), der §§ 21, 22 des Reichsmietengesetzes in der Fassung der Bekanntmachung vom 20. Februar 1928 (Reichsgesetzbl. I S. 38), der §§ 2, 3, 8 des Gesetzes über den Geldentwertungsausgleich bei bebauten Grundstücken in der Fassung der Bekanntmachung vom 1. Juni 1926 (Reichsgesetzbl. I S. 251) wird folgendes angeordnet:

Erster Abschnitt.

Die Mietsenkung.

§ 1.

(1) Die gesetzliche Miete ermäßigt sich für die mit dem 1. Januar 1932 beginnende Mietzeit von 120 vom Hundert auf 110 vom Hundert der reinen Friedensmiete (§§ 2, 3 der Verordnung des Ministers für Volkswohlfahrt über die Mietzinsbildung in Preußen vom 17. April 1924 — Gesetzsamml. S. 474 —).

(2) Von den 110 vom Hundert der reinen Friedensmiete sind für die Kosten der laufenden Instandsetzungsarbeiten 16 vom Hundert in Ansatz gebracht.

(3) Galt am 10. Dezember 1931 ein Mietzins, der niedriger war als der Mietzins für die mit dem 1. Januar 1931 beginnende Mietzeit, so darf der Unterschied auf die nach Abs. 1 eintretende Ermäßigung angerechnet werden, wenn der Unterschied im Mietzins nicht darauf beruht, daß die Friedensmiete auf Grund des § 2 des Reichsmietengesetzes geändert ist oder der Mieter sich auf die gesetzliche Miete berufen hat.

(4) Im übrigen behalten die vom Preußischen Staatsministerium und vom Minister für Volkswohlfahrt erlassenen Verordnungen und Verwaltungsvorschriften über die Mietzinsbildung Gültigkeit.

§ 2.

(1) Ist bei Mietverhältnissen über Gebäude oder Gebäudeteile, die bis zum 1. Juli 1918 bezugsfertig geworden sind, nicht die gesetzliche Miete zu zahlen, so ermäßigt sich der Mietzins,

etwas anderes ergibt, die Vorschriften des Mieterschutzgesetzes in Verbindung mit der reichsrechtlichen Verfahrensanordnung und den preußischen Ausführungsverordnungen.

Zweiter Abschnitt.

Neubauten.

§ 5.

Bei Mietverhältnissen über Gebäude oder Gebäudeteile, die nach dem 1. Juli 1918 bezugsfertig geworden sind, ermäßigt sich vom 1. Januar 1932 ab der Mietzins anteilig um den Betrag, um den die laufende Belastung des Grundstücks nach den Vorschriften über die Zinssenkung (Erster Teil Kapitel III der Verordnung des Reichspräsidenten vom 8. Dezember 1931 — Reichsgesetzbl. I S. 699 —) gesenkt wird.

§ 6.

(1) Galt am 10. Dezember 1931 ein Mietzins, der niedriger war als der Mietzins für die mit dem 1. Januar 1931 beginnende Mietzeit, so darf der Unterschied auf die nach § 5 eintretende Ermäßigung angerechnet werden. Der Berechnung des Unterschieds ist bei Räumen, die am 1. Januar 1931 nicht vermietet waren, der vorher zuletzt vereinbarte Mietzins, bei Bauten, die nach dem 1. Januar 1931 fertiggestellt sind, der erste vereinbarte Mietzins zugrunde zu legen.

(2) Gilt der niedrigere Mietzins (Abs. 1) nicht für die gesamte Dauer der Mietzeit, so ist der Mietnachlaß auf die gesamte vom Zeitpunkt seines Eintritts ab noch laufende Mietzeit zu verteilen. Der danach sich ergebende durchschnittliche Mietnachlaß darf auf die nach § 5 eintretende Ermäßigung angerechnet werden.

(3) Eine Anrechnung (Abs. 1, 2) findet nicht statt, wenn der Unterschied im Mietzins darauf beruht, daß seit dem 1. Januar 1931 aus öffentlichen Mitteln Beihilfen gewährt oder erhöht oder sonstige Vergünstigungen bewilligt worden sind, oder wenn die Ermäßigung lediglich mit Rücksicht auf § 49a des Mieterschutzgesetzes erfolgt ist.

§ 7.

(1) Der Betrag, um den die laufende Belastung des Grundstücks gesenkt wird, ist auf die einzelnen Mieter nach dem Verhältnisse der Mietzinsen umzulegen, die für die mit dem 1. Januar 1931 beginnende Mietzeit zu entrichten waren. Nicht vermietete Räume sind mit zu berücksichtigen.

(2) Bei Räumen, die am 1. Januar 1931 nicht vermietet waren, ist der Mietzins zugrunde zu legen, der vorher zuletzt

vereinbart war. Bei Bauten, die nach dem 1. Januar 1931 fertiggestellt sind, gilt die erste vereinbarte Miete. Soweit die Räume noch nicht vermietet waren, ist ein den vermieteten Räumen des Grundstücks entsprechender Mietzins zugrunde zu legen.

(3) Heizungskosten oder sonstige Nebenleistungen bleiben außer Betracht, wenn sie besonders berechnet werden.

§ 8.

Richtet sich nach dem Mietvertrage der Mietzins nach der Höhe der gesetzlichen Miete für Altbauten, so kann der Mieter auf Grund der allgemeinen Ermäßigung der gesetzlichen Miete, die nach § 1 erfolgt, eine entsprechende Ermäßigung seines Mietzinses nicht verlangen. § 5 bleibt unberührt.

§ 9.

(1) Bei Mietverhältnissen über Räume, die durch Um- oder Einbauten nach dem 1. Juli 1918 in Gebäuden neu geschaffen sind (§ 16 des Reichsmietengesetzes, § 33 des Mieterschutzgesetzes), die vor dem 1. Juli 1918 bezugsfertig geworden waren, ermäßigt sich der am 10. Dezember 1931 geltende Mietzins für die am 1. Januar 1932 beginnende Mietzeit um 8 vom Hundert. Heizungskosten oder sonstige Nebenleistungen bleiben außer Betracht wenn sie besonders berechnet werden.

(2) Galt am 10. Dezember 1931 ein Mietzins, der infolge Vereinbarung niedriger war als der Mietzins für die mit dem 1. Januar 1931 beginnende Mietzeit, so darf der Unterschied auf die nach Abs. 1 eintretende Ermäßigung angerechnet werden.

§ 10.

(1) In den Fällen der §§ 5, 6, 7, 9 entscheidet über die Ermäßigung des Mietzinses auf Antrag der Vorstand der Gemeinde (Gemeindeverband), die auf Grund des § 11 der Hauszinssteuerverordnung (Gesetzsamml. 1931 S. 31) zur selbständigen Verwaltung des zur Förderung der Bautätigkeit auf dem Gebiete des Wohnungswesens bestimmten Teiles des Hauszinssteuer berufen ist. Der Antrag muß innerhalb von zwei Wochen gestellt werden, nachdem der Vermieter gemäß § 15 dem Mieter den neuen Mietzins mitgeteilt hat. Ist die Frist versäumt, so bleibt es bei der vom Vermieter angegebenen Mietermäßigung (§§ 15, 16).

(2) Die Entscheidung hat, soweit nötig, die Mietermäßigung für sämtliche Mieter des Grundstücks festzustellen, ohne Rücksicht darauf, ob sie sich am Verfahren beteiligt haben. Die Entscheidung ist den am Verfahren Beteiligten sowie den Mietern zuzustellen,

tober 1914 (RGBl. 427) enthalten. — B. Anwendungsgebiet. Die §§ 1—4 gelten für alle Grundstücke, auch für Bruchteile von solchen, und grundstücksähnliche Berechtigungen (§ 864 ZPO.) — dagegen nicht für Schiffe (ebenso Jonas S. 7) — und für alle Zwangsversteigerungsarten von Immobilien, auch solche nach §§ 132 ff., 172 ff., 180 ff. ZVG. § 1 berührt die Vorschriften über das geringste Gebot (§§ 44 ff. ZVG.) nicht. Eine Versagung des Zuschlages nach § 1 kommt also nur bei einem Meistgebot in Frage, welches das geringste Gebot, das $^7/_{10}$ des Grundstückswertes nicht überschreitet, deckt. Überschreitet das geringste Gebot $^7/_{10}$ des Grundstückswertes oder wird es durch das Meistgebot nicht gedeckt, so kann § 1 keine Anwendung finden.

2. **Die Versagung des Zuschlages.** — A. Voraussetzungen. Eine Versagung des Zuschlages nach § 1 ist nur möglich, wenn ein dingliches Recht, das bei einem Meistgebot von $^7/_{10}$ des Grundstückswertes (vgl. § 4) einschließlich des geringsten Gebotes voraussichtlich ganz oder zum Teil zur Hebung kommen würde, durch das abgegebene Meistgebot in der angegebenen Höhe nicht gedeckt wird. Ob das dingliche Recht innerhalb von $^7/_{10}$ des Grundstückswertes eingetragen ist, ist gleichgültig (vgl. aber § 2). Unerheblich ist es auch, ob vorher eine Einstellung der Zwangsvollstreckung nach §§ 5 ff. erfolgt ist (vgl. Anm. zu § 8). Besondere Vorschriften sind für den Fall der Ersteigerung durch einen dinglich Berechtigten in § 2 gegeben. — B. Beispiel: Grundstückswert (§ 4) 200 000 RM. Angemeldet sind: 10 000 RM öffentliche Lasten, 2000 RM Kosten, 8000 RM für Düngemittelanschaffung (§ 17), Hypothek I 110 000 RM, Hypothek II 15 000 RM, Hypothek III 15 000 RM. $^7/_{10}$ des Grundstückswertes betragen also 140 000 RM, alle drei Hypotheken sind also innerhalb dieser $^7/_{10}$ eingetragen. Ist der Hypothekar I der betreibende Gläubiger und ersteigert A das Grundstück für 120 000 RM, so kann Hypothekar II, aber nicht Hypothekar III den Antrag aus § 1 stellen. Hypothekar III würde nämlich auch bei einem Meistgebot von $^7/_{10}$ (140 000) nicht mit einem Teil zur Hebung kommen, weil ihm 145 000 RM (20 000 Mindestgebot, 110 000 Hypothek I und 15 000 Hypothek II)

vorangehen; dagegen würde Hypothekar II bei einem Meistgebot von 130 000 RM [illegible] ihm mit 130 000 RM (20 000 geringstes Gebot und 110 000 RM Hypothek I) vorangehen. [illegible] muß aber werden, daß die ganze Berechnung von den Anmeldungen im Versteigerungstermin ausgeht; spätere Anmeldungen (§ 114 ZVG.) sind unerheblich. — C. [illegible] — D. Der Antrag muß bis zum Schluß der Verhandlung über den Zuschlag (§ 74 ZVG.), also bis zur Verkündung des Zuschlages oder bis zur Verkündung des Verkündungstermins gestellt sein; über Übergangsrecht vgl. § 22 II. Eine eventuelle Antragstellung [illegible] Recht [illegible] ist. — E. Widerspruch. Der betreibende Gläubiger [illegible] der Ersteigerer kann der Versagung des Zuschlages widersprechen, wenn er zu dem zu D genannten Zeitpunkt durch parate Beweismittel glaubhaft macht (§ 294 ZPO.), daß ihm die Versagung einen unverhältnismäßigen Nachteil bringt, was nach dem Zweck der VO. aber nur in Ausnahmefällen anzunehmen ist; so z. B. wenn mit Sicherheit anzunehmen ist, daß das Grundstück bis zum nächsten Versteigerungstermin erheblich an Wert einbüßt. — F. Die Versagung des Zuschlages erfolgt durch Beschluß. Über Gebühren vgl. § 20. — G. Rechtsmittel. Gegen die Entscheidungen des Vollstreckungsgerichts gibt es die sofortige Beschwerde nach §§ 95 ff. ZVG. und die weitere Beschwerde nach § 568 II ZPO. (vgl. Zweigert DJZ. 15, 38). Diese Rechtsmittel [illegible] Beschwerdeberechtigt [illegible] Zuschlagsversagung nur der Antragsteller, bei Zuschlagserteilung der betreibende Gläubiger und der Ersteigerer und seine Rechtsnachfolger nach § 81 ZVG. — H. Sind Mietsausfälle, die infolge der außerordentlichen Kündigung nach Teil II Kap. III der vorliegenden VO. eingetreten, als Grund der Nichterfüllung der Grundstückslasten, welche die Zwangsversteigerung zur Folge hatte, so ist auch § 4 des Kap. III des Zweiten Teils dieser VO. zu beachten. — J. Sonderfall in § 2.

§ 13

Sonstigen Wohnungsunternehmen kann der Verband der Gemeinde (des Gemeindeverbandes) — § 10 Abs. 1 — die Anwendung des § 12 hinsichtlich solcher Räume gestatten, die mit Hilfe öffentlicher Mittel nach dem 1. Juli 1918 errichtet worden sind.

§ 14

(1) In den Fällen der §§ 12, 13 finden bei Streitigkeiten §§ 10, 11 mit der Maßgabe Anwendung, daß im Falle des § 12 Abs. 2 innerhalb zwei Wochen, nachdem der Vermieter gemäß § 15 dem Mieter den neuen Mietzins mitgeteilt hat, lediglich der Antrag auf Entscheidung an den zuständigen Regierungspräsidenten, im Gebiet des Siedlungsverbandes Ruhrkohlenbezirk an den Verbandspräsidenten, im Gebiet des Stadtkreises Berlin an den Oberpräsidenten der Provinz Brandenburg und von Berlin zulässig ist.

(2) Der Antrag kann nur von einem Zehntel der beteiligten Mieter gestellt werden.

Vierter Abschnitt.

Allgemeine Bestimmungen.

§ 15

Der Vermieter hat dem Mieter unverzüglich den Mietzins mitzuteilen, der sich nach Maßgabe dieser Verordnung für die mit dem 1. Januar 1932 beginnende Mietzeit ergibt.

§ 16

Bereitet in den Fällen der §§ 2, 3, 5, 6, 7, 9, 12 die endgültige Berechnung des Mietzinses Schwierigkeiten, so hat der Vermieter dem Mieter unverzüglich eine vorläufige Mitteilung zu machen. Der Mieter ist verpflichtet, den in der vorläufigen Mitteilung angegebenen Mietzins bis zur endgültigen Mietberechnung zu zahlen. Den endgültig errechneten Mietzins, der sich für die mit dem 1. Januar 1932 beginnende Mietzeit ergibt, hat der Vermieter dem Mieter bis zum 25. Januar 1932 mitzuteilen. Kommt der Vermieter diesen Verpflichtungen nicht nach, und zahlt infolgedessen der Mieter nicht oder nicht rechtzeitig, so gelten die Rechtsfolgen, die für den Mieter deswegen nach Gesetz oder Vertrag eintreten, als nicht eingetreten.

§ 17

(1) Die Vorschriften dieser Verordnung finden keine Anwendung auf Mietverhältnisse über Räume in Grundstücken,

erreicht, dies aber bei Hinzurechnung seiner eigenen Post, soweit sie ausfällt, der Fall ist. Voraussetzung ist aber, daß die ausfallende Post des Ersteigernden sich im Range unmittelbar den zur Hebung kommenden Beträgen anschließt. — **C. Folge der Voraussetzungen.** Bei Vorliegen dieser Voraussetzungen kann ein zum Antrage nach § 1 Berechtigter — außer dem Ersteigernden (vgl. zu E) — nicht vorhanden sein. Einerseits wird nämlich verlangt, daß der ausfallende Teil der Belastung des ersteigernden dinglich Berechtigten sich unmittelbar an die zur Befriedigung gelangenden Rechte anschließt. Hieraus ergibt sich, daß die vor ihm stehenden Berechtigten befriedigt werden, so daß sie bei seinem Gebot keinen Ausfall erleiden. Wegen ihrer Befriedigung können sie also keinen Antrag nach § 1 stellen. Andererseits wird aber auch verlangt, daß sein Meistgebot plus seiner eigenen ausfallenden Post $^{7}/_{10}$ des Grundstückswertes erreichen. Hieraus ergibt sich, daß auch die hinter ihm stehenden Berechtigten keinen Antrag nach § 1 stellen können; denn sie würden auch bei einem Meistgebot von $^{7}/_{10}$ des Grundstückswertes nicht zur Befriedigung gelangen, weil ja die Differenz zwischen dem von dem ersteigernden dinglich Berechtigten abgegebenen Meistgebot und $^{7}/_{10}$ des Grundstückswertes durch die ausfallende Post des Ersteigernden ausgefüllt wird. — **D. Das Beispiel von Jonas** auf S. 12 und in JW. 31, 3634 zeigt die Richtigkeit der vorstehenden Ausführungen. Jonas gibt folgendes Beispiel: „Grundstückswert 100 000 RM, mithin $^{7}/_{10}$-Grenze 70 000 RM; Rangordnung der zu befriedigenden Ansprüche: Kosten und öffentliche Abgaben 5000 RM, Hypothek I 30 000 RM + 5000 RM Rückstände, Hypothek II 30 000 RM + 5000 RM Rückstände, Hypothek III 10 000 RM. Betreibt der Hypothekar II die Zwangsversteigerung und bleibt er mit dem geringsten Gebot von 10 000 RM bar + 30 000 RM bestehen bleibende Hypothek I Höchstbietender", so kann außer ihm selbst (vgl. zu E) niemand den Antrag nach § 1 stellen. Hypothekar I wird befriedigt und fällt daher nicht unter § 1. Hypothekar III kann auch keinen Antrag nach § 1 stellen, da er selbst bei einem Meistgebot von 70 000 RM nicht mit einem Teile seiner Post zur Hebung kommen würde, weil die differenzierenden 30 000 RM von

Dritter Teil.

Maßnahmen auf dem Gebiete der Zwangsvollstreckung.

Erläutert von Gerichtsassessor Dr. Karl-August Crisolli.

Der Zweck der Vorschriften des Dritten Teiles der VO. ist in großen Zügen: Verhinderung der Verschleuderung von Grundstückswerten auf Antrag von dinglich Berechtigten (§§ 1—4), vorübergehende Sistierung der Verwertung von Immobiliarvollstreckungsobjekten auf Antrag des Eigentümers (§§ 5—9), möglichste Herabsetzung der Zwangsverwaltungskosten (§§ 10, 13 ff.) sowie Sicherung der Ernte des nächsten Jahres durch weiteren Vollstreckungsschutz bei wirtschaftlichen usw. Grundstücken (§§ 13—19). Ob diese Zwecke durch die Vorschriften erreicht werden oder ob der durch die Vorschriften geschehene Eingriff in schwebende Rechtsverhältnisse und Rechte Dritter nicht gerade zur Verhinderung oder Verteuerung weiteren Realkredits beitragen und damit die Lage des Grundstücksmarktes verschärfen wird, sei hier nicht untersucht. **Literatur:**[1]) Jonas, Das Zwangsvollstreckungsnotrecht, 1932; derselbe, Maßnahmen

---

[1]) **Literatur zur Kriegsgesetzgebung**: **A.** Im allgemeinen: Güthe-Schlegelberger, Kriegsbuch 1914—1917; Bernhard Mayer, Das Privatrecht des Krieges, 1915; Wassermann-Erlanger, Die Kriegsgesetze, 1917; — **B.** Zur VO. vom 10. Dezember 1914: Jacobi, Der Einfluß des Krieges auf das Verfahren betreffend die Zwangsversteigerung und Zwangsverwaltung von Grundstücken usw., in DJZ. 15, 372; Starck, Steht dem Antragsteller die Beschwerde zu, wenn entgegen seinem auf Grund der Zuschlagsversagungsverordnung vom 10. Dezember 1914 gestellten Antrag der Zuschlag erteilt wird? in DJZ. 16, 810; Zweigert, Die Bundesratsverordnung über die Versagung des Zuschlags, in DJZ. 15, 36. — **C.** Zur VO. vom 22. April 1915: Güthe, Die Verordnung des Bundesrats über die Zwangsverwaltung von Grundstücken vom

auf dem Gebiete der Zwangsvollstreckung, in JW. 31, 3633; Jäckel-Güthe, Kommentar zum ZVG. (6. Auflage); Reinhard Müller, desgleichen (2. Auflage); Krech-Fischer, desgleichen (10. Auflage); Gaupp-Stein-Jonas, Kommentar zur ZPO. (12./13. Auflage); Baumbach, desgleichen (4. Auflage); Sydow-Busch, desgleichen (20. Auflage).

I. Mindestgebot.

§ 1.

Versagung des Zuschlages.

(1) Bleibt bei der Zwangsversteigerung eines Grundstücks das abgegebene Meistgebot einschließlich

---

22. April 1915, in JW. 15, 473, 545; Hallbauer, Die Rechtsstellung der Aufsichtsperson im Sinne der Bekanntmachung vom 22. April 1915, in SächsArch. 15, 205; Hirsch, Einige Beiträge zur Bekanntmachung des Bundesrats über die Zwangsverwaltung von Grundstücken vom 22. April 1915, in Recht 15, 269; Marcus, Die Bekanntmachung des Reichskanzlers vom 22. April 1915 über die Zwangsverwaltung von Grundstücken und über den dinglichen Rang öffentlicher Lasten, in ZBlFG. 15, 701; Meyer, Hausbesitz und Realkredit unter der Herrschaft der Kriegsgesetzgebung, 1915, S. 22; Nußbaum, Die Ziele der Verordnung vom 22. April 1915 und die Kriegsnot der Hypothekenschuldner, in JW. 15, 482; Weinmann, Der Zeitpunkt der Bestellung der Verwalter usw., in JW. 15, 695. — D. Zur VO. vom 8. Juni 1916: v. Miltner, Die neue BRVO. über die Geltendmachung von Hypotheken usw., in LZ. 16, 923; Nußbaum, Die Hypothekenverordnung vom 8. Juni 1916, in JW. 16, 933, 999, 1088, 1146; Seelig, Für die Einigungsämter, in PrVwBl. 36, 808; Schneider, Weiterer Schutz zugunsten kriegsbedrängter Schuldner, in DJZ. 16, 669; Scholz, Hinausschiebung der Zwangsversteigerung im Kriege und die Bundesratsverordnung zum Schutze des Realkredits, in JW. 16, 923, 991; Stillschweig, Die der Hypothekenverordnung vom 8. Juni 1916 unterworfenen Rechtsverhältnisse, in JW. 16, 1067; Unger, Die Bekanntmachung über die Geltendmachung von Hypotheken usw. vom 8. Juni 1916, in Recht 16, 530; Wolff, Die Bekanntmachung usw. vom 8. Juni 1916, in PrVwBl. 38, 93; Zweigert, Die Bundesratsverordnung über die Geltendmachung von Hypotheken, Grundschulden und Rentenschulden vom 8. Juni 1916, 1916.

des Kapitalwerts der nach den Versteigerungsbedingungen bestehen bleibenden Rechte hinter sieben Zehnteilen des Grundstückswertes zurück, so kann ein Berechtigter, dessen Anspruch ganz oder teilweise durch das Meistgebot nicht gedeckt wird, aber bei einem Gebote in der vorbezeichneten Höhe voraussichtlich gedeckt sein würde, die Versagung des Zuschlags beantragen. Der Antrag ist abzulehnen, wenn der betreibende Gläubiger widerspricht und glaubhaft macht, daß ihm durch die Versagung des Zuschlags ein unverhältnismäßiger Nachteil erwachsen würde.

(2) Der Antrag auf Versagung des Zuschlags kann nur bis zum Schluß der Verhandlung über den Zuschlag (§ 74 des Zwangsversteigerungsgesetzes) gestellt werden; das gleiche gilt von der Erklärung des Widerspruchs.

(3) Wird der Zuschlag auf Grund des Abs. 1 versagt, so ist von Amts wegen ein neuer Versteigerungstermin zu bestimmen. Der Zeitraum zwischen den beiden Terminen soll, sofern nicht die besonderen Verhältnisse ein anderes als zweckmäßig erscheinen lassen, mindestens drei Monate betragen, darf aber sechs Monate nicht übersteigen.

(4) In dem neuen Versteigerungstermin kann der Zuschlag auf Grund der Vorschrift des Abs. 1 nicht versagt werden.

1. **Allgemeines.** — **A.** Bedeutung. Die §§ 1—4 sollen Verschleuderungen von Grundstückswerten verhindern. § 1 hatte im Kriege einen Vorläufer in den VO. vom 10. Dezember 1914 (RGBl. 499) und 8. Juni 1916 (RGBl. 454). Der Grundgedanke des § 1 ist für Mobilien in den §§ 820, 821 ZPO. und vor allem auch in der auch noch jetzt in Kraft befindlichen (vgl. Sydow-Busch § 817 Anm. 1) sog. MindestgebotsVO. vom 8. Ok-

3. Der neue Versteigerungstermin. — A. Die Frist bis zum neuen Termin, der von Amts wegen anzusetzen ist, beträgt mindestens drei, höchstens sechs Monate. Bei der Undurchsichtigkeit der Wirtschaftslage wird sich eine möglichst weite Hinausschiebung des neuen Termins empfehlen; eine vorherige Einstellung des Verfahrens nach § 5 ist jedoch bei der Fristbestimmung zu berücksichtigen. — B. Der neue Versteigerungstermin unterliegt den allgemeinen Regeln; eine Versagung des Zuschlages ist nur nach den allgemeinen Regeln zulässig. Mit dem Ausschluß einer wiederholten Versagung des Zuschlages nach § 1 (§ 1 IV) ist die für die KriegsVO. vom 10. Dezember 1914 (RGBl. 499) hierüber bestehende Streitfrage (vgl. Jäckel-Güthe, 5. Auflage, S. 916; Marcus ZBlFG. 15, 503; Zweigert DJZ. 15, 38) negativ entschieden. Über Gebühren vgl. § 20.

§ 2.

Versagung des Zuschlages an einen dinglich Berechtigten.

Ist das Meistgebot von einem zur Befriedigung aus dem Grundstück Berechtigten abgegeben, so findet die Vorschrift des § 1 keine Anwendung, wenn das Gebot einschließlich des Kapitalwertes der nach den Versteigerungsbedingungen bestehen bleibenden Rechte zusammen mit dem Betrage, mit dem der Meistbietende bei der Verteilung des Erlöses ausfallen würde, sieben Zehnteile des Grundstückswertes erreicht und dieser Betrag im Range unmittelbar hinter dem letzten Betrage steht, der durch das Gebot noch gedeckt wird.

A. Bedeutung. § 2 dürfte praktisch überflüssig und nicht ganz verständlich sein. — B. Voraussetzungen. Nach § 2 ist der Zuschlag an einen dinglich Berechtigten nicht zu versagen, wenn das von ihm abgegebene Meistgebot zwar einschließlich des Mindestgebots $^7/_{10}$ des Grundstückswerts nicht

der vor ihm stehenden Hypothek II geschluckt werden. Daher dürfte die weitere Begründung von Jonas, daß dem Hypothekar II der Zuschlag zu erteilen sei, da die „40 000 RM zuzüglich der 35 000 RM, mit denen er selbst nicht zur Hebung gelangt, die $^{7}/_{10}$-Grenze überschreiten", nicht treffend sein. — **E.** Das Ergebnis des § 2 ist also nur, daß ein dinglich Berechtigter, der das Grundstück unter $^{7}/_{10}$ des Grundstückswertes ersteigert, dann keine Anträge nach § 1 auf Verweigerung des Zuschlages stellen kann, wenn sein Meistgebot zuzüglich seiner ausfallenden Post, die bei einem Mehrgebot sofort zur Hebung an der Reihe wäre, $^{7}/_{10}$ des Grundstückswertes erreicht. Dies Ergebnis des § 2 zeigt, daß er praktisch überflüssig ist. Es wird bei der heutigen Wirtschaftslage keinen Hypothekar geben, der ein Grundstück unter $^{7}/_{10}$ des Grundstückswertes unter Ausfall seiner innerhalb der $^{7}/_{10}$ stehenden Post ersteigert, und der dann den Antrag auf Versagung des Zuschlages stellen wird. Unverständlich erscheint die Vorschrift, weil das Ergebnis nicht zu dem „klar" zutage liegenden gesetzgeberischen Grunde (vgl. Jonas S. 13) des Schutzes der innerhalb der $^{7}/_{10}$ stehenden Hypothekare paßt. Dadurch, daß man diesen Hypothekaren die Möglichkeit des Antrages nach § 1 nimmt, schützt man sie wohl kaum, namentlich, da sie evtl. nach § 3 ihre persönliche Forderung verlieren.

§ 3.

Anrechnung des Grundstückswertes auf die persönliche Forderung eines ersteigernden dinglich Berechtigten.

Ist der Zuschlag einem zur Befriedigung aus dem Grundstück Berechtigten zu einem Gebot erteilt, das einschließlich des Kapitalwertes der nach den Versteigerungsbedingungen bestehen bleibenden Rechte hinter sieben Zehnteilen des Grundstückswertes zurückbleibt, so gilt der Ersteher auch insoweit als aus dem Grundstück befriedigt, als sein Anspruch durch das abgegebene Meistgebot nicht gedeckt ist, aber bei einem Gebot in der vorbezeichneten Höhe gedeckt sein würde.

A. Zweck. § 3 will verhindern, daß ein dinglich Berechtigter — wie es nach dem bisherigen Rechte möglich war — ein Grundstück für ein Butterbrot erwirbt, daneben aber seine persönliche Forderung gegen den ehemaligen Grundstückseigentümer behält. — B. Inhalt. Jeder ersteigernde dinglich Berechtigte gilt nach § 3 mit seiner persönlichen Forderung insoweit als befriedigt, als der $^{7}/_{10}$-Wert des Grundstücks (vgl. § 4) abzüglich derjenigen Teile seines Meistgebotes, die bei der Verteilung des Erlöses von anderen belegt sind, beträgt. Wenn § 3 bei wörtlicher Interpretation auch eine Auslegung dahin zuläßt, daß die Forderung nur insoweit als gedeckt gilt, als sie bei einem Meistgebot von $^{7}/_{10}$ des Grundstückswertes zur Hebung käme — also bei Hypotheken, die hinter $^{7}/_{10}$ eingetragen sind, gar nicht —, so ergibt der Zweck des § 3 (siehe zu A) doch die Richtigkeit der vorstehenden Auslegung. Hierfür spricht auch — worauf Jonas S. 15 mit Recht hinweist —, daß § 3 den in § 2 aufgeführten Zusatz „und dieser Betrag im Range unmittelbar hinter dem letzten Betrage steht, der durch das Gebot noch gedeckt wird" nicht enthält. — C. Beispiele. — a) Grundstückswert 70 000 RM; Kosten und Lasten 5000 RM. Hypotheken: I 30 000 RM; II 20 000 RM; III 10 000 RM. Betreibender Gläubiger ist Hypothekar I; er bietet als Meistgebot 20 000 RM. Von seinem Meistgebot werden also nur 5000 mit Kosten und Lasten belegt. Der Grundstückswert beträgt 70 000 RM, davon sind also nur 5000 RM abzuziehen, so daß zur Befriedigung der persönlichen Forderung 65 000 RM verbleiben. Seine persönliche Forderung ist also völlig erloschen. — b) Grundstückswert 140 000 RM; Kosten und Lasten 10 000 RM. Belastungen: Hypothek I 60 000 RM mit 10 000 RM Rückständen; Hypothek II 60 000 RM mit 10 000 RM Rückständen; Hypothek III 20 000 RM. Betreibender Gläubiger und Ersteher ist Hypothekar II, er bietet 20 000 RM bar und 60 000 Übernahme Hypothek I. Von seinem Meistgebot ist alles durch andere Kosten und Lasten (10 000 RM) und Hypothek I (60 000 RM und 10 000 RM Rückstände) belegt. Da der Grundstückswert 140 000 RM beträgt, ist von diesem sein ganzes Meistgebot, also 80 000 RM, abzuziehen, so daß seine Forderung von 60 000 RM + 10 000 RM Rückständen in Höhe von 60 000, und zwar nach § 367 BGB. mit Berechnung zunächst auf die Zinsen von 10000 RM, als erloschen gilt. Seine Forderung beträgt also noch 10 000 RM Hauptforderung. — c) Grundstückswert, Kosten, Lasten und Belastungen wie zu b. Betreibender Gläubiger ist Hypothekar I, Ersteher Hypothekar III mit einem Meistgebot von 80 000. Von seinem Meistgebot sind 10 000 mit Kosten und Lasten, 70 000 von Hypothek I nebst Rückständen belegt. Der Grundstückswert beträgt 140 000, davon ist sein ganzes Meistgebot mit 80 000 RM abzuziehen, so daß zu seiner Befriedigung noch 60 000 vorhanden sind. Seine Forderung beträgt also 10 000 RM Hauptforderung. — D. Bedeutung. § 3 hat nach den vorstehenden Ausführungen eine sehr große und in das Rechtsleben tief einschneidende Bedeutung. Ob die vorgeschriebene Schlechterstellung der Hypothekare gegenüber dem bisherigen Recht gerecht ist und ob dies nicht zur Verschärfung der Lage des Realkredits beitragen wird, sei hier nicht untersucht. — E. Über Übergangsrecht vgl. § 23.

§ 4.

Festsetzung des Grundstückswertes.

(1) Als Grundstückswert im Sinne der §§ 1 bis 3 ist der Wert anzusehen, den das Gericht nach Maßgabe der folgenden Vorschriften festsetzt.

(2) Bei der Festsetzung ist von dem für den 1. Januar 1931 festgesetzten Einheitswerte und, soweit dieser noch nicht festgesetzt ist, von dem sonstigen für die Steuern maßgebenden Werte auszugehen. Veränderungen des Wertes, die in der Beschaffenheit oder in sonstigen Verhältnissen des Grundstücks ihren Grund haben, sind zu berücksichtigen. Ebenso sind Wertverschiebungen, die durch die allgemeine wirtschaftliche Entwicklung veranlaßt sind, in angemessenem Umfang zu berücksichtigen, soweit es sich dabei nicht um Auswirkungen einer auf dem Grundstücksmarkte bestehenden vorübergehenden Krise handelt. Der

Wert der beweglichen Gegenstände, auf die sich die Versteigerung erstreckt, ist, soweit er in dem Einheitswerte noch nicht berücksichtigt ist, unter Würdigung aller Verhältnisse frei zu schätzen.

(3) Darüber, inwieweit das Gericht vor der Festsetzung des Wertes Sachverständige zu hören hat, kann die Landesjustizverwaltung Anordnungen erlassen.

(4) Der festgesetzte Wert ist im Versteigerungstermin vor der Aufforderung zur Abgabe von Geboten bekanntzugeben. Der Zuschlag oder die Versagung des Zuschlags kann nicht mit der Begründung angefochten werden, daß der Wert unrichtig festgesetzt sei.

A. Allgemeines. Die Wertfestsetzung erfolgt durch das Gericht (vgl. Nußbaum JW. 15, 10) als richterlicher Akt von Amts wegen. Eine Einwirkung anderer Stellen ist ausgeschlossen; die in Abs. III angeführten Anordnungen der Justizverwaltung können nur empfehlenden Wert haben. Der Umfang und die Art der vom Gericht anzustellenden Ermittlungen liegen in seinem pflichtgemäßen Ermessen, das an § 3 ZPO. nicht gebunden ist. Es wird in der Regel Auskünfte des Finanzamtes, des Katasteramtes und der Landwirtschafts-Handelskammern herbeiziehen. Die dafür entstandenen Kosten gehören zu den Kosten des Verfahrens. Die Wertberechnung für die Gebühren hat mit der Wertfestsetzung nach § 4 nichts zu tun (vgl. aber § 23). — B. Der Zeitpunkt des Versteigerungstermins ist für die Wertfestsetzung maßgeblich; etwaige Wertveränderungen zwischen Anordnung des Verfahrens und diesem Termin sind zu berücksichtigen. — C. Für die Ermittlung des Wertes des Grundstücks ist der Einheitswert vom 1. Januar 1931 nach dem RBewG. vom 22. Mai 1931 (RGBl. I, 222) mit den DurchfBest. unter gleichem Datum (RGBl. I, 252) und bei Fehlen eines solchen der sonstige für die Steuern maßgebliche Wert und bei mehreren derartigen Steuerwerten deren mittlerer zugrunde zu legen. Bei Verwendung dieser Steuerwerte ist den seit dem Festsetzungstermin eingetretenen Wertverschiebungen Rechnung zu tragen, die auf den individuellen Verhältnissen des Grundstücks und der allgemeinen Entwicklung der Wirtschaftslage — aber nicht auf einer vorübergehenden Krise — beruhen. Die Berücksichtigung dieser Faktoren wird bei der zu D dargestellten Bedeutung der Wertfestsetzung nach § 4 eine äußerst schwierige Aufgabe an den Richter stellen, namentlich da die Wertfestsetzung unangreifbar ist; vor allem wird es schwierig sein, zu entscheiden, was Folge der allgemeinen wirtschaftlichen Entwicklung und was Folge einer vorübergehenden Krise ist (ebenso Jonas S. 17). Mobilien sind, soweit sie nicht in den Steuerwerten (z. B. Inventar nach § 28 RBewG.) enthalten sind, frei zu werten. — **D.** Die Wirkung der Wertfestsetzung besteht nur bezüglich der Vorschriften der §§ 1—3. Hier ist sie aber endgültig; so kann z. B. ein ersteigernder Hypothekar, dessen persönliche Forderung in Höhe des $^{7}/_{10}$-Grundstückswerts nach § 3 als befriedigt gilt, nicht in einem späteren Rechtsstreit mit dem persönlichen Schuldner vorbringen, daß die Wertfestsetzung falsch gewesen sei. Die Wertfestsetzung hat aber nur für den einen Versteigerungstermin und seine Rechtsfolgen Wirkung; wird der Zuschlag nach § 1 versagt und ein neuer Termin angesetzt, so hat eine neue Festsetzung stattzufinden. — **E.** Rechtsmittel. Die im Versteigerungstermin vor Aufforderung zur Abgabe von Geboten bekanntgegebene Wertfestsetzung ist für alle Teile — auch das Gericht — bindend. Eine vor diesem Zeitpunkt bekanntgegebene Wertfestsetzung kann vom Gericht — evtl. auf eine Erinnerung hin — abgeändert werden; ein Rechtsmittel gegen eine derartige Festsetzung gibt es aber nicht (§ 95 ZVG.). — **F.** Bei Unterlassung der Wertfestsetzung ist — wie Jonas S. 18 bereits mit Recht ausführt — gegen den Zuschlag die Beschwerde nach §§ 95, 97, 100, 83 Ziff. 1 ZVG. gegeben; die Ansicht von Jonas, daß bezüglich des Erlöschens der persönlichen Forderung des ersteigernden Hypothekars bei Unterlassung einer Wertfestsetzung der für die Gebührenberechnung maßgebende Wert zugrunde zu legen sei (§ 23, III), dürfte dagegen im Gesetz keine Grundlage haben.

V. Einschränkung von Verfügungen über Miet- und Pachtzinsforderungen.

§ 12.

Die Vorschriften der §§ 573, 574, 1123, 1124 des Bürgerlichen Gesetzbuchs (Reichsgesetzbl. 1896 S. 195, 1915 S. 327) und des § 21 der Konkursordnung (Reichsgesetzbl. 1898 S. 612, 1915 S. 327) sind, soweit sie die Wirksamkeit von Verfügungen und Rechtsgeschäften in Ansehung von Miet- und Pachtzinsforderungen gegenüber dem Erwerber des Grundstücks, dem Hypothekengläubiger und der Konkursmasse betreffen, mit der Änderung anzuwenden, daß die in ihnen erwähnten Verfügungen und Rechtsgeschäfte nur für den laufenden Kalendermonat und, wenn die Verfügung oder das Rechtsgeschäft nach dem fünfzehnten Tage des Monats vorgenommen wird, für den folgenden Kalendermonat wirksam sind.

[illegible] § 12 [illegible] Miet- und Pachtzinsforderungen [illegible] Grundstückserwerber [illegible] Hypothekengläubiger und Konkursmasse gegenüber nur soweit wirksam, als sie sich auf den laufenden und bei Verfügungen nach dem 15. des Monats auf den folgenden Monat beziehen; bisher waren sie für das laufende und evtl. folgende Quartal gültig. § 12 geht noch erheblich weiter als das ähnliche Kriegs-Ges. vom 8. Juni 1915 (RGBl. 327). Wegen des Übergangsrechts vgl. § 24.

VI. Besondere Vorschriften über landwirtschaftliche, forstwirtschaftliche und gärtnerische Grundstücke.

[illegible] § 13

II. Einstweilige Einstellung von Zwangsversteigerungen.

§ 5.

Die Voraussetzungen der Einstellung.

(1) Auf Antrag des Schuldners kann die Zwangsversteigerung eines Grundstücks auf die Dauer von längstens sechs Monaten einstweilen eingestellt werden, wenn die Nichterfüllung der fälligen Verbindlichkeit auf Umständen beruht, die in der wirtschaftlichen Gesamtlage begründet sind und die abzuwenden der Schuldner nicht in der Lage war.

(2) Die im Abs. 1 bezeichnete Voraussetzung ist insbesondere dann als gegeben anzusehen, wenn der Schuldner für eine innerhalb der ersten sieben Zehnteile des Grundstückswerts stehende Hypothek oder Grundschuld, die nach dem 31. März 1931 fällig geworden ist, keinen Ersatzgeldgeber finden kann, oder wenn er infolge von Ausfällen an Mieten oder eines wesentlichen Rückgangs der sonstigen Erträgnisse des Grundstücks oder eines auf dem Grundstück befindlichen Betriebs nicht in der Lage war, die aus den Erträgnissen zu deckenden wiederkehrenden Leistungen zu erfüllen.

(3) Der Antrag ist, auch wenn die Voraussetzungen des Abs. 1 vorliegen, abzulehnen, wenn die einstweilige Einstellung der Zwangsversteigerung dem betreibenden Gläubiger einen unverhältnismäßigen Nachteil bringen würde. Dies ist, sofern die Zwangsversteigerung von einem Gläubiger betrieben wird, dessen Hypothek oder Grundschuld innerhalb der ersten sieben Zehnteile des Grundstückswerts steht, in der Regel anzunehmen, wenn der Schuldner mit einer an den

Gläubiger zu bewirkenden Leistung bei Eröffnung des Verfahrens über drei Monate im Rückstande war und die Gefahr besteht, daß die Lage des Gläubigers durch das Anwachsen von Rückständen öffentlicher Abgaben und wiederkehrender Leistungen wesentlich verschlechtert wird.

(4) Der Antrag kann ferner abgelehnt werden, wenn mit Rücksicht auf die Beschaffenheit oder die sonstigen Verhältnisse des Grundstücks anzunehmen ist, daß die Versteigerung zu einem späteren Zeitpunkt einen geringeren Erlös bringen würde.

1. **Allgemeines.** — A. Bedeutung. Die §§ 5—9 wollen die Verwertung von Immobiliarzwangsvollstreckungsobjekten vorläufig sistieren. — B. Anwendungsgebiet. Die §§ 5—9 gelten für alle Grundstücke, auch für Bruchteile von solchen, und grundstücksähnliche Berechtigungen (§ 864 ZPO.), dagegen nicht für Schiffe. Die §§ 5—9 gelten aber nur für gegen den Grundstückseigentümer als Vollstreckungsschuldner schwebende Verfahren einschließlich der Wiederversteigerung nach §§ 132 f. ZVG., daher nicht für die Sonderfälle der §§ 172 ff., 180 ff. ZVG. Aus welchem Grunde der Grundstückseigentümer Vollstreckungsschuldner ist, ist unerheblich.

2. **Die Voraussetzungen.** — A. Formell. Es muß ein Zwangsvollstreckungsverfahren schweben, der Anordnungsbeschluß braucht aber noch nicht erlassen zu sein. — B. Materiell. Die Insolvenz des Grunstückseigentümers muß auf der wirtschaftlichen Gesamtlage, nicht auf Sonderverhältnissen des Grundstücks oder des Eigentümers beruhen. Der Begriff „wirtschaftliche Gesamtlage" ist nach dem Zweck der Vorschrift weit zu fassen. Beruht die Insolvenz auf der Gesamtlage, so ist die Einstellung abzulehnen, wenn anzunehmen ist, daß der Wert des Vollstreckungsobjekts sich infolge von individuellen Verhältnissen desselben (z. B. Nichtbestellung bei Landgütern) innerhalb der Einstellungszeit verringert. — C. Sonderfälle. — **a)** Liegt die Insolvenz darin, daß der Eigentümer für eine nach dem

[illegible]

der betreibende Gläubiger und die übrigen Beteiligten im Sinne von § 9 ZVG. die Erinnerung nach § 766 ZPO. und dann die sofortige Beschwerde [illegible]

[illegible]

JW. 15, 695). — **D.** Bei anhängigen Ver-

§ 6.

Verfahren bei der Einstellung.

(1) Der Antrag auf einstweilige Einstellung der Zwangsversteigerung ist nur innerhalb einer Notfrist von zwei Wochen nach Zustellung des Beschlusses zulässig, durch den die Zwangsversteigerung angeordnet oder der Beitritt zu dem Verfahren zugelassen ist.

(2) Vor der Entscheidung über den Antrag ist der betreibende Gläubiger zu hören. Es genügt für die Einstellung, wenn die Voraussetzungen glaubhaft gemacht sind.

(3) War der Versteigerungstermin bereits bekanntgegeben, so ist der Einstellungsbeschluß außer dem Gläubiger und dem Schuldner auch den übrigen Beteiligten zuzustellen.

(4) Gegen die Entscheidung über den Antrag findet die sofortige Beschwerde statt; eine weitere Beschwerde ist unzulässig.

A. Der Antrag. Der Grundstückseigentümer hat innerhalb einer Notfrist (§ 223 ZPO.) von zwei Wochen, mit der Möglichkeit der Wiedereinsetzung (§§ 233 ff. ZPO.), seit Zustellung des Anordnungsbeschlusses die Einstellung schriftlich oder zu Protokoll zu beantragen. Der Antrag ist dem betreibenden Gläubiger zwecks Stellungnahme bekanntzugeben, d. h. unter Fristsetzung zuzustellen. — B. Eine Glaubhaftmachung (§ 294 ZPO.) der Voraussetzungen durch den Eigentümer bezw. der Ausschließungsgründe durch den betreibenden Gläubiger (§ 5) ist nicht erforderlich, aber genügend. — C. Die Entscheidung über die Einstellung ergeht durch Beschluß, der dem Grundstückseigentümer und dem betreibenden Gläubiger zuzustellen ist. Die Entscheidung hat nur zwischen diesen beiden Rechtswirkung; erfolgt ein Beitritt eines anderen Gläubigers nach § 27 ZVG., so muß ein völlig neues Einstellungsverfahren mit Antrag des Eigentümers usw. stattfinden. — D. Rechtsmittel. Gegen die Einstellung, deren Ablehnung, die Bestimmung der Einstellungsdauer ist die sofortige Beschwerde nach § 570 ZPO. innerhalb einer Notfrist von zwei Wochen für den Grundstückseigentümer und den betreibenden bezw. beitretenden Gläubiger mit Nachprüfung auch des Ermessens des ersten Richters und der Zulässigkeit neuen Vorbringens usw. gegeben. Eine weitere Beschwerde ist ausgeschlossen. — **E. Bekanntmachung der Einstellung.** Die vor Bekanntgabe des Versteigerungstermins erfolgende Entscheidung ist nur dem Eigentümer und dem betreibenden bezw. beitretenden Gläubiger durch Zustellung bekanntzugeben; nach Bekanntgabe des Termins hat eine Zustellung der Einstellung, aber nicht deren Ablehnung, an alle in § 9 ZVG. genannten Beteiligten zu erfolgen. — **F. Eine Aufhebung** der rechtskräftigen Einstellung ist nicht gegeben.

§ 7.

Mehrmalige Einstellung, Fristverlängerung.

Eine mehrmalige Einstellung der Zwangsversteigerung gemäß § 5 oder eine Verlängerung der im § 5 Abs. 1 bezeichneten Frist ist unzulässig.

§ 7 enthält ein Verbot mehrmaliger Einstellung oder einer Fristverlängerung; trotzdem kann der betreibende Gläubiger eine erneute Einstellung nach § 30 ZVG. — auch während der Frist nach § 5 — bewilligen (vgl. §§ 8 und 9).

§ 8.

Fortgang des Verfahrens nach Ablauf der Einstellungsfrist.

Ist die Zwangsversteigerung gemäß § 5 einstweilen eingestellt, so beginnt die im § 31 Abs. 2 des Zwangsversteigerungsgesetzes vorgesehene Frist mit dem Zeitpunkt, bis zu dem die Einstellung angeordnet ist.

Der betreibende bezw. beitretende Gläubiger muß bei Vermeidung der Aufhebung des Verfahrens (§ 31, II ZVG.) innerhalb von sechs Monaten nach Ablauf der vom Gericht nach § 5 bestimmten Einstellungsfrist einen neuen Versteigerungstermin beantragen oder nach § 30 ZVG. die weitere Einstellung, evtl. nach § 9 zweimal, bewilligen; tut er dies, so laufen die sechs Monate von der Zustellung des auf die Bewilligung erfolgenden Einstellungsbeschlusses von neuem. Beantragt der Gläubiger einen neuen Termin, so gelten die allgemeinen Regeln, so daß dinglich Berechtigte auch Anträge auf einen neuen Termin nach § 1 stellen können, wobei aber bei der Fristbestimmung nach § 1, III die Einstellung nach § 5 zu berücksichtigen ist.

§ 9.

Einstellung auf Bewilligung des Gläubigers.

Der § 30 des Zwangsversteigerungsgesetzes ist mit der Maßgabe anzuwenden, daß erst die dritte Bewilligung der Einstellung als Rücknahme des Versteigerungsantrags gilt.

Nach § 30 ZVG. galt eine zweite Bewilligung bereits als Rücknahme.

III. Zwangsverwaltung.

§ 10.

(1) Gehört bei der Zwangsverwaltung eines Grundstücks zu den Beteiligten eine öffentliche Körperschaft, ein unter staatlicher Aufsicht stehendes Institut, eine Hypothekenbank oder ein Siedlungsunternehmen im Sinne des Reichssiedlungsgesetzes, so kann dieser Beteiligte innerhalb einer ihm von dem Gerichte zu bestimmenden Frist eine in seinen Diensten stehende Person als Verwalter vorschlagen.

(2) Das Gericht hat den Vorgeschlagenen zum Verwalter zu bestellen, wenn der Antragsteller die dem Verwalter nach § 154 Abs. 1 des Zwangsversteigerungsgesetzes obliegende Haftung mitübernimmt und gegen den Vorgeschlagenen mit Rücksicht auf seine Person oder die Art der Verwaltung Bedenken nicht bestehen.

Der vorgeschlagene Verwalter erhält für seine Tätigkeit keine Vergütung.

Ist eine der in § 10 genannten Personen an dem Verfahren im Sinne des § 9 ZVG. als Gläubiger — nicht als Schuldner — beteiligt, so hat das Gericht auf ihren Antrag eine in ihren Diensten stehende Person zum Zwangsverwalter zu bestellen, wenn das Institut die Haftung nach § 154, I ZVG. übernimmt, die Verwaltung kostenlos — aber unter Ersatz der baren Auslagen — geführt wird und keine Bedenken bestehen. Eine Pflicht zur Verwaltung besteht nicht. Die Bestellung des gesetzlichen Vertreters des Instituts ist nicht unzulässig (vgl. Hirsch JW. 15, 1181; Güthe JW. 15, 545); über den Begriff „in Diensten stehen" vgl. Güthe JW. 15, 545. Gegen die Ablehnung des Antrages haben das Institut, der Schuldner und die übrigen Beteiligten die Erinnerung nach § 766 ZPO. und dann die sofortige Beschwerde nach § 793 ZPO. (vgl. Jäckel-Güthe Anm. 4 zu § 150). Gegen die Bestellung stehen diese Rechtsbehelfe, die aber nur mit Ungeeignetheit des Bestellten zu begründen sind, dem Schuldner und dem Beteiligten zu. Werden von verschiedenen Beteiligten mehrere vorgeschlagen, so ist nach Ermessen des Gerichts der geeignetste zu wählen; bei mehreren Gleichgeeigneten hat der Vorschlag des im Range am besten stehenden Instituts die erste Berücksichtigung zu finden (vgl. Güthe JW. 15, 545). Bei landwirtschaftlichen Grundstücken ist nach § 13 in erster Reihe der Schuldner zum Verwalter zu bestellen, nur bei dessen Ungeeignetheit findet § 10 Anwendung (§ 13, III). Scheidet die Person während der Verwaltung bei dem Institut aus, so ist sie als Verwalter zu entlassen (vgl. Hirsch, Recht 15, 274).

IV. Zustellungen an Schuldner mit unbekanntem Wohnsitz.

§ 11.

(1) Bedarf es zur Einleitung der Zwangsvollstreckung in ein Grundstück der Zustellung eines Schuldtitels im Wege der öffentlichen Zustellung, so kann die

Zustellung statt dessen an einen bei dem Grundbuchamte für das Grundstück bestellten Zustellungsbevollmächtigten erfolgen; ist ein solcher nicht bestellt oder ist ein inländischer Wohnsitz des Bestellten nicht bekannt, so hat das Vollstreckungsgericht auf Antrag des Gläubigers für das beabsichtigte Verfahren einen Zustellungsvertreter (§§ 6, 7 des Zwangsversteigerungsgesetzes) zu bestellen, an den der Schuldtitel zugestellt werden kann. Die Wirkung der Zustellung beschränkt sich auf die beabsichtigte Zwangsvollstreckung.

(2) Ist von dem Schuldner ein Zustellungsbevollmächtigter beim Grundbuchamte bestellt oder hat das Vollstreckungsgericht gemäß Abs. 1 einen Zustellungsvertreter bestellt, so kann ihnen auch der Beschluß, durch den die Zwangsversteigerung oder Zwangsverwaltung angeordnet oder der Beitritt eines Gläubigers zugelassen wird, mit Wirkung für den Schuldner zugestellt werden.

Durch § 11 wird § 8 ZVG. abgeändert. § 11 hat praktisch nur für die Vollstreckung aus vollstreckbaren Urkunden nach § 794 Nr. 5 ZPO. Bedeutung, da bei vorausgegangenen Prozessen der Prozeßbevollmächtigte des Schuldners regelmäßig nach § 81 ZPO. auch für Zwangsvollstreckungsakte bevollmächtigt ist. Nach § 11 kann bei unbekanntem Aufenthalt des Schuldners die Zustellung des Schuldtitels und des Anordnungsbeschlusses an einen vom Grundbuchamt bestellten Zustellungsbevollmächtigten und bei Fehlen eines solchen oder bei Unbekanntheit eines inländischen Wohnsitzes desselben an einen vom Vollstreckungsgericht zu bestellenden Zustellungsvertreter erfolgen. Die Zustellung an einen solchen Vertreter beschränkt sich aber nur auf die Zwangsvollstreckung, hat sonst aber keine Wirkungen, z. B. bezüglich der Fristen. Der Zustellungsvertreter ist nur zur Entgegennahme und Weiterleitung der Zustellungen berufen, sonst aber nicht zur Vertretung des Schuldners legitimiert. Über Vergütung vgl. § 7 ZVG.

bis 16), daß die Forderungen aus der Düngemittel-, Saatgut- und Futtermittelbeschaffung privilegiert werden (§ 17), und daß die Mobiliarvollstreckung eingeschränkt wird (§ 19).

1. Zwangsverwaltung.

§ 13.

Bestellung des Schuldners zum Zwangsverwalter.

(1) Bei der Zwangsverwaltung eines landwirtschaftlichen, forstwirtschaftlichen oder gärtnerischen Grundstücks ist der Schuldner zum Verwalter zu bestellen, wenn er dazu bereit ist und nach seiner Persönlichkeit eine Gewähr für die ordnungsmäßige Führung der Verwaltung bietet.

(2) Vor der Bestellung sollen der betreibende Gläubiger und etwaige Beteiligte der im § 10 bezeichneten Art gehört werden.

(3) Ein gemäß § 10 gemachter Vorschlag ist nur für den Fall zu berücksichtigen, daß der Schuldner nicht zum Verwalter bestellt wird.

1. **Allgemeines.** — **A.** Der Zweck des § 13 ist Verbilligung der zur Sicherung gegen Einzelvollstreckungen notwendigen Zwangsverwaltung unter Aufrechterhaltung der Kontinuität der Wirtschaftsführung. Die §§ 13—16 hatten in der KriegsVO. vom 22. April 1915 (RGBl. 233) einen entsprechenden Vorläufer. Für diese hatte Bayern auch für die jetzige VO. sehr beachtliche Vollzugsgrundsätze ausgearbeitet (vgl. BayZ. 15, 187). — **B.** Anwendungsgebiet. Die §§ 13—19 betreffen nur landwirtschaftliche, forstwirtschaftliche und gärtnerische Grundstücke. Die Notverordnung gibt keinerlei Umrisse für diese Begriffe: man hat daher anzunehmen, daß unter §§ 13—19 jedes Stück der Erdoberfläche fällt, das landwirtschaftlichen Zwecken — das sind in der Hauptsache Ackerbau, Viehzucht und Obstbau —, forstwirtschaftlichen oder gärtnerischen Zwecken dient, gleichgültig, ob die Grundstücke gewerbsmäßig oder nicht gewerbsmäßig genützt werden.

fahren kann der bisherige Verwalter nach freiem Ermessen des Gerichts nach § 153 ZVG. entlassen und der Schuldner bestellt werden; jedoch ist dieses Verfahren nur ausnahmsweise anzuraten, da jede Störung des Verfahrens nur bei schwerwiegenden Gründen gerechtfertigt erscheint.

§ 14.

Bestellung einer Aufsichtsperson.

(1) Wird der Schuldner nach § 13 zum Zwangsverwalter bestellt, so hat das Gericht eine Aufsichtsperson zu bestellen. Aufsichtsperson kann auch eine Behörde oder juristische Person sein.

(2) Für die Aufsichtsperson gelten die Vorschriften der §§ 153 Abs. 2, 154 Satz 1 des Zwangsversteigerungsgesetzes entsprechend. Gerichtliche Anordnungen, die dem Verwalter zugestellt werden, sind auch der Aufsichtsperson zuzustellen. Vor der Erteilung von Anweisungen (§ 153 des Zwangsversteigerungsgesetzes) ist auch die Aufsichtsperson zu hören.

(3) Die Aufsichtsperson hat dem Gericht unverzüglich Anzeige zu erstatten, wenn der Schuldner gegen seine Pflichten als Verwalter verstößt.

(4) Die der Aufsichtsperson etwa zustehende Vergütung gehört zu den Ausgaben der Verwaltung.

(5) Der Schuldner führt die Verwaltung unter Aufsicht der Aufsichtsperson. Er ist verpflichtet, der Aufsichtsperson jederzeit Auskunft über das Grundstück, den Betrieb und die mit der Bewirtschaftung im Zusammenhang stehenden Rechtsverhältnisse zu geben und Einsicht in vorhandene Aufzeichnungen zu gewähren. Er hat, soweit es sich um Geschäfte handelt, die über den Rahmen der laufenden Wirtschaftsführung hinausgehen, rechtzeitig die Entschließung der Aufsichtsperson einzuholen.

1. **Die Aufsichtsperson.** — A. Bei der Auswahl ist das Gericht frei; eine nicht bindende Befragung etwa vorhandener nach § 10 privilegierter Gläubiger — evtl. auch anderer Beteiligter (vgl. Marcus ZBlFG. 15, 701) — ist aber empfehlenswert. Die Person muß zur objektiven Wahrnehmung der Interessen aller Beteiligten (vgl. Hirsch, Recht 15, 272) geeignet sein; z. B. Gemeindevorsteher, landwirtschaftliche Sachverständige. Die Bestellung juristischer Personen ist zulässig. Ein Zwang zur Übernahme besteht nicht (vgl. Hallbauer SächsArch. 15, 207). Eine jederzeitige Niederlegung des Amtes ist zulässig, macht aber bei Niederlegung zur Unzeit evtl. schadensersatzpflichtig (vgl. Hallbauer a. a. O.). — B. Die Bestellung erfolgt durch Beschluß des Vollstreckungsgerichts, gegen den alle nach § 9 ZVG. Beteiligten die Erinnerung nach § 766 ZPO. und dann die sofortige Beschwerde nach § 793 ZPO. haben (ebenso Jonas S. 36; vgl. aber Hallbauer SächsArch. 15, 208). — C. Die Stellung der Aufsichtsperson ist öffentlich-rechtlicher Natur und der der Vertrauensperson im Vergleichsverfahren oder der des Gegenvormundes (§ 1799 BGB.) ähnlich. Sie ist nicht gesetzlicher Vertreter des Schuldners, nimmt sein Vermögen nicht in Besitz oder Verwaltung und unterliegt daher auch nicht dem § 266 Ziff. 1 StGB., sie tritt in den Prozessen nicht in Erscheinung. Das Gericht kann ihr Anweisungen geben, ihr die Leistung einer Sicherheit auferlegen, gegen sie Ordnungsstrafen bis zu 200 RM verhängen und sie entlassen (§ 153 II ZVG.). — D. Aufgabenkreis. Die Aufsichtsperson führt die Aufsicht über die Verwaltung durch den Schuldner. Sie hat das durch Anordnungen des Gerichts nach § 153 ZVG. durchsetzbare Recht auf jederzeitige Auskunft und Bucheinsicht sowie auf jederzeitige Einsicht des Betriebes. Hiernach ist das Gericht bei Meinungsverschiedenheiten zwischen Aufsichtsperson und Verwalter zur Entscheidung zuständig. Die Verfügungen des Schuldners über Nutzungen bedürfen in der Regel zu ihrer Gültigkeit ihrer Zustimmung (vgl. § 15), ihre Zustimmung ist für den Rang von Forderungen aus Anschaffungen von Düngemitteln usw. erheblich (vgl. § 17). Die Aufsichtsperson hat bei

Vermeidung von Regressen seitens der Beteiligten nach § 154 ZVG. dem Gericht ohne schuldhaftes Zögern Anzeige zu erstatten, wenn der Schuldner seine Pflichten vernachlässigt. Alle Zustellungen an den Schuldner sind auch ihr zuzustellen, vor Erteilung von gerichtlichen Anordnungen (§ 153 I ZVG.) an den Schuldner ist sie zu hören. — **E.** Die Vergütung der Aufsichtsperson gehört zu den Ausgaben der Verwaltung und wird vom Gericht unter Berücksichtigung des Umfanges und der Schwierigkeit der Tätigkeit durch Beschluß festgesetzt. Gegen diese Festsetzung hat die Aufsichtsperson, der Schuldner und die Beteiligten die sofortige Beschwerde nach § 793 ZPO. — **F.** Die Entlassung der Aufsichtsperson durch das Gericht ist jederzeit zulässig; mit der Entlassung des Schuldners fällt auch die Tätigkeit der Aufsichtsperson (vgl. Hallbauer SächsArch. 15, 207).

2. Der Schuldner verliert durch die Bestellung der Aufsichtsperson nicht den Besitz und die Verwaltung des Grundstücks (§§ 150, 152, 155—158 ZVG.). Er hat wie jeder Zwangsverwalter unter Aufsicht des Gerichts ordnungsmäßige Bücher zu führen (vgl. Meyer DNotVO. 15, 334). Er hat der Aufsichtsperson aber jederzeit Auskunft, Bucheinsicht und Betriebsbesichtigung zu gestatten. Er unterliegt der Strafvorschrift nach § 266 Ziff. 1 StGB. Das Gericht kann ihm Anweisungen erteilen, gegen ihn Ordnungsstrafen verhängen und ihn entlassen (§ 153 ZVG.). Durch § 15 verlieren Verfügungen von ihm über die Nutzungen ohne Zustimmung der Aufsichtsperson ihre rechtliche Gültigkeit; seine schuldrechtliche Verpflichtungsfähigkeit ist aber nicht beschränkt. Nach § 14 V S. 3 hat der Schuldner aber auch zu obligatorischen Geschäften, die über den Rahmen der laufenden Wirtschaftsführung hinausgehen, die Zustimmung der Aufsichtsperson einzuholen; davon ist die Gültigkeit der Geschäfte aber nicht abhängig. Will der Schuldner zur Erfüllung der ohne Zustimmung eingegangenen Verpflichtungen der Beschlagnahme unterliegende Gegenstände verwenden, so kann ihm dies durch das Gericht nach § 153 ZVG. untersagt werden. Auch sind seine Erfüllungshandlungen, soweit sie in Verfügungen über Nutzungen des Grundstücks bestehen, ohne Zustimmung der

Aufsichtsperson ungültig, das Geleistete ist nach § 985 BGB. herauszuverlangen. Für die Geschäfte des Schuldners betreffs der Düngemittel usw. ist § 17 zu beachten. Über seine Vergütung usw. vgl. § 16.

§ 15.

Verfügungen des Schuldners über Nutzungen.

Der Schuldner darf als Verwalter über die Nutzungen des Grundstücks und deren Erlös, unbeschadet der Vorschriften der §§ 155 bis 158 des Zwangsversteigerungsgesetzes, nur mit Zustimmung der Aufsichtsperson verfügen. Zur Einziehung von Ansprüchen, auf die sich die Beschlagnahme erstreckt, ist er ohne diese Zustimmung befugt; er ist jedoch verpflichtet, die Beträge, die zu notwendigen Zahlungen zur Zeit nicht erforderlich sind, nach näherer Anordnung des Gerichts unverzüglich anzulegen.

A. Allgemeines. Verfügungen sind Rechtsgeschäfte, durch die eine dingliche Rechtsänderung eintritt, z. B. Eigentumsübertragung, Verpfändung, Abtretung, Aufrechnung, Erlaß, Kündigung, Verzicht, Vergleich (vgl. Hallbauer SächsArch. 15, 207), Anerkenntnis (vgl. RGZ. 40, 159), nicht Prozeßführung (vgl. Güthe JW. 15, 481). Durch die Beschlagnahme ist dem Schuldner im Rahmen der §§ 20, 21, 148 ZVG., 1120 bis 1124 BGB., 12 dieser VO. gegenüber den Beteiligten die Verfügungsberechtigung entzogen; durch seine Bestellung zum Verwalter hat er sie aber im Rahmen der §§ 152, 155—158 ZVG. wiedererhalten. Nach § 15 ist er aber mit den Ausnahmen zu D in der Verfügung über Nutzungen des Grundstücks und deren Erlös an die formlose — auch stillschweigende — vorgängige oder nachträgliche Zustimmung der Aufsichtsperson gebunden. — B. Nutzungen sind die gesamten Bruttoeinnahmen des Grundstücks. Das sind der Ertrag des Grundstücks im weitesten Sinne (§§ 99 ff. BGB.), darunter fallen die Früchte, die Erzeugnisse und die sonstige bestimmungsgemäße Ausbeute, auch die Erträgnisse, die das Grundstück auf Grund eines Rechtsverhältnisses gewährt (z. B. Pachtzinsen). — C. Der Erlös der Nutzungen sind — wie Jonas S. 40 bereits mit Recht erklärt — das dafür erworbene Entgelt oder die dafür erworbenen Forderungen. — D. Die Verfügungen des Schuldners über die Nutzungen sind ohne Zustimmung der Aufsichtsperson ungültig; ein guter Glaube an das Nichtbestehen der Beschlagnahme wird nach Eintragung der Zwangsverwaltung trotz § 135 II BGB. nach § 23 II ZVG. (§ 147 ZVG.) nicht geschützt; ein guter Glaube an die Zustimmung ist unerheblich. — E. Ausnahmen: Der Schuldner kann ohne Zustimmung der Aufsichtsperson die Nutzungen zur Bestreitung der laufenden öffentlichen Lasten (§ 156 ZVG.) und zur Begleichung der Ausgaben der Verwaltung und der Kosten des Verfahrens — mit Ausnahme der Anordnung oder des Beitritts, die den Gläubigern zur Last fallen — (§ 155 ZVG.) verwenden sowie aus ihnen Zahlungen nach dem Teilungsplan vornehmen (§ 157 ZVG.). Endlich kann der Schuldner der Beschlagnahme unterliegende Forderungen (z. B. Pachtzinsen) ohne Zustimmung einziehen, aber nicht abtreten, erlassen, stunden (vgl. Güthe JW. 15, 481) usw.

§ 16.

Vergütung, Lebensunterhalt des Schuldners.

Der Schuldner erhält als Verwalter keine Vergütung. Das Gericht trifft nach Anhörung der Aufsichtsperson erforderlichenfalls darüber Bestimmung, in welchem Umfang der Schuldner Erträgnisse des Grundstücks oder deren Erlös zur Befriedigung seiner und seiner Familie notwendigsten Bedürfnisse verwenden darf.

Der Schuldner erhält keine Vergütung, aber, falls und insoweit er sonst kein Einkommen hat, für sich und seine Familie die Erlaubnis, die notwendigsten Bedürfnisse aus den Erträgnissen des Grundstücks oder deren Erlös zu befriedigen. Seine „Familie" sind wie in § 811 Ziff. 2 ZPO. (vgl. Sydow-Busch Anm. 4a zu § 811) die mit ihm in häuslicher Gemeinschaft lebenden Angehörigen ohne Rücksicht auf die Unterhaltspflicht. Die „notwendigsten Bedürfnisse" sind, wie Jonas S. 41 richtig ausführt, ein weiterer Begriff als „notdürftige Bedürfnisse" im Sinne von § 811 Ziff. 2 ZPO.; es sind die nach den Lebensbedingungen des Schuldners unbedingt notwendigen Bedürfnisse. Das Gericht setzt das hierfür Erforderliche, das als Ausgabe der Verwaltung nach § 155 ZVG. anzusehen ist, nach Anhörung der Aufsichtsperson in Analogie von § 153 ZVG. nach freiem Ermessen fest. Gegen die Festsetzung haben der Schuldner und die Beteiligten die sofortige Beschwerde nach § 793 ZPO.

§ 17.

Anschaffung von Düngemitteln usw.

(1) Hat der Zwangsverwalter oder, wenn der Schuldner zum Verwalter bestellt ist, der Schuldner mit Zustimmung der Aufsichtsperson Düngemittel, Saatgut oder Futtermittel angeschafft, die im Rahmen der bisherigen Wirtschaftsweise zur ordnungsmäßigen Aufrechterhaltung des Betriebs benötigt werden, so haben Ansprüche aus diesen Lieferungen den im § 10 Abs. 1 Nr. 1 des Zwangsversteigerungsgesetzes bezeichneten Rang. Das gleiche gilt von Krediten, die zur Bezahlung dieser Lieferungen in der für derartige Geschäfte üblichen Weise aufgenommen sind.

(2) Die Reichsregierung ist ermächtigt, die vorstehenden Vorschriften auch auf andere landwirtschaftliche Betriebsmittel auszudehnen.

A. Bisheriges Recht. Der vom Zwangsverwalter „für Beschaffung von Saat und Futtervorräten gezahlte Kaufpreis und die Kosten der Bodenbearbeitung" fallen unter die nach § 155 ZVG. aus den Nutzungen vorweg zu bestreitenden Beträge (Jäckel-Güthe Anm. 2 zu § 155). Evtl. vom betreibenden Gläubiger für diese Beträge gemachte Vorschüsse erhalten den Rang nach § 10 Nr. 1 ZVG. (SeuffArch. 63, 254). — **B.** Voraussetzungen des § 17. — a) Anschaffung. Die Düngemittel müssen vom Zwangsverwalter angeschafft, d. h. gekauft sein. Unter Anschaffung ist mit Jonas S. 63 auch die Abnahme vor Beginn der Zwangsverwaltung vom Schuldner gekaufter Sachen durch den Zwangsverwalter zu verstehen. Macht der Schuldner als Zwangsverwalter die Anschaffung, so ist die Zustimmung der Aufsichtsperson (vgl. § 15 Anm. A) erforderlich. — b) Zur Aufrechterhaltung der bisherigen Wirtschaftsweise müssen die Anschaffungen dienen; Anschaffungen zur Betriebsumstellung oder Verbesserung fallen also nicht darunter. — c) Kredite für diese Anschaffungen fallen darunter wenn sie in der für derartige Geschäfte üblichen Weise aufgenommen sind. Als „bisher für diese Geschäfte übliche Kreditierung“ ist in der Regel nur ein von Genossenschaften oder Banken gewährter Wechselkredit, aber nicht ein Kredit von Privatleuten anzusehen. — C. Wirkung des § 17. Kann der Zwangsverwalter die Anschaffungen aus den Nutzungen bestreiten, so bleibt es bei dem bisherigen Recht, daß er die Berichtigung nach § 155 ZVG. vorweg vornehmen darf. Kann er dies nicht, so sind die Forderungen in dem Teilungsplan mit dem Range nach § 10 Nr. 1 ZVG. zu berücksichtigen, d. h. die Anschaffungen sind so zu behandeln, als ob sie nach dem bisherigen Recht der betreibende Gläubiger bevorschußt hätte. Bei einer Zwangsversteigerung sind sie hinter den Kosten an erster Stelle im geringsten Gebot einzusetzen, falls sie bis zur Aufforderung zur Abgabe von Geboten angemeldet sind (§ 37 Nr. 4 ZVG.). Dies hat für die Vorschriften des § 1 eine erhöhte Bedeutung (vgl. 1 Anm. 2B).

2. Einstweilige Einstellung von Zwangsversteigerungen.

§ 18.

Die Vorschriften der §§ 5 bis 8 finden auf landwirtschaftliche, forstwirtschaftliche und gärtnerische Grundstücke mit folgender Maßgabe Anwendung:

1. Wird die einstweilige Einstellung der Zwangsversteigerung vor dem 1. April 1932 angeordnet, so kann die Dauer der Einstellung auch auf mehr als sechs Monate, jedoch nicht über den 30. September 1932 hinaus, erstreckt werden.
2. Auch wenn die im § 5 Abs. 3 bezeichneten Voraussetzungen vorliegen, ist dem Antrag stattzugeben, wenn die ordnungsmäßige Fortführung des Betriebs und die Einbringung der Ernte bei einer Betriebsführung durch den Schuldner gewährleistet erscheinen, aber bei Ablehnung der einstweiligen Einstellung gefährdet sein würden. Der unteren Verwaltungsbehörde ist vor der Entscheidung Gelegenheit zur Äußerung zu geben.

Durch § 18 wird die einstweilige Einstellung der §§ 5—8 für die landwirtschaftlichen usw. Grundstücke (vgl. § 13 Anm. 1 B) in doppelter Hinsicht erweitert. Einmal ist die sonst sechs Monate betragende Einstellungszeit bis zum 30. September 1932 verlängert. Ferner ist die Einstellung auch vorzunehmen, wenn sie dem betreibenden Gläubiger einen unverhältnismäßigen Nachteil (vgl. § 5 Anm. 2 C, c und d) bringen würde, falls der Schuldner in seiner Person die ordnungsmäßige Betriebsfortführung und die Einbringung der Ernte gewährleistet, worüber das Gericht die untere Verwaltungsbehörde, das ist in Preußen der Landrat, vor der Einstellung zu hören hat.

3. Zwangsvollstreckungen in bewegliche Gegenstände.

§ 19.

(1) Eine Zwangsvollstreckung wegen einer Geldforderung in Gegenstände des beweglichen Vermögens, die im Falle der Zwangsverwaltung von der Beschlagnahme ergriffen werden würden, ist aufzuheben, wenn die untere Verwaltungsbehörde bescheinigt, daß dem Schuldner durch die Zwangsvollstreckung Mittel ent-

zogen würden, die zur ordnungsmäßigen Fortführung der Wirtschaft bis zur Ernte 1932 benötigt werden, und daß der Schuldner die Gewähr bietet, daß er den Erlös aus der Veräußerung der Gegenstände zur ordnungsmäßigen Fortführung der Wirtschaft verwenden wird.

(2) Das Gericht kann die Aufhebung davon abhängig machen, daß der Schuldner sich einer Aufsicht bis nach Beendigung der Ernte unterstellt. Auf die Aufsicht finden die Vorschriften des § 14 Abs. 1, Abs. 2 Satz 1 und 3, Abs. 3 und 5 entsprechende Anwendung.

(3) Wird bei einem landwirtschaftlichen Pächter die Zwangsvollstreckung in Gegenstände betrieben, die, wenn er Eigentümer wäre, im Falle der Zwangsverwaltung von der Beschlagnahme ergriffen werden würden, so finden die Vorschriften der Abs. 1 und 2 entsprechende Anwendung.

1. **Allgemeines.** — A. Der Sinn der Vorschrift geht dahin, dem Schuldner, dessen Gläubiger die Zwangsverwaltung nicht beantragen, zwecks Sicherung der nächsten Ernte die hierzu erforderlichen Mittel zu belassen. Die bisherige Schutzvorschrift des § 811 Ziff. 4 ZPO. erschien hierzu nicht ausreichend, da sie nur die zur Aufrechterhaltung des Betriebs notwendigen erforderlichen Betriebsmittel unpfändbar sein ließ, aber dem Schuldner die Produkte nehmen ließ, deren Erlös zur Erntegewinnung erforderlich ist. — B. Anwendungsgebiet. § 19 betrifft die Zwangsvollstreckung wegen Geldforderungen (§§ 803 ff. ZPO.), dagegen nicht die Zwangsvollstreckung auf Herausgabe oder zur Erwirtung von Handlungen (§§ 883 ff. ZPO.). § 19 gilt auch für die Beitreibung von öffentlichen Abgaben; jedoch tritt hier das Gericht nicht in Tätigkeit, so daß es nur eine Freigabe, aber keine Aufsicht gibt. § 19 betrifft nur die Gegenstände, die im Falle einer Zwangsverwaltung der Beschlagnahme unterliegen würden. Diese sind in §§ 20, 21, 148 ZVG., 1120 bis 1124 BGB., 12 dieser VO. aufgeführt. § 19 betrifft die Zwangs-

vollstreckungen gegen den Grundstückseigentümer und gegen den Pächter; nach § 19 wird der Pächter genau so geschützt, wie wenn er Eigentümer wäre, auch gegen den Zugriff des Eigentümers wegen des Pachtzinses. — C. Die sonstigen Pfändungsbeschränkungen nach §§ 811, 865 ZPO. bleiben unberührt.

2. **Der Zwangsvollstreckungsschutz.** — A. Voraussetzungen. Der Schuldner muß die Sachen — evtl. ihren Erlös — zur ordnungsmäßigen Wirtschaft bis zur Ernte 1932 benötigen und in seiner Person die Verwendung des Erlöses aus ihrer Veräußerung zur ordnungsmäßigen Betriebsfortführung und zur Einbringung der Ernte gewährleisten. — B. Die Prüfung über das Vorliegen der Voraussetzungen nimmt die untere Verwaltungsbehörde — in Preußen der Landrat — vor. Sie erteilt die erforderliche Bescheinigung. Das auf die Erinnerung des Schuldners hin in Tätigkeit tretende Gericht ist — wie Jonas mit Recht S. 47 betont — an die Bescheinigung gebunden. Es hat nur zu prüfen, ob die gepfändeten Gegenstände zu denen gehören, die der Beschlagnahme unterliegen würden. — C. Die Aufhebung der Zwangsvollstreckung. Nach der Pfändung kann der Schuldner die Freigabe — nicht bloß die Einstellung — unter Vorlegung der Bescheinigung der Verwaltungsbehörde beim Gerichtsvollzieher — evtl. beim Vollstreckungsbeamten des Finanzamts (vgl. oben Anm. 1 B) — beantragen oder im Wege der Erinnerung nach § 766 ZPO. bei Gericht geltend machen. Gibt der Gerichtsvollzieher nicht frei, so kann der Schuldner die Erinnerung einlegen. Gegen die Entscheidung über die Erinnerung steht dem Schuldner und dem Gläubiger die sofortige Beschwerde nach § 793 ZPO. zu. Dieselben Rechtsmittel stehen dem Gläubiger gegen die Aufhebung durch den Gerichtsvollzieher zu. — D. Das Ende des Vollstreckungsschutzes tritt mit Abschluß der Ernte 1932 ein. Ob der Abschluß der Ernte vorliegt, hat das Gericht auf die Erinnerung des Schuldners gegen eine erneute Zwangsvollstreckung zu entscheiden.

3. **Die Aufsicht.** — A. Der Zweck der Aufsicht besteht in der Hinwirkung dahin, daß der Schuldner seinen Verbindlich-

keiten ohne Zwangsvollstreckung im Rahmen des ihm wirtschaftlich Zumutbaren nachkommt. — B. Die Anordnung. Das auf die Erinnerung der Parteien in Tätigkeit tretende Gericht kann nach seinem [illegible] die Aufhebung der Zwangsvollstreckung nach Anhörung des Gläubigers an die Voraussetzung knüpfen, daß der Schuldner sich der Aufsicht unterstellt. Es hat dabei zu erwägen, ob die Aufsicht nach der Person des Schuldners und der Lage der Dinge zweckmäßig erscheint. Es kann dabei die nach §§ 766, 732 II ZPO. zulässigen Anordnungen über die Fortsetzung der Zwangsvollstreckung treffen. Lehnt der Schuldner [illegible] eingelegte Erinnerung des Schuldners zurückweisen [illegible] auf die Freigabe eingelegten Erinnerung des Gläubigers stattgeben. Bei Unterwerfung des Schuldners gibt es entweder seiner wegen Nichtfreigabe eingelegten Erinnerung unter Anordnung der Aufsicht statt oder weist die auf die Freigabe des Gläubigers eingelegte Erinnerung mit der Maßgabe der Anordnung der Aufsicht zurück. Alle diese Entscheidungen des Gerichts ergehen durch Beschlüsse, die der sofortigen Beschwerde nach § 793 ZPO. unterliegen. Da das Gericht nur auf die Erinnerung der Parteien hin in Tätigkeit tritt, gibt es bei der Vollstreckung von öffentlichen Abgaben keine Aufsicht, da es bei diesen keine Erinnerung an das Gericht gibt. — C. Begriff des Inhalts der Aufsicht. [illegible] § 19 auf die Vorschriften des § 14 I, II S. 1 und 3, III, V der VO. Hiernach kann eine juristische Person zur Aufsichtsperson bestellt werden. Die Aufsichtsperson ist den Beteiligten regreßpflichtig; vor Erteilung von Anweisungen an den Schuldner ist [illegible] Sie hat [illegible] darauf hinzuwirken, daß der Schuldner mit seinen verfügbaren Mitteln nach § 155 ZVG. verfährt, d. h. zuerst die Wirtschaft aufrechterhält, dann die öffentlichen Lasten und Hypothekenzinsen und dann erst seine sonstigen Schulden bezahlt. Hervor-

Kapitel 1.

Steuerliche Erleichterungen für die Aufteilung von Gesellschaften.

Artikel 1.

Betriebstrennung.

§ 1.

Wenn bei der Trennung von Betrieben einer zur Zeit des Inkrafttretens dieses Kapitels bestehenden Aktiengesellschaft [illegible] Betrieb anderweit veräußert wird, so treten die in §§ 2 bis 6 bezeichneten Steuererleichterungen ein. Im Sinne dieser Vorschriften stehen den Aktiengesellschaften die Kommanditgesellschaften auf Aktien gleich.

1. Gilt nicht für andere Kapitalgesellschaften außer Aktiengesellschaften und Kommanditgesellschaften auf Aktien.

2. Betrieb ist im Gegensatz zur Veräußerung einzelner Betriebsgegenstände ein betriebstechnisch, organisatorisch in sich abgeschlossener Teil des Gesamtbetriebes, der ohne wesentliche Veränderung bei Loslösung als selbständiges Unternehmen fortgeführt werden kann. Bei Veräußerung von Grundstücken ist also Mitveräußerung der zur Betriebsfortführung erforderlichen Betriebsmittel, Maschinen, Vorräte usw. notwendig (StuW. 31 Nr. 954).

§ 2.

(1) Errichtet eine Aktiengesellschaft (Muttergesellschaft) [illegible] eine neue Aktiengesellschaft (Tochtergesellschaft), und [illegible] ermäßigt sich die Gesellschaftsteuer auf eins vom Hundert, soweit der Muttergesellschaft als Entgelt für die Übertragung des Betriebs Aktien der Tochtergesellschaft gewährt werden. Gehören zu dem abgetrennten Be-

gehoben werden muß oder werden, daß das Gericht dem Schuldner zwar Anweisungen erteilen kann (§§ 14 II, 15 II VO.), aber keine Zwangsmittel zu deren Durchführung besitzt. Es kann nur [illegible] die Anordnung der Aufsicht aufheben und damit den Weg zur Einzelvollstreckung öffnen.

D. Das Ende der Aufsicht tritt mit ihrer Aufhebung, mit Ernteabschluß oder Zwangsverwaltungsanordnung oder mit Befriedigung des Gläubigers, auf dessen Vollstreckung hin sie angeordnet wurde, ein.

VII. Kosten und Übergangsvorschriften.

§ 20.
Gebührenfreiheit bei Versagung des Zuschlags nach § 1.

Wird der Zuschlag auf Grund des § 1 versagt, so sind Gebühren für den Versteigerungstermin nicht zu erheben. Die durch die Bestimmung des neuen Termins entstehenden Auslagen gehören zu den Kosten des Versteigerungsverfahrens.

§ 20 befreit bei Versagung des Zuschlags nach § 1 nur von den Gebühren des Gerichts, nicht von den Kosten der Beteiligten und von den Auslagen (vgl. auch dazu [illegible] DJZ. 15, 839). Die Auslagen für den ersten und für den zweiten Termin sind aus dem Versteigerungserlös zu begleichen; kommt es zu einem solchen nicht, so hat sie der betreibende Gläubiger zu tragen.

§ 21.
Gebührenfreiheit bei einstweiliger Einstellung nach § 5.

(1) Die Entscheidung über den Antrag gemäß § 5 ergeht gebührenfrei. Die gerichtlichen Auslagen hat der Schuldner auch dann zu tragen, wenn seinem Antrag stattgegeben wird.

(2) Eine Erstattung der durch den Antrag ent-

trieb Grundstücke, so ermäßigt sich die Grunderwerbsteuer für die Einbringung der Grundstücke auf eins vom Hundert. [illegible] Hand der Muttergesellschaft vereinigt (§ 3 des Grunderwerbsteuergesetzes), so wird für die Vereinigung der Aktien eine Grunderwerbsteuer nicht erhoben.

1. Abs. 1 gilt, falls Muttergesellschaft den Trennbetrieb als Sacheinlage in von ihr und mindestens vier anderen Personen (§ 182 HGB.) neu zu gründende Gesellschaft einbringt. Nur für Muttergesellschaft, nicht für andere Mitgründer, ermäßigt sich die Gesellschaftsteuer des § 11 KapVerkStG. von 2 v. H. auf 1 v. H. Bei Einbringung von Grundstücken, aber nur wenn diese dem Betrieb dienen, ermäßigt sich die Grunderwerbsteuer von 2 v. H. auf 1 v. H. ohne Gemeindezuschlag. Nach § 6 ferner keine Wertzuwachssteuer und keine Zubehör- (Gewerbeanschaffungs-) Steuer.

2. Abs. 2 läßt, falls Mitgründer der neuen Aktiengesellschaft ihre Anteile der Mutteraktiengesellschaft übertragen, die im § 3 GrErwStG. bestimmte Grunderwerbsteuer ausfallen. Börsenumsatzsteuer ist zu zahlen (StuW. 26 S. 2080).

3. Übertragung der Aktien auf Mutteraktiengesellschaft muß im Zusammenhang mit der Errichtung stehen, also bei Errichtung bereits vereinbart sein. Spätere Beschlüsse wegen Übertragung der Aktien an Mutteraktiengesellschaft entbehren des Zusammenhangs.

§ 3.

(1) Wird zur Übernahme des abzutrennenden Betriebs eine neue Aktiengesellschaft errichtet, ohne daß die neue Gesellschaft ihre Aktien als Entgelt für die Übertragung des Betriebs gewährt, so ermäßigt sich die Gesellschaftsteuer für die Einzahlungen auf das Grundkapital der neuen Gesellschaft auf eins vom Hundert, soweit die Gesellschaft die Einzahlungen zum Erwerb des abgetrennten Betriebs verwendet.

standenen außergerichtlichen Kosten findet nicht statt; dies gilt auch für die Beschwerdeinstanz.

§ 21 befreit in den Verfahren nach § 5 und § 18 von den Gebühren des Gerichts I. Instanz. Die Auslagen des Gerichts hat der Schuldner stets zu tragen. Die Gebühren und Auslagen der II. Instanz unterliegen den allgemeinen Regeln. Alle außergerichtlichen Kosten der Parteien sind auf keinen Fall — auch nicht in einem besonderen Prozeß — erstattungsfähig.

§ 22.

Übergangsrecht für die §§ 1—10.

(1) Die Vorschriften der §§ 1 bis 10, 18 finden auch auf Zwangsversteigerungen, die zur Zeit des Inkrafttretens der Vorschriften dieses Teiles anhängig sind, mit folgender Maßgabe Anwendung.

(2) Die Versagung des Zuschlags gemäß § 1 kann im Wege der Beschwerde gegen den Zuschlag beantragt werden, wenn dieser vor dem Inkrafttreten erteilt ist. Das gleiche gilt, wenn er innerhalb der ersten zwei Wochen nach diesem Zeitpunkt erteilt wird und der Antragsberechtigte die rechtzeitige Stellung des Antrags unterlassen hatte. Das Beschwerdegericht hat dem Gläubiger eine angemessene Frist zur Erklärung gemäß § 1 Abs. 1 Satz 2 zu gewähren.

(3) Die im § 6 Abs. 1 bestimmte Notfrist beginnt erst mit dem Zeitpunkt des Inkrafttretens der Vorschriften dieses Teiles, wenn der Beschluß über die Anordnung der Zwangsversteigerung oder die Zulassung des Beitritts dem Schuldner bereits vor dem Inkrafttreten zugestellt war. Die einstweilige Einstellung der Zwangsversteigerung kann im Wege der Beschwerde gegen den Zuschlag innerhalb der für sie vorgesehenen Frist beantragt werden, wenn der Zuschlag bereits vor dem Inkrafttreten der Vorschriften

dieses Teiles erteilt war; das gleiche gilt, wenn der Zuschlag innerhalb der ersten zwei Wochen nach diesem Zeitpunkt erteilt wird und der Antragsteller die rechtzeitige Stellung des Antrags unterlassen hatte.

A. Allgemeiner Grundsatz. War der Zuschlag am Tage des Inkrafttretens der VO. (10. Dezember 1931) rechtskräftig erteilt, so findet nur § 3 (vgl. § 23), aber nicht die §§ 1, 2, 5—10 Anwendung. — B. Übergangsrecht betreffs der Zuschlagsversagung nach §§ 1 und 2. War der Zuschlag am 10. Dezember erteilt, aber noch nicht rechtskräftig, so kann die Versagung durch Beschwerde verlangt werden, ebenso wenn der Zuschlag am 10. Dezember noch nicht erteilt war, aber bis zum 24. Dezember erteilt wurde und der Be-Berechtigte die Antragsstellung aus irgendeinem Grunde — Verschulden ist unerheblich — im Versteigerungstermin unterließ. Das Beschwerdegericht hat dann die Wertfestsetzung nach § 4 vorzunehmen und dem betreibenden Gläubiger unter Fristsetzung die Widerspruchserhebung (vgl. § 1 Anm. 2 E) anheimzugeben. — C. Übergangsrecht betreffs der Einstellung nach §§ 5—9, 18. War der Zuschlag am 24. Dezember erteilt, aber noch nicht rechtskräftig, so kann der Eigentümer die Einstellung mittels Beschwerde beantragen. War der Zuschlag am 10. Dezember 1931 noch nicht erteilt, so läuft die zweiwöchentliche Notfrist des § 6 I vom 10. Dezember ab. Steht der Versteigerungstermin innerhalb zwei Wochen seit dem 10. Dezember 1931 an und wird innerhalb dieser zwei Wochen der Zuschlag erteilt, so kann der Eigentümer die Einstellung auch noch mittels Beschwerde beantragen, wenn er die rechtzeitige Antragstellung aus irgendeinem Grunde — Verschulden ist unerheblich — unterließ. War der Zuschlag in der ersten Instanz versagt, dann aber vom Beschwerdegericht zur Zeit des Inkrafttretens noch nicht rechtskräftig erteilt, so kann der Eigentümer die Einstellung mittels weiterer Beschwerde beantragen; § 6 IV trifft diesen Fall nicht, da es sich nur um ein Verfahren gegen den Zuschlag — und nicht wegen der Einstellung nach § 5 — handelt (ebenso Jonas S. 55).

§ 23.

Übergangsrecht für den § 3.

(1) Die Vorschrift des § 3 findet auch auf solche Zwangsversteigerungen Anwendung, die vor dem Inkrafttreten der Vorschriften dieses Teiles durch rechtskräftigen Zuschlag abgeschlossen sind, sofern der Zuschlag nach dem 31. Dezember 1930 erteilt worden ist. Soweit danach der Gläubiger als aus dem Grundstück befriedigt anzusehen ist, gilt sein Anspruch als im Zeitpunkt des Inkrafttretens der Vorschriften dieses Teiles getilgt. Der Schuldner kann sich darauf einem Dritten gegenüber, dem die Forderung vor dem Inkrafttreten abgetreten war oder der vor diesem Zeitpunkt ein Recht an der Forderung erlangt hat, nicht berufen.

(2) Ist auf einen Anspruch, wegen dessen der Gläubiger nach Abs. 1 als aus dem Grundstück befriedigt anzusehen ist, vor dem Inkrafttreten der Vorschriften dieses Teiles eine Zahlung geleistet, so besteht kein Anspruch auf Rückgewähr.

(3) Als Grundstückswert im Sinne des § 3 ist der Wert anzusehen, den das Gericht bei der Versteigerung der Gebührenberechnung zugrunde gelegt hatte.

A. Rückwirkung. Nach § 23 wird der § 3 rückwirkend auf alle Zwangsversteigerungen von Grundstücken usw. (vgl. § 1 Anm. 1 B) angewendet, bei denen der Zuschlag nach dem 31. Dezember 1930 stattfand. Hiernach gilt bei allen Zwangsversteigerungen, bei denen der Zuschlag im Jahre 1931 stattfand, jeder ersteigernde dinglich Berechtigte rückwirkend mit seiner persönlichen Forderung insoweit befriedigt, als der $^7/_{10}$-Wert des Grundstücks (vgl. zu C) abzüglich derjenigen Teile seines Meistgebotes, die bei der Verteilung des Erlöses von anderen belegt waren, betrug (vgl. § 3 Anm. B und C). — **B.** Als Zeitpunkt der Befriedigung gilt der 10. Dezember 1931. Dies ist für Zinsen von Bedeutung. — C. Als Grundstückswert bei den vor dem 10. Dezember 1931 erteilten Zuschlägen ist der für die Gebührenberechnung bei der Versteigerung festgesetzte Wert maßgebend. Diese Wertfestsetzung ist für die Parteien bindend und kann in späteren Rechtsstreiten nicht angegriffen werden. — D. Dritten gegenüber, denen die persönliche Forderung vor dem 10. Dezember abgetreten war oder die zu dieser Zeit an ihr ein dingliches Recht erworben haben, gilt die Befriedigung nicht als eingetreten. Die Rechtslage ist also genau so, als wenn die kraft Gesetzes eingetretene Befriedigung kraft Rechtsgeschäftes zwischen Ersteigerer und Schuldner vereinbart wäre. — E. Eine Erfüllung der persönlichen Forderung vor dem 10. Dezember 1931 bleibt unberührt, eine Rückgewähr des Geleisteten ist ausgeschlossen. — F. Ein Urteil, das über die persönliche Forderung vor dem 10. Dezember 1931 rechtskräftig wurde, ist durch Zwangsvollstreckungsgegenklage nach § 767 ZPO. aus der Welt zu schaffen. — G. Bedeutung des § 23. § 23 stellt mit seiner willkürlichen Rückwirkung auf den 31. Dezember 1930 (ebenso Jonas S. 56) den stärksten Eingriff dieses Teils der NotVO. in die bisherigen Rechte der Hypothekare dar. Diese Vorschrift, die eine wenig gerechte Lösung darstellt, dürfte für die Praxis kaum tragbar sein.

§ 24.

Übergangsrecht für den § 12.

Ist ein Miet- oder Pachtverhältnis vor dem Inkrafttreten der Vorschriften dieses Teiles begründet, so bleiben für die Wirksamkeit von Rechtsgeschäften, die zwischen dem Mieter oder Pächter und dem Vermieter oder Verpächter in Ansehung der Miet- oder Pachtzinsforderung vorgenommen werden, die im § 12 bezeichneten Vorschriften in der bisherigen Fassung maßgebend, soweit es sich um den Miet- oder Pachtzins für die Zeit bis zu dem ersten Termin handelt, für den die Kündigung des Miet- oder Pachtverhältnisses zulässig ist.

§ 24 enthält nur eine Ausnahmebestimmung für die Anwendung des § 12 für einen besonderen Fall. Daher findet § 12 regelmäßig auf Verfügungen oder Rechtsgeschäfte über Miet- und Pachtzinsen derart Anwendung, daß alle Verfügungen nach dem 15. Dezember dem Grundstückserwerber, den Hypothekengläubigern und der Konkursmasse gegenüber nur bezüglich der Januarmiete wirken; die vorherigen Verfügungen waren schon nach dem bisherigen Recht nur bis zum 31. Dezember gültig (vgl. §§ 573 f., 1123 f. BGB., 21 KO.). Die in § 24 bestimmte Ausnahme besteht nur bezüglich der Rechtsgeschäfte, die Mieter und Vermieter, Pächter und Verpächter bei vor dem 8. Dezember 1931 abgeschlossenen Miet- bezw. Pachtverträgen über die Miete bezw. Pacht vornehmen. Hier bleibt es bis zum erstmöglichen Kündigungstermin bei den bisherigen Vorschriften. Bezüglich des erstmöglichen Kündigungstermins ist aber Kapitel III des Zweiten Teils der vorliegenden Notverordnung zu beachten, nach dem vor dem 15. Juli 1931 geschlossene Miet- und Pachtverträge über gewerbliche Räume regelmäßig zum 31. März 1932 kündbar sind.

VIII. Schlußvorschriften.

§ 25.

Die Reichsregierung wird ermächtigt, zur Durchführung dieses Teiles Rechtsverordnungen zu erlassen; sie kann auch, wenn sie dies für notwendig hält, ergänzende Vorschriften erlassen. Sie kann ferner das Außerkrafttreten der Vorschriften dieses Teiles oder einzelner von ihnen anordnen und dabei die dazu notwendigen Übergangsbestimmungen erlassen.

Durchführungsbestimmungen sind bisher nicht ergangen.

Vierter Teil.

Sonstige wirtschaftliche Maßnahmen.

Erläutert von Rechtsanwalt Theodor Heilborn.

Vorbemerkung.

1. Die NotVO. vom 1. Dezember 1930 (RGBl. I 517) hatte im IV. Teil Kap. II für Verschmelzung von Kapitalgesellschaften und dabei vorkommende Grundstücksübertragungen die Kapitalverkehrsteuer von 2 v. H. auf 1 v. H., die Grunderwerbsteuer von 3 v. H. auf 2 v. H. herabgesetzt. Jetzt soll Aufteilung großer Gesellschaften durch Ermäßigung bezw. Wegfall der Gesellschaftsteuer, Grunderwerbsteuer, Wertzuwachssteuer, Zubehörsteuer erleichtert werden. Unberührt bleiben Umsatzsteuer und Börsenumsatzsteuer, jedoch ist Umsatz von Grundstücken nur bei Grundstückshandelsunternehmen steuerpflichtig (UmfStG. § 2 Nr. 4 a).

2. Art. 1 gilt bei Bestehenbleiben des abgebenden Betriebes. Abstoßung umsatzsteuerpflichtig (RStBl. 29, 313); Art. 2 gilt bei Auflösung der juristischen Person und Übernahme des Gesamtvermögens durch Gesellschafter. Übergang umsatzsteuerfrei, da Teilung in natura keine gewerbliche Tätigkeit mehr; strittig RStBl. 30 S. 125.

3. Erleichterung beschränkt auf Zeit vom 1. Januar 1932 bis 31. Dezember 1934.

(2) Gehören zu dem abgetrennten Betrieb Grundstücke, so ermäßigt sich die Grunderwerbsteuer für die Übertragung der Grundstücke an die neue Gesellschaft auf eins vom Hundert.

1. Bargründung, bei welcher Betrieb von Muttergesellschaft übernommen wird, ohne daß diese an der Tochtergesellschaft beteiligt ist. Ermäßigung der Gesellschaftsteuer nur für die der Muttergesellschaft zufließende Vergütung und Ermäßigung der Grunderwerbsteuer nur für die von der Muttergesellschaft übernommenen, dem Betriebe dienenden Grundstücke.

2. Bei Bargründung ist geplante Übernahme des Betriebes im Gründungsvertrag festzusetzen, sonst keine Steuerermäßigung und zivilrechtliche Unwirksamkeit (RGZ. 121 S. 102).

§ 4.

(1) Wird außer in den Fällen der §§ 2, 3 der abzutrennende Betrieb an eine Aktiengesellschaft veräußert und gehen mit dem abgetrennten Betrieb Grundstücke über, so ermäßigt sich die Grunderwerbsteuer auf eins vom Hundert.

(2) Wird der abzutrennende Betrieb an einen Einzelkaufmann oder an eine nur aus natürlichen Personen bestehende Personalgesellschaft (offene Handelsgesellschaft, Kommanditgesellschaft) veräußert und gehen mit dem abgetrennten Betrieb Grundstücke über, so ermäßigt sich die Grunderwerbsteuer auf einhalb vom Hundert.

Grunderwerbsteuerermäßigung entsprechend §§ 2 und 3 nur für diejenigen übergehenden Grundstücke, welche dem abgetretenen Betrieb dienen. Höchste Ermäßigung der Grunderwerbsteuer bei Übergang auf Einzelkaufmann oder offene Handelsgesellschaft. Wegen § 15 GrErwStG. empfiehlt sich oft Umschreibung auf Gesellschafter der offenen Handelsgesellschaft zu Bruchteilen.

§ 5.

Wird der abzutrennende Betrieb als eine selbständige Aktiengesellschaft (Tochtergesellschaft) geführt, deren Aktien sämtlich in der Hand der veräußernden Aktiengesellschaft (Muttergesellschaft) vereinigt sind, und gehören zum Vermögen der Tochtergesellschaft Grundstücke, so ermäßigt sich die Grunderwerbsteuer auf eins vom Hundert, wenn die Muttergesellschaft die Aktien der Tochtergesellschaft auf eine andere Aktiengesellschaft überträgt. Überträgt die Muttergesellschaft die Aktien auf einen Einzelkaufmann oder auf eine nur aus natürlichen Personen bestehende Personalgesellschaft, so ermäßigt sich die Grunderwerbsteuer auf einhalb vom Hundert.

Ermäßigt Grunderwerbsteuer des § 3 GrErwStG. Börsenumsatzsteuerpflicht bleibt.

§ 6.

In den Fällen der §§ 2 bis 5 dürfen die Zuschläge zur Grunderwerbsteuer und die Wertzuwachssteuer nicht erhoben werden; das gleiche gilt für die Steuer der Gemeinden (Gemeindeverbände) vom Zubehör (Gewerbeanschaffungsteuer).

Für Betriebstrennung werden also § 38 (Zuschlag zur GrErwSt.) und § 18 (WertzuwSt.) des FinAusglGes. außer Kraft gesetzt.

Artikel 2.

Auflösung von Gesellschaften.

§ 7.

Überträgt eine zur Zeit des Inkrafttretens dieses Kapitels bestehende Kapitalgesellschaft (§ 3 des Kapitalverkehrsteuergesetzes) bei ihrer Auflösung ihr gesamtes Vermögen auf ihre Gesellschafter, so treten die in §§ 8 bis 11 bezeichneten Steuererleichterungen ein.

1. Von den Kapitalgesellschaften des § 3 KapVerkStG. hat Gesellschaft des BGB. (§ 3 h) auszuscheiden, da sie kein selbständiges Vermögen hat. Eigentumsänderung aus Gesamteigentum in Bruchteilseigentum ist in § 15 GrErwStG. geregelt.

2. Übertragung des Gesamtvermögens auf Gesellschafter dürfte praktisch nur bei Aktiengesellschaften und Kommanditgesellschaften auf Aktien nach § 303 HGB. und bei Gesellschaften mit beschränkter Haftung nach § 72 GmbHGes. vorkommen. Eigentumsübertragung zulässig erst nach Ablauf des Sperrjahres (§ 301 HGB.; § 73 GmbHGes.). Wichtig für zeitliche Beschränkung des § 12.

3. Ausschluß einzelner Vermögensgegenstände untergeordneter Bedeutung von der Gesamtübertragung ist unschädlich (vgl. RGZ. 124, 294).

4. Es regelt § 8: Grunderwerbsteuer, Wertzuwachsteuer und Gewerbeanschaffungsteuer, § 9: Einkommensteuer des Gesellschafters, der Grundstücke in sein Privatvermögen übernimmt, § 10: Einkommensteuer des Gesellschafters, der Gegenstände in sein Betriebsvermögen übernimmt, und ferner Liquidationssteuer der Gesellschaft.

5. Begünstigung des § 8 betrifft nur diejenigen Gesellschafter, die am 10. Dezember 1931 an der Gesellschaft beteiligt waren. Begünstigung der §§ 9 und 10 betrifft auch die Gesellschafter, die nach dem 10. Dezember 1931 ihre Beteiligung erwarben, sofern sie am Auflösungstage beteiligt waren. In §§ 8 und 9 ist ein Stichtag für die Beteiligung der Gesellschafter nicht genannt.

§ 8.

Werden bei Auflösung der Gesellschaft Grundstücke auf die Gesellschafter übertragen, so werden die Grunderwerbsteuer, die Zuschläge zur Grunderwerbsteuer und die Wertzuwachssteuer nicht erhoben; das gleiche gilt für die Steuer der Gemeinden (Gemeindeverbände) vom Zubehör (Gewerbeanschaffungsteuer). Die Befreiungen treten nur insoweit ein, als das Eigentum an den Grundstücken oder dem Zubehör auf die Gesellschafter entsprechend ihrem zur Zeit des Inkrafttretens dieses Kapitels bestehenden Beteiligungsverhältnis an der Gesellschaft übergeht.

1. Befreit von Grunderwerbsteuer und Zuschlag, Wertzuwachs- und Zubehörsteuer ist nur der Grundstücksanteil, der der Beteiligung des Erwerbers an der Gesellschaft entsprach. Wird z. B. bei drei gleich also zu je zwei Sechsteln beteiligten Gesellschaftern das Grundstück nur auf zwei Gesellschafter zu gleichen Anteilen, also zu je drei Sechsteln übertragen, so haben diese beiden für je ein Sechstel alle Steuern zu zahlen.

2. Die Beteiligung richtet sich nach dem Stand am 10. Dezember 1931. Daher genießen Gesellschafter, die eine Beteiligung nach dem 10. Dezember 1931 erwerben, keine Begünstigung.

§ 9.

Werden bei der Auflösung Grundstücke, die seit dem Ende des Steuerabschnitts 1928 zum Betriebsvermögen der aufgelösten Gesellschaft oder — im Falle der Gesamtrechtsnachfolge — ihres Rechtsvorgängers gehört haben, auf einen Gesellschafter übertragen, aber nicht in ein Betriebsvermögen übernommen, so wird die infolge der Übertragung anfallende Einkommensteuer nicht erhoben. Bei der künftigen Veranlagung des übernehmenden Gesellschafters zur Einkommensteuer ist für die Bemessung der Absetzungen für Abnutzung von dem Werte auszugehen, mit dem das Grundstück bei der aufgelösten Gesellschaft nach §§ 19, 20 des Einkommensteuergesetzes, § 13 des Körperschaftsteuergesetzes im Zeitpunkt der Auflösung steuerlich anzusetzen gewesen wäre.

1. Betrifft nur Grundstücke, die nicht Betriebsvermögen des Erwerbers werden (§ 54 gegenüber § 45 RBewG.), und die spätestens am Schlusse des im Jahre 1928 endenden Geschäftsjahres der Gesellschaft gehörten.

gemäß § 260 des Handelsgesetzbuchs dem Reservefonds einzustellenden Beträge verwendet werden, soweit nicht eine Tilgung aus sonstigen in der Bilanz ausgewiesenen, zur Deckung eines Verlustes verfügbaren Reserven oder aus dem Reingewinn erfolgen kann. Eine Gewinnverteilung ist unzulässig, solange das Entwertungskonto nicht getilgt ist.

(3) [illegible] gemäß § [illegible] des Handelsgesetzbuchs und gemäß § 49 Abs. 2 des Gesetzes, betreffend die Gesellschaften mit beschränkter Haftung, gilt das Entwertungskonto nicht als Verlustposten.

(4) Die zur Tilgung des Entwertungskontos verwendeten Beträge können bei der Ermittlung des steuerpflichtigen Einkommens nach § 18 Abs. 1 Nr. 4 des Einkommensteuergesetzes in Verbindung mit [illegible] des Körperschaftsteuergesetzes abgezogen werden.

Artikel 2.

Versicherungsunternehmungen.

(1) § 56 des Gesetzes über die Beaufsichtigung der privaten Versicherungsunternehmungen und Bausparkassen vom 6. Juni 1931 (Reichsgesetzbl. I S. 315) ist für die Jahresbilanzen der Versicherungsaktiengesellschaften, die für einen Stichtag in der Zeit vom 1. Juli 1931 bis 30. Juni 1932 aufgestellt werden, nicht anzuwenden; [illegible] Gegenseitigkeit, vom § 36 des Gesetzes, soweit darin auf § 261 Nr. 3 bis 6 des Handelsgesetzbuchs bisheriger Fassung verwiesen ist.

(2) Für die im Abs. 1 bezeichneten Jahresbilanzen finden die Vorschriften des § 261 des Handelsgesetzbuchs in der Fassung des Artikel V des Ersten Teiles der Verordnung des Reichspräsidenten über Aktienrecht, Bankenaufsicht und über eine Steueramnestie [illegible] (Reichsgesetzbl. I S. 493) sowie die §§ 1 und 2 dieser Verordnung entsprechende Anwendung. Die Aufsichtsbehörde kann Näheres bestimmen, soweit es durch die Besonderheit des Versicherungswesens geboten erscheint.

Artikel 3.

Andere Unternehmungen.

Für Unternehmungen, welche die [illegible] Vorschriften über [illegible] der Jahresbilanz satzungsmäßig oder auf Grund kaufmännischer Übung [illegible], gelten die Vorschriften des Artikel 1 sinngemäß.

2. Bei den hier [illegible] Kapitalgesellschaften (Formel zu § 7) gehören alle Gegenstände zum Betriebsvermögen, also auch stets die der Gesellschaft gehörenden Grundstücke.

3. Übertragung auf Gesellschafter bei Liquidation gilt als Veräußerung (StuW. 31 Nr. 796), daher wäre Mehrbetrag des auf die Gesellschafter entfallenden Liquidationserlöses gegenüber Anschaffungspreis der Anteile zuzüglich Werbungskosten nach § 30 Abs. 3 EinkStG. steuerpflichtig, falls Erwerber allein oder mit nahen Verwandten (§ 67 AO.) unmittelbar oder mittelbar zu mehr als einem Viertel an aufgelöster Gesellschaft beteiligt war. Allerdings Gewinn nur steuerpflichtig, insoweit dieser den Betrag von [illegible] RM übersteigt (§ 32 EinkStG.). Tarif: 10 bis 20 v. H. nach § 58 EinkStG. Steuerliche Erleichterung besteht darin, daß Veräußerungsgewinn steuerfrei ist, soweit Werterhöhung des vom Gesellschafter übernommenen Grundstücks darin enthalten ist.

4. Wert des Grundstücks bemißt sich nach gemeinem Wert (§ 10 RBewG.), falls jedoch Gesellschafter bei Auseinandersetzung bestimmten Wert zugrunde gelegt haben, nach diesem.

5. Wertansatz der vor 1. Januar 1925 erworbenen Anteile richtet sich nach § 105 EinkStG. für Wert am 1. Januar 1925.

6. Bsp.: A und B haben 1925 für je 50 v. H. Anteile der G.m.b.H. je 100 000 RM bezahlt. Vermögen bestand aus: Wohnhaus nicht zum Betriebe benutzt, im Werte von 20 000 RM, Maschinenpark 80 000 RM, Forderungen 30 000 RM. Bei Auseinandersetzung 1932 besitzt Grundstück Wert von 110 000 RM, Maschinen 100 000 RM, Außenstände 30 000 RM, zusammen 240 000 RM. Bei Auflösung wird Grundstück auf A und B je zur Hälfte übertragen. B übernimmt Maschinen und Forderungen und zahlt an A 65 000 RM bar. Dann hätte A Veräußerungsgewinn von 20 000 RM nur durch Wertsteigerung des Grundstücks, A bleibt steuerfrei, darf jedoch Abschreibungen nicht vornehmen von 55 000 RM, sondern vom Buchwert des Grundstücks in Schlußbilanz der aufgelösten Gesellschaft.

7. Geschäftsgewinn des Rumpfjahres ist ohne Vergünstigung steuerpflichtig (StuW. 31 Nr. 955).

§ 10.

Werden bei der Auflösung Gegenstände, die seit dem Ende des Steuerabschnitts 1928 zum Betriebsvermögen der aufgelösten Gesellschaft oder — im Falle der Gesamtrechtsnachfolge — ihres Rechtsvorgängers gehört haben, in das Betriebsvermögen eines Gesellschafters übernommen und hier steuerlich mit den Werten angesetzt, mit denen sie bei der aufgelösten Gesellschaft nach §§ 19, 20 des Einkommensteuergesetzes, § 13 des Körperschaftsteuergesetzes im Zeitpunkt der Auflösung steuerlich anzusetzen gewesen wären, so ist dieser Wert auch für die nach § 18 Abs. 1 des Körperschaftsteuergesetzes zu berechnende Liquidationssteuer und für die infolge der Übertragung zu berechnende Einkommensteuer maßgebend.

1. Gegenstände des Betriebsvermögens Anm. 2 zu § 9.

2. Nach § 44 RBewG. gehören zum Betriebsvermögen alle Teile einer wirtschaftlichen Einheit, die dem Betriebe eines Gewerbes als Hauptzweck dienen. Also muß Erwerber die übernommenen Gegenstände für sein Gewerbe verwenden.

3. Vorschrift entspricht den Grundsätzen des Reichsfinanzhofs in StuW. 31 Nr. 709. Bei Übernahme des Betriebes durch Gesellschafter sei Eigentumsänderung nur eine wirtschaftlich und daher auch steuerrechtlich unbeachtliche Formveränderung, nicht aber Realisierung des Betriebes.

4. Voraussetzung für Wegfall der Einkommensteuer des § 30 Nr. 3 und der Liquidationssteuer des § 18 KörpStG. ist, daß nach Grundsatz der Bilanzkontinuität die Buchwerte der übernommenen Gegenstände vom Erwerber übernommen werden. Gewinn zeigt sich dann erst bei Veräußerung durch Erwerber.

§ 11.

Die Vorschriften der §§ 8 bis 10 gelten entsprechend, wenn sämtliche Anteile an der Kapitalgesellschaft nur einem Gesellschafter zustehen.

Einmanngesellschaft besonders aufgeführt, da § 7 von den Gesellschaftern spricht.

Artikel 3.

Schlußvorschriften.

§ 12.

(1) Die Vorschriften der §§ 1 bis 6, § 8 in Verbindung mit §§ 7, 11 finden nur auf Rechtsvorgänge Anwendung, für die die Steuerschuld in der Zeit vom 1. Januar 1932 bis zum 31. Dezember 1934 entsteht.

(2) Die Vorschriften der §§ 9, 10 in Verbindung mit §§ 7, 11 finden nur Anwendung, wenn die Auflösung der Gesellschaft und die Übertragung der Gegenstände des Betriebsvermögens in der Zeit vom 1. Januar 1932 bis zum 31. Dezember 1934 stattfindet.

1. Ermäßigung der Gesellschaftsteuer nur für die Einlagen, welche nach Gesellschaftsvertrag der Tochtergesellschaft spätestens am 31. Dezember 1934 fällig oder geleistet waren (§ 9 KapVerkStG.).

2. Grunderwerbsteuer nur ermäßigt, wenn bis 31. Dezember 1934 Eigentum übertragen, d. h. im Grundbuch Eigentumswechsel eingetragen (§ 4 GrErwStG.) oder Veräußerungsvertrag bis 31. Dezember 1933 abgeschlossen ist (§ 5 GrErwStG.).

3. Einkommensteuer und Liquidationssteuer nur erleichtert, wenn Auflösungsbeschluß spätestens am 31. Dezember 1933 gemäß § 311 BGB. beurkundet oder Grundbucheintragung bis 31. Dezember 1934 erfolgt ist.

§ 13.

Der Reichsminister der Finanzen ist ermächtigt, zur Durchführung und Ergänzung der §§ 1 bis 12 Rechtsverordnungen und allgemeine Verwaltungsvorschriften zu erlassen.

Kapitel II.

Einheitsbewertung.

Der Reichsminister der Finanzen wird ermächtigt, durch Rechtsverordnung auf dem Gebiet der Einheitsbewertung und der Vermögensteuer Maßnahmen zu treffen, durch die den seit dem Hauptfeststellungszeitpunkt (1. Januar 1931) eingetretenen Wertveränderungen mit steuerlicher Wirkung vom 1. April 1932 an über die bestehenden gesetzlichen Vorschriften hinaus Rechnung getragen wird.

1. Nach § 22 VermStG. gilt die nach dem Stande vom 1. Januar 1931 vorgenommene Vermögensveranlagung für die Zeit vom 1. Januar 1931 bis 31. März 1935. Auf den Stichtag vom 1. Januar 1931 erfolgt auch Feststellung der Einheitswerte, die für Betriebsvermögen drei Jahre, für Grundvermögen usw. sechs Jahre gilt. Nach § 11 Abs. 2 Satz 2, ebenso § 24 RBewG., führen Wertveränderungen, die auf allgemeiner Änderung der Wirtschaftsverhältnisse beruhen, also alle Steuerpflichtigen gleichmäßig treffen, nicht zu einer neuen Festsetzung; die krisenhafte Entwertung insbesondere des Kapitalvermögens und der Anlagewerte würde daher nur im Ausnahmefall des § 12 VermStG. durch Neuveranlagung berücksichtigt werden können. Deshalb hat der Reichsfinanzminister das Recht erhalten, für Vermögens- und Einheitswertfestsetzung der allgemeinen Wertminderung Rechnung zu tragen, aber nur für die Zeit vom 1. April 1932 an.

2. Die Vermögensteuer für die Zeit vom 1. Januar 1931 bis 31. März 1932 bleibt also unberührt.

3. Neuveranlagung nach § 12 VermStG. (vgl. § 24 RBewG.) erfordert grundsätzlich Änderung der Substanz, z. B. Brandschaden, Umwandlung von Forderungen in Wertpapiere usw.

Kapitel III.

Mineralwassersteuer.

Das Mineralwassersteuergesetz vom 15. April 1930 (Reichsgesetzbl. I S. 139) wird für die Zeit vom 1. Januar 1932 bis zum 31. Dezember 1933 außer Kraft gesetzt. Es bleibt in Geltung für bereits entstandene Steuerschulden.

Kapitel IV.

Fonds für gewerbliche Genossenschaften.

Der Reichsminister der Finanzen wird ermächtigt, für Zwecke der Rationalisierung des gewerblichen Genossenschaftswesens bis zu 20 Millionen Reichsmark auszugeben.

Kapitel V.

Handels-, gewerbe- und börsenrechtliche Vorschriften.

Artikel 1.

Vorschriften über Bilanzen und andere handelsrechtliche Maßnahmen.

§ 1.

(1) Die Reichsregierung kann mit Rücksicht auf die Wirtschaftskrise Bestimmungen treffen über die Darstellung des Vermögensstandes in den Bilanzen von Kaufleuten, die zur Führung von Handelsbüchern verpflichtet sind, und über die Pflichten, die sich im Zusammenhange mit der Aufstellung einer Bilanz ergeben.

(2) Das gleiche gilt für Versicherungsvereine auf Gegenseitigkeit.

1. Für Aktiengesellschaften und Kommanditgesellschaften auf Aktien hat die Aktienrechtsnovelle (RGBl. 1931 I S. 431) durch Änderung des § 261 HGB. den Wertansatz für Bilanz festgesetzt und sich in Art. 13 ebendaselbst Überleitungsvorschriften vorbehalten. Darüber hinausgehend verleiht § 1 der Reichsregierung die Befugnis für alle Vollkaufleute und Versicherungsvereine a. G., die Aktiven abweichend vom tatsächlichen Wert am Bilanztage zu bewerten, „um verfrühte und übermäßige Zusammenlegung von Kapital und Reserven zu verhindern".

2. Die auf Grund dieser Ermächtigung erlassene, oben abgedruckte Bilanzierungsverordnung bestimmt für Aktiengesellschaften, Kommanditgesellschaften auf Aktien, Gesellschaften mit beschränkter Haftung und Versicherungsunternehmungen und diejenigen Unternehmungen, welche satzungsgemäß oder auf Grund kaufmännischer Übung die aktienrechtlichen Vorschriften über die Wertansätze anwenden, folgendes:

a) Wertpapiere des Umlaufvermögens (§ 261 a IV HGB.), darunter auch eigene Aktien, brauchen in Bilanzen, deren Stichtag zwischen 1. Juli und 31. Dezember 1931 liegt, nicht mit höchstens anzusetzendem Börsenpreis aufgenommen werden (§ 261 Nr. 2 Satz 2 HGB.). Da nur Kurse ausländischer Börsen veröffentlicht werden dürfen (RGBl. 1931 I S. 369) und einheimische Börsen seit 11. Juli 1931, mit Ausnahme des 3. bis 18. September, geschlossen sind, kann der Juni-Durchschnittskurs mit Abschlag von 20 v. H. für Aktien und mit Abschlag von 10 v. H. für Schuldverschreibungen angenommen werden. Soweit Durchschnittsbörsenkurs vom September 1931 feststellbar, kann das Mittel zwischen Juni-Durchschnittskurs und September-Durchschnittskurs als Wert angenommen werden. Nur falls besondere Verhältnisse des Ausstellers, z. B. Zahlungseinstellung, eine geringere Bewertung erforderlich machen, ist diese vorzunehmen. Für Versicherungsunternehmungen gilt sonst § 56 des Beaufsichtigungsgesetzes vom 6. Juni 1931 (RGBl. I S. 315).

b) Bei Gegenständen des Umlaufvermögens kann in Bilanzen, deren Stichtag zwischen 1. Juli 1931 und 30. Juni 1932 (Krisenbilanz) liegt, die Entwertung zwischen letzter Bilanz und

Krisenbilanz durch Errichtung eines Entwertungskontos ausgeglichen werden. Dieses Entwertungskonto darf aber höchstens 75 v. H. des tatsächlichen Wertunterschiedes und höchstens 30 v. H. des Grundkapitals und der offenen Reserven betragen.

c) Entwertungskonto muß innerhalb der nächsten fünf Geschäftsjahre getilgt werden; erst nach Tilgung ist Gewinnausschüttung zulässig.

d) Die zur Tilgung des Entwertungskontos verwendeten Beträge sind wie der Verlustvortrag des § 15 Nr. 4 EinkStG. in den beiden unmittelbar folgenden Steuerabschnitten vom Einkommen als Ausgaben abziehbar, so daß erst nach ihrem Abzug ein Reineinkommen verbleibt.

e) Entwertungskonto gilt nicht als Verlustposten, so daß Pflicht zur Berufung der Generalversammlung der Aktiengesellschaft (§ 240 Abs. I) und Gesellschafterversammlung der Gesellschaft mit beschränkter Haftung (§ 49 Abs. 3 GmbHGes.) entfällt.

3. Bilanzierungsverordnung gilt auch für Einzelkaufleute und Handelsgesellschaften, soweit diese aktienrechtliche Bewertungsvorschriften befolgen, also praktisch für alle größeren Unternehmungen.

4. Diese Erleichterungen gelten auch für Zwischenbilanzen (VO. vom 23. Dezember 1931, RGBl. I, 793).

Verordnung über einmalige Bilanzierungserleichterungen.

Vom 15. Dezember 1931 (RGBl. I S. 759).

Auf Grund des Artikel 1 § 1 im Kapitel V des Vierten Teiles der Vierten Verordnung des Reichspräsidenten zur Sicherung von Wirtschaft und Finanzen und zum Schutze des inneren Friedens vom 8. Dezember 1931 (Reichsgesetzbl. I S. 699/715) wird hiermit verordnet:

Artikel 1.

Aktiengesellschaften, Kommanditgesellschaften auf Aktien und Gesellschaften mit beschränkter Haftung.

§ 1.

(1) In Jahresbilanzen, die für einen Stichtag in der Zeit vom 1. Juli bis 31. Dezember 1931 aufgestellt werden, tritt

bei Wertpapieren, die nicht dauernd zum Geschäftsbetriebe der Gesellschaft bestimmt sind, an die Stelle des höchstens anzusetzenden Börsen- oder Marktpreises am Bilanzstichtage das Mittel zwischen dem durchschnittlichen Börsen- oder Marktpreis vom Juni 1931 und dem durchschnittlichen Börsen- oder Marktpreis vom September 1931. Ist ein Börsen- oder Marktpreis vom September 1931 nicht festgestellt, so tritt an die Stelle des höchstens anzusetzenden Börsen- oder Marktpreises am Bilanzstichtage der durchschnittliche Börsen- oder Marktpreis vom Juni 1931 mit der Maßgabe, daß für Aktien ein Betrag in Höhe von zwanzig vom Hundert, für Schuldverschreibungen ein Betrag in Höhe von zehn vom Hundert des Nennbetrags in Abzug zu bringen ist.

(2) Die Vorschriften des Abs. 1 gelten nur insoweit, als nicht besondere Verhältnisse des Ausstellers, die nach dem 30. Juni 1931 eingetreten oder bekanntgeworden sind, nach den Grundsätzen ordnungsmäßiger Bilanzierung eine niedrigere Bewertung erforderlich machen.

(3) Bei Aktiengesellschaften und Kommanditgesellschaften auf Aktien stehen eigene Aktien den Wertpapieren gleich, die nicht dauernd zum Geschäftsbetriebe der Gesellschaften bestimmt sind.

§ 2.

(1) In Jahresbilanzen, die für einen Stichtag in der Zeit vom 1. Juli 1931 bis 30. Juni 1932 aufgestellt werden, kann, wenn die für Gegenstände des Umlaufsvermögens in der letzten Bilanz eingesetzten Werte oder, falls die Gegenstände im Laufe des Geschäftsjahrs angeschafft oder hergestellt sind, die Anschaffungs- oder Herstellungskosten den Börsen- oder Marktpreis am Bilanzstichtag übersteigen, ein Entwertungskonto bis zur Höhe von drei Vierteln des Unterschieds unter die Aktiven aufgenommen werden. An die Stelle des Börsen- oder Marktpreises am Bilanzstichtage tritt, falls ein Börsen- oder Marktpreis nicht festgestellt ist, der Wert, der den Gegenständen am Bilanzstichtage beizulegen ist, und bei Wertpapieren, die nach § 1 bilanziert werden, der danach eingesetzte Wert.

(2) Das Entwertungskonto darf nicht höher sein als dreißig vom Hundert des Grundkapitals (Stammkapitals) und der in der Bilanz ausgewiesenen, zur Deckung eines Verlustes verfügbaren Reserven. Die Gesellschaft ist verpflichtet, das Entwertungskonto spätestens innerhalb der nächsten fünf Geschäftsjahre durch angemessene jährliche Abschreibungen zu tilgen. Bei Aktiengesellschaften und Kommanditgesellschaften auf Aktien können zur Tilgung der vorhandene gesetzliche Reservefonds sowie die

§ 2.

Im Artikel X Abs. 2 des Ersten Teiles der Verordnung des Reichspräsidenten über Aktienrecht, Bankenaufsicht und über eine Steueramnestie vom 19. September 1931 (Reichsgesetzbl. I S. 493) werden hinter dem Worte „Vorschriften" die Worte eingefügt: „über die Obliegenheiten gegenüber dem Aufsichtsrat, über die Zulässigkeit einer Kreditgewährung,".

Die durch Aktienrechtsnovelle vom 19. September 1931 (RGBl. I S. 493) für den Vorstand der Aktiengesellschaft eingeführten Vorschriften sind in Art. 10 der Novelle für den persönlich haftenden Gesellschafter der Kommanditgesellschaft auf Aktien für anwendbar erklärt und einzeln aufgeführt worden. Dabei ist die Verpflichtung zur regelmäßigen Berichterstattung an den Aufsichtsrat (§ 239 a) und zur Einholung der Zustimmung des Aufsichtsrates, falls Mitgliedern des Vorstandes Kredit gewährt wird (§ 240 a) nicht aufgeführt worden. Dies wird jetzt nachgeholt.

Artikel 2.

Änderung der Gewerbeordnung.

Die Reichsregierung wird ermächtigt, mit Zustimmung des Reichsrats einzelne Vorschriften der Titel II, III, IV, V und X der Gewerbeordnung zur Anpassung des Gewerbepolizeirechts an die Entwicklung in Technik und Wirtschaft zu ändern oder durch neue Vorschriften zu ergänzen.

Artikel 3.

Ergänzung des Börsengesetzes.

Dem § 88 Abs. 3 des Börsengesetzes in der Fassung vom 27. Mai 1908 (Reichsgesetzbl. S. 215) wird folgender zweite Satz angefügt:

Die Strafverfolgung verjährt in fünf Jahren; § 22 des Gesetzes über die Presse vom 7. Mai 1874 (Reichsgesetzbl. S. 65) findet keine Anwendung.

Nach § 88 Abs. 3 BörsG. wird bestraft, . . . wer in betrügerischer Absicht wissentlich unrichtige Angaben in Prospekten oder in öffentlichen Kundgebungen macht, durch welche die Zeichnung oder der Ankauf oder Verkauf von Wertpapieren herbeigeführt werden soll. RGSt. 49, 367 hatte den § 22 Pressegesetz für anwendbar und daher sechsmonatige Verjährung seit Verbreitung der Druckschrift angenommen. Diese kurze Verjährung soll beseitigt werden.

Kapitel VI.

Ausprägung von Vierpfennigstücken.

§ 2 Ziffer 3 des Münzgesetzes vom 30. August 1924 (Reichsgesetzbl. II S. 254) ist in folgender Fassung anzuwenden:

„Stücke über 1, 2, 4, 5, 10 und 50 Reichspfennige".

Kapitel VII.

Änderung der Vorschriften über Haushalts- und Schuldenwesen im Dritten Teil der Dritten Verordnung des Reichspräsidenten vom 6. Oktober 1931.

§ 1.

Die Verordnung des Reichspräsidenten vom 6. Oktober 1931 (Reichsgesetzbl. I S. 537) wird wie folgt geändert:

1. § 6 Kapitel I des Dritten Teiles erhält folgende Fassung:

„§ 6.

Die §§ 1 bis 5 finden keine Anwendung, wenn und soweit durch Landesrecht eine entsprechende oder eine weitergehende Regelung getroffen ist."

2. Im Kapitel II des Dritten Teiles

a) erhält § 4 Abs. 1 Satz 1 folgende Fassung:

„Für die Umschuldung der Gemeinden (Gemeindeverbände) ist in jedem der Rechnungsjahre 1932, 1933, 1934 und 1935 aus dem Aufkommen aus dem Geldentwertungsausgleich bei bebauten Grundstücken (Vierter Teil Kapitel I § 5) in jedem Lande ein Betrag zu verwenden, der 8 vom Hundert des Aufkommens der Steuer in diesem Lande im Rechnungsjahre 1930 entspricht."

b) wird folgende neue Vorschrift als § 13 angefügt:

„§ 13.

Die Vorschriften dieses Kapitels finden keine Anwendung, sofern und solange nach Feststellung der Landesregierung für eine Umschuldung kein Bedürfnis besteht oder die Umschuldung auf andere Weise gesichert ist."

1. Die Dritte NotVO. machte Kreditaufnahme der Gemeinden und Kommunalverbände von vorheriger Genehmigung der Landesregierungen abhängig, die sich an vereinbarte Richtlinien halten müssen. § 6 alte Fassung ließ weitergehende Vorschriften des Landesrechts unberührt. Neue Fassung stellt klar, daß inhaltlich entsprechende Bestimmungen der Länder der reichsrechtlichen Regelung vorgehen.

2. Für die Umschuldung kurzfristiger Schulden der Gemeinden sollten nach § 4 alter Fassung in den vier Jahren 1932—1935 je 12 v. H. des Gesamtaufkommens der Gebäudeentschuldungssteuer, in Preußen Hauszinssteuer, verwendet werden. Dieser Anteil ist auf 8 v. H. herabgesetzt und bleibt in den Jahren gleich, da er sich nach dem Aufkommen des Rechnungsjahres 1930 richtet.

§ 2.

Die Vorschriften des § 1 treten mit Wirkung vom 8. Oktober 1931 ab in Kraft.

Kapitel VIII.

Spar- und Girokassen, kommunale Kreditinstitute und Giroverbände sowie Girozentralen.

Artikel 1.

Im Fünften Teil Kapitel I — Spar- und Girokassen, kommunale Kreditinstitute und Giroverbände sowie Girozentralen — der Dritten Verordnung des Reichspräsidenten zur Sicherung von Wirtschaft und Finanzen und zur Bekämpfung politischer Ausschreitungen vom 6. Oktober 1931 (Reichsgesetzbl. I S. 537) wird

1. im Artikel 1 § 4 folgender Satz 3 angefügt:

   Als öffentlich-rechtliche Körperschaften im Sinne dieser Bestimmung gelten nicht das Reich und die Länder.

2. im Artikel 4 Abs. 2 hinter den einleitenden Worten „Die Vorschrift des Abs. 1 findet" folgender Satzteil eingefügt:

   „soweit sie die Führung einer Bezeichnung betrifft, in der das Wort „Sparkasse" enthalten ist".

3. im Artikel 5 Satz 1 die Zahl „1931" durch die Zahl „1932" ersetzt.

4. hinter dem Artikel 8 folgender Artikel 9 eingefügt:

Artikel 1 gilt nicht für Länder, in denen eine entsprechende landesrechtliche Regelung besteht oder bis zum 31. März 1932 getroffen wird. Dabei kann die oberste Landesbehörde eine von § 9 Abs. 2 Satz 1 abweichende Regelung treffen; in diesem Falle sind über die Anlegung eines Teiles der Liquiditätsreserve bei der Reichsbank Vereinbarungen zwischen der Reichs- und Landesregierung zu treffen.

1. Fünfter Teil Kap. 1 daselbst hatte in Art. 1 § 4 Vorschriften über die Anlagen der Spar- und Girokassen erlassen und bestimmt, daß die Darlehen an Gemeinden, Gemeindeverbände und andere öffentlich-rechtliche Körperschaften insgesamt 25 v. H. aller Einlagen nicht übersteigen dürfen. Dieser Höchstsatz gilt nicht für Darlehen an Reich und Länder.

2. Art. 4 daselbst behält die Bezeichnung Sparkasse den öffentlichen oder dem öffentlichen Verkehr dienenden Spar- und Girokassen und solchen überwiegend den Sparverkehr pflegenden Unternehmungen vor, welche ausdrücklich dieses Recht von der obersten Landesbehörde erhalten haben. Dagegen dürfen „Bezeichnung, in der das Wort Sparkasse enthalten ist", z. B. Bausparkasse, auch diejenigen Bausparkassen führen, die dem Beaufsichtigungsgesetz der privaten Versicherung usw. vom 6. Juni 1931 (RGBl. I S. 315) unterliegen, sowie die Genossenschaften, die einem Revisionsverband angehören. Vorschrift ist noch nicht in Kraft gesetzt.

3. Die in Art. 5 den Landesregierungen erteilte Ermächtigung zu Organisations- und Satzungsänderungen bei den Spar- und Girokassen usw. ist bis 31. März 1932 ausgedehnt.

4. Der neueingeführte Art. 9 bestimmt, daß die Oktober-

NotVO. nur bei Fehlen landesrechtlicher Bestimmungen auf diesem Gebiete in Kraft tritt.

Artikel 2.

§ 3 der Verordnung des Reichspräsidenten über die Spar- und Girokassen sowie die kommunalen Giroverbände und kommunalen Kreditinstitute vom 5. August 1931 (Reichsgesetzbl. I S. 429), wonach es den genannten Organisationen bis auf weiteres untersagt ist, Anleihen, Darlehen und Kassenkredite an Gemeinden, Gemeindeverbände und andere öffentlich-rechtliche Körperschaften und Anstalten unmittelbar oder mittelbar zu gewähren, findet keine Anwendung auf bereitstehende Meliorationskredite zentraler Meliorationskreditinstitute, die von kommunalen Kreditinstituten ohne Einsatz eigener Mittel an örtliche Meliorationsgenossenschaften weitergeleitet werden.

Z. B. leitet Rentenbankkreditanstalt die Meliorationskredite den provinziellen Landesbanken zu, die bei Weitergabe als selbständige Darlehnsgeber auftreten, obwohl sie eigene Mittel nicht zugeben.

Artikel 3.

Die Vorschriften des Artikel 1 treten mit Wirkung vom 7. Oktober 1931, die Vorschrift des Artikel 2 tritt mit Wirkung vom 5. August 1931 in Kraft.

Fünfter Teil.

Sozialversicherung und Fürsorge.

Erläutert von Direktor im Reichsversicherungsamt
Dr. Karl Lippmann.

Kapitel I.

Krankenversicherung.

Abschnitt 1.

§ 1.

(1) Der kassenärztliche Dienst wird durch schriftlichen Vertrag der Krankenkassen und Ärzte geregelt.

(2) Zu diesem Zwecke schließen die Krankenkassen (Kassenverbände, Kassenvereinigungen) und die beteiligten kassenärztlichen Vereinigungen Gesamtverträge. Einen unmittelbaren Bestandteil der Gesamtverträge bildet der von den Parteien für allgemein gültig erklärte Teil der Verträge (Mantelverträge), welche die Spitzenverbände der Krankenkassen und Ärzte oder ihre bezirklichen Unterverbände über die kassenärztliche Versorgung schließen.

(3) Für das Zustandekommen des Einzelvertrages ist die schriftliche Erklärung des Kassenarztes, daß er dem Gesamtvertrag beitritt, erforderlich und genügend.

Durch die §§ 1 ff. werden die §§ 368—373 RVO. teils abgeändert, teils ergänzt. Die §§ 1 ff. enthalten eine Neuregelung des kassenärztlichen Dienstes. Nach wie vor ist der schriftliche

Vertrag die Grundlage. Drei Arten von Verträgen sind jetzt zu unterscheiden:

der Mantelvertrag, den die Spitzenverbände der Krankenkassen und Ärzte oder ihre bezirklichen Unterverbände über die kassenärztliche Versorgung schließen;

der Gesamtvertrag, den die Krankenkassen, Kassenverbände, Kassenvereinigungen und die kassenärztlichen Vereinigungen schließen, und in den der von den Parteien für allgemeingültig erklärte Teil des Mantelvertrages aufgenommen ist;

der Einzelvertrag zwischen Kasse und Arzt, der durch die schriftliche Erklärung des Kassenarztes, dem Gesamtvertrag beizutreten, zustande kommt.

§ 2.

Für die Dienste der Ärzte — mit Einschluß der Sachleistungen und Wegegebühren — gewährt die Krankenkasse eine Gesamtvergütung, deren Höhe sich nach dem durchschnittlichen Jahresbedarf für ein Kassenmitglied bestimmt (Kopfpauschale). Dabei sind neben den allgemeinen Erfahrungsgrundsätzen die besonderen Umstände bei einer Kasse, die wirtschaftlichen Notwendigkeiten und die jeweiligen Änderungen im Grundlohn zu berücksichtigen.

Die §§ 2 und 3 enthalten neue Vorschriften über das kassenärztliche Honorar. Die kassenärztlichen Dienste, mit Einschluß der Sachleistungen und Wegegebühren, werden jetzt nicht mehr durch Zahlungen an den einzelnen Arzt nach festen Sätzen, sondern durch eine Gesamtvergütung, die die Kasse an die kassenärztliche Vereinigung bezahlt, abgegolten. Die Höhe dieser Gesamtvergütung richtet sich nach dem durchschnittlichen Jahresbedarf für ein Kassenmitglied. Der Durchschnittsbetrag für das einzelne Kassenmitglied vervielfältigt mit der Zahl der Kassenmitglieder ergibt den Gesamtbetrag (Kopfpauschale). Für die Feststellung des Jahresbedarfs des Mitglieds kommen allgemeine Erfahrungsgrundsätze, besondere Umstände bei der Kasse, die wirtschaftlichen Notwendigkeiten und die jeweiligen Änderungen des Grundlohns in Betracht.

§ 3.

Die Kasse entrichtet die der durchschnittlichen Mitgliederzahl entsprechende Gesamtvergütung mit befreiender Wirkung an die kassenärztliche Vereinigung. Die Vereinigung verteilt die Gesamtvergütung unter die Kassenärzte und wendet dabei den Maßstab an, den sie im Benehmen mit der Krankenkasse festgesetzt hat.

Die kassenärztliche Vereinigung, welche aus den Kassenärzten ihres Bezirks besteht (siehe unten § 5), verteilt die von der Kasse erhaltene Gesamtvergütung an die einzelnen Kassenärzte nach einem von ihr im Benehmen mit der Krankenkasse festgesetzten Maßstab. Die Krankenkasse hat also hinsichtlich der Feststellung und der Auszahlung des ärztlichen Honorars mit dem einzelnen Kassenarzte nichts mehr zu tun. Der Anspruch des einzelnen Arztes geht nur mehr gegen die kassenärztliche Vereinigung.

§ 4.

(1) Die kassenärztliche Vereinigung überwacht die Erfüllung der den Kassenärzten obliegenden Verpflichtungen; die Aufgaben der Vertrauensärzte der Krankenkassen (§ 368 der Reichsversicherungsordnung) bleiben unberührt.

(2) Die Vereinigung übernimmt nach näherer Bestimmung des Reichsausschusses für Ärzte und Krankenkassen den Krankenkassen gegenüber die Gewähr dafür, daß die kassenärztliche Versorgung der Kranken ausreichend und zweckmäßig, die Verordnung von Heilmaßnahmen, insbesondere von Arznei und Heilmitteln, nach Art und Umfang wirtschaftlich ist, und daß die Bescheinigungen über die Arbeitsunfähigkeit und ihre Dauer unter gewissenhafter Würdigung der maßgebenden Verhältnisse ausgestellt werden.

(3) Die Befugnisse der Vereinigung gegenüber den Kassenärzten, die ihre Verpflichtungen nicht oder nicht in gehöriger Weise erfüllen, und die Rechtsmittel des betroffenen Kassenarztes regelt der Reichsausschuß für Ärzte und Krankenkassen.

Als neues Organ für die Überwachung der den Kassenärzten obliegenden Verpflichtungen (§ 368 Abs. 2 Nr. 1 RVO.) ist die kassenärztliche Vereinigung — Kontrolle des einzelnen Arztes durch die Berufskollegen — geschaffen. Ihre Befugnisse gegenüber den Kassenärzten werden durch den Reichsausschuß für Ärzte und Krankenkassen geregelt. Daneben bleiben die Vertrauensärzte und ihre Befugnisse (§ 368 Abs. 2 Nr. 2 RVO.) bestehen.

§ 5.

Die kassenärztliche Vereinigung umfaßt die Kassenärzte ihres Bezirkes; die Mitgliedschaft beginnt spätestens mit der Zulassung, sie endet frühestens mit dieser.

§ 5 behandelt die Zusammensetzung der kassenärztlichen Vereinigung sowie Beginn und Ende der Mitgliedschaft bei dieser Vereinigung. Für die Rechtsverhältnisse der Vereinigung ist das bürgerliche Recht maßgebend.

§ 6.

Unberührt bleiben die Verträge der Krankenkassen mit ihren angestellten Ärzten und die Verträge, welche die Krankenkassen mit Krankenhäusern, Polikliniken und sonstigen Einrichtungen über Kur und Pflege, über Untersuchungen für Zwecke der Krankheitserkennung oder über Gewährung von Sachleistungen schließen.

§ 7.

(1) Die Zulassung zur kassenärztlichen Tätigkeit erfolgt für örtliche Bezirke (Zulassungsbezirke).

(2) Für die kassenärztliche Versorgung der Versicherten und ihrer Angehörigen werden so viel Ärzte zugelassen, daß auf je 600 Versicherte im Zulassungsbezirk ein Arzt trifft. Diese Verhältniszahl darf zugunsten der Ärzte, die am 1. Oktober 1931 im Arztregister eingetragen und drei Jahre als approbierte Ärzte dauernd tätig waren, und nach näherer Bestimmung des Reichsausschusses für Ärzte und Krankenkassen auch zugunsten anderer Gruppen von Ärzten vorübergehend geändert werden. Sind in einem Zulassungsbezirke mehr Ärzte zugelassen, als der Verhältniszahl im Satz 1 entspricht, so darf bis zur Erreichung dieser Zahl nur jede dritte freiwerdende Stelle besetzt werden.

Die Zahl der zugelassenen Kassenärzte ist jetzt erhöht, so daß jetzt auf 600 Versicherte, statt früher auf etwa 1000 Versicherte, ein Kassenarzt kommt. Gewisse Ausnahmen sind vorgesehen.

§ 8.

(1) Der Reichsausschuß für Ärzte und Krankenkassen erläßt die erforderlichen Überleitungs- und Ausführungsbestimmungen.

(2) Den Gegenstand dieser Bestimmungen bildet insbesondere

1. der allgemeine Inhalt der Arztverträge und ihr Zustandekommen (§ 1), das Kopfpauschale (§ 2), die Bildung der kassenärztlichen Vereinigungen, die Gewähr für ausreichende, zweckmäßige und wirtschaftliche Versorgung der Kranken (§ 4), die Überleitung der bisherigen Arztverträge, die Schlichtung von Streitigkeiten aus Arztverträgen (Vertragsordnung),
2. die Zulassung von Ärzten zur Tätigkeit bei den Krankenkassen (Zulassungsordnung),

3. die Sicherung gegen eine übermäßige Inanspruchnahme der Krankenkassen.

(3) Dem Reichsausschuß steht die Auslegung und die Änderung seiner Bestimmungen zu.

(4) Die Bestimmungen und ihre Änderungen bedürfen der Zustimmung des Reichsarbeitsministers.

Im § 8 sind die Befugnisse des Reichsausschusses für Ärzte und Krankenkassen (§§ 368 a, 368 e RVO.) neu zusammengefaßt und erweitert. Er hat jetzt ein selbständiges Satzungsrecht.

§ 9.

Für grundsätzliche Beschlüsse des Reichsausschusses auf dem Gebiete der Vertrags- und Zulassungsordnung ist eine Zweidrittelmehrheit erforderlich und genügend.

§ 10.

Kommen die erforderlichen Beschlüsse des Reichsausschusses nicht zustande oder stimmt ihnen der Reichsarbeitsminister nicht zu, so erläßt der Reichsarbeitsminister die notwendigen Bestimmungen.

Die §§ 10 und 11 enthalten die dem Reichsarbeitsminister zustehenden Befugnisse und Ermächtigungen: Erlaß von Bestimmungen an Stelle des Reichsausschusses, Abänderung der §§ 368—373 RVO., Aufhebung der Zuständigkeit von Versicherungsbehörden und Schiedsstellen, Regelung des Verhältnisses zwischen Krankenkassen und Zahnbehandlern.

Vgl. die Ausführungs- und Überleitungsbestimmungen über das kassenärztliche Dienstverhältnis vom 30. Dezember 1931 (RGBl. 1932 I S. 2).

§ 11.

(1) Der Reichsarbeitsminister wird ermächtigt, die Vorschriften in den §§ 368 bis 373 der Reichsversicherungsordnung zu ändern, soweit es die Vorschriften dieser Verordnung und die Ausführungsbestimmungen

erfordern. Er kann dabei die Zuständigkeit von Versicherungsbehörden und Schiedseinrichtungen ändern oder aufheben.

(2) Der Reichsarbeitsminister wird außerdem ermächtigt, das Verhältnis zwischen Krankenkassen und Zahnbehandlern (§§ 122, 123 der Reichsversicherungsordnung) zu regeln.

§ 12.

Dieser Abschnitt tritt mit dem 1. Januar 1932 in Kraft.

Abschnitt 2.

§ 1.

(1) Bis zu einer anderweiten gesetzlichen Regelung werden die Leistungen aus der Krankenversicherung auf die Regelleistungen beschränkt. Laufende Leistungen bleiben unberührt.

(2) Die Wiedergewährung von Mehrleistungen bedarf der Zustimmung des Oberversicherungsamts. Die Zustimmung ist unzulässig, wenn der höchste Beitrag höher als fünf vom Hundert des Grundlohns ist. Die neue Satzungsbestimmung wird unwirksam, sobald der Beitrag höher als fünf vom Hundert des Grundlohns wird. Für die See-Krankenkasse bleibt es bei der Zuständigkeit des Reichsarbeitsministers.

Die §§ 1 und 2 beschränken die Leistungen aus der Krankenversicherung sowohl für die Pflichtkrankenkassen wie für die Ersatzkassen auf die Regelleistungen, also die durch das Gesetz vorgeschriebenen Leistungen an Krankenhilfe, Wochenhilfe, Sterbegeld und Familienhilfe (§ 179 Abs. 1 RVO.). Die satzungsmäßigen Mehrleistungen (§ 179 Abs. 3 RVO.) sind beseitigt. Die Wiedergewährung von Mehrleistungen bedarf bei den Pflichtkrankenkassen (§ 225 RVO.) der Zustimmung des Oberversicherungsamts, bei der See-Krankenkasse der des Reichsarbeitsministers, bei den Ersatzkassen der Zustimmung des Reichsversicherungsamts. Hierbei Prüfung nicht nur der rechtlichen Zulässigkeit, sondern auch der Zweckmäßigkeit und Angemessenheit der Mehrleistungen.

Haben Ersatzkassen mehrere Abteilungen für Versicherungspflichtige, in denen die Beiträge verschieden festgesetzt sind, so ist für die Frage der Wiedereinführung von Mehrleistungen stets der höchste Beitrag entscheidend, gleichviel in welcher Abteilung er erhoben wird und für welche Abteilung die Wiedereinführung der Mehrleistung in Betracht käme; es kann also auch nicht für eine Abteilung, in der der Beitragssatz unter 5 v. H. des Grundlohns geblieben ist, eine Mehrleistung eingeführt werden, wenn in einer anderen Abteilung der Beitrag auf über 5 v. H. des Grundlohns festgesetzt ist.

§ 2.

(1) Bis zu einer anderweiten gesetzlichen Regelung dürfen die Ersatzkassen (§ 503 der Reichsversicherungsordnung) den Versicherungspflichtigen nur die Regelleistungen der Reichsversicherungsordnung gewähren. Laufende Leistungen bleiben unberührt.

(2) Die Wiedergewährung von Mehrleistungen der Reichsversicherungsordnung bedarf der Zustimmung des Reichsversicherungsamts. Mehrleistungen sind nur in der Art und in dem Umfange wie für Krankenkassen zulässig. Die Vorschriften im § 1 Abs. 2 Satz 2, 3 finden entsprechende Anwendung.

Die Verpflichtung zur Einschränkung der Kassenleistungen auf die Regelleistungen gilt für einen Versicherungsverein auf Gegenseitigkeit nur soweit, als er als Ersatzkasse zugelassen ist. In seiner Eigenschaft als Ersatzkasse ist er an die Vorschrift des § 2 gebunden. Dagegen steht nichts im Wege, daß der in der Ersatzkasse Versicherte sich bei einer Zuschußkasse durch freiwillige Versicherung höhere Leistungen verschafft, und zwar auch dann nicht, wenn die Zuschußkasse von demselben Verein eingerichtet ist, der als Ersatzkasse zugelassen ist.

§ 3.

Für die Familienhilfe dürfen die Ersatzkassen von den Versicherungspflichtigen Zusatzbeiträge nicht erheben.

Da die Familienhilfe jetzt Pflichtleistung ist, dürfen die Ersatzkassen ebensowenig wie die Pflichtkassen (siehe § 384 RVO. in der Fassung des Abschn. 4 Tit. 2 Kap. 1 Nr. 55 der NotVO. vom 26. Juli 1930, RGBl. I S. 311) Zusatzbeiträge von den Versicherungspflichtigen für die Familienhilfe erheben.

§ 4.

(1) Bis zum Schlusse des Jahres 1932 dürfen die Krankenkassen zur Abwendung einer Beitragserhöhung einen angemessenen Teil der Rücklage verwenden, auch wenn diese die in § 364 Abs. 1 der Reichsversicherungsordnung festgesetzte Höhe noch nicht erreicht hat, oder die Auffüllung der Rücklage aussetzen.

(2) Der Reichsarbeitsminister kann die Frist verlängern.

Die Vorschrift läßt zeitlich beschränkt die Verwendung eines Teiles der Rücklage oder die Nichtauffüllung der Rücklage zu, wenn dadurch eine Beitragserhöhung abgewendet werden kann.

§ 5.

Als Ersatz der Kosten für die Krankenpflege nach den §§ 219 bis 222 der Reichsversicherungsordnung ist der Betrag von 1 Reichsmark täglich zu zahlen.

Herabsetzung des im § 222 RVO. festgesetzten Erstattungsbetrags von 1,25 RM auf 1 RM.

§ 6.

In den Fällen des § 313 b Abs. 1 der Reichsversicherungsordnung hat die bisherige Kasse der Kasse, bei der die Mitgliedschaft fortgesetzt wird, auch die Kosten zu erstatten, die ihr durch Gewährung von Wochenhilfe oder Familienwochenhilfe in den ersten drei Monaten erwachsen.

Bisher waren nach § 313 b Abs. 2 RVO. nur die Kosten für Gewährung des Krankengeldes zu erstatten.

§ 7.

Die Vorschriften in den §§ 1, 4 bis 6 treten mit dem 1. Januar 1932, die Vorschriften in den §§ 2, 3 mit dem 1. Februar 1932 in Kraft.

Kapitel II.

Unfallversicherung.

Abschnitt 1.

Leistungen und Beiträge.

§ 1.

Hat bei der Entstehung eines Unfalls auf dem Wege nach und von der Arbeitstätte (§ 545 a der Reichsversicherungsordnung) ein Verschulden des Versicherten mitgewirkt, so kann der Schadenersatz ganz oder teilweise versagt werden.

§ 1 bringt eine neue Sondervorschrift für die Fälle des § 545 a RVO. Sie beruht auf dem Gedanken des § 254 BGB. und gilt bei tötlichen Unfällen auch gegenüber Hinterbliebenenansprüchen. Sie bildet ferner eine Erweiterung der Vorschriften des § 557 Abs. 1 RVO. und ist ebenso wie diese eine Kannvorschrift. Ob und in welchem Umfange von ihr Gebrauch gemacht wird, ist nach den Umständen des Falles und nach Billigkeit zu entscheiden.

§ 2.

(1) Eine Rente wird nicht gewährt, wenn die Erwerbsfähigkeit des Verletzten infolge des Unfalls um weniger als ein Fünftel gemindert ist.

(2) Die Rente wird jedoch gewährt, wenn der Verletzte auf Grund eines früheren Unfalls Anspruch auf eine Verletztenrente aus der Unfallversicherung oder auf Krankengeld hat. Sie fällt in einem solchen Falle weg, wenn die Hundertsätze der Verletztenrenten zusammen nicht mehr die Zahl fünfundzwanzig erreichen. Ist die Rente weggefallen, so ist der Anspruch auf Wiedergewährung nur begründet, solange die Erwerbsfähigkeit des Verletzten infolge einer wesentlichen Verschlimmerung der Unfallfolgen für länger als drei Monate um mehr als ein Viertel gemindert ist.

(3) Die Rente wird ferner gewährt, wenn der Verletzte auf Grund eines früheren Unfalls wegen einer Verletztenrente von mehr als einem Viertel der Vollrente abgefunden worden ist.

§ 2 beseitigt nach dem Vorgange des Reichsversorgungsgesetzes (§ 24) die sogenannten kleinen Renten, das sind die Renten unter 20 v. H., die für einen Unfall gewährt werden, und von unter 25 v. H., wenn dieser Hundertsatz bei Zusammenrechnung der Hundertsätze mehrerer Verletztenrenten sich nicht mehr ergibt. Die Vorschrift ist gewissermaßen eine Erweiterung des § 559 Abs. 1 RVO.

§ 3.

(1) Hat der Verletzte zwei Jahre lang Rente von zwanzig vom Hundert der Vollrente bezogen, so fällt sie weg. Das gilt nicht, solange der Verletzte auf Grund eines anderen Unfalls Anspruch auf eine Verletztenrente aus der Unfallversicherung oder auf Krankengeld

hat oder wenn er wegen einer Verletztenrente von mehr als einem Viertel der Vollrente abgefunden worden ist.

(2) Ist die Rente weggefallen oder vor Ablauf von zwei Jahren entzogen, so gilt § 2 Abs. 2 Satz 3 entsprechend.

§ 3 Abs. 1 Satz 1 führt den Wegfall der Verletztenrenten von 20 v. H. nach zweijährigem Bezuge ein. Eine Ausnahme sieht Satz 2 vor. Durch diese neue Vorschrift wird § 608 RVO. nicht berührt; es kann also eine Rente von 20 v. H. auch vor Ablauf der zwei Jahre entzogen werden, wenn infolge eingetretener Besserung die Erwerbsfähigkeit wiederhergestellt ist. § 609 wird insofern eingeschränkt, als nach zweijähriger Bezugszeit die Renten von 20 v. H. unter allen Umständen wegfallen, auch wenn die Voraussetzungen des § 609 Satz 2 gegeben wären.

§ 4.

(1) Ist nach allgemeinen Erfahrungen unter Berücksichtigung der besonderen Verhältnisse des einzelnen Falles die Erwartung gerechtfertigt, daß nur eine vorläufige Rente zu gewähren ist, so kann die Genossenschaft den Verletzten nach Abschluß des Heilverfahrens durch eine Gesamtvergütung in Höhe des voraussichtlichen Rentenaufwands abfinden. Ist nach Ablauf des Zeitraums, für den die Abfindung bestimmt war, infolge des Unfalls die Erwerbsfähigkeit der als Unternehmer Versicherten und der ihnen nach § 559 *l* Abs. 2 der Reichsversicherungsordnung Gleichgestellten noch um wenigstens ein Viertel, die Erwerbsfähigkeit anderer Verletzter noch um wenigstens ein Fünftel beschränkt, so ist auf Antrag Rente zu gewähren.

(2) Im übrigen gelten die Vorschriften der Reichsversicherungsordnung über Kapitalabfindung (Abfindung) entsprechend.

§ 4 schafft einen besonderen Abfindungsfall, und zwar für vorläufige Renten. Für ihn gelten im übrigen die Vorschriften des § 616 RVO., wenngleich es sich hier nicht um eine eigentliche Kapitalabfindung handelt.

§ 5.

(1) Bei Unfällen der als Unternehmer Versicherten und der ihnen nach § 559 *l* Abs. 2 der Reichsversicherungsordnung Gleichgestellten wird eine Rente nicht gewährt, wenn die Erwerbsfähigkeit des Verletzten infolge des Unfalls um weniger als ein Viertel gemindert ist. § 2 Abs. 2, 3 dieses Abschnitts gilt.

(2) Die Satzung der Genossenschaft kann bestimmen, daß eine Rente nicht gewährt wird, wenn die Erwerbsfähigkeit des Verletzten (Abs. 1) infolge des Unfalls um weniger als ein Drittel gemindert ist. Sie hat alsdann zu bestimmen, inwieweit eine solche Rente beim Zusammentreffen mit anderen Verletztenrenten aus der Unfallversicherung zu gewähren ist, wann sie wegfällt und unter welchen Voraussetzungen sie bei einer wesentlichen Verschlimmerung der Unfallfolgen wiedergewährt werden kann. Die Satzung hat weiter zu bestimmen, unter welchen Voraussetzungen solchen Verletzten, wenn sie an Stelle einer vorläufigen Rente durch eine Gesamtvergütung in Höhe des voraussichtlichen Rentenaufwands abgefunden worden sind (§ 4 dieses Abschnitts), Rente zu gewähren ist.

Diese neue Vorschrift schränkt die Leistungen für versicherte Unternehmer und die ihnen Gleichgestellten ein; auch hier Beseitigung der „kleinen Renten" und Möglichkeit der Abfindung für vorläufige Renten.

§ 6.

Verschwägerte aufsteigender oder absteigender Linie stehen im Sinne des § 559 *l* Abs. 2 der Reichsversicherungsordnung den Verwandten aufsteigender oder absteigender Linie gleich.

§ 6 ergänzt den § 559 *l* Abs. 2 RVO., indem er die Verschwägerten den Verwandten gleichstellt.

§ 7.

(1) Das Krankengeld aus der Unfallversicherung nach § 559 Abs. 2 der Reichsversicherungsordnung wird vom vierten Tage der Arbeitsunfähigkeit an für deren Dauer gewährt. Der Anspruch auf dieses Krankengeld ruht, wenn und soweit der Verletzte Arbeitsentgelt erhält.

(2) Das Ruhen des Krankengeldes nach § 189 Abs. 1 der Reichsversicherungsordnung gilt nicht als Wegfall des Krankengeldes im Sinne des § 559 c der Reichsversicherungsordnung.

§ 7 bringt in seinem Abs. 1 eine Änderung des § 559 Abs. 2 für das Unfallkrankengeld durch Anpassung an die für die Krankenversicherung geltenden Vorschriften des § 182 Abs. 1 Nr. 2 und des § 189 Abs. 1 Satz 1 RVO. Im Hinblick hierauf ist im Abs. 2 des § 7 der § 559 c RVO. entsprechend ergänzt.

§ 8.

Gewährt die Genossenschaft einem Verletzten Heilanstaltpflege oder Anstaltpflege, so hat sie für das Familien- und Tagegeld (§ 559 e Abs. 2 der Reichsversicherungsordnung) die Vorschriften der Krankenversicherung über Hausgeld und Krankengeld bei Krankenhauspflege entsprechend anzuwenden. Bei den auf Grund der Reichsversicherung gegen Krankheit Versicherten sind ferner die Bestimmungen ihrer Krankenkasse maßgebend. Sonst gilt für die Berechnung des Hausgeldes als Grundlohn der Ortslohn des Wohnorts des Angehörigen.

Änderung des § 559e Abs. 2 RVO. Bei Heilanstalt- oder Anstaltpflege in der Unfallversicherung gelten für den Kreis der Bezugsberechtigten wie für die Höhe des Familien- und Tagegeldes jetzt die Vorschriften der Krankenversicherung über Hausgeld und Krankengeld bei Krankenhauspflege (§§ 186, 184 RVO.) entsprechend.

§ 9.

(1) Beitragsvorschüsse stehen im Sinne des § 765 Abs. 1, § 1026 Abs. 2 Satz 1 der Reichsversicherungsordnung den Beiträgen gleich.

(2) Die Verpflichtung der Gemeinde, im Falle des § 1026 Abs. 2 der Reichsversicherungsordnung rückständige Beiträge und Beitragsvorschüsse zu verzinsen, kann durch die Landesgesetzgebung nicht ausgeschlossen werden.

Abs. 1 des § 9 ergänzt die in ihm angeführten Vorschriften der RVO. Der Bauherr sowie der Zwischenunternehmer haften jetzt nicht nur für die Beiträge, sondern auch für die Beitragsvorschüsse. Ebenso wird die Haftung der Gemeinde auch auf die Beitragsvorschüsse ausgedehnt.

§ 10.

(1) Der Reichsarbeitsminister kann bestimmen, daß bei der Umlage für die Jahre 1931 und 1932 die Entschädigungsleistungen bis zur Hälfte von den Genossenschaften gemeinsam getragen werden. Er hat in diesem Falle zu bestimmen, nach welchen Grundsätzen der Anteil der Genossenschaften an der Gemeinlast bemessen und auf die Mitglieder umgelegt werden soll. Er kann zugleich bestimmen, daß Genossenschaften Beträge, um die sie entlastet werden, später ganz oder teilweise an die entlastenden Genossenschaften erstatten.

Es ist zulässig, Genossenschaften von der Gemeinlast auszunehmen.

(2) Der Vorstand der Knappschafts-Berufsgenossenschaft kann die Mitgliederbeiträge für die Jahre 1931 und 1932 mit Zustimmung des Reichsversicherungsamts abweichend von den Vorschriften der Reichsversicherungsordnung umlegen.

Für die Jahre 1931 und 1932 erhält der Reichsarbeitsminister eine weitere Ermächtigung hinsichtlich der Gemeinlast der Berufsgenossenschaften (zu vergl. § 715a RVO.). Ebenso erhält die Knappschaftsberufsgenossenschaft für die gleichen Jahre eine Ermächtigung — vorbehaltlich der Zustimmung des RVA. — zu einer von den Vorschriften der RVO. abweichenden Beitragsumlegung. Beide Ermächtigungen sollen dem Zwecke dienen, die Leistungsfähigkeit der Berufsgenossenschaften sicherzustellen.

§ 11.

(1) Die Vorschrift des § 1 dieses Abschnitts gilt für die Unfälle, die sich nach der Verkündung dieser Verordnung ereignen, die Vorschriften der §§ 2 bis 8 dieses Abschnitts gelten ohne Rücksicht auf die Zeit des Unfalls mit Wirkung vom 1. Januar 1932.

(2) Über den Wegfall der bisherigen Renten, die nach den Vorschriften der §§ 2, 3, 5 dieses Abschnitts nicht mehr gewährt werden, erhält der Berechtigte eine Mitteilung; ein Rechtsmittel findet nicht statt. Ein Bescheid (§ 1583 Abs. 1 der Reichsversicherungsordnung) ist zu erteilen, wenn streitig ist, ob dem Wegfall der Rente der Bezug einer anderen Verletztenrente aus der Unfallversicherung oder von Krankengeld entgegensteht, oder wenn die Aufsichtsbehörde es verlangt.

Die Mitteilung gemäß § 11 Abs. 2 Satz 1 ergeht formlos, sie ist jedoch nicht Voraussetzung für den Wegfall, der kraft Gesetzes eintritt.

§ 12.

Die Vorschriften der §§ 2, 3, 11 dieses Abschnitts gelten entsprechend für Verletztenrenten, die auf Grund des Gesetzes, betreffend die Unfallfürsorge für Gefangene, vom 30. Juni 1900 (Reichsgesetzbl. S. 536) gewährt werden. Die Reichsregierung ist ermächtigt, mit Zustimmung des Reichsrats das Gesetz den Vorschriften der reichsgesetzlichen Unfallversicherung anzupassen; sie kann hierbei von diesen Vorschriften abweichen.

§ 13.

Der Reichsarbeitsminister kann die Beziehungen zwischen den Krankenkassen und den Trägern der Unfallversicherung abweichend von den Vorschriften der Reichsversicherungsordnung regeln.

Vgl. §§ 1501 ff. RVO.

Abschnitt 2.

Unfallverhütung. Überwachung.

§ 1.

(1) Die Berufsgenossenschaften können durch ihre Satzung die Aufgaben, die dem Vorstand und der Genossenschaftsversammlung auf dem Gebiete der Unfallverhütung und ihrer Überwachung obliegen, besonderen Organen übertragen.

(2) Zu den Aufgaben der Mitglieder der Organe gehören nicht Geschäfte, welche die regelmäßige Besichtigung der Betriebe mit sich bringt.

Durch die §§ 1—4 werden neue Organe für die Unfallverhütung und Überwachung geschaffen und wird den Versicherten auf diesem Gebiete überall volle gleichberechtigte Mitwirkung eingeräumt. Vgl. auch §§ 848 ff. RVO.

§ 2.

(1) Den Organen der Berufsgenossenschaft müssen für die Unfallverhütung und ihre Überwachung Vertreter der Versicherten und ein Gewerbeaufsichtsbeamter (§ 139 b der Gewerbeordnung) angehören (erweiterte Organe).

(2) Bei Entscheidungen haben die Vertreter der Versicherten insgesamt die gleiche Stimmenzahl wie die Vertreter der Unternehmer (§ 687 Abs. 1, 2 der Reichsversicherungsordnung) einschließlich des Vorsitzenden. Die Satzung der Berufsgenossenschaft bestimmt das Nähere.

(3) Bei Stimmengleichheit findet die Vorschrift des zweiten Halbsatzes des § 9 der Reichsversicherungsordnung keine Anwendung. Die Abstimmung ist in einer neuen Sitzung zu wiederholen, an welcher der Gewerbeaufsichtsbeamte teilnehmen muß.

§ 3.

(1) Über die Berufung der Vertreter der Versicherten und des Gewerbeaufsichtsbeamten bestimmt der Reichsarbeitsminister das Nähere. Unterstehen die bei der Berufsgenossenschaft versicherten Betriebe oder Gruppen von ihnen nicht der Gewerbeaufsicht, so kann der Reichsarbeitsminister bestimmen, daß an die Stelle des Gewerbeaufsichtsbeamten ein anderer fachkundiger Sachverständiger tritt.

(2) Verwalten staatliche Behörden oder Organe der Selbstverwaltung eine landwirtschaftliche Berufsgenossenschaft, so bestimmt der Reichsarbeitsminister die Zusammensetzung der für die Unfallverhütung und ihre Überwachung zuständigen Organe.

§ 4.

Die Organe der Sektionen nehmen am Erlaß der Unfallverhütungsvorschriften nicht teil. Das Reichsversicherungsamt trifft Bestimmungen darüber, wie weit sie sonst an Aufgaben der Unfallverhütung und ihrer Überwachung beteiligt werden können. Dabei ist dafür Sorge zu tragen, daß auch in den Sektionen die Versicherten gleichberechtigt mitwirken.

§ 5.

Der Reichsarbeitsminister kann Näheres über die Sicherung der rechtlichen Stellung der technischen Aufsichtsbeamten und über die Beschäftigung von Personen im technischen Aufsichtsdienst bestimmen, die früher den versicherten Betrieben als Arbeitnehmer angehört haben.

Vgl. § 875 RVO.

§ 6.

Die Vorschriften der §§ 1 bis 5 über Berufsgenossenschaften und die Unfallverhütung gelten entsprechend für Versicherungsgenossenschaften und die Verhütung von Berufskrankheiten.

Die §§ 1 bis 5 gelten also nicht für die Träger der Eigen-Unfallversicherung (§§ 624 ff. RVO.).

§ 7.

Der Reichsarbeitsminister bestimmt, wann dieser Abschnitt in Kraft tritt.

Kapitel III.

Knappschaftliche Versicherung.

§ 1.

(1) Der Reichsarbeitsminister bestimmt, inwieweit Arbeiten, die räumlich und betrieblich mit einem Bergwerksbetrieb zusammenhängen, aber von einem

anderen Unternehmer ausgeführt werden, knappschaftliche Arbeiten sind und für die knappschaftliche Versicherung einem knappschaftlichen Betriebe gleichstehen. Er kann bestimmen, daß für solche knappschaftlichen Arbeiten der Arbeitgeber des Bergwerksbetriebs wie ein selbstschuldnerischer Bürge für die Erfüllung der knappschaftlichen Verbindlichkeiten haftet.

(2) Knappschaftliche Arbeiten (Abs. 1) können von der Versicherung befreit werden; die Vorschriften der §§. 3 und 5 des Reichsknappschaftsgesetzes gelten entsprechend; der Reichsarbeitsminister kann Näheres und Abweichendes vorschreiben. Für die Entschädigung haftet der Arbeitgeber des Bergwerksbetriebs.

(3) Die Bestimmungen können mit rückwirkender Kraft getroffen werden.

Die Vorschrift in § 1 ergänzt den § 2 des Reichsknappschaftsges. in der Richtung, daß die sog. Unternehmerarbeiter, das sind die von einem selbständigen Unternehmer (eines nichtknappschaftlichen Betriebs) für eigene Rechnung mit Arbeiten in einem Knappschaftsbetriebe Beschäftigten, nach näherer Bestimmung des Reichsarbeitsministers in die knappschaftliche Versicherung mit einbezogen werden. Im Abs. 2 des § 1 sind auch hinsichtlich dieser Arbeiter die Vorschriften des Reichsknappschaftsgesetzes über Befreiung von Kleinbetrieben (§ 3) und von Industriebetrieben der Steine und Erden (§ 4) sowie über die Entschädigungspflicht der Arbeitgeber (§ 5) für anwendbar erklärt.

§ 2.

Über das fünfzehnte Lebensjahr hinaus werden Kinderzuschläge zum Kranken- und Hausgeld als Regelleistung nicht gewährt; dies gilt entsprechend für die Bestattungsbeihilfe.

Die Vorschrift ändert § 22 Abs. 2, 4, § 34 Abs. 1 Nr. 5 und § 56 Abs. 1 Nr. 5 des Reichsknappschaftsges. dahin ab, daß Kinderzuschläge über das 15. Lebensjahr hinaus nicht mehr als gesetzliche Leistungen zu gewähren sind.

§ 3.

(1) Bis zu einer anderweiten gesetzlichen Regelung werden die Leistungen aus der Krankenversicherung auf die Regelleistungen beschränkt.

(2) Die Wiedergewährung von Mehrleistungen bedarf der Zustimmung der Aufsichtsbehörde. Die Zustimmung ist unzulässig, wenn der höchste Beitrag in der Krankenversicherung der Arbeiterabteilung höher als sechs vom Hundert, in der Krankenversicherung der Angestelltenabteilung höher als vier vom Hundert des Grundlohns ist. Die neuen Sondervorschriften werden unwirksam, sobald der Beitrag in der Arbeiterabteilung höher als sechs vom Hundert, in der Angestelltenabteilung höher als vier vom Hundert des Grundlohns wird.

Für das Gebiet der knappschaftlichen Krankenversicherung (§ 20 Reichsknappschaftsges.) sind in gleicher Weise wie für das Gebiet der reichsgesetzlichen Krankenversicherung nach dem Zweiten Buch der RVO. die Leistungen auf die Regelleistungen beschränkt, die Mehrleistungen (§§ 108 bis 110a a. a. O.) also weggefallen. Auch für die Wiedergewährung von Mehrleistungen gelten ähnliche Vorschriften wie in der reichsgesetzlichen Krankenversicherung (siehe oben Kap. I Abschn. 2 § 1).

§ 4.

Für die Rücklage der Krankenversicherung genügt bis auf weiteres ein Betrag in Höhe einer Vierteljahrsausgabe nach dem Durchschnitt der letzten drei Jahre.

Die Vorschrift ändert den § 119 des Reichsknappschaftsges. ab, indem sie die Höhe der Rücklage der Krankenversicherung ermäßigt.

§ 5.

Dieses Kapitel tritt mit dem 1. Januar 1932 in Kraft; laufende Leistungen bleiben unberührt.

Kapitel IV.

Gemeinsame Vorschriften.

Abschnitt 1.

In der Reichsversicherung, der Angestelltenversicherung und der knappschaftlichen Pensionsversicherung unterliegen Ansprüche auf Renten für Versicherte, auf Erhöhung solcher Renten mit Rücksicht auf den Familienstand (Kinderzuschuß) und auf Versorgung der Hinterbliebenen (Hinterbliebenenrente für alle Hinterbliebenen, Waisenrente für Kinder) folgenden Beschränkungen:

§ 1.

(1) Über das vollendete fünfzehnte Lebensjahr hinaus werden Kinderzuschüsse und Waisenrenten nicht gewährt.

(2) Für den Kinderzuschuß und die Waisenrente gelten Stiefkinder und Enkel nicht als Kinder.

Die Vorschriften in §§ 1 ff. schränken die Versicherungsleistungen hauptsächlich in den Punkten ein, wo der Fürsorgecharakter der Leistung mehr in den Vordergrund tritt oder es sich um übermäßige, in keinem Einklang mit der Versicherung als solcher stehenden Leistungen sowie um Doppelleistungen handelt.

§ 1 schränkt die Kinderzuschüsse und die Waisenrenten ein und ändert insoweit die §§ 559 b, 591, 1259, 1291 RVO., die §§ 33, 58 AVG. sowie die §§ 22, 40, 61 Reichsknappschaftsges. ab.

§ 2.

(1) Die Rente einer versicherten Ehefrau wird für ihre Kinder, die eheliche Kinder des Ehemanns sind oder deren rechtliche Stellung haben, um den Kinderzuschuß nur erhöht, wenn die Versicherte vor Eintritt

des Versicherungsfalls den Unterhalt der Kinder ganz oder überwiegend bestritten hat.

(2) Nach dem Tode einer versicherten Ehefrau wird Waisenrente an ihre Kinder, die eheliche Kinder des hinterbliebenen Ehemanns sind oder deren rechtliche Stellung haben, nur gewährt, wenn die Verstorbene den Unterhalt der Kinder ganz oder überwiegend bestritten hat.

Im § 2 enthält der Abs. 1 eine Änderung des § 559 b Abs. 5 und eine Ergänzung des § 1291 RVO. sowie eine Änderung des § 58 AVG., der Abs. 2 eine Änderung der §§ 592, 1260 RVO. und des § 34 AVG.

Für das Gebiet der knappschaftlichen Versicherung handelt es sich hier um neue Vorschriften, soweit nicht mittelbar bereits § 34 AVG. galt.

§ 3.

(1) Mehreren Empfängern von Renten aus einem Versicherungszweige wird der Kinderzuschuß für dasselbe Kind nur einmal gewährt, und zwar demjenigen, der das Kind ganz oder überwiegend unterhält.

(2) Treffen für dasselbe Kind die Voraussetzungen für mehrere Waisenrenten aus einem Versicherungszweige zusammen, so wird die Waisenrente nur einmal gewährt, und zwar zum höheren Betrage.

§ 3 Abs. 1 ergänzt den § 559 b RVO. und ändert den § 1291 Abs. 2 RVO. sowie den § 58 AVG.

Im Abs. 2 des § 3 findet sich eine Ergänzung zu § 591 RVO. und eine Änderung des § 1259 Abs. 3 RVO. sowie des § 33 Abs. 3 AVG.

Vgl. auch § 99 Reichsknappschaftsges.

§ 4.

Treffen die Voraussetzungen für mehrere Renten aus der Invalidenversicherung oder für mehrere Renten aus der Angestelltenversicherung zusammen oder tritt neben den Anspruch auf eine Rente aus der Invalidenversicherung der Anspruch auf eine Rente aus der Angestelltenversicherung, so erhält der Berechtigte nur die höchste Rente. Die Vorschriften des § 3 Abs. 2 und über die Wanderversicherung bleiben unberührt.

Durch diese Vorschrift, welche § 1318 RVO. und § 78 AVG. ändert, wird sowohl auf dem Gebiet der JV. wie dem der AV. die Zusatzrente beseitigt.

§ 5.

(1) Die Hinterbliebenenrenten aus einem Versicherungszweige dürfen zusammen nicht höher sein als die Rente einschließlich des Kinderzuschusses, die dem Verstorbenen aus diesem Versicherungszweige zur Zeit des Todes zustand oder zugestanden hätte, wenn er zu diesem Zeitpunkt invalide (berufsunfähig, voll erwerbsunfähig) gewesen wäre; sonst werden sie nach dem Verhältnis ihrer Höhe gekürzt. Beim Ausscheiden eines Hinterbliebenen erhöhen sich die Hinterbliebenenrenten bis zum zulässigen Höchstbetrage.

(2) In der Unfallversicherung ist der Höchstbetrag für die Hinterbliebenenrenten zwei Drittel des Jahresarbeitsverdienstes.

§ 5 beseitigt die bisher gegebene Möglichkeit, daß die Hinterbliebenen in bezug auf die Höhe der Versicherungsleistungen sich besser standen als der verstorbene Versicherte. § 5 ändert dementsprechend die §§ 595, 1262 RVO., den § 35a AVG. sowie den § 41 Abs. 2 und den § 62 Abs. 2 Reichsknappschaftsges. ab.

§ 6.

Witwenrenten nach Artikel 3 des Gesetzes über Leistungen in der Invalidenversicherung vom 12. Juli

1929 (Reichsgesetzbl. I S. 135) werden nicht mehr gewährt.

Die Vorschrift beseitigt die Witwenrenten, welche den Witwen solcher Versicherter gewährt wurden, die am 1. Januar 1912 bereits verstorben oder die an diesem Tage im Sinne des § 5 Abs. 4 JVG. dauernd erwerbsunfähig waren und dann verstorben sind, ohne inzwischen die Erwerbsfähigkeit wieder erlangt zu haben. Es waren dies Renten, für die überhaupt keine Versicherungsbeiträge geleistet waren, da die Hinterbliebenenversicherung erst mit dem 1. Januar 1912 eingeführt war.

§ 7.

(1) Die Renten aus der Invaliden-, der Angestellten- und der knappschaftlichen Pensionsversicherung beginnen mit dem ersten Tage des Monats, der auf den Monat folgt, in dem die Voraussetzungen für die Gewährung der Rente erfüllt sind. Soweit die Gewährung der Rente davon abhängt, daß sechsundzwanzig Wochen vorübergehender Invalidität oder Berufsunfähigkeit verstrichen sind oder daß das Krankengeld wegfällt, beginnt die Rente mit dem ersten Tage des Monats, in dem diese Voraussetzungen eintreten.

(2) Ist der Rentenantrag nach Ablauf des Monats gestellt, in dem die Voraussetzungen für die Gewährung der Rente erfüllt sind, so beginnt die Rente mit dem ersten Tage des Monats, der auf den Antragsmonat folgt. Das gilt auch dann, wenn der Berechtigte den Antrag nicht früher stellen konnte.

§ 7 Abs. 1 verlegt den Rentenbeginn auf einen späteren Zeitpunkt als bisher, und dementsprechend bedeutet die Vorschrift eine Änderung der §§ 1256, 1263 RVO., der §§ 31, 36 AVG. sowie der §§ 80, 81, 82 Reichsknappschaftsges.

Durch die Vorschrift des Abs. 2 des § 7 sind § 1253 RVO., § 28 AVG. und § 86 Reichsknappschaftsges. beseitigt.

§ 8.

Der Betrag aller baren Leistungen wird bei jeder Auszahlung auf 10 Reichspfennig nach unten abgerundet.

Änderung des § 612 Abs. 3, des § 1297 RVO. und des § 60 AVG., die bisher eine Aufrundung der Renten auf volle 5 Rpf (nach oben) vorgesehen hatten. Die neue Vorschrift gilt auch für die Rentenleistungen der knappschaftlichen Versicherung.

§ 9.

(1) In der Invalidenversicherung dauert die Wartezeit (§ 1278 der Reichsversicherungsordnung) zweihundertfünfzig Beitragswochen. Sind weniger als zweihundertfünfzig Beiträge auf Grund der Versicherungspflicht geleistet, so dauert die Wartezeit fünfhundert Beitragswochen. Bei der Altersinvalidenrente dauert die Wartezeit siebenhundertfünfzig Beitragswochen.

(2) In der Angestelltenversicherung dauert die Wartezeit (§ 53 des Angestelltenversicherungsgesetzes) sechzig Beitragsmonate. Sind weniger als sechzig Beitragsmonate auf Grund der Versicherungspflicht nachgewiesen, so dauert die Wartezeit einhundertzwanzig Beitragsmonate. Bei dem Altersruhegeld dauert die Wartezeit einhundertachtzig Beitragsmonate.

Im § 9 Abs. 1 wird unter Änderung des § 1278 RVO. die Wartezeit in der IV. von 200 auf 250 Beitragswochen erhöht und weiterhin eine besondere erhöhte Wartezeit für die (Invaliden-) Altersrente wieder eingeführt. Die Wartezeit von 200 Beitragswochen für das Wiederaufleben der Anwartschaft gemäß § 1283 RVO. wird hierdurch nicht berührt.

Im Abs. 2 des § 9 wird auf dem Gebiet der AV. unter Abänderung des § 53 AVG. die Wartezeit insoweit erhöht, als sie 120 Beitragswochen beträgt, wenn weniger als 60 Beitragsmonate versicherungspflichtiger Tätigkeit nachgewiesen sind.

Außerdem ist für das Altersruhegeld eine besondere Wartezeit von 180 Beitragswochen neu eingeführt. § 397 AVG. (Ruhegeld wegen Berufsunfähigkeit) wird hierdurch nicht berührt.

§ 10.

(1) Die Invalidenrenten, das Ruhegeld aus der Angestelltenversicherung sowie die Invaliden- (Alters-) Pensionen und das Ruhegeld aus der knappschaftlichen Versicherung ruhen neben

Krankengeld von mindestens einmonatiger Dauer aus der Sozialversicherung oder der Reichsversorgung,

Verletztenrente aus der Unfallversicherung,

Beschädigten- und Dienstzeitrenten (ohne Pflegezulage, Führerhundzulage und Zusatzrente) nach dem Reichsversorgungsgesetze, dem Altrentnergesetze, dem Wehrmachtversorgungsgesetze, den früheren Militärversorgungsgesetzen, dem Reichsgesetz über die Schutzpolizei der Länder oder dem Reichsgesetz über die Versorgung der Polizeibeamten beim Reichswasserschutz,

Ruhegehältern und Wartegeldern auf Grund einer Beschäftigung nach §§ 1234, 1242 der Reichsversicherungsordnung, §§ 11, 17 des Angestelltenversicherungsgesetzes oder §§ 30, 52 des Reichsknappschaftsgesetzes

bis zur Höhe dieser Bezüge. Das gilt auch, soweit an Stelle einer dieser Leistungen Krankenhauspflege oder Heilanstaltpflege (Anstaltpflege) tritt; in der Unfallversicherung steht dabei die Heilanstaltpflege (Anstaltpflege) der Vollrente gleich.

(2) Die Hinterbliebenenrenten aus der Invaliden-, der Angestellten- und der knappschaftlichen Pensionsversicherung ruhen neben

Hinterbliebenenrenten aus der Unfallversicherung,
Witwenrenten (ohne Zusatzrente) aus den im Abs. 1 Satz 1 aufgeführten Versorgungsgesetzen,
Hinterbliebenenbezügen auf Grund versicherungsfreier Beschäftigung (Abs. 1 Satz 1)

bis zur Höhe dieser Bezüge.

(3) Beim Zusammentreffen mit Bezügen aus den im Abs. 1 Satz 1 aufgeführten Versorgungsgesetzen oder auf Grund versicherungsfreier Beschäftigung (Abs. 1 Satz 1) wird, wenn der Versicherte freiwillige Beiträge entrichtet oder sich freiwillig höher versichert hat, vom Ruhen der Teil der Rente ausgenommen, der dem Verhältnis der freiwilligen zur gesamten Beitragsleistung entspricht.

(4) Beim Zusammentreffen mit Renten aus der Unfallversicherung tritt das Ruhen erst ein, wenn Unfallrente tatsächlich gewährt wird.

(5) Kommen für das Ruhen mehrere Renten aus verschiedenen Versicherungszweigen in Frage, so gilt folgende Reihenfolge: knappschaftliche Pensionsversicherung, Invalidenversicherung, Angestelltenversicherung. Bei Renten aus der Invalidenversicherung ruht der Anteil des Versicherungsträgers vor dem Anteil des Reichs.

§ 10 enthält neue erweiterte Vorschriften für das Ruhen der Renten aus der JV., AV. und der Knappschaftsversicherung; sie treten an Stelle der §§ 1311 bis 1311 d RVO., der §§ 71 a bis c AVG. sowie des § 106 Abs. 1 und des § 108 Reichsknappschaftsges.

§ 11.

(1) Dieser Abschnitt tritt mit Wirkung vom 1. Januar 1932 in Kraft.

(2) Die Vorschriften des § 1 Abs. 2 und der §§ 2 bis 5, 7 gelten für Ansprüche aus Versicherungsfällen, die vor dem 1. Januar 1932 eingetreten sind, dann,

wenn der Versicherungsträger seinen Bescheid nach dem 31. Dezember 1931 erteilt, es sei denn, daß der Rentenantrag vor dem 1. November 1931 gestellt war.

(3) Die Vorschriften des § 1 Abs. 1 und des § 6 finden mit Wirkung vom 1. Januar 1932 auch Anwendung auf Renten aus Versicherungsfällen, die vor dem 1. Januar 1932 eingetreten sind. Die Rechtskraft früherer Entscheidungen steht nicht entgegen. Die Änderung ist dem Berechtigten mitzuteilen; sie tritt erst mit dem Ablauf des Kalendermonats ein, in dem die Mitteilung erfolgt; ein Rechtsmittel findet nicht statt.

(4) Wenn eine vor dem 1. Januar 1932 festgestellte und an diesem Tage noch laufende Rente gemäß § 10 ruht, gilt Abs. 3 Satz 3 entsprechend; beim Ruhen neben Bezügen aus der Unfallversicherung, aus den im § 10 Abs. 1 Satz 1 aufgeführten Versorgungsgesetzen oder auf Grund versicherungsfreier Beschäftigung bleibt von diesen Bezügen ein Betrag von 25 Reichsmark monatlich unberücksichtigt.

Nach § 11 Abs. 2 verbleibt es bei dem alten Recht:

a) wenn die Versicherungsleistungen vor dem 1. Januar 1932 rechtskräftig festgesetzt sind,
b) wenn dies nicht der Fall ist, aber der Rentenantrag bereits vor dem 1. November 1931 gestellt war,
c) auch wenn er nachher gestellt war, aber der Bescheid auf den Antrag noch vor Ablauf des 31. Dezember 1931 erteilt worden ist.

Der Bescheid ist erteilt mit der Zustellung. Ohne Belang ist, ob er die Rente zuspricht oder ablehnt.

Die Mitteilung gemäß § 11 Abs. 3 ergeht formlos.

Abschnitt 2.

§ 1.

Der Kinderzuschuß, auf den ein Berechtigter Anspruch hat, kann mit seiner Zustimmung einem Dritten auf dessen Antrag ausgehändigt werden, wenn dieser den Unterhalt des Kindes überwiegend bestreitet. Eine Verfügung des Berechtigten über den Kinderzuschuß für diese Zeit ist unwirksam. Verweigert der Berechtigte die Zustimmung oder ist sie aus einem anderen Grunde nicht zu erlangen, so kann sie vom Versicherungsamt, in der knappschaftlichen Pensionsversicherung vom Ausschuß (§ 180 des Reichsknappschaftsgesetzes) ersetzt werden.

Die Vorschrift bedeutet eine Ergänzung des § 119 RVO., des § 91 AVG. und des § 224 Reichsknappschaftsges.

§ 2.

Der Aufenthalt des Berechtigten in einer Besserungsanstalt begründet für sich nicht das Ruhen einer Rente.

Änderung der §§ 615, 1116, 1312 RVO., des § 72 AVG. und des § 91 Reichsknappschaftsges., hauptsächlich mit Rücksicht auf die Fürsorgeerziehungsanstalten.

§ 3.

Die Träger der Invaliden-, der Angestellten- und der knappschaftlichen Versicherung können für Beitragsrückstände Zinsen erheben. Die Höhe des Zinssatzes bestimmt das Reichsversicherungsamt.

Neue Vorschrift für die JV. und AV.; zugleich ist damit die bisherige Vorschrift im § 73 Nr. 7 der Satzung der Reichsknappschaft beseitigt. Vgl. auch die ähnliche Vorschrift für die UV. in § 762a RVO.

§ 4.

Artikel 5 des Gesetzes zur Änderung der Reichsversicherungsordnung, des Angestelltenversicherungsgesetzes und des Reichsknappschaftsgesetzes vom 29. März 1928 (Reichsgesetzbl. I S. 117) wird wie folgt gefaßt:

Sind für Personen, die nach dem 30. September 1923 aus der versicherungsfreien Beschäftigung ausgeschieden sind, Beiträge bisher noch nicht nachentrichtet worden, so kann die Nachentrichtung unterbleiben oder aufgeschoben werden, wenn sie nach § 1242a der Reichsversicherungsordnung oder nach § 18 des Angestelltenversicherungsgesetzes in der neuen Fassung unterbleibt oder aufgeschoben wird.

Die Änderung des Art. 5 enthält gegenüber der früheren Fassung insofern eine Erweiterung, als der frühere Zeitpunkt „31. März 1927" durch „30. September 1923" ersetzt worden ist.

Kapitel V.

Fürsorge.

§ 1.

In der Verordnung über die Fürsorgepflicht ist § 6 Abs. 2 in folgender Fassung anzuwenden:

Die oberste Landesbehörde oder die von ihr bestimmten Stellen setzen den örtlichen Verhältnissen angepaßte Richtsätze für die Bemessung des notwendigen Lebensunterhalts der Hilfsbedürftigen fest. Für Sozial- und Kleinrentner und ihnen Gleichstehende sollen diese Sätze so bemessen sein, daß der Hilfsbedürftige gegenüber der allgemeinen Fürsorge eine angemessene Mehrleistung erhält.

§§ 1 und 2 enthalten die Möglichkeit einer Einschränkung der Mehrleistung insofern, als die Mehrleistung nicht mehr wenigstens ein Viertel des allgemeinen Richtsatzes betragen muß und ferner die Fürsorgeverbände nicht mehr an die infolge Richtansetzung eines Jahresbetrags von 270 RM (gemäß den in § 2 genannten Gesetzesstellen) bedingte weitergehende Erhöhung gebunden sind.

§ 2.

Die Fürsorgeverbände können bei der Festsetzung einer Unterstützung von den Vorschriften des § 84 des Aufwertungsgesetzes und des § 26 des Gesetzes über die Ablösung öffentlicher Anleihen abweichen.

§ 3.

Im Gesetz über die Beschäftigung Schwerbeschädigter ist § 15 Abs. 2 in folgender Fassung anzuwenden:

Diese Bestimmungen finden auch Anwendung auf Unternehmungen, deren Gesellschaftskapital sich mit mehr als der Hälfte im Eigentume des Reichs und der Länder sowie anderer Körperschaften, Stiftungen und Anstalten des öffentlichen Rechts befindet.

Hierdurch wird der besondere Kündigungsschutz des § 15 Abs. 1 des genannten Ges. auch auf diese Unternehmungen ausgedehnt.

Kapitel VI.

Schlußvorschriften.

(1) Vorbereitende Maßnahmen zur Durchführung der Vorschriften über die Sozialversicherung können schon vor dem Inkrafttreten der einzelnen Vorschriften getroffen werden.

(2) Der Reichsarbeitsminister ist ermächtigt, zur Durchführung der Vorschriften über Sozialversicherung Rechtsverordnungen und allgemeine Verwaltungsvorschriften zu erlassen. Er kann Vorschriften der Reichsversicherungsordnung, des Angestelltenversicherungsgesetzes und des Reichsknappschaftsgesetzes zwecks Anpassung an die Vorschriften dieses Teiles ändern.

Sechster Teil.

Arbeitsrechtliche Vorschriften.

Erläutert von Amtsgerichtsrat Dr. Theodor Rohlfing.

Kapitel I.

Löhne und Gehälter der Arbeiter und Angestellten.

Im Zusammenhang mit der Zins- und Preissenkung werden die durch Tarifvertrag geregelten Löhne und Gehälter der Arbeiter und der Angestellten herabgesetzt, weil „die Preissenkung von der Senkung der Produktionskosten abhängig ist, bei den Produktionskosten die Löhne und die Gehälter eine wesentliche Rolle spielen und deshalb die Produktionskosten ohne entsprechende Herabsetzung der Löhne und Gehälter nicht fühlbar gesenkt werden können" (so amtliche Verlautbarung zur NotVO.).

Die NotVO. ändert an den rechtlichen Grundlagen des Tarifvertragsrechts nichts. Sie ändert den Inhalt der Tarifverträge durch die Herabsetzung der Löhne und Gehälter im Ausmaß des § 2, hält aber im übrigen den Inhalt der Tarifverträge aufrecht. Zugleich wird im § 1 die Laufzeit der am 9. Dezember 1931 geltenden Tarifverträge bis zum 30. April 1932 verlängert. Diese Verlängerung hat den Zweck, eine Beruhigung des Arbeitslebens eintreten zu lassen und zugleich Zeit zu gewinnen, um in dieser Zeit die erforderliche feste Grundlage für den Wiederaufbau des Wirtschaftslebens und die ihm entsprechende Verfeinerung des Tarifvertragssystems in den einzelnen Wirtschaftszweigen zu schaffen.

Dagegen greift die NotVO. nicht in andere Rechtsquellen ein. Betriebsvereinbarungen, die die Löhne im Betriebe festsetzen, und freie, nicht auf der Grundlage eines Tarifvertrags geschlossene Arbeitsverträge werden von der NotVO. nicht berührt. Vertragsänderungen sind hier auf dem üblichen Wege, Einverständnis der Parteien oder Kündigung des Vertrags mit dem Angebot eines neuen Vertrags mit den abgeänderten Arbeitsbedingungen, wirksam.

§ 1 behandelt die Verlängerung der Laufzeit, § 2 den Maßstab für die Lohn- und Gehaltssenkung, §§ 4—6 das Verfahren bei der tariflichen Vereinbarung über die Lohnsenkung.

§ 1.

Alle am Tage des Inkrafttretens dieses Kapitels laufenden Tarifverträge (Lohn-, Mantel- und andere Tarifverträge) laufen, wenn sie nicht auf längere Dauer abgeschlossen sind oder wenn die Tarifvertragsparteien nicht nach dem Inkrafttreten dieses Kapitels eine andere Dauer vereinbaren, mit dem 30. April 1932 ab.

I. Wesen des Tarifvertrags.

Die NotVO. geht von der Begriffsbestimmung des § 1 TVO. vom 23. Dezember 1918 aus. Hiernach stellt der Tarifvertrag eine Regelung von Arbeitsbedingungen für den Abschluß von Arbeitsverträgen dar, die zwischen einem Arbeitgeber oder einer wirtschaftlichen Vereinigung von Arbeitgebern mit einer wirtschaftlichen Vereinigung von Arbeitnehmern durch schriftlichen Vertrag geschlossen wird.

Beim Tarifvertrag unterscheidet man im einzelnen Tarifvertragsparteien, Abschluß des Tarifvertrags, Inhalt und Wirkung auf den Einzelarbeitsvertrag (Geltungsbereich). Im folgenden soll hierüber eine kurze Übersicht gegeben werden. Wegen Einzelheiten und der Stellung von Wissenschaft und Rechtsprechung vgl. Molitor, Kommentar zur TVO. 1929, Hueck-Nipperdey, Lehrb. d. ArbR. Bd. II S. 27—305.

1. Tarifvertragsparteien. Während auf Arbeitgeberseite auch der einzelne Arbeitgeber (Werktarifvertrag) tariffähig ist, bedarf es auf Arbeitnehmerseite immer einer wirtschaftlichen Arbeitnehmervereinigung. Die wirtschaftliche Vereinigung von Arbeitgebern oder Arbeitnehmern muß eine organisierte Personenmehrheit (Gesellschaft, rechtsfähiger Verein, nichtrechtsfähiger Verein, ja selbst ohne Rücksicht auf die Art des Zusammenschlusses, freiwillig oder durch gesetzlichen Zwang zusammengeschlossen, wie bei den Zwangsinnungen), vom sozialen Gegenspieler wirtschaftlich unabhängig sein und nach der Satzung oder tatsächlichen Übung die Aufgabe haben, die Arbeitsbedingungen der Mitglieder zwischen Arbeitgeber und Arbeitnehmer zu regeln.

2. Abschluß. Der Tarifvertrag kommt durch schriftliche eigenhändige Unterzeichnung auf derselben Vertragsurkunde durch die abschlußberechtigten Vertreter der Vereinigung oder der einzelnen Arbeitgeber zustande. Dem schriftlichen Vertragsschluß steht der vom Schlichter für verbindlich erklärte Schiedsspruch des Schlichtungsausschusses gleich, der von beiden Tarifvertragsparteien nicht angenommen war (§ 6 SchlVO. vom 30. Oktober 1923).

3. Nach seinem Inhalt enthält der Tarifvertrag einen normativen und einen obligatorischen Teil. Der normative Teil stellt die Gesamtheit der Bestimmungen des Tarifvertrags dar, die fähig und geeignet sind, in die einzelnen Arbeitsverträge überzugehen. Darunter fallen im einzelnen die Normen über Lohn, Arbeitszeit, Kündigungsfristen, Urlaub, Fahrzeit- und Fahrgeldentschädigung, Auslösung und besondere Zulagen. Alle diese Bestimmungen sind, soweit der Tarifvertrag nicht Abweichungen zuläßt, zwingender Natur, die ungünstigere Abreden unter den Einzelvertragsparteien nichtig machen und automatisch an Stelle der unwirksamen Vereinbarungen in den Einzelarbeitsvertrag übergehen (Grundsatz der Unabdingbarkeit und des automatischen Übergangs). Der obligatorische Teil enthält die Verpflichtungen, die unter den Tarifvertragsparteien getroffen werden (tarifliche Friedenspflicht, Einwirkungspflicht auf die Mitglieder, nur Arbeitnehmer aus einem bestimmten Nachweis einzustellen, Errichtung und Unterhaltung von Wohlfahrtseinrichtungen).

4. Geltungsbereich des Tarifvertrags. Der fachliche oder berufliche Geltungsbereich ergibt sich aus der Arbeit unter Berücksichtigung des Betriebszwecks und des Gesamtcharakters des Betriebs (RAG. Bd. 1, 191; 2, 181, 222; 3, 109; 4, 121), der örtliche aus der Abgrenzung im Tarifvertrag. Der persönliche Geltungsbereich erfaßt die Mitglieder der Tarifvertragsparteien, die die Mitgliedschaft bei Abschluß des Arbeitsvertrags besaßen oder später erworben haben, und die Arbeitnehmer und die Arbeitgeber, die den Arbeitsvertrag unter Berufung auf den Tarifvertrag geschlossen haben. Die Anwendung des Tarifvertrags setzt nach § 1 Abs. II TVO. voraus, daß die Mitgliedschaft zu den Tarifverbänden auf beiden Seiten erfüllt sein muß. Über diesen Kreis hinaus wird auf Nichtmitglieder die Wirkung des normativen Teiles des Tarifvertrags ausgedehnt, wenn der Reichsarbeitsminister den Tarifvertrag für allgemeinverbindlich erklärt hat (§ 3 TVO.).

II. Anwendungsgebiet des § 1.

Unter den Geltungsbereich fallen alle tariflichen Vereinbarungen, die die Regelung von Arbeitsbedingungen zum Gegenstand haben (Manteltarifverträge, Lohntarife, Urlaubsregelungen, Arbeitszeitvereinbarungen u. a. m.), die

a) noch am 9. Dezember 1931 in Geltung waren. Auf Tarifverträge, die vor dem 9. Dezember 1931 abliefen, bezieht sich § 1 nicht, ausgenommen wenn nachträglich die Geltungszeit des abgelaufenen Tarifvertrags mit rückwirkender Kraft verlängert wurde. § 1 spricht von „am Tage des Inkrafttretens der VO. laufenden Tarifverträgen". Dieser Ausdruck ist gleichbedeutend mit „in Geltung befindlichen Tarifverträgen", so daß sowohl am 9. Dezember ablaufende Tarifverträge als auch Tarifverträge, die nach dem 9. Dezember abgeschlossen, aber mit rückwirkender Kraft, mindestens aber bis zum 9. Dezember 1931 ausgestattet wurden, darunter fallen;

b) nur in der Privatwirtschaft galten. Die für die Arbeiter und Angestellten des Reichs, der Reichspost, der Reichsbahn, der Länder, der Gemeinden und der sonstigen Körperschaften des öffentlichen Rechts geltenden Tarifverträge werden im Siebenten Teil VI. Kapitel behandelt;

c) nicht auf längere Zeit als bis zum 30. April 1932 abgeschlossen waren.

III. Wirkung der Verlängerung der Laufzeit.

Zunächst tritt bei allen Tarifverträgen eine Verlängerung der Laufzeit bis zum 31. April 1932 ein. Die gesetzliche Verlängerung unterliegt zwei Ausnahmen:

a) Die Parteien können eine andere Laufzeit nach Inkrafttreten der VO. vereinbaren. Diese Frist kann vor dem 30. April oder auch nach dem 30. April 1932 liegen.

b) Der Schlichter kann für den Ablauf der Laufzeit einen späteren Zeitpunkt, jedoch nicht über den 30. September 1932 hinaus, bestimmen (§ 4 Abs. II). Er soll aber dieses nur tun, wenn diese Verlängerung für die ruhige Fortentwicklung des Wirtschaftszweigs erforderlich erscheint und die Verhältnisse genügend übersehbar sind.

Die Verlängerung der Laufzeit des Tarifvertrags hat die Bedeutung, daß der vom Gesetz, vom Schlichter oder von den Tarifvertragsparteien neu bestimmte Zeitpunkt an Stelle des früheren Ablaufs gilt. Aus § 1 ist aber nicht zu folgern, daß alle Tarifverträge zu diesem Zeitpunkt als gekündigt anzusehen sind. Bestimmt der Tarifvertrag nichts über eine Kündigung, so ist der Tarifvertrag als befristeter Vertrag am Ende der bezeichneten Lauffrist abgelaufen, ohne daß es einer besonderen Kündigung bedarf. In den meisten Tarifverträgen ist eine Kündigungsfrist in der Weise vereinbart, daß der Tarifvertrag um eine bestimmte Zeit als verlängert gilt, wenn er nicht vorher (z. B. sechs Wochen) schriftlich gekündigt wird. Die Bestimmungen über diese stillschweigenden Vertragsverlängerungen bleiben von der NotVO. unberührt, sodaß eine von einer Tarifpartei erstrebte Aufhebung des Tarifvertrags der Kündigung bedarf. War inzwischen der Tarifvertrag gekündigt, lief aber die Frist vor dem 30. April 1932 ab, so wird durch die Bestimmung des § 1 die Kündigungsfrist bis zum 30. April 1932 hinausgeschoben.

§ 2.

(1) Falls die Lohn- oder Gehaltssätze eines am Tage des Inkrafttretens dieses Kapitels laufenden Tarifvertrags höher liegen als die des entsprechenden Tarifvertrags für den 10. Januar 1927, gelten mit Wirkung vom 1. Januar 1932 die niedrigeren Lohn- oder Gehaltssätze dieses Tarifvertrags als in dem laufenden Tarifvertrag vereinbart.

(2) Liegen die Lohn- oder Gehaltssätze des laufenden Tarifvertrags mehr als zehn vom Hundert über denen des entsprechenden Tarifvertrags für den 10. Januar 1927, so tritt lediglich eine Kürzung um zehn vom Hundert ein; bei Lohn- oder Gehaltssätzen, die seit dem 1. Juli 1931 nicht tarifvertraglich herabgesetzt worden sind, tritt an Stelle des Satzes von zehn vom Hundert der Satz von fünfzehn vom Hundert.

(3) Die Lohn- oder Gehaltssätze der Arbeiter und Angestellten des Kohlen- und Kalibergbaus und derjenigen Arbeiter und Angestellten, für die am 10. Januar 1927 eine tarifvertragliche Regelung der Lohn- oder Gehaltssätze nicht bestand, werden mit Wirkung vom 1. Januar 1932 um die im Abs. 2 bestimmten Sätze gekürzt.

I. Gegenstand der Lohn- und Gehaltssenkung.

Von der Senkung werden nur die Löhne und die Gehälter betroffen, die durch Tarifvertrag geregelt sind. Außertarifliche Zulagen, außer wenn sie im Tarifvertrag selbst unabdingbar gestaltet sind, unterliegen nicht der gesetzlichen Kürzung. Unter Lohn und Gehalt ist demnach das tariflich geregelte Entgelt für die Arbeit zu verstehen. Darunter fallen nicht nur der Grundlohn (Stundenlohn, Wochenlohn, Monatsgehalt), sondern auch die besonderen Zulagen, die nur eine Staffelung der Löhne enthalten. § 3 der LohnpfändungsVO. bezeichnet als Lohn jeden dem Berechtigten aus der Arbeit zukommenden Vermögensvorteil, so daß auch die Familienzuschläge (Haus- und Kinderzulagen), die Fahrzeit- oder Laufzeitentschädigung, die Urlaubsentschädigung zum Lohn zu rechnen sind (vgl. auch RAG. vom 6. November 1929, Amtl. Samml. Bd. 4, 267). In der Urlaubsentschädigung kann kein Unterschied gemacht werden, ob sie mit der Freizeit zusammen oder ohne diese bei der Entlassung gewährt wird. Andere Zulagen, die dem Arbeitnehmer mit Rücksicht auf seine besonderen Aufwendungen, so die sogenannte Auslösung, die Fahrgeldentschädigung und Schmutzzulagen, gewährt werden, stellen keinen Lohn im Sinne des § 2 dar. Bei der Provision muß unterschieden werden, ob sie die Aufwendungen des Handlungsgehilfen mitumfaßt oder nicht. Während im letzten Fall die Provision ohne weiteres dem Abzug unterliegt, ist dieses im ersten Fall nur in Höhe des reinen Lohnanteils zulässig. Bei der Festsetzung der Lehrlingsvergütung ist zu unterscheiden, ob die tarifliche Festsetzung die Lehrlingsvergütung als Arbeitsentgelt oder nur als Erziehungsbeihilfe auffaßt. Nur im ersten Fall tritt die Senkung in Kraft. Wird die tarifliche Lehrlingsvergütung nach der Zahl der geleisteten Stunden bemessen, so muß sie als Arbeitsentgelt und deshalb als senkungsfähig angesehen werden.

II. Durchführung der Lohn- und Gehaltskürzung.

Die VO. will die Löhne und die Gehälter der Angestellten und der Arbeiter auf den Stand vom 10. Januar 1927 zurückführen. Deshalb läßt sie grundsätzlich die Löhne und Gehälter nach dem tariflichen Stande vom 10. Januar 1927 als vereinbart gelten. Im einzelnen unterscheidet sie, ob am 10. Januar 1927 eine tarifliche Regelung bestand oder nicht, und regelt die Rechtsverhältnisse der Arbeiter und Angestellten des Kohlen- und Kalibergbaues besonders.

1. Regelung bei Geltung eines Tarifvertrags am 10. Januar 1927. Zunächst ist von dem Stand des Tarifvertrags am 10. Januar 1927 auszugehen. Da in manchen Gewerben die Löhne und Gehälter inzwischen mehrfach gekürzt sind und die schematische Zurückführung auf

den Stand vom 10. Januar 1927 für den Arbeitnehmer über das von dem Gesetzgeber als noch erträglich empfundene Maß hinausgehen würde, erleidet dieser Grundsatz zwei Einschränkungen:

a) Liegen die Gehalts- und Lohnsätze vom 9. Dezember 1931 über 10 v. H. der Sätze des Tarifvertrags vom 10. Januar 1927 und hat noch nach dem 1. Juli 1931 eine Senkung stattgefunden, so beschränkt sich die Lohnherabsetzung auf 10 v. H. Dabei ist es unerheblich, daß bei dieser Senkung der Stand der Löhne vom 10. Januar 1927 nicht erreicht wird.

b) Hat eine Lohnsenkung nach dem 30. Juni 1931 nicht mehr stattgefunden, so werden die Löhne um 15 v. H. gesenkt. Die untere Grenze bildet aber der Stand der Löhne vom 10. Januar 1927. Denkbar ist, daß nach dem 9. Dezember 1931 noch im Jahre 1931 eine weitere Lohnsenkung eintritt. Diese Senkung ist ohne Rücksicht auf die Senkung der NotVO. durchzuführen. War aber seit dem 1. Juli 1931 noch keine Senkung eingetreten, so muß sinngemäß die nach dem 9. Dezember eintretende Senkung angerechnet werden, so daß in diesem Fall nach Durchführung der Senkung des bis zum 31. Dezember 1931 geltenden Lohntarifs dieser vom 1. Januar 1932 nur um 10 v. H. gesenkt werden darf.

2. Regelung bei Fehlen eines Tarifvertrags am 10. Januar 1927. Hier ist ein Zurückgehen auf den Stand der Löhne und Gehälter vom 10. Januar 1927 mangels tariflicher Grundlage nicht möglich. Die Zurückführung auf die an diesem Tage üblichen Löhne würde die Parteien und die Schlichter vor unüberwindbare Schwierigkeiten gestellt haben. Deshalb sieht der Gesetzgeber hiervon ab und bestimmt grundsätzlich eine Senkung von 10 v. H. Hierbei bestehen folgende Ausnahmen:

a) Hat eine Senkung seit dem 1. Juli nicht stattgefunden, so tritt die Senkung am 1. Januar 1932 in Höhe von 15 v. H. ein (§ 2 Abs. III). Dieses setzt aber voraus, daß ein Tarifvertrag bereits vor dem 1. Juli 1931 bestand. Ist der Tarifvertrag erstmalig für den Berufszweig nach dem 30. Juni 1931 abgeschlossen, so tritt nur eine Senkung von 10 v. H. ein.

b) Der Schlichter kann, wenn die Tarifvertragsparteien sich nicht geeinigt haben und deshalb das Verfahren vor ihm anhängig ist, eine abweichende Regelung treffen, falls ihm dieses „mit Rücksicht auf den allgemeinen Stand der Löhne und Gehälter am 10. Januar 1927 als wirtschaftlich und sozial unumgänglich erscheint" (§ 4 Abs. I). Eine solche Unumgänglichkeit könnte vom Schlichter bejaht werden, wo infolge der fehlenden tariflichen Regelung die ortsüblichen Löhne weit unter den Löhnen anderer wirtschaftsnaher Berufsgruppen lagen und für die betroffene Wirtschaftsgruppe wirtschaftlich diese Belastung tragbar ist.

3. Die Löhne der Angestellten und Arbeiter des Kali- und des Kohlenbergbaues brauchen nicht auf den Stand der Tarifverträge vom 10. Januar 1927 zurückgeführt zu werden. Sie werden grundsätzlich um 10 v. H., falls aber nach dem 1. Juli 1931 keine Lohnsenkung erfolgt ist, um 15 v. H. gesenkt.

III. Rechtliche Natur der Bestimmung des § 2.

Das Maß der in § 2 bestimmten Lohn- und Gehaltssenkung ist zwingend. Diese Lohnsenkung bildet zusammen mit der Preis- und Zinssenkung ein untrennbares Ganzes. Daraus folgt, daß weder die Tarifvertragsparteien noch der Schlichter, abgesehen von dem Ausnahmefall des § 4 Abs. I (siehe oben unter II, 2b), eine andere Regelung treffen können. Gl. A.: amtliche Verlautbarung der Reichsregierung vom 29. Dezember 1931; Orgies-Rutenberg in Arbeitgeber vom 15. Dezember 1931; Körner in Verbandsrecht und -praxis 1931 S. 306; a. A. Baum in JW. 1931 S. 3644 und Schmincke in ArbGer. 1932 S. 5 Fußnote, die unter Nichtberücksichtigung des Zusammenhangs mit der Zins- und Preissenkung eine abweichende Vereinbarung der Tarifparteien für zulässig halten. Die zwingende Lohnsenkung tritt auch bei den Löhnen ein, die am 10. Januar 1927 nicht tariflich geregelt waren. Das Ermessen des Schlichters ist kein freies Ermessen, sondern davon abhängig, daß die Zurückführung auf den Stand vom 10. Januar 1927 mit dem sonstigen allgemeinen Lohn- und Gehaltsstand offensichtlich nicht vereinbar ist. Die Überschreitung dieses Ermessens berührt nicht die Wirksamkeit der Entscheidung des Schlichters, die nach den Grundsätzen des Verwaltungsrechts zu beurteilen ist und deshalb das Gericht, ohne ihm das Recht zur Nachprüfung der ordnungsmäßigen Ausübung des Ermessens zu geben, bindet (RAG. vom 30. November 1927, 2. Mai 1928, 4. Oktober 1930, Amtl. Samml. Bd. 1, 54, 348; Samml. Vereinigung 1930, 597. Soweit aber im übrigen die Tarifvertragsparteien und der Schlichter an das Ausmaß der Lohnsenkung des § 2 gebunden sind, ist jede anderweitige Vereinbarung der Tarifparteien oder Entscheidung des Schlichters unwirksam.

Zweifel bestehen im Verhältnis des § 2 zu der Regelung in §§ 3—5. Da § 2 Abs. I ausdrücklich hervorhebt, daß die niedrigeren Sätze vom 10. Januar 1927 als im laufenden Tarifvertrag vereinbart gelten, so muß angenommen werden, daß die Festsetzung durch die Tarifvertragsparteien und den Schlichter keine konstitutive, sondern nur deklaratorische Wirkung hat. Trotz der fehlenden Wiederholung in Abs. II und III gilt dieses auch für die in diesen Absätzen geregelten Fälle. Nur in dem Fall, wo das Gesetz dem Schlichter die Befugnis zur abweichenden Regelung einräumt, hat dessen Entscheidung konstitutiven Charakter. Doch tritt hier gemäß § 2 Abs. I Rückwirkung zum 1. Januar 1932 ein. Die Festsetzung durch die Tarifvertragsparteien hat den Zweck, die Entstehung von Unklarheiten zu vermeiden, die sich besonders bei einem Wechsel in der Lohnberechnung, besonders bei Akkordsystemen, ergeben. Selbst wenn die Tarifvertragsparteien zu keiner Einigung gelangen und die Entscheidung des Schlichters sich erheblich verzögert, kann der Arbeitnehmer nur den Lohn entsprechend der Gehaltssenkung des § 2 verlangen. §§ 3—5 legen den Tarifvertragsparteien nur eine Pflicht zur Feststellung der Löhne auf, lassen aber die Minderung des Anspruchs unberührt. Daraus folgt, daß unter Umständen auch das Arbeitsgericht, wenn eine Klarstellung durch den Schlichter bis zum Tag der Entscheidung noch nicht erfolgt ist, dem Arbeitnehmer, der Lohnansprüche für die Zeit nach dem 1. Januar 1932 geltend macht, diesen Lohn nur unter Berücksichtigung der Senkung in § 2 zusprechen darf.

IV. Zeitpunkt der Lohnsenkung.

Die Lohnsenkung tritt ohne Rücksicht auf eine spätere Feststellung der Tarifvertragsparteien oder den Schlichter am 1. Januar 1932 ein. Das gilt auch für den Fall, wo der Schlichter von der Bestimmung des § 2 abgewichen ist (§ 4 Abs. I).

§ 3.

(1) Die auf Grund der Vorschriften des § 2 vom 1. Januar 1932 ab geltenden Lohn- oder Gehaltssätze haben die Tarifvertragsparteien bis zum 19. Dezember 1931 in einem Nachtrag zum Tarifvertrag schriftlich festzulegen.

(2) Entstehen dabei Meinungsverschiedenheiten oder erfolgt aus einem anderen Grunde keine Festlegung, so ist von den Tarifvertragsparteien dem örtlich zuständigen Schlichter oder, wenn der Geltungsbereich des Tarifvertrags den Bezirk eines Schlichters überschreitet, dem Reichsarbeitsminister Kenntnis zu geben, der für diesen Fall einen besonderen Schlichter bestellt.

I. Durchführung im allgemeinen.

Zur Durchführung der Lohnsenkung ist die Mitwirkung der Tarifvertragsparteien notwendig. Unklarheiten können besonders da entstehen, wo das Lohn- und Gehaltssystem gegenüber dem Stande vom 10. Januar 1927 verändert ist (wenn z. B. in späteren Tarifverträgen bei der Ausführung von Akkord die Erleichterung der Arbeit durch Maschinen mitberücksichtigt wurde oder von Zeitlohn zu einer Akkordberechnung übergegangen ist). Deshalb wird den Tarifvertragsparteien die Feststellung der neuen Lohnsätze zur Pflicht gemacht. Die Tarifvertragsparteien können dabei folgende Vereinbarungen treffen:

a) Feststellung der Lohnsenkung unter Berücksichtigung des seit dem 10. Januar 1927 veränderten Lohn- und Gehaltssystems,

b) Änderung aller tariflichen Vereinbarungen, die mit der Lohnregelung im Zusammenhang stehen,

c) Bestimmung einer anderen Laufzeit des Tarifvertrags, als wie sie im § 1 auf den 30. April 1932 festgesetzt ist,

d) endlich auch Aufhebung des alten Tarifvertrags und Abschluß eines neuen Tarifvertrags.

Zwar fassen die §§ 2, 3 die den Tarifvertragsparteien zur Pflicht gemachten Änderungen als Bestandteil des früheren Tarifvertrags auf. Da die Parteien sowohl eine andere Laufzeit als die gesetzliche des § 1 als auch alle mit der Lohnregelung zusammenhängenden Tarifverträge (§ 4 Abs. II) abändern können, so steht einer Aufhebung des alten und einem gleichzeitigem Abschluß eines neuen Tarifvertrags durch freie Vereinbarung nichts im Wege. Doch sind die Parteien hierbei an das im § 2 bestimmte Maß der Lohnsenkung gebunden. Unzulässig ist aber ein Schlichtungsverfahren mit dem Zweck, den alten Tarifvertrag zu beseitigen und einen neuen Tarifvertrag abzuschließen. Eine Schlichtung ist nur in vertragsfreiem Raume zulässig; das Einschreiten der Schlichtungsbehörden würde hier einen Eingriff in einen bestehenden Tarifvertrag bedeuten (Hueck-Nipperdey, Lehrb. II S. 365; RAG. vom 22. Januar 1929, Bensh. Samml. V S. 271 u. a. m.). Nur in dem durch § 3 NotVO. bestimmten Rahmen hat das Gesetz einen Eingriff in den bestehenden Tarifvertrag durch ein besonders geartetes abgekürztes Schlichtungsverfahren gestattet.

Die Vereinbarung muß in der für Tarifverträge vorgeschriebenen Form (Schriftlichkeit und eigenhändige Unterzeichnung durch die Tarifvertragsparteien auf demselben Schriftstück) erfolgen. Unerheblich ist die Bezeichnung als Nachtrag, da diese Wirkung der Vereinbarung kraft Gesetzes beigelegt wird.

II. **Die zur Festsetzung der Lohnsätze bestimmte Frist** (19. Dezember 1931) ist keine Ausschlußfrist. Dieses ergibt sich aus der Fassung des § 4 Abs. I Satz 1, wonach der Schlichter die Lohn- und Gehaltssätze erst festsetzt, wenn sich die Tarifvertragsparteien nicht inzwischen geeinigt haben.

III. Wirkung bei fehlender Einigung.

Falls die Parteien sich nicht einigen, sei es weil sie über die Auslegung der Senkung nach § 2 verschiedener Ansicht sind, sei es weil sie bei Veränderung der Lohnberechnungsart auf Schwierigkeiten stoßen, muß eine Behörde die Lohnsätze feststellen. Hierzu hat das Gesetz den Schlichter bestimmt. Die Begriffsbestimmung des Schlichters ergibt sich aus der VO. vom 30. Oktober 1923 über das Schlichtungswesen. Nach § 2 Abs. I Satz 1 SchlVO. werden für größere Wirtschaftsbezirke vom Reichsarbeitsminister Schlichter (ständige Schlichter) bestellt. Daneben gibt es noch für jeweils einzelne Fälle besonders bestellte Schlichter (§ 2 Abs. I Satz 2 SchlVO.). Die Festsetzung der Lohnsenkung erfolgt grundsätzlich durch den ständigen Schlichter, dagegen, wenn der Geltungsbereich des Tarifvertrags den Bezirk des sonst örtlich zuständigen ständigen Schlichters überschreitet, durch einen vom Reichsarbeitsminister ernannten besonderen Schlichter.

Falls die Tarifvertragsparteien sich nicht geeinigt haben, müssen sie dieses dem örtlich zuständigen Schlichter, bei Überschreitung dessen Bezirks durch den Geltungsbereich des Tarifvertrags dem Reichsarbeitsminister anzeigen, der alsdann den besonderen Schlichter ernennt. Die Anzeige muß vor dem 19. Dezember 1931 erstattet werden, wenn schon vor diesem Zeitpunkt die Verhandlungen gescheitert sind, spätestens aber mit dem 20. Dezember, auch wenn die Verhandlungen noch nicht abgeschlossen sind, ohne daß sie gescheitert sind.

Die Verabsäumung der Anzeige hat für die Tarifvertragsparteien keinen Rechtsverlust zur Folge. Dem Sinn und Zweck der Verordnung entspricht ein Eingreifen des Schlichters von Amts wegen, wenn eine Einigung bis zum 19. Dezember 1931 nicht erfolgte. Sowohl mit der Anzeige als auch mit dem Eingreifen von Amts wegen wird das Verfahren vor dem Schlichter anhängig.

§ 4.

(1) In den Fällen des § 3 Abs. 2 setzt der Schlichter, falls die Tarifvertragsparteien sich nicht inzwischen

geeinigt haben, die Lohn- oder Gehaltssätze bindend gemäß den Vorschriften des § 2 fest. Dabei kann er Änderungen des Lohn- oder Gehaltssystems, die gegenüber dem für den 10. Januar 1927 geltenden Tarifvertrag eingetreten sind, angemessen berücksichtigen; in Fällen, in denen am 10. Januar 1927 kein Tarifvertrag bestand, kann er eine andere als die im § 2 Abs. 3 vorgesehene Regelung treffen, wenn ihm das mit Rücksicht auf den allgemeinen Stand der Löhne und Gehälter am 10. Januar 1927 wirtschaftlich und sozial unumgänglich erscheint.

(2) Zugleich mit der Festsetzung der Lohn- oder Gehaltssätze kann der Schlichter Bestimmungen aller zwischen den Parteien bestehenden Tarifverträge (Lohn-, Mantel- und anderer Tarifverträge), die nach seiner freien Überzeugung mit der Regelung der Löhne oder Gehälter im Zusammenhange stehen, in der gleichen Weise ändern wie die Parteien selbst. Für den Ablauf von Tarifverträgen, die auf Grund der Vorschrift des § 1 bis zum 30. April 1932 gelten, kann er einen späteren Zeitpunkt bestimmen, jedoch nicht über den 30. September 1932 hinaus.

(3) Alle von dem Schlichter auf Grund der Vorschriften der Abs. 1 und 2 getroffenen Regelungen gehen mit Wirkung vom 1. Januar 1932 in die einzelnen Tarifverträge als deren Bestimmungen ein.

I. Das Verfahren im allgemeinen.

Das Verfahren wird anhängig durch Anzeige der Parteien oder durch Eingreifen des Schlichters von Amts wegen. Es unterliegt keinem Formzwang. Nicht einmal die sonst bei der Verbindlichkeitserklärung von Schiedssprüchen zwingend vorgeschriebene Anhörung der Parteien (§ 24 der 2. AusfVO. zur SchlVO. vom 29. Dezember 1923) ist hier notwendig. Doch wird der Schlichter gehalten sein müssen, sich vor der Entscheidung durch schriftliche oder mündliche Anhörung der Tarifvertragsparteien über deren Auffassung Gewißheit zu verschaffen (so amtl. Verlautbarung). Die Unterlassung dieser Pflicht berührt nicht die Wirksamkeit der Entscheidung. Das Verfahren wird durch eine inzwischen erfolgte Einigung der Parteien oder durch die Entscheidung des Schlichters beendet. Eine Einigung der Tarifvertragsparteien macht das weitere Verfahren vor dem Schlichter unzulässig und damit auch seine Entscheidung nichtig.

II. Die Entscheidung des Schlichters.

Der Schlichter muß die Lohn- und Gehaltssätze nach Maßgabe der im § 2 bestimmten Senkung festsetzen. Eine Abweichung davon ist nur zulässig:

a) wenn sie durch die Änderung des seit dem 10. Januar 1927 eingetretenen Lohn- und Gehaltssystems notwendig geworden ist. Er soll diese Änderungen angemessen berücksichtigen. Änderungen des Lohn- und Gehaltssystems können sich beziehen auf Einteilung der Ortsklassen, der einzelnen Arbeitnehmergruppen, auf die Sozialzulagen, die Verteilung der Mehrarbeitszuschläge, die Änderung der Lohnberechnung u. a. m. Eine Änderung der Arbeitszeit kann zugleich eine Änderung des Lohnsystems bedeuten (z. B. wenn am 10. Januar 1927 die Arbeitszeit von der Baustelle aus gerechnet wurde, während heute dem Arbeitnehmer schon die Fahrzeit von der Werkstatt des Arbeitgebers ohne Rücksicht auf den tatsächlichen Zeitaufwand gerechnet wird);

b) im Falle des § 2 Abs. III, wenn am 10. Januar 1927 keine tarifliche Regelung bestand. Das Ermessen des Schlichters ist an die Feststellung gebunden, daß die Durchführung der Senkung um 10 bezw. 15 v. H. mit den am 10. Januar 1927 bestehenden allgemeinen Lohn- und Gehaltssätzen offenbar nicht zu vereinbaren ist (so amtl. Verlautbarung). Der Begriff der wirtschaftlichen und sozialen Unumgänglichkeit ist zunächst ein wirtschaftlicher, bindet aber den Schlichter an die am 10. Januar 1927 bestehenden allgemeinen Lohn- und Gehaltssätze.

Jahre 1931 [illegible] Dezember 1931 die Wahl rechtswirksam vollzogen wird, das Amt dieser Betriebsvertretung erst im Jahre 1932 beginnen würde, ist diese Wahl noch gültig. War aber eine Betriebsvertretung am 9. Dezember 1931 nicht mehr im Amt, d. h. war die Amtszeit von einem Jahr verstrichen, und aus irgendeinem Grunde (z. B. wegen Stillegung) keine neue Betriebsvertretung gewählt, so ist eine Neuwahl auch im Jahre 1932 zulässig. (Gr. Arb. Anthes in Bl. f. ArbR. 1932 vom 10. Januar 1932; ferner Betthoff in RABl. II 1931 S. 385.) Von besonderer Bedeutung ist die Verlängerung der Amtsdauer bei Wahlenthaltung der ganzen Arbeitnehmerschaft oder einer Gruppe (Arbeiterschaft oder Angestelltenschaft). Die Wahlenthaltung hat zur Folge, daß die Arbeitnehmerschaft, bezw. bei Wahlenthaltung nur einer Gruppe die beteiligte Gruppe (Arbeiter- oder Angestelltenschaft), für die Dauer der Amtsperiode das ihr nach BRG. gewährte Mitbestimmungsrecht verliert und erst nach Ablauf der Amtsperiode eine Neuwahl zulässig ist (RAM. vom 21. Februar 1922 in RABl. 1923 S. 7; Gew.Ger. Nürnberg vom 11. November 1925 in GKG. 1926 S. 60; Gew.Ger. Frankfurt a. M. vom 14. April 1926 in GKG. 31 S. 378; Flatow, Kommentar zum BRG. § 15 Bem. 3a). Hierauf bezieht sich die Verlängerung der Amtsdauer durch die NotVO. nicht. Denn diese will nur einen Wechsel der im Jahre 1932 noch amtierenden Betriebsvertretungen [illegible], nicht bei Fehlen einer Betriebsvertretung, wie etwa im Falle der Wiederaufnahme des Betriebs nach erfolgter Stillegung, die [illegible] der gesetzlichen Betriebsvertretung überhaupt [illegible], so daß in allen diesen Fällen eine Neuwahl im Jahre 1932 zulässig ist.

Die Entscheidungsbefugnis des Schlichters wird nach Abs. I in zweifacher Richtung [illegible]:

a) zusammen mit der Festsetzung der Lohn- und Gehaltssätze alle anderen tariflichen Regelungen, die mit diesen nach seiner freien Überzeugung im Zusammenhang stehen, ändern. Diese Änderungsbefugnis steht ihm kraft Gesetzes zu und setzt nicht einmal einen Antrag oder eine Anregung der Tarifvertragsparteien voraus. Notwendig ist der Zusammenhang. Deshalb bietet § 4 Abs. II keine Handhabe, die Arbeitszeit der Regelung der NotVO. vom 5. Juni 1931 anzupassen, die der Reichsregierung die Ermächtigung gab, die regelmäßige Arbeitszeit auf wöchentlich 40 Stunden herabzusetzen;

b) die Laufzeit der Tarifverträge, die nach § 1 am 30. April 1932 endet, bis zum 30. September 1932 zu verlängern.

III. Rechtswirkung der Entscheidung.

Nach Abs. I findet die Festsetzung der Lohn- und Gehaltssätze [illegible] die Tarifparteien. Dieselbe bindende Wirkung muß für die in Abs. II getroffenen Regelungen angenommen werden, da diese nach Abs. III mit Wirkung zum 1. Januar 1932 zum Inhalt des laufenden Tarifvertrags werden. Die Entscheidung des Schlichters ist unwirksam, soweit er gegen die in § 2 bestimmten ihn bindenden Lohnsenkungen verstößt. Insoweit unterliegt seine Entscheidung der unbeschränkten Nachprüfung durch das Arbeitsgericht. Mit Rücksicht auf die rechtliche Natur der Entscheidung des Schlichters als eines Verwaltungsaktes ist aber dem Gericht die Nachprüfung seiner Entscheidung entzogen, wenn es sich um die Nachprüfung seines Ermessens handelt. Das bedeutet, daß die Frage der angemessenen Berücksichtigung der Veränderung des Lohn- und Gehaltssystems, die Entscheidung im Falle des § 2 Abs. III in Verbindung mit § 4 Abs. I Satz 2 letzter Halbsatz sowie des Abs. III vom Arbeitsgericht nicht nachgeprüft werden kann. Das Gericht darf lediglich prüfen, ob bei der Entscheidung der Schlichter von seinem, wenn auch gebundenen Ermessen Gebrauch machen durfte. Nur bei Fehlen dieser Voraussetzung ist die gerichtliche Nachprüfung der Richtigkeit der Entscheidung zulässig.

IV. Rechtslage bis zur Entscheidung des Schlichters.

Hier ist zu unterscheiden zwischen der gebundenen Lohnsenkung und der Abänderungsbefugnis:

a) Tritt nach § 2 die Lohnsenkung kraft Gesetzes ein, ohne daß der Schlichter eine abweichende Entscheidung treffen darf, so hat die Einigung der Parteien oder die Entscheidung des Schlichters keinen konstitutiven Charakter. Die schriftliche Festlegung bedeutet nichts anderes als eine den Tarifvertragsparteien und dem Schlichter auferlegte Klarstellung, die die schon am 1. Januar 1932 eingetretene Lohnsenkung nicht berührt. Der Arbeitgeber ist deshalb auch ohne die Einigung der Parteien und ohne die Entscheidung des Schlichters berechtigt, dem Arbeitnehmer einen Abzug von 10 v. H. bezw. 15 v. H. vom 1. Januar 1932 ab zu machen.

b) In den anderen Fällen, wo der Schlichter zu Abweichungen der Lohnsätze oder zu Änderungen anderer tariflicher Vereinbarungen berechtigt ist, hat die Entscheidung konstitutiven Charakter. Doch legt das Gesetz der Entscheidung Rückwirkung zum 1. Januar 1932 bei (§ 4 Abs. III). Der Arbeitgeber darf hier dem Arbeitnehmer zwar den Abzug von 10 bezw. von 15 v. H. machen. Die Zahlung gilt hier nur als eine vorläufige, da die Höhe von der späteren Entscheidung des Schlichters abhängig ist. Andere Vertragsleistungen, auch wenn sie mit der Lohnsenkung in Zusammenhang stehen, muß er bis zur Entscheidung des Schlichters im bisherigen Umfang weitergewähren. Ändert die Entscheidung des Schlichters die Vertragsleistungen, z. B. beim Urlaub, zugunsten des Arbeitgebers ab, so kann er nach den Grundsätzen der ungerechtfertigten Bereicherung vom Arbeitnehmer Rückerstattung (§§ 812, 818 BGB.) verlangen.

§ 5.

(1) Die auf Grund der Vorschrift des § 3 Abs. 1 von den Tarifvertragsparteien in einem Nachtrag

festgelegten oder auf Grund der Vorschriften des § 4 durch den Schlichter bindend festgesetzten Änderungen eines allgemeinverbindlichen Tarifvertrags sind auf Antrag einer Tarifvertragspartei ohne die im § 4 Abs. 1 der Tarifvertragsverordnung in der Fassung vom 1. März 1928 (Reichsgesetzbl. I S. 47) vorgeschriebene Bekanntmachung mit Wirkung vom 1. Januar 1932 für allgemeinverbindlich zu erklären. Falls die Tarifvertragsparteien aus Anlaß der schriftlichen Festlegung des Nachtrags zum Tarifvertrage (§ 3 Abs. 1) mit der Änderung der Lohn- oder Gehaltssätze zusammenhängende Änderungen des Tarifvertrags im übrigen vorgenommen haben, können diese in der gleichen Weise für allgemeinverbindlich erklärt werden.

(2) Das abgekürzte Verfahren nach Abs. 1 gilt nicht für Anträge, die nach dem 15. Januar 1932 beim Reichsarbeitsminister eingehen, es sei denn, daß die Festsetzung des Schlichters nach dem 8. Januar 1932 erfolgt; in diesen Fällen genügt der Eingang innerhalb einer Woche nach der Festsetzung. Gehen Anträge nach dem 15. Januar 1932 beim Reichsarbeitsminister ein, so kann er einen späteren Zeitpunkt als den 1. Januar 1932 für den Beginn der allgemeinen Verbindlichkeit festsetzen.

Bei allgemein für verbindlich erklärten Tarifverträgen wirkt ein Nachtrag, der von den Tarifvertragsparteien in der Form des § 1 TVO. vereinbart ist, nur, wenn dieser ebenfalls für allgemeinverbindlich erklärt ist. Das Verfahren bei der Allgemeinverbindlichkeitserklärung ist wegen der im § 4 TVO. bestimmten Frist schwerfällig und deshalb für die von der NotVO. erstrebte beschleunigte Lohnsenkung ungeeignet. Nach §§ 3, 4 TVO. setzt die Allgemeinverbindlichkeitserklärung des Reichsarbeitsministers voraus:

a) einen Antrag einer Tarifvertragspartei, den Tarifvertrag für allgemeinverbindlich zu erklären,

b) die Bekanntmachung dieses Antrags und die Bestimmung einer Frist im Reichsarbeitsblatt, innerhalb deren Einwendungen erhoben werden müssen.

Erst nach Ablauf dieser Frist entscheidet der Reichsarbeitsminister unter Berücksichtigung der erhobenen Einwendungen über den Antrag.

Die NotVO. sieht deshalb von der Veröffentlichung des Antrags und der Fristbestimmung in folgenden Fällen ab:

a) in allen Fällen, in denen die Parteien des Tarifvertrags oder der Schlichter gemäß §§ 2—4 die Lohnsenkung vorgenommen haben,

b) in den Fällen, in denen die Parteien, nicht aber der Schlichter andere tarifliche Bestimmungen, die mit den Lohn- und Gehaltsbestimmungen im Zusammenhang stehen, geändert haben.

Sie setzt hierbei einen Antrag einer Tarifvertragspartei voraus, der

aa) bis zum 15. Januar 1932 beim Reichsarbeitsminister eingegangen ist,

bb) bei späterem Eingang, wenn der Schlichter erst nach dem 8. Januar 1932 die Entscheidung gefällt hat und binnen einer Woche seit der Festsetzung der Antrag beim Reichsarbeitsminister einging. Die Frist von einer Woche rechnet von der Verkündung der Entscheidung des Schlichters ab. In diesem Falle kann der Reichsarbeitsminister die Rückwirkung auf einen späteren Zeitpunkt als den 1. Januar 1932 bestimmen.

Für das abgekürzte Verfahren ist kein Raum, wenn der Schlichter Änderungen anderer Tarifbestimmungen, als wie sie gemäß § 4 Abs. II zulässig sind, vorgenommen hat, oder wenn bisher der Tarifvertrag überhaupt noch nicht allgemeinverbindlich war. Zweifelhaft erscheint die Rechtslage, wenn die Parteien sich erst nach dem 9. Januar 1932 geeinigt haben. Da die VO. eine Einigung noch zuläßt, selbst wenn das Verfahren vor dem Schlichter anhängig ist, entspricht es dem Sinn der VO., auch für diesen Fall das abgekürzte Verfahren zuzulassen.

III. Wirkung der Entscheidung des Reichsarbeitsministers.

Grundsätzlich wirkt die Änderung des Tarifvertrags auch für Außenseiter auf den 1. Januar 1932 zurück. Die Allgemeinverbindlichkeitserklärung hat deshalb nur konstitutive Wirkung, die gemäß § 5 kraft Zusammenhangs mit § 2 schon am 1. Januar 1932 eintritt, vorbehaltlich einer späteren Bestimmung, wenn der Antrag nach dem 15. Januar 1932 beim Reichsarbeitsminister eingegangen ist. Die nichttarifbeteiligten Arbeitnehmer werden hierdurch gegenüber den tarifbeteiligten begünstigt. Bis zur Entscheidung des Reichsarbeitsministers ist der Arbeitgeber berechtigt, dem Arbeitnehmer einen Abzug von 10 bezw. 15 v. H. zu machen. Die Zahlung gilt nur als eine vorläufige und hat deshalb dieselbe Wirkung wie in dem Fall, wo der Schlichter eine von § 2 abweichende Regelung wirksam getroffen hat.

§ 6.

Die Vorschriften der §§ 1 bis 5 gelten nicht für Arbeiter und Angestellte, die unter die Vorschriften des Siebenten Teils Kapitel VI dieser Verordnung fallen.

Hierunter fallen die Arbeiter und Angestellten des Reiches, der Länder, der Gemeinden und der Körperschaften des öffentlichen Rechts, ausgenommen wenn ein am 9. Dezember 1931 für die Privatwirtschaft geltender Tarif kraft Allgemeinverbindlichkeit auf das Arbeitsverhältnis zwischen der Behörde oder der öffentlich-rechtlichen Körperschaft und dem Arbeiter oder Angestellten Anwendung fand (7. Teil Kap. 6 § 8 Abs. I S. 2). Dieses ist z. B. der Fall, wenn ein staatliches oder kommunales Bauamt oder Tiefbauamt außerhalb des Rahmens der Unterhaltungsarbeiten, die es nur in Erfüllung der öffentlich-rechtlichen Unterhaltungspflicht ausführen läßt,

Arbeiten, mit denen sich das Bau-, Zimmerer-, Maurer-, Beton-, Eisenbeton- und Tiefbaugewerbe befaßt, zum Gegenstand und Mittelpunkt seiner betrieblichen Tätigkeit macht (RAG. Bensh. Samml. 6, 171, 455; 8, 498; 10, 341 u. a. m.).

Im übrigen vgl. Bemerkungen zu Titel VII Kap. 6 §§ 5—8

§ 7.

Der Reichsarbeitsminister ist ermächtigt, zur Durchführung dieses Kapitels Rechtsverordnungen und allgemeine Verwaltungsvorschriften zu erlassen.

§ 8.

Die Vorschriften dieses Kapitels treten mit dem Tage der Verkündung in Kraft.

Da das die NotVO. enthaltende RGBl. am 9. Dezember 1931 ausgegeben ist, tritt dieses Kapitel am 9. Dezember 1931 in Kraft.

Kapitel II.

Soziale Wahlen.

Die Reichsregierung wird ermächtigt, die Amtsdauer derjenigen Personen, die nach den Vorschriften des Betriebsrätegesetzes, der Reichsversicherungsordnung, des Angestelltenversicherungsgesetzes, des Reichsknappschaftsgesetzes oder des Schwerbeschädigtengesetzes in ein Ehrenamt gewählt sind und deren Amtsdauer spätestens mit dem Ende des Kalenderjahres 1932 durch Ablauf der Wahlzeit enden würde, um einen Zeitraum bis zu einem Jahre zu verlängern.

Diese Bestimmung steht im Zusammenhang mit den Vorschriften der NotVO., die eine Beruhigung des öffentlichen Lebens erstreben.

Als erste Ausführungsverordnung auf Grund der Ermächtigung ist die VO. des Reichsarbeitsministers über den Ausfall der Betriebsratswahlen im Jahre 1932 vom 14. Dezember 1931 (RGBl. 1931 I S. 753) ergangen:

Auf Grund der Vierten Verordnung des Reichspräsidenten zur Sicherung von Wirtschaft und Finanzen und zum Schutze des inneren Friedens vom 8. Dezember 1931, Sechster Teil Kapitel II (Reichsgesetzbl. I S. 699, 727), verordnet die Reichsregierung:

§ 1.

Die Amtsdauer der nach §§ 18, 19, 51, 54 des Betriebsrätegesetzes gewählten Mitglieder einer gesetzlichen Betriebsvertretung und der nach § 58 des Betriebsrätegesetzes gewählten Betriebsobmänner, die im Kalenderjahre 1932 durch Ablauf der Wahlzeit enden würde, verlängert sich um ein Jahr. Das gilt auch für die Mitglieder der nach § 61 des Betriebsrätegesetzes gebildeten Betriebsvertretungen. Es gilt nicht für die Mitglieder einer nach § 62 des Betriebsrätegesetzes gebildeten Vertretung der Arbeitnehmer.

§ 2.

Die Vorschriften des § 1 finden keine Anwendung, wenn im Falle der Wahl eines Betriebsrats das Wahlausschreiben (§§ 3, 25, 30 der Wahlordnung zum Betriebsrätegesetz) am 9. Dezember 1931 bereits erlassen war und der letzte Tag der Stimmabgabe vor dem 1. Januar 1932 liegt oder wenn im Falle der Wahl eines Betriebsobmanns die Wahl vor dem 1. Januar 1932 vollzogen wird.

I. Wirkung der Verlängerung.

Die Verlängerung der Amtszeit hat nur den Ausfall einer sonst im Jahre 1932 notwendig werdenden Wahl der Betriebsvertretung zur Folge. Sinkt aber die Belegschaft derart dauernd herunter, daß der Betrieb nicht mehr betriebsratspflichtig oder obmannspflichtig ist, so endet hier vorzeitig das Amt der Betriebsvertretung. Bleibt aber der Betrieb noch so stark, daß auf Grund des § 2 Abs. II BRG. ein Obmann gewählt werden muß, so wird die Notwendigkeit dieser Wahl von der NotVO. nicht beeinflußt. Dasselbe gilt auch, wenn an Stelle der gesetzlichen Betriebsvertretung gemäß § 62 BRG. eine tarifliche Betriebsvertretung zu wählen ist. Ebenso bleibt die Notwendigkeit einer Neuwahl infolge Todes, Niederlegung des Amts, Zustimmung zur Kündigung oder Absetzung (§ 39 BRG.) von der NotVO. unberührt.

Im einzelnen tritt die Verlängerung der Amtsperiode bei folgenden Betriebsvertretungen ein:

a) bei den Einzelbetriebsräten, den Arbeiterräten und den Angestelltenräten (§§ 18, 19 BRG.),
b) bei den an Stelle der Gesamtbetriebsräte errichteten gemeinsamen Betriebsräten (§ 51 BRG.),
c) bei den Gesamtbetriebsräten (§ 54 BRG.),
d) bei den Betriebsobleuten (§ 58 BRG.),
e) bei den Sondervertretungen für öffentliche Betriebe (§ 61 BRG.).

Die Wahl der tariflichen Betriebsvertretungen, die auf Grund eines allgemeinverbindlichen Tarifvertrags errichtet werden und nur wirksam sind, wenn der Errichtung oder der Tätigkeit der gesetzlichen Betriebsvertretung nach der Natur des Betriebs besondere Schwierigkeiten entgegenstehen (§ 62 BRG.), wird durch die NotVO. in Zusammenhang mit der AusfVO. (§ 1 Satz 3 AusfVO.) nicht hinausgeschoben.

II. Regelung für die Übergangszeit.

Der Ausfall der Wahlen tritt in den Betrieben ein, in denen die Amtszeit der Betriebsvertretung bis zum 31. Dezember 1932 ablaufen würde. Das hat praktisch dieselbe Bedeutung, als ob die im Jahre 1931 gewählte Betriebsvertretung auf zwei Jahre gewählt sei (so mit Recht Wallbach in „Arbeitgeber" 1932, 15). Grundsätzlich wird hiervon nur die bis ins Jahr 1932 hinein im Amte befindliche Betriebsvertretung, nicht aber die Betriebsvertretung, deren regelmäßige Amtszeit (§ 18 BRG.) noch im

Siebenter Teil.

Sicherung der Haushalte.

Erläutert von Rechtsanwalt Theodor Heilborn.

Kapitel I.

Umsatzsteuer.

Vorbemerkung.

1. Das Umsatzsteuergesetz wird in vier Punkten wesentlich verändert:

a) Einfuhr wird grundsätzlich besteuert, um den Nachteil der mit Umsatzsteuer vorbelasteten deutschen Erzeugung gegenüber den ausländischen, nicht mit Umsatzsteuer belasteten Waren auszugleichen, daher „Ausgleichsteuer". Regelung in § 1 Nr. 4 UmſStG. n. F.; Ausnahmen § 2 Nr. 1 a und b daſ. Steuersatz 2 v. H., bei Getreide usw. 0,85 v. H. oder bei Pauschalbelastung gleichartiger inländischer Erzeugnisse auch entsprechend höher (§§ 12, 12a Abſ. 2 daſ.). Behandlung wie Zoll (§ 15 Nr. 4, § 20 UmſStG. n. F., §§ 16, 30, 31 AO.).

b) Ausfuhrhändler erhält nur auf Antrag neben der bisherigen „Ausfuhrhändlervergütung" des § 4 Abſ. 1 UmſStG., wodurch ihm die den Umsatz an ihn belastende Umsatzsteuer (also die letzte Umsatzsteuer) erstattet wird, noch die „Ausfuhrvergütung" des § 4 Abſ. 2, wodurch ihm ferner die Vorbelastung der Gegenstände durch Umsatzsteuer (Phasenpauschale) vergütet wird.

c) Steuersatz erhöht von 0,85 v. H. auf 2 v. H., bei Großbetrieben von 1,35 v. H. auf 2½ v. H. Bei Getreide usw. ist der Steuersatz regelmäßig 0,85 v. H., bei Großbetrieben 1,35 v. H. (§ 12).

d) Ermächtigung zur Phasenpauschalierung (§ 12a), wonach einzelne, im regelmäßigen Wirtschaftsverkehr aufeinanderfolgende Umsätze zusammengefaßt und pauschal versteuert werden; z. B. bei Textilien, an deren Herstellung Spinnerei, Weberei, Färberei beteiligt sind, wird eine Fabrikationsstufe herausgegriffen, z. B. Weberei. Diese wird mit Umsatzsteuer in solcher Höhe belastet, daß Spinnerei und Färberei freigelassen werden können. Deren Umsatzsteuerpflicht ist also durch den erhöhten, von Weberei zu zahlenden Satz ausgeglichen.

2. Erhöhnng des Steuersatzes ab 1. Januar 1932. Sonst bestimmt Reichsfinanzminister Inkrafttreten.

§ 1.

Das Umsatzsteuergesetz in der Fassung der Bekanntmachung vom 8. Mai 1926 (Reichsgesetzbl. I S. 218), des Artikels VII des Gesetzes zur Änderung des Biersteuergesetzes vom 15. April 1930 (Reichsgesetzbl. I S. 137) und der Verordnung des Reichspräsidenten zur Sicherung von Wirtschaft und Finanzen vom 1. Dezember 1930, Dritter Teil Kapitel IV Artikel 4 § 6, Kapitel V § 1 und Fünfter Teil Artikel 4 (Reichsgesetzbl. I S. 579, 581 und 589) ist in folgender Fassung anzuwenden:

1. Im § 1 wird folgende Nr. 4 angefügt:

„4. das Einbringen von Gegenständen in das Inland (Ausgleichsteuer)."

1. Ausgleichsteuer wird durch Einbringen (in § 2 Nr. 2 UmsStG. n. F. Verbringen genannt) ausgelöst, also durch den

rein tatsächlichen Vorgang der Überschreitung der Staatsgrenze; Umsatzgeschäft braucht nicht mehr wie früher zugrunde liegen.

2. Einbringen bezieht sich nur auf Gegenstände, setzt also Transport von Sachen im Gegensatz zur Bewirkung von Leistungen voraus.

2. Im § 2 treten an die Stelle der Nr. 1 a bis c die folgenden Nr. 1 bis 4:

„1. a) das Einbringen von Gegenständen, für die ein im Tarif vorgesehener Zoll nach den Vorschriften des Zollrechts nicht zur Hebung gelangt oder, wenn ein solcher Zoll vorgesehen wäre, nicht zur Hebung gelangen würde. Der Reichsminister der Finanzen kann Abweichungen bestimmen;

b) das Einbringen bestimmter Roh- und Hilfsstoffe, die für die deutsche Erzeugung erforderlich sind und im Inland nicht oder in nicht ausreichender Menge erzeugt werden. Der Reichsminister der Finanzen bestimmt mit Zustimmung des Reichsrats und nach Anhörung eines Ausschusses des Reichswirtschaftsrats die nach Satz 1 steuerfreien Gegenstände (Freiliste 1).

Weitere Befreiungen des Einbringens finden nur nach Maßgabe des § 20 statt;

2. die auf die Lieferung oder das Verbringen in das Inland (Einfuhr) folgenden Lieferungen notwendiger Rohstoffe, Halberzeugnisse, Lebens- oder Futtermittel in oder aus dem gebundenen Verkehr oder in Fällen eines wirtschaftlichen Erfordernisses in oder aus bestimmten bevorrechtigten Gebieten oder besonders zugelassenen Lagern (verlängerte Einfuhr). Der Reichsminister der

Finanzen bestimmt mit Zustimmung des Reichsrats und nach Anhörung eines Ausschusses des Reichswirtschaftsrats die nach Satz 1 steuerfreien Gegenstände (Freiliste 2) und die Voraussetzungen, unter denen bestimmte Gebiete als bevorrechtigt angesehen oder besondere Lager zugelassen werden. Die Befreiung ist nur für Lieferungen im Großhandel zu gewähren, soweit die Herkunft der Gegenstände aus dem Ausland buchmäßig nachgewiesen und eine Bearbeitung oder Verarbeitung nicht oder nur in einem vom Reichsminister der Finanzen näher zu bestimmenden Umfang erfolgt ist;

3. die erste Lieferung nach der Lieferung in das Inland oder nach der verlängerten Einfuhr, wenn es sich um notwendige Rohstoffe, Halberzeugnisse, Lebens- oder Futtermittel handelt. Der Reichsminister der Finanzen bestimmt mit Zustimmung des Reichsrats und nach Anhörung eines Ausschusses des Reichswirtschaftsrats die nach Satz 1 steuerfreien Gegenstände (Freiliste 3). Die Befreiung ist nur für Lieferungen im Großhandel zu gewähren, soweit die Herkunft der Gegenstände aus dem Ausland buchmäßig nachgewiesen und eine Bearbeitung oder Verarbeitung nicht oder nur in einem vom Reichsminister der Finanzen näher zu bestimmenden Umfang erfolgt ist;
4. die Lieferung von Gegenständen in das Ausland (Ausfuhr), wenn die Herkunft und die Bestimmung der Gegenstände sichergestellt sind. Die näheren Bestimmungen trifft der Reichsminister der Finanzen mit Zustimmung des Reichsrats und nach Anhörung eines Ausschusses des Reichswirtschaftsrats. Die Lieferung an den ausführenden

Unternehmer gilt auch dann nicht als Ausfuhr, wenn der Lieferer im eigenen oder fremden Namen unmittelbar in das Ausland versendet."

Die bisherigen Nr. 2 bis 15 des § 2 werden Nr. 5 bis 19.

1. Die neuen Bestimmungen des § 2 Nr. 1a und b UmsSt.-StG. n. F. wurden durch die grundsätzliche Steuerpflicht der Einfuhr notwendig.

2. Von der Ausgleichsteuer sind nur befreit:

a) nach § 2 Nr. 1a UmsStG. n. F. zollfreie Gegenstände oder solche an sich zollpflichtige Gegenstände, die im besonderen Falle, z. B. kleinem Grenzverkehr, Meßverkehr, Reisegut, zollfrei sind,

b) nach § 2 Nr. 1b UmsStG. n. F. die in Freiliste 1 aufzunehmenden, für inländische Wirtschaft förderlichen Roh- und Hilfsstoffe,

c) nach § 20 UmsStG. n. F. Einbringen, insoweit sich dies aus der vom Reichsfinanzminister noch näher zu bestimmenden Anwendung der Zollvorschriften ergibt; z. B. der Bestimmung über Freibezirke.

3. Die Bestimmungen über verlängerte Einfuhr, jetzt § 2 Nr. 2, ferner über Anschlußeinfuhr (erster Umsatz nach Einfuhr oder nach verlängerter Einfuhr), jetzt § 2 Nr. 3, schließlich über Ausfuhr, jetzt § 2 Nr. 4, enthalten nur Fassungsänderungen der früheren Bestimmungen, schränken also die alten Befreiungen von der Umsatzsteuer nicht ein.

3. § 4 erhält folgende Fassung:

„§ 4.

(1) Weist ein Unternehmer nach, daß er im Inland erworbene oder in das Inland eingebrachte Gegenstände ohne Bearbeitung oder Verarbeitung in das Ausland geliefert hat, so kann ihm auf

Antrag ein Betrag zum Ausgleich der auf der Lieferung der Gegenstände an ihn oder auf ihrem Einbringen lastenden Steuer vergütet werden (Ausfuhrhändlervergütung).

(2) Unbeschadet der Ausfuhrhändlervergütung (Abs. 1) kann einem Unternehmer, der nachweist, daß er Gegenstände in das Ausland geliefert hat, auf Antrag ein Betrag bis zur Höhe der Steuer vergütet werden, die auf der Lieferung oder dem Einbringen der bei Erzeugung der Gegenstände verwendeten Bestandteile, Zubehörteile und Hilfsstoffe lastet (Ausfuhrvergütung).

(3) Der Reichsminister der Finanzen erläßt mit Zustimmung des Reichsrats und nach Anhörung eines Ausschusses des Reichswirtschaftsrats die näheren Bestimmungen über die Höhe der Vergütungen, über das Verfahren sowie darüber, was nicht als Bearbeitung oder Verarbeitung im Sinne des Abs. 1 anzusehen ist."

1. Nach § 4 UmsStG. n. F. „kann" dem Exporteur die Vergütung des Abs. 1 und Abs. 2 gewährt werden. Nach alter Fassung „vergütet ihm das Finanzamt" den Betrag. Trotzdessen hat wohl auch jetzt Exporteur einen verfolgbaren Anspruch auf Vergütung. Dies ergibt Abs. 3, wonach Reichsfinanzminister nur Höhe der Vergütung, Verfahren sowie Begriff der Be- und Verarbeitung bestimmen darf, nicht aber darüber, wann (bei Vorhandensein der übrigen Voraussetzungen) Finanzamt Vergütungen gewähren oder ablehnen kann. Bei Ermessen des Finanzamts würde dem Exporteur jede sichere Berechnung fehlen und die bezweckte Förderung des Außenhandels gefährdet sein. Wohl ebenso Hartmann in DStZ. 31, 485.

2. Steuerfrei ist Ausfuhr nur von körperlichen Sachen entsprechend bisheriger Praxis. Ihr muß Umsatzgeschäft zugrunde liegen im Gegensatz zur Einfuhr (Anm. 1 Nr. 1).

des Reichsministers der Finanzen ... erstmaligen Bestimmungen jeweilig allein in Kraft setzen. Das gleiche gilt für die Übergangsbestimmungen, für die aus § 1 sich ergebenden Änderungen der zum Umsatzsteuergesetz ergangenen Durchführungsbestimmungen, Ausführungsbestimmungen und sonstigen Verordnungen in ihren am Tage der Verkündung dieser Verordnung geltenden Fassungen, sowie für die Bestimmungen, die auf Grund der vorstehend in § 2 Nr. 1 erfolgten Änderungen der Reichsabgabenordnung ergehen.

§ 4.

(1) Die Vorschriften des § 1 Nr. 6, 7 und 9 sowie des § 2 dieses Kapitels treten am 1. Januar 1932, die übrigen Vorschriften des § 1 dieses Kapitels nach näherer Bestimmung des Reichsministers der Finanzen in Kraft.

(2) Die Steuersätze von zwei und zweieinhalb vom Hundert finden nur auf Umsätze Anwendung, bei denen sowohl die Vereinnahmung des Entgelts als auch die Leistung nach dem 31. Dezember 1931 liegen. Satz 1 und die entsprechende Vorschrift des Artikels VII § 2 Abs. 1 des Gesetzes zur Änderung des Biersteuergesetzes vom 15. April 1930 (Reichsgesetzbl. I S. 137) treten mit dem 30. Juni 1932 außer Kraft.

(3) Der Reichsminister der Finanzen ist ermächtigt zu bestimmen, daß die Ausgleichsteuer auch erhoben wird, soweit am Tage ihres Inkrafttretens das Einbringen der Gegenstände in das Inland bereits erfolgt ist, die Gegenstände sich aber noch nicht im freien Verkehr befinden.

4. § 8 Abs. 1 erhält folgende Fassung:

„(1) In den Fällen des § 1 Nr. 1 und 3 wird die Steuer von dem für die steuerpflichtige Leistung vereinnahmten Entgelt berechnet."

5. Nach § 8 wird folgender § 8a eingefügt:

„§ 8a

(1) Die Ausgleichsteuer wird von dem Erwerbspreis des Steuerschuldners oder, wenn der Erwerbspreis nicht nachgewiesen wird oder ein Erwerbspreis des Steuerschuldners nicht vorhanden ist, an dessen Stelle von dem Werte des eingebrachten Gegenstandes berechnet; maßgebend ist der Erwerbspreis oder Wert im Zeitpunkt der Entstehung der Steuerschuld. Dem Erwerbspreis oder Werte sind die bis zu diesem Zeitpunkt entstandenen Beförderungs-, Versicherungs-, Kommissions- und Verpackungskosten sowie der auf den Gegenstand entfallende Betrag an Zoll und Verbrauchsteuer (ausschließlich der Ausgleichsteuer) hinzuzurechnen, soweit sie nicht bereits in ihm enthalten sind.

(2) § 8 Abs. 8 findet entsprechende Anwendung.

(3) Der Reichsminister der Finanzen kann zum Zwecke der Berechnung der Ausgleichsteuer Durchschnittswerte für bestimmte Gegenstände oder Gruppen von Gegenständen festsetzen; diese Durchschnittswerte treten an die Stelle des im Abs. 1 genannten Erwerbspreises oder Wertes."

1. Neueingeführter § 8a UmsStG. beruht darauf, daß ausländischer Verkäufer regelmäßig für Steuer nicht erreichbar ist. Daher wird Ausgleichsteuer durch die Zollämter zusammen mit Zoll erhoben, und zwar, falls Erwerbspreis nicht nachweisbar

oder nicht vorhanden, vom Wert; z. B. bei Einbringen ohne zugrunde liegendes Lieferungsgeschäft. Deshalb auch § 15 Nr. 4 neu geschaffen: Ausgleichsteuer wird bei jedem einzelnen Einbringen erhoben und nicht nach Steuerabschnitt berechnet.

2. Nicht nur für die mit der Erhebung der Ausgleichsteuer zusammenhängenden Vorgänge, sondern auch für die Steueraufsicht und das Strafrecht sollen grundsätzlich die Zollvorschriften Anwendung finden (§ 20 Abs. 2 UmsStG. n. F.).

6. § 12 erhält folgende Fassung:

„§ 12.

(1) Die Steuer beträgt bei jedem steuerpflichtigen Umsatz zwei vom Hundert des Entgelts (§ 8) oder des Erwerbspreises oder Wertes (§ 8 a).

(2) Die Steuer ermäßigt sich bei Umsätzen von Getreide, von Mehl, Schrot oder Kleie aus Getreide sowie von daraus hergestellten Backwaren auf achtundeinhalb vom Tausend des Entgelts (§ 8) oder des Erwerbspreises oder Wertes (§ 8 a).

(3) Bei Unternehmen, deren Gesamtumsatz einschließlich des steuerfreien Umsatzes im jeweils vorangegangenen Steuerabschnitt 1 Million Reichsmark überstiegen hat, erhöht sich die Steuer für Umsätze der im Abs. 2 genannten Gegenstände auf dreizehnundeinhalb vom Tausend, für Umsätze sonstiger Gegenstände auf zweiundeinhalb vom Hundert, und zwar:

1. bei Unternehmen, die überwiegend im Einzelhandel umsetzen, für alle steuerpflichtigen Umsätze mit der Maßgabe, daß von den Umsätzen der im Abs. 2 nicht genannten Gegenstände der Betrag von 1 Million Reichsmark mit dem Steuersatz von zwei vom Hundert zu besteuern ist,

2. bei Unternehmen, die nicht überwiegend im Einzelhandel umsetzen, nur für die steuerpflichtigen Umsätze, die im Einzelhandel erfolgen oder bei denen die Sicherungsvorschriften (§ 161 Abs. 1 Nr. 2 Satz 2 der Reichsabgabenordnung) nicht innegehalten werden.

Der Reichsminister der Finanzen mit Zustimmung des Reichsrats bestimmt, was im Sinne dieser Vorschrift als Umsatz im Einzelhandel anzusehen ist, und ist ermächtigt, nähere Bestimmungen zur Durchführung dieser Vorschrift zu treffen. Bei Einführung der Phasenpauschalierung (§ 12 a) kann der Reichsminister der Finanzen die erhöhte Steuer aufheben und die Übergangsbestimmungen hierzu erlassen."

1. § 12 Abs. 2 UmsStG. n. F. ermäßigt die Steuer auf 0,85 v. H. bei „Umsätzen von Getreide, von Mehl, Schrot oder Kleie aus Getreide sowie von daraus hergestellten Backwaren". Der Reichsfinanzminister hat im Erlaß S 4212 vom 24. Dezember 1931 die darunter fallenden Waren aufgezählt, „vorbehaltlich abweichender Entscheidung der Rechtsmittelbehörde". Bindende Auslegung steht nämlich dem Reichsfinanzminister nach § 6 nicht zu.

2. Obiger Erlaß zählt zu den begünstigten Umsätzen von

a) Getreide: Getreide aller Art, also auch Futtergetreide, Buchweizen, Hirse, Mais und Dari;

b) Mehl: Mehl aus Getreide aller Art, auch Mischungen aus solchem Mehl, außerdem u. a. Futtermehl, Nachmehl sowie Kindermehl aus Weizenmehl mit Zusätzen (z. B. von Zucker, eingedickter Milch, Stärke, Kakaopulver, gemahlener Schokolade). Bei Verwendung von Zusätzen zum Mehl muß das Mehl aus Getreide den Hauptbestandteil bilden;

c) Backwaren: alle Gegenstände, die einem Backverfahren unterzogen werden und aus Mehl von Getreide bestehen, also außer Brot und Brötchen u. a. Kuchen, Einback, Zwieback, Keks. Die Mitverwendung sonstiger Gegenstände (z. B. von Milch, Butter, Eiern, Gewürzen, Zucker, Rosinen, Mandeln, Honig), auch solcher, die nicht für die Backfähigkeit erforderlich sind, ist zulässig, ohne Rücksicht auf das wert- oder mengenmäßige Verhältnis dieser mitverwendeten Bestandteile zu dem Mehl. Als Backware sind mithin auch anzusehen: Torten mit Früchten belegt oder gefüllt oder unter Zusatz von Kakaomasse oder Schokolade hergestellt, sowie z. B. Windbeutel mit Schlagsahne gefüllt.

Nicht zu den Gegenständen des § 12 Abs. 2 gehören u. a. Stroh, Häcksel, Flachs, Hanf, Malz, Malzkaffee, Roggenkaffee, Reis, Hülsenfrüchte (z. B. Bohnen, Erbsen, Linsen), Ölfrüchte und Sämereien (z. B. Raps, Rübsen, Leinsaat, Hanfsaat), Teigwaren sowie Grieß und die Erzeugnisse der Spezialmüllerei (z. B. Graupen, Grütze), Mehl oder Grieß aus Reis, Mehl aus Hülsenfrüchten, Stärke, Stärkemehl, Puder, Puddingpulver, Flocken.

3. Wird bei einheitlichem Lieferungsgeschäft über mehrere Gegenstände Backware mit abgegeben (z. B. Brot bei einem Mittagessen), so ist Gesamtentgelt mit 2 v. H. steuerpflichtig, sofern Backware der geringwertigere Teil ist. Vgl. obigen Erlaß.

4. Nur die reinen Warenumsätze sind begünstigt, nicht andere Leistungen. Entgelt für Mahlen im Werklohn ist z. B. mit 2 v. H. zu versteuern.

7. Hinter § 12 wird folgender § 12a eingefügt:

„§ 12a.

(1) Der Reichsminister der Finanzen kann mit Zustimmung des Reichsrats und nach Anhörung eines Ausschusses des Reichswirtschaftsrats für gewisse Gegenstände oder Gruppen von Gegenständen verbindlich bestimmen, daß nicht jeder steuerpflichtige Umsatz, sondern nur einzelne Umsätze, die im regelmäßigen Wirtschaftsablauf

mit dem Gegenstande, seinen Bestandteilen, Zubehörteilen, Vor- oder Nacherzeugnissen erfolgen, nach Maßgabe des Satzes 2 besteuert werden mit der Wirkung, daß die vorangegangenen oder folgenden Umsätze ganz oder zum Teil von der Steuer ausgenommen sind (Phasenpauschalierung). Die Besteuerung erfolgt auf der Grundlage der im § 12 Abs. 1 oder 2 genannten Hundertsätze mit einem Steuersatze, der nach der durchschnittlichen Zahl der in die Pauschalierung einbezogenen Umsätze unter Berücksichtigung der Höhe ihrer Entgelte tunlichst einheitlich für Gruppen von Gegenständen zu bemessen ist (Pauschsatz).

(2) Für die Ausgleichsteuer ist der Pauschsatz so zu bemessen, daß die Steuerbelastung der eingebrachten Gegenstände der Belastung der im Inland erzeugten Gegenstände, die gleicher Art sind oder gleichen Zwecken dienen, sowie der bei Erzeugung dieser Gegenstände verwendeten Bestandteile, Zubehörteile und Hilfsstoffe entspricht. In gleicher Weise ist der Pauschsatz für das Einbringen von Gegenständen zu bemessen, aus denen Gegenstände erzeugt werden oder die aus Gegenständen erzeugt worden sind, für deren Umsätze ein Pauschsatz nach Abs. 1 festgesetzt ist.

(3) Bei der Phasenpauschalierung kann, abweichend von den allgemeinen Vorschriften des Gesetzes, bestimmt werden, was als Lieferung (§§ 5, 6), als Entgelt (§ 8) und als Erwerbspreis oder Wert (§ 8 a) anzusehen und unter welchen Voraussetzungen der Steuerpflichtige berechtigt oder verpflichtet ist, die Steuer gesondert in Rechnung zu stellen (§ 11). Soweit es an ausreichenden Grundlagen für die Festsetzung der

Steuer fehlt oder die Festsetzung mit besonderen Schwierigkeiten oder Kosten verbunden ist, kann nach näherer Bestimmung des Reichsministers der Finanzen für einzelne Fälle oder für eine Mehrheit von einzelnen Fällen eine Abfindung der Steuer auf Grund einer Vereinbarung erfolgen (Abfindungsvereinbarung).

(4) Die nach Abs. 1, 2 und 3 Satz 1 getroffenen Bestimmungen sind in einem Verzeichnis (Phasenpauschalierungsverzeichnis) zusammenzufassen mit der Wirkung, daß die Gegenstände, die in dem Verzeichnis nicht aufgeführt sind, der Phasenpauschalierung nicht unterliegen."

8. Im § 15 wird folgender Abs. 4 angefügt:

„(4) Die Ausgleichsteuer wird für jeden einzelnen steuerpflichtigen Vorgang berechnet." |

9. Im § 17 Abs. 2 erhält die Nr. 3 folgende Fassung:

„3. die Trennung der Entgelte, je nachdem sie Umsätze betreffen, für welche verschiedene Steuersätze bestehen;".

10. Im § 17 wird nach Abs. 2 folgender neuer Abs. 3 eingefügt:

„(3) Für die Ausgleichsteuer hat der Steuerschuldner eine Erklärung über die Menge und Gattung sowie über den nach § 8a für die Berechnung der Steuer maßgebenden Erwerbspreis oder Wert abzugeben und diesen dabei nachzuweisen."

11. Im § 17 wird der bisherige Abs. 3 Abs. 4; in diesem werden nach dem Wort „Steuererklärung" die Worte eingefügt: „sowie für die Ausgleichsteuer

außerdem über den Zeitpunkt der Abgabe der Erklärung und über den Nachweis ihres Inhalts".

12. Der bisherige § 18 Abs. 2 wird § 19 Abs. 4; in ihm wird „§ 19" ersetzt durch „Abs. 1 bis 3".

13. Nach § 19 wird folgender § 20 eingefügt:

„§ 20.

(1) Im Sinne der Reichsabgabenordnung ist die Ausgleichsteuer eine Verbrauchsteuer.

(2) Bei der Ausgleichsteuer finden für die Entstehung der Steuerschuld und die Person des Steuerschuldners, für die Fälligkeit, die Erhebung, die Erteilung des Steuerbescheids und den Zahlungsaufschub, für die persönliche und dingliche Haftung, für die Steueraufsicht und das Strafrecht sowie für die Freibezirke die Vorschriften, die für Zölle gelten, sinngemäß Anwendung. Der Reichsminister der Finanzen kann darüber, inwieweit die für Zölle geltenden Vorschriften Anwendung finden, Anordnungen treffen, die von Satz 1 abweichen; solche Anordnungen sind sowohl zur Erweiterung als auch zur Einschränkung des Satzes 1 zulässig. Soweit die Vorschriften, die für Zölle gelten, sinngemäß anzuwenden sind, sind zollfreie Gegenstände ebenso wie zollpflichtige Gegenstände zu behandeln."

§ 2.

Die Reichsabgabenordnung vom 22. Mai 1931 (Reichsgesetzbl. I S. 161) ist in folgender Fassung anzuwenden:

1. Im § 16 werden

a) in Nr. 1 Buchstabe a hinter dem Worte „Verbrauchsteuergesetze" eingefügt die Worte „und des Umsatzsteuergesetzes";

b) in Nr. 1 Buchstabe b hinter dem Worte „Verbrauchsteuergesetzen" eingefügt die Worte „und dem Umsatzsteuergesetze";

c) in Nr. 1 Buchstabe c eingefügt: hinter den Worten „eine Verbrauchsteuer" die Worte „oder die Umsatzsteuer", hinter dem Wort „Verbrauchsteuergesetze" die Worte „oder des Umsatzsteuergesetzes", hinter den Worten „einer Verbrauchsteuer" die Worte „oder der Umsatzsteuer";

d) in Nr. 2 Buchstabe a hinter dem Worte „Verbrauchsteuergesetze" eingefügt die Worte „und des Umsatzsteuergesetzes";

e) in Nr. 2 Buchstabe b hinter dem Worte „Verbrauchsteuern" eingefügt die Worte „und die Umsatzsteuer";

f) in Nr. 2 Buchstabe c hinter dem Worte „Verbrauchsteuern" eingefügt die Worte „und für die Umsatzsteuer".

2. Im § 30 wird dem Abs. 1 folgender Satz hinzugefügt:

„Dies gilt nicht für Finanzämter, denen es obliegt, die Umsatzsteuer auf das Einbringen (Ausgleichsteuer) zu verwalten."

3. Im § 31 Abs. 1 Nr. 3 werden hinter dem Worte „Umsatz;" eingefügt die Worte „dies gilt nicht für die Umsatzsteuer auf das Einbringen (Ausgleichsteuer);".

§ 3.

Soweit im § 1 der Reichsminister der Finanzen ermächtigt ist, Bestimmungen nur mit Zustimmung des Reichsrats oder nach Anhörung eines Ausschusses

(4) Der Vergütungsanspruch des Ausfuhrhändlers nach § 4 des Umsatzsteuergesetzes beträgt noch achtundeinhalb oder dreizehnundeinhalb vom Tausend, wenn

a) bei Geltendmachung des Vergütungsanspruchs nach vereinnahmten Entgelten die Vereinnahmung des Entgelts für den Umsatz in das Ausland,

b) bei Geltendmachung des Vergütungsanspruchs nach Lieferungen die Lieferung in das Ausland

vor dem 1. April 1932 erfolgt.

1. Die Erhöhung des Steuersatzes und die Ermächtigung zur Phasenpauschalierung treten am 1. Januar 1932 in Kraft. Wichtig ist die Übergangsvorschrift des Abs. 2, daß in der Zeit vom 1. Januar bis 30. Juni 1932 nur in den Fällen erhöhte Umsatzsteuer zu zahlen ist, bei denen sowohl die Leistung (also insbesondere die Lieferung) als auch die Vereinnahmung des Entgelts nach dem 1. Januar 1932 fallen. Wenn also entweder Leistung oder Zahlung vor dem 1. Januar 1932 geschieht, gelten die alten Umsatzsteuersätze. Für nach dem 30. Juni 1932 vereinnahmte Entgelte stets erhöhte Steuer ohne Rücksicht auf Zeit der Leistung.

2. Vereinnahmung des Entgelts liegt vor, wenn der Empfänger über Entgelt nach wirtschaftlicher Auffassung als Verkehrsgut verfügen kann (RFH. in JW. 1931, 373[41]), also erforderlich Gutschrift auf Bankkonto, Empfang von Wechseln. Ungenügend ist Absendung des Geldes, da bis zur Ankunft Empfänger dieses nicht verwerten kann.

3. Leistung liegt vor, sobald Verkäufer das zur Lieferung Erforderliche getan hat, so daß ihm zivilrechtlich Anspruch auf Entgelt zusteht (Popitz S. 667). Nicht entscheidend § 5 UmſStG., der nur Unterschied zwischen Lieferung und sonstiger Leistung bestimmt (RStBl. 29, 592).

4. Aufhebung von Art. VII § 2 Abs. 1 BiersteuerÄndG. bewirkt, daß für Leistungen, die vor dem 1. April 1930 erfolgten, das Entgelt zu dem alten Satz von 0,75 v. H. nur dann zu ver-

steuern ist, wenn es bis 30. Juni 1932 vereinnahmt wird. Für nach dem 1. Juli 1932 vereinnahmte Entgelte stets erhöhte Steuer, ohne Rücksicht auf Zeit der Leistung.

5. Um alten ermäßigten Steuersatz zu erhalten, getrennte Buchung der Entgelte für frühere Leistungen notwendig (§ 161 Abs. 1 Nr. 2 AO.).

§ 5.

(1) Ist für eine Leistung aus einem Vertrag, der vor dem Tage der Verkündung dieser Verordnung abgeschlossen worden ist, die Umsatzsteuer nach den Sätzen von zwei und zweiundeinhalb vom Hundert zu entrichten, so ist der Empfänger der Leistung mangels abweichender Vereinbarung verpflichtet, dem Unternehmer einen Zuschlag zum Entgelt zu gewähren, der der durch diese Verordnung erfolgten Erhöhung der auf die Leistung entfallenden Umsatzsteuer entspricht; der Preiszuschlag bildet keinen Grund zur Vertragsaufhebung.

(2) Bei der Durchführung der Phasenpauschalierung kann der Reichsminister der Finanzen eine dem Abs. 1 entsprechende Regelung treffen. Er kann außerdem bestimmen, daß der Unternehmer, dessen Umsätze infolge der Phasenpauschalierung ganz oder zum Teil von der Steuer ausgenommen sind, verpflichtet ist, einen der Steuersenkung entsprechenden Preisnachlaß zu gewähren; ferner ist er ermächtigt, entgegenstehende Vereinbarungen für nichtig zu erklären.

1. Die Erhöhung um 1,15 v. H. kann bei Verträgen, die bis zum 8. Dez. einschl. geschlossen sind, ausnahmsweise offen auf den Leistungsempfänger abgewälzt werden, wenn Leistung und Empfang des Entgelts nach dem 1. Januar 1932 erfolgen.

2. Abwälzung abdingbar und kein Grund zur Vertragsaufhebung.

3. Wird für den bei Phasenpauschale von der Umsatzsteuer befreiten Unternehmer durch Reichsfinanzminister Preisnachlaß in Höhe der ersparten Umsatzsteuer angeordnet, so ist Anspruch des Käufers auf diesen Nachlaß unabdingbar. Ausnahme nur zulässig, wenn beide Parteien den erwarteten Nachlaß bereits im Preis berücksichtigt haben (ebenso Popitz S. 970).

§ 6.

Der Reichsminister der Finanzen ist ermächtigt, mit Zustimmung des Reichsrats den Wortlaut des Umsatzsteuergesetzes neu bekanntzumachen, und zwar unter neuer (fortlaufender) Paragraphenfolge und unter dem Datum des Tages der Bekanntmachung. Dabei können überholte Vorschriften weggelassen, auch Umstellungen und solche Änderungen vorgenommen werden, die nur die Fassung betreffen oder zur Ausräumung von Unstimmigkeiten dienen oder sich aus einer Änderung des bisherigen Rechtes ergeben. Soweit in Gesetzen oder Verordnungen des Reichs, der Länder, Gemeinden oder Gemeindeverbände auf Vorschriften des Umsatzsteuergesetzes verwiesen ist, erstrecken sich diese Verweisungen auf die entsprechenden Vorschriften der neuen Fassung.

Kapitel II.

Vorauszahlungen bei der Einkommensteuer und Körperschaftsteuer.

Die am 10. April 1932 zu entrichtenden Vorauszahlungen auf die Einkommensteuer und Körperschaftsteuer (§ 95 des Einkommensteuergesetzes vom 10. August 1925, in der Fassung des Gesetzes vom 31. März 1926, Reichsgesetzbl. I S. 185, § 24 des Körperschaftsteuergesetzes vom 10. August 1925, Reichsgesetzbl. I S. 208) sind bereits am 10. März 1932 zu entrichten. Die später fällig werdenden Vorauszahlungen auf die Einkommensteuer und Körperschaftsteuer sind jeweils statt am 10. Tage nach Ablauf eines Kalendervierteljahrs bereits im Laufe des Kalendervierteljahrs zu entrichten. Der Reichsminister der Finanzen ist ermächtigt, den Zeitpunkt der Vorauszahlungen zu bestimmen und die Vorschrift des § 95 des Einkommensteuergesetzes dementsprechend neu zu fassen.

Kapitel III.

Reichsfluchtsteuer und sonstige Maßnahmen gegen die Kapital- und Steuerflucht.

Erster Abschnitt.

Reichsfluchtsteuer.

Vorbemerkung.

1. Die ReichsfluchtsteuerVO. will vermögende Abgewanderte zur Rückkehr nach Deutschland bewegen; daher drakonische Bestimmungen: 25 v. H Vermögensabgabe nach dem Stande vom 1. Januar 1928 ohne Rücksicht auf die zwischenzeitige Entwertung, Zahlungsfrist von einem Monat, bei Nichtzahlung Beschlagnahme des Inlandsvermögens und öffentlicher Verruf.

2. Unberührt bleiben § 14 VermStG.: Fortzahlung der Vermögensteuer bis zum 31. März des Rechnungsjahres, in welchem Auswanderung erfolgt; ferner § 103 EinkStG.: Sicherheitsleistung für Abschlußzahlung.

3. Ähnliche Maßnahmen bestimmte Gesetz gegen Steuerflucht (RGBl. 1918, 951; 1919, 583).

§ 1.

Personen, die am 31. März 1931 Angehörige des Deutschen Reichs gewesen sind und in der Zeit nach

dem 31. März 1931 und vor dem 1. Januar 1933 ihren inländischen Wohnsitz oder ihren gewöhnlichen Aufenthalt im Inland aufgegeben haben oder aufgeben, haben eine Reichsfluchtsteuer zu entrichten.

Voraussetzungen der Steuerpflicht sind:

a) deutsche Staatsangehörigkeit am 31. März 1931 und inländischer Wohnsitz oder Aufenthalt vor dem 1. Januar 1928 (§ 2 Nr. 2). Juristische Personen kommen also nicht in Betracht;

b) Übersiedlung ins Ausland zwischen 1. April 1931 und 1. Januar 1933 derart, daß weder Wohnsitz noch gewöhnlicher Aufenthalt im Inland beibehalten wird. Wohnsitz: Innehaben einer Wohnung unter Umständen, die auf die Absicht der Beibehaltung einer solchen schließen lassen (§ 80 AO.), nicht identisch mit Wohnsitz des § 7 BGB. Gewöhnlicher Aufenthalt: dort, wo man sich unter Umständen aufhält, die auf die Absicht schließen lassen, an diesem Orte oder in diesem Lande nicht nur vorübergehend zu verweilen (§ 81 AO.). — Unerheblich vorübergehender Aufenthalt im Ausland, z. B. Universitätsbesuch, Lehrlingsausbildung, im Gegensatz zur Annahme einer bezahlten Stellung zwecks Lebensunterhalt (RFM.Erl. S 1915. 2 III) vom 18. Dezember 1931;

c) Vermögen muß am 1. Januar 1928 oder am 1. Januar 1931 200 000 RM oder Einkommen muß in einem der letzten drei Steuerabschnitte 20 000 RM überstiegen haben (§ 2 Nr. 4).

§ 2.

Von der Reichsfluchtsteuer sind befreit:

1. Auslandsbeamte (§ 2 Nr. 2 des Einkommensteuergesetzes); die Ehefrau und die minderjährigen Kinder (§ 23 Abs. 2 des Einkommensteuergesetzes) eines Auslandsbeamten sind von der Reichsflucht-

steuerbefreit, wenn sie zur Haushaltung des Auslandsbeamten zählen;

2. Personen, die erst nach dem 31. Dezember 1927 einen Wohnsitz im Inland begründet oder ihren gewöhnlichen Aufenthalt im Inland genommen haben;
3. Personen, denen das Landesfinanzamt bescheinigt hat, daß die Aufgabe des inländischen Wohnsitzes oder des gewöhnlichen Aufenthalts im Inland in deutschem Interesse liegt oder aus Gründen erfolgt, die volkswirtschaftlich gerechtfertigt sind. Das Landesfinanzamt kann die Bescheinigung nur dann ausstellen, wenn der Antrag auf Erteilung der Bescheinigung gestellt wird:
   a) für Personen, die in der Zeit nach dem 31. März 1931 und vor dem Inkrafttreten der Vorschriften über die Reichsfluchtsteuer ihren inländischen Wohnsitz oder ihren gewöhnlichen Aufenthalt im Inland aufgegeben haben, spätestens bis zum Ablauf eines Monats nach dem Inkrafttreten der Vorschriften über die Reichsfluchtsteuer;
   b) für Personen, die seit dem Inkrafttreten der Vorschriften über die Reichsfluchtsteuer und vor dem 1. Januar 1933 ihren inländischen Wohnsitz oder ihren gewöhnlichen Aufenthalt im Inland aufgeben, spätestens bis zur Aufgabe des inländischen Wohnsitzes oder des gewöhnlichen Aufenthalts im Inland.

Bescheinigung des Landesfinanzamts ist durch rechtzeitige Antragstellung bedingt und hemmt nicht Zahlungsfrist des § 5;

wenn ... belegt ...

3. Sicherheitsbescheid bezieht sich nur auf Einkommen- und Vermögensteuer und ist vollstreckbar ohne Innehaltung der im § 326 Abs. 4 AO. bestimmten Schutzfrist von einer Woche seit Bekanntgabe. Dagegen sind die Rechtsmittel des § 229 AO. gegeben (Einspruch, Berufung, Rechtsbeschwerde).

(1) Einen Steuerbescheid über die Reichsfluchtsteuer zu erteilen, ist das Finanzamt nur dann verpflichtet, wenn der Steuerpflichtige dies besonders beantragt.

(2) Für die Zugrundelegung des zuletzt festgestellten Gesamtvermögens (§ 3 Abs. 2 Satz 1) macht es keinen Unterschied, ob es sich um eine vorläufige oder um eine endgültige, um eine rechtskräftige oder um eine noch nicht rechtskräftige Feststellung handelt. Jede Änderung der Feststellung bewirkt eine Änderung der Reichsfluchtsteuer. Soweit nach § 3 Abs. 3 eine Hinzurechnung zum Gesamtvermögen zu erfolgen hat, sind die hinzuzurechnenden Beträge,

1. soweit ihr Wert festgestellt ist, mit diesem Wert anzusetzen;
2. soweit ihr Wert nicht festgestellt ist, mit dem geschätzten Wert anzusetzen. Hierbei ist der Schätzung des Werts von Gesellschaftsanteilen (§ 3 Abs. 3 Nr. 1) der Stand an dem für die Feststellung des Gesamtvermögens maßgebenden Stichtag zugrunde zu legen und die Schätzung des Werts eines Erwerbes von Todes wegen oder auf Grund einer Schenkung unter Lebenden (§ 3 Abs. 3 Nr. 2) den nach dem Erbschaftsteuergesetzes maßgebenden Stichtag (Todestag, Tag der Ausführung der Schenkung usw.) unter entsprechender

falls nicht Stundung gewährt wird. Nur Allgemeininteresse für Landesfinanzamt maßgebend. Rücksichtnahme auf persönliche Verhältnisse wie nach § 21 des alten Gesetzes nicht vorgesehen (Vorbem. 3).

4. Personen, die weder am 1. Januar 1928 noch am 1. Januar 1931 steuerpflichtiges Vermögen von mehr als 200 000 RM gehabt und die außerdem weder in dem Steuerabschnitt, der im Kalenderjahr 1931 endigt, noch in den beiden vorangegangenen Steuerabschnitten steuerpflichtiges Einkommen von mehr als 20 000 RM gehabt haben. Ein Anteil an einer inländischen offenen Handelsgesellschaft, Kommanditgesellschaft oder ähnlichen Gesellschaft des Handelsrechts, bei der die Gesellschafter als Unternehmer (Mitunternehmer) anzusehen sind, wird dem Vermögen des Gesellschafters hinzugerechnet. Wenn Ehegatten oder wenn Eltern und Kinder (§ 23 Abs. 2 des Einkommensteuergesetzes) zusammen veranlagt worden sind oder zusammen zu veranlagen sind, so kommt es für die Anwendung der Befreiungsvorschrift (Satz 1) darauf an, welches steuerpflichtige Vermögen die Ehegatten zusammen oder welches steuerpflichtige Einkommen die Ehegatten zusammen oder die Eltern und Kinder zusammen gehabt haben; geht dieses Vermögen oder Einkommen über die im Satz 1 bezeichneten Grenzen hinaus, so findet die Befreiungsvorschrift (Satz 1) auf keine der Personen Anwendung, die an dem Vermögen oder Einkommen beteiligt waren oder beteiligt sind. Die Befreiungsvorschrift (Satz 1) findet ferner keine Anwendung auf Personen, die zwar weder am 1. Januar 1928 noch am 1. Januar 1931 steuerpflichtiges Vermögen

von mehr als 200 000 RM gehabt haben, deren steuerpflichtiges Vermögen nach dem Stande vom 1. Januar 1931 aber unter Hinzurechnung eines nach dem 31. Dezember 1930 und vor der Aufgabe des inländischen Wohnsitzes oder des inländischen gewöhnlichen Aufenthalts eingetretenen Erwerbes den Betrag von 200 000 RM überschritten hat, vorausgesetzt, daß es sich um einen Erwerb von Todes wegen oder auf Grund einer Schenkung unter Lebenden handelt.

Vermögens- und Einkommensberechnung für Freigrenze:

a) Für Freigrenze sind (anders nach § 3 für Steuerbetrag) tatsächliches Vermögen und Einkommen maßgebend; also sind verschwiegene Beträge hinzuzurechnen, auch die von der Amnestie ergriffenen.

b) Offene Handelsgesellschaften, Kommanditgesellschaften und dergl. werden nach § 44 Abs. 2 Nr. 3 RBewG. zur Vermögensteuer besonders veranlagt. Da also Beteiligung an ihnen nicht im Vermögensteuerbescheid des Gesellschafters erscheint, ist Hinzurechnung besonders verfügt.

c) Ebenso ist erbschaftssteuerpflichtiger Erwerb, der nach dem 31. Dezember 1931 bis zur Auswanderung anfällt, hinzuzurechnen.

d) Bei Ehegatten, die nicht dauernd getrennt leben, werden nach § 22 EinkStG. Einkommen und nach § 68 RBewG. Vermögen zusammengerechnet. Bei Eltern und Kindern wird nur einzelnes Einkommen der Kinder, nach § 23 EinkStG. nicht Vermögen zusammengerechnet. Übersteigt bei zusammen veranlagten Familienmitgliedern die Zusammenrechnung entweder des Vermögens oder des Einkommens die Freigrenze, dann unterliegt, wenn auch nur ein Familienmitglied auswandert, dieses der Reichsfluchtsteuer (Berechnung nach § 3). Der Reichsfinanzminister bestimmt im Erlaß vom 18. Dezember 1931 — S 1915. 2 III — entgegen dem Wortlaut Ausnahme bei Auswanderung von Kindern, deren Einkommen unter Freigrenze gelegen hat. Beispiel des Reichsfinanzministers:

Ein Sohn, der 2000 RM Zinsen jährlich bezogen hat, ist 1930 mit seinen Eltern zusammen veranlagt worden. Die Eltern hatten ein eigenes Einkommen von 19 000 RM, so daß sie infolge der Haushaltsveranlagung ein Einkommen von insgesamt 21 000 RM versteuert haben. Zum 1. Juli 1931 erhält der Sohn eine Stellung im Auslande.

Dieser Fall soll nicht getroffen werden. — Zweifelhaft, ob der Reichsfinanzminister nach § 13 derartige Ausnahmen allgemein bestimmen kann. Steuerpflicht ist gegeben, wenn die Eltern mit dem Sohne oder auch ohne ihn auswandern.

e) Nicht geregelt ist der Fall, wenn der zurückgebliebene Ehegatte vor dem 1. Januar 1933 dem ausgewanderten Ehegatten nachfolgt.

§ 3.

(1) Als Reichsfluchtsteuer ist ein Betrag in Höhe eines Viertels des gesamten steuerpflichtigen Vermögens (Abs. 2 bis 4) zu entrichten.

(2) Als gesamtes steuerpflichtiges Vermögen im Sinne des Abs. 1 gilt das durch den Vermögensteuerbescheid festgestellte Gesamtvermögen, gegebenenfalls unter Hinzurechnung der im Abs. 3 bezeichneten Beträge. Maßgebend ist der letzte Vermögensteuerbescheid, den der Steuerpflichtige vor Aufgabe seines inländischen Wohnsitzes oder seines gewöhnlichen Aufenthalts im Inland erhalten hat.

(3) Dem Gesamtvermögen sind hinzuzurechnen:

1. sofern der Steuerpflichtige an dem für die Feststellung des Gesamtvermögens maßgebenden Stichtag an einer inländischen offenen Handelsgesellschaft, Kommanditgesellschaft oder ähnlichen Ge-

sellschaft des Handelsrechts, bei der die Gesellschafter als Unternehmer (Mitunternehmer) anzusehen sind, beteiligt war, der Wert des Anteils an dieser Gesellschaft;

2. sofern der Steuerpflichtige in der Zeit von dem für die Feststellung des Gesamtvermögens maßgebenden Stichtag ab bis zur Aufgabe des inländischen Wohnsitzes oder des inländischen gewöhnlichen Aufenthalts von Todes wegen oder auf Grund einer Schenkung unter Lebenden Vermögen von mehr als 10 000 RM erworben hat, der Wert dieses Erwerbes.

(4) Besteht das Gesamtvermögen aus dem zusammengerechneten Vermögen von Ehegatten, so ist, falls nur ein Ehegatte der Reichsfluchtsteuer unterliegt, der Berechnung der Steuer nur der Anteil dieses Ehegatten am Gesamtvermögen zugrunde zu legen.

(5) Wenn Ehegatten beide der Reichsfluchtsteuer unterliegen, so haften sie für die Reichsfluchtsteuer als Gesamtschuldner.

1. Steuerbetrag (nicht Freigrenze des § 2) bestimmt sich nach dem Vermögensteuerbescheid, welcher dem Steuerpflichtigen vor dem Wegzug zuletzt zugestellt worden ist. Es ist unerheblich, ob dieser Bescheid richtig ist. Verschwiegenes Vermögen kommt erst dann in Betracht, wenn Bescheid dadurch geändert wird (§ 8 Abs. 2). Von Amnestie ergriffenes Vermögen führt wegen der Steuerfreiheit zu keiner Neufeststellung. Unerheblich ist, ob Bescheid rechtskräftig ist (§ 8 Abs. 2).

2. Wegen der hinzuzurechnenden Vermögensbestandteile zum letzten Bescheid vgl. Anmerkung zu § 2 Nr. 4 b und c. Wertbemessung der Hinzurechnungen regelt § 8 Abs. 2.

3. Wenn nur ein Ehegatte auswandert, muß Vermögen für den Auswandernden besonders errechnet werden.

§ 4.

Die Steuerschuld entsteht:

1. für Steuerpflichtige, die in der Zeit nach dem 31. März 1931 und vor dem Inkrafttreten der Vorschriften über die Reichsfluchtsteuer ihren inländischen Wohnsitz oder ihren gewöhnlichen Aufenthalt im Inland aufgegeben haben:
   mit dem Inkrafttreten der Vorschriften über die Reichsfluchtsteuer;
2. für Steuerpflichtige, die seit dem Inkrafttreten der Vorschriften über die Reichsfluchtsteuer und vor dem 1. Januar 1933 ihren inländischen Wohnsitz oder ihren gewöhnlichen Aufenthalt im Inland aufgeben:
   mit der Aufgabe des inländischen Wohnsitzes oder des gewöhnlichen Aufenthalts im Inland.

1. Steuerschuld entstand für diejenigen, die bis 9. Dezember 1931 einschließlich ausgewandert sind, am 10. Dezember 1931, für die später Auswandernden entsteht sie am Tage der Auswanderung.

2. Entstehung der Steuerschuld wichtig wegen Strafbestimmung in § 9 Nr. 1.

§ 5.

(1) Die Reichsfluchtsteuer wird ihrem vollen Betrage nach fällig:

1. für Steuerpflichtige, die in der Zeit nach dem 31. März 1931 und vor dem Inkrafttreten der Vorschriften über die Reichsfluchtsteuer ihren inländischen Wohnsitz oder ihren gewöhnlichen Aufenthalt im Inland aufgegeben haben:
   einen Monat nach dem Inkrafttreten der Vorschriften über die Reichsfluchtsteuer;

2. für Steuerpflichtige, die seit dem Inkrafttreten der Vorschriften über die Reichsfluchtsteuer und vor dem 1. Januar 1933 ihren inländischen Wohnsitz oder ihren gewöhnlichen Aufenthalt im Inland aufgeben:

mit der Aufgabe des inländischen Wohnsitzes oder des gewöhnlichen Aufenthalts im Inland.

(2) Die Reichsfluchtsteuer ist bis zum Zeitpunkt der Fälligkeit an das Finanzamt, das bisher für den Steuerpflichtigen zuständig war, zu entrichten, ohne daß es einer besonderen Anforderung der Steuer bedarf.

§ 6.

(1) Wird die Reichsfluchtsteuer nicht bis zum Zeitpunkt der Fälligkeit gezahlt, so ist für jeden auf den Zeitpunkt der Fälligkeit folgenden angefangenen halben Monat ein Zuschlag in Höhe von fünf vom Hundert des Rückstandes zu zahlen.

(2) Für die Berechnung des Zuschlags gilt als halber Monat ein Zeitraum von fünfzehn Tagen (wenn ein halber Monat im Februar beginnt: ein Zeitraum von vierzehn Tagen). Hat ein Monat einunddreißig Tage, so wird der einunddreißigste Tag, hat der Februar neunundzwanzig Tage, so wird der neunundzwanzigste Tag nicht gerechnet.

(3) Verzugszinsen werden für rückständige Reichsfluchtsteuer nicht erhoben.

§ 7.

(1) Die Verpflichtung, die Reichsfluchtsteuer (§ 3) nebst Zuschlägen (§ 6) zu entrichten, fällt weg, wenn der Steuerpflichtige binnen zwei Monaten, von der Entstehung der Steuerschuld (§ 4) ab gerechnet, dem

Finanzamt nachweist, daß er wieder einen Wohnsitz im Inland begründet oder seinen gewöhnlichen Aufenthalt im Inland genommen hat. Den Nachweis (Satz 1) kann der Steuerpflichtige zum Beispiel dadurch führen, daß er innerhalb der Frist (Satz 1) dem Finanzamt eine polizeiliche Bescheinigung über die Wiederanmeldung eines inländischen Wohnsitzes vorlegt. Eine Verlängerung der Frist (Satz 1) ist nicht zulässig.

(2) Ein Steuerpflichtiger, der den im Abs. 1 bezeichneten Nachweis erbracht hat, kann innerhalb der nächsten fünf Jahre den Steuerbehörden und den Steuergerichten gegenüber nicht geltend machen, daß er seinen inländischen Wohnsitz oder seinen gewöhnlichen Aufenthalt im Inland aufgegeben habe. Durch Sicherheitsbescheid, der wie ein Steuerbescheid vollstreckbar (auch vorläufig vollstreckbar) und im Berufungsverfahren (§ 229 der Reichsabgabenordnung) anfechtbar ist, kann das Finanzamt verlangen, daß der Steuerpflichtige für die in den nächsten fünf Jahren zu entrichtende Einkommensteuer und Vermögensteuer Sicherheit leistet, wenn ein erheblicher Teil des dem Steuerpflichtigen gehörigen Vermögens sich im Ausland befindet oder wenn sonstige Gründe vorliegen, aus denen der rechtzeitige Eingang der Steuern gefährdet erscheint; auf die Vollstreckung des Sicherheitsbescheids findet der § 326 Abs. 4 der Reichsabgabenordnung keine Anwendung.

1. Bereits Ausgewanderte müssen bis 10. Februar 1932 nicht nur wieder hier Wohnsitz oder Aufenthalt begründet haben (Anm. b zu § 1), sondern darüber hinaus dem Finanzamt auch Nachweis hierfür erbracht haben, um Steuerfreiheit zu erlangen. Fristverlängerung ausdrücklich ausgeschlossen.

2. Nach Abs. 2 müssen die zurückgekehrten Steuerpflichtigen für die nächsten fünf Jahre Steuern wie Inländer zahlen, selbst

Anwendung der Bewertungsgrundsätze des Erbschaftsteuergesetzes vorzunehmen.

In den Fällen der vorstehenden Nr. 1 finden Satz 1, 2, in den Fällen der vorstehenden Nr. 2 findet Satz 2 entsprechende Anwendung. Satz 3 Nr. 2 gilt entsprechend für die Ermittlung des Vermögens des der Reichsfluchtsteuer unterliegenden Ehegatten (§ 3 Abs. 4).

(3) Eine Mitwirkung des Steuerausschusses findet in keinem Falle statt.

(4) Auch wenn ein Steuerbescheid erteilt wird, gelten für den Eintritt der Fälligkeit und für die Verpflichtung zur Zahlung lediglich die Vorschriften der §§ 5, 6.

(5) Der § 326 Abs. 4 der Reichsabgabenordnung findet bei der Beitreibung der Reichsfluchtsteuer keine Anwendung.

(6) Schriftstücke, die die Reichsfluchtsteuer (einschließlich der darauf entfallenden Zuschläge, Strafen und Kosten) betreffen und für den Steuerpflichtigen bestimmt sind (zum Beispiel Steuerbescheide über die Reichsfluchtsteuer), kann das Finanzamt oder die sonstige mit der Angelegenheit befaßte Behörde durch einfachen Brief dem Steuerpflichtigen an seine letzte, der Behörde bekanntgewordene Anschrift zusenden; ein Schriftstück gilt mit der Aufgabe zur Post als zugestellt, selbst wenn es als unbestellbar zurückkommt.

1. Erlaß des Steuerbescheides ist Voraussetzung für etwa vom Betroffenen gemäß § 229 AO. einzulegende Rechtsmittel (Einspruch), Berufung, Rechtsbeschwerde).

2. Steuerschuld und Fälligkeit sind von Erteilung des Steuerbescheides nicht abhängig (Abs. 4).

3. Steuerpflichtiger trägt die Gefahr für richtige Bewertung der Hinzurechnung nach § 3 Abs. 3.

§ 9.

Wenn der Steuerpflichtige binnen zwei Monaten, von der Entstehung der Steuerschuld (§ 4) ab gerechnet, weder die gesamte Reichsfluchtsteuer (§ 3) nebst Zuschlägen (§ 6) entrichtet noch dem Finanzamt nachweist, daß er wieder einen Wohnsitz im Inland begründet oder seinen gewöhnlichen Aufenthalt im Inland genommen hat, so treten die folgenden Wirkungen ein:

1. Der Steuerpflichtige wird wegen Steuerflucht mit Gefängnis nicht unter drei Monaten bestraft. Neben der Freiheitsstrafe ist auf Geldstrafe zu erkennen. Der Höchstbetrag der Geldstrafe ist unbeschränkt. Bestrafung tritt nicht ein, wenn der Steuerpflichtige nachweist, daß ihn kein Verschulden trifft. Die Steuerflucht ist eine Steuerzuwiderhandlung im Sinne der Reichsabgabenordnung. Sind die Voraussetzungen des § 276 der Strafprozeßordnung gegeben, so finden die §§ 278 bis 284 der Strafprozeßordnung Anwendung.

Der Steuerpflichtige muß gegenüber dem durch Nichtzahlung und Nichterweisbarkeit der Rückkehr geschaffenen Vermutungstatbestand sein Nichtverschulden beweisen, abweichend von sonstiger strafrechtlicher Regelung. Beispiel für Nichtverschulden: Keine Kenntnis von der ReichsfluchtsteuerVO. (bei Aufenthalt im entfernten Ausland; jedoch Fahrlässigkeit gegeben, wenn Steuerpflichtiger von der Möglichkeit, sich zu unterrichten, keinen Gebrauch macht), Unmöglichkeit rechtzeitiger Rückkehr (Krankheit, weite Reise), Unmöglichkeit der Zahlung (Vermögensverlust). Letzterenfalls dürfte Verschulden anzunehmen sein, wenn Rückkehr möglich. — Da Vergehen als Steuerzuwiderhandlung (§ 392 AO.) bezeichnet wird, sind die materiellen und prozessualen Strafvorschriften der AO. anwendbar. — Öffentliche Klage gegen Abwesende bereits nach § 473 AO. zulässig. Ausschaltung des § 277 StPO. ermöglicht Verurteilung zu Freiheitsstrafe.

2. Das Finanzamt erläßt gegen den Steuerpflichtigen einen Steuersteckbrief. Der Steuersteckbrief enthält die Aufforderung, den Steuerpflichtigen, falls er im Inland betroffen wird, vorläufig festzunehmen und ihn unverzüglich dem Amtsrichter des Bezirks, in welchem die Festnahme erfolgt, vorzuführen. Der Steuersteckbrief ist aufzuheben, sobald sein Grund weggefallen ist.
3. Das Finanzamt belegt das Vermögen des Steuerpflichtigen, soweit es sich im Inland befindet, mit Beschlag. Die Beschlagnahme des Vermögens dient zur Sicherung der Ansprüche auf Reichsfluchtsteuer, Geldstrafe, Zuschläge und Kosten. Die Ansprüche auf Geldstrafe und Kosten des Strafverfahrens fallen auch dann unter die Sicherung, wenn die Strafe noch nicht verhängt worden ist; die Sicherung erstreckt sich auch auf die Zuschläge für die zukünftige Zeit. Die Beschlagnahme des Vermögens ist aufzuheben, sobald ihr Grund weggefallen ist.

Bekanntmachung der Beschlagnahme im Reichsanzeiger (Nr. 4 Abs. 2) entzieht dem Steuerpflichtigen das Recht, über das im Inland befindliche Vermögen (nicht Auslandsvermögen) unter Lebenden zu verfügen (§ 380 Abs. 2 AO.). Trotzdessen vorgenommene Rechtsgeschäfte sind nur Steuerfiskus gegenüber unwirksam (§§ 136, 135 BGB.). Gutgläubige Dritte geschützt nach § 135 Abs. 2 BGB. und § 10 Abs. 1 RFlStVO. Während § 932 Abs. 2 BGB. nur bei grober Fahrlässigkeit den guten Glauben ausschließt, genügt nach § 10 Abs. 1 jede Fahrlässigkeit.

4. Das Finanzamt gibt den Steuersteckbrief (Nr. 2) und die Vermögensbeschlagnahme (Nr. 3) öffentlich bekannt. Einer besonderen Bekanntgabe (Zustellung) an den Steuerpflichtigen bedarf es nicht. Mit der Bekanntmachung (Satz 1) wird die Ver-

mögensbeschlagnahme wirksam. Die Bekanntmachung (Satz 1) soll die Überschrift „Steuersteckbrief und Vermögensbeschlagnahme" tragen und die folgenden Angaben enthalten:

a) Vor- und Zuname des Steuerpflichtigen, seinen bisherigen inländischen und (wenn möglich) auch seinen jetzigen ausländischen Wohnort;

b) den rückständigen Betrag an Reichsfluchtsteuer;

c) die Angabe, seit wann die Reichsfluchtsteuer fällig ist;

d) die vom Finanzamt erlassene Verfügung, durch die das inländische Vermögen des Steuerpflichtigen beschlagnahmt worden ist;

e) das Verbot an alle natürlichen und juristischen Personen, die im Inland einen Wohnsitz, ihren gewöhnlichen Aufenthalt, ihren Sitz, ihre Geschäftsleitung oder Grundbesitz haben, Zahlungen oder sonstige Leistungen an den Steuerpflichtigen zu bewirken;

f) die Aufforderung an die unter Buchstabe e bezeichneten Personen, dem Finanzamt innerhalb eines Monats Anzeige über die dem Steuerpflichtigen zustehenden Forderungen und sonstigen Ansprüche zu machen;

g) einen Hinweis auf die Rechtsfolgen, die nach § 10 eintreten, wenn dem unter Buchstabe e bezeichneten Verbote zuwidergehandelt oder der unter Buchstabe f bezeichneten Aufforderung nicht Folge geleistet wird;

h) die Aufforderung, den Steuerpflichtigen, sofern er im Inland betroffen wird, vorläufig festzunehmen und ihn unverzüglich dem Amtsrichter des Bezirks, in welchem die Festnahme erfolgt, vorzuführen;

i) die Bezeichnung des Finanzamts, das die Bekanntmachung erläßt; der Name des Beamten, der die Verfügung gezeichnet hat, braucht nicht in die Bekanntmachung aufgenommen zu werden.

Die Bekanntmachung geschieht durch einmaliges Einrücken in den Reichsanzeiger. In der gleichen Weise werden die Aufhebung des Steuersteckbriefs und die Aufhebung der Beschlagnahme bekanntgemacht. Die Kosten der Bekanntmachungen trägt der Steuerpflichtige.

5. Neben der in Nummer 4 bezeichneten öffentlichen Bekanntmachung erfolgt noch eine besondere Bekanntgabe an die Beamten des Polizei- und Sicherheitsdienstes, an die Beamten des Steueraußendienstes und des Zollfahndungsdienstes sowie an die anderen Beamten der Reichsfinanzverwaltung, die zu Hilfsbeamten der Staatsanwaltschaft bestellt sind. Dies kann zum Beispiel durch Einrücken in das Kriminalpolizeiblatt oder in sonstige geeignete Blätter geschehen.

Die Aufforderung zur Anmeldung nach Ziff. f ist durch Strafdrohung verstärkt (§ 10 Abs. 5).

§ 10.

(1) Wenn nach der öffentlichen Bekanntmachung (§ 9 Nr. 4) eine natürliche oder juristische Person, die im Inland einen Wohnsitz, ihren gewöhnlichen Aufenthalt, ihren Sitz, ihre Geschäftsleitung oder Grundbesitz hat, zum Zwecke der Erfüllung an den Steuerpflichtigen eine Leistung bewirkt, so ist hier-

durch der Leistende dem Reiche gegenüber nur dann befreit, wenn er beweist, daß er zur Zeit der Leistung keine Kenntnis von der Beschlagnahme gehabt hat und daß ihn auch kein Verschulden an der Unkenntnis trifft. Eigenem Verschulden steht das Verschulden eines Vertreters gleich (zum Beispiel das Verschulden eines Hausverwalters, den ein ausländischer Eigentümer eines inländischen Hausgrundstücks bestellt hat).

(2) Erkennt das Finanzamt nicht an, daß jemand durch eine Leistung, die er nach der öffentlichen Bekanntmachung an den Steuerpflichtigen bewirkt hat, dem Reiche gegenüber befreit worden ist, so steht gegen den Bescheid des Finanzamts das Berufungsverfahren nach § 229 der Reichsabgabenordnung offen; der Rechtsweg vor den ordentlichen Gerichten ist ausgeschlossen.

(3) Die Beitreibung gegen den, der durch die an den Steuerpflichtigen bewirkte Leistung dem Reiche gegenüber nicht befreit worden ist, erfolgt im Verwaltungszwangsverfahren nach den Vorschriften der Reichsabgabenordnung.

(4) Rechtshandlungen, die nach der Entstehung der Steuerschuld und vor der öffentlichen Bekanntgabe der Beschlagnahme vorgenommen worden sind, können als dem Reiche gegenüber unwirksam vom Finanzamt angefochten werden; durch Rechtsverordnung gemäß § 13 kann der Reichsminister der Finanzen nähere Bestimmungen treffen (insbesondere auch darüber, ob und inwieweit die Vorschriften der §§ 29 ff. der Konkursordnung sinngemäße Anwendung finden).

(5) Wer die im § 9 Nr. 4 Satz 4 Buchstabe f bezeichnete Anzeigepflicht vorsätzlich oder fahrlässig nicht erfüllt, wird, sofern nicht der Tatbestand der Steuerhinterziehung oder der Steuergefährdung (§§ 396, 402

der Reichsabgabenordnung) erfüllt ist, wegen Steuerordnungswidrigkeit (§ 413 der Reichsabgabenordnung) bestraft.

1. Abs. 1 bezieht sich auf Rechtshandlungen nach Bekanntmachung; Abs. 4 bezieht sich auf Rechtshandlungen seit Entstehung der Steuerschuld (§ 4) bis zur Bekanntmachung.

2. Wegen Zeitpunkts, von welchem ab die Beschlagnahme wirksam und daher Zahlungen an Ausgewanderte nicht mehr geleistet werden dürfen, vgl. Anmerkung zu § 9 Nr. 3.

3. Das in Abs. 4 vorgesehene Anfechtungsrecht ist in Durchführungsbestimmungen vom 28. Dezember 1931 (RGBl. 1932 I 1) geregelt. Anfechtung innerhalb Jahresfrist seit Veröffentlichung der Beschlagnahme im Reichsanzeiger zulässig. Finanzamt erläßt an Leistungsempfänger (Anfechtungsgegner) den Anfechtungsbescheid, dessen Zustellung gemäß § 8 Abs. 6 RFlStVO. sehr erleichtert ist (§§ 3, 4, 5 DurchfBest.). — Anfechtung analog §§ 31, 32 KO. ist zulässig, wenn dem Anfechtungsgegner die Absicht des Steuerpflichtigen, Vermögensgegenstände der Beschlagnahme zu entziehen, bekannt war, oder wenn es sich um unentgeltliche Verfügungen handelt, abgesehen von gebräuchlichen Gelegenheitsgeschenken. Ist Anfechtungsgegner ein naher Verwandter, so muß er die Nichtkenntnis der Absicht nachweisen (§ 2 DurchfBest.). Der Anfechtungsgegner haftet nur in Höhe des gemeinen Wertes des Empfangenen (Haftsumme) (§ 4 DurchfBest.). Anfechtungsbescheid sofort vollstreckbar und beitreibbar im Verwaltungszwangsverfahren. Rechtsmittel gegen ihn nur wie gegen einen Steuerbescheid vor den Finanzbehörden (§§ 8 und 7 DurchfBest.; § 229 AO.).

Durchführungsbestimmungen zur Reichsfluchtsteuer.

Vom 28. Dezember 1931.

§ 1.

(1) Nach § 10 Abs. 4 der Vorschriften über die Reichsfluchtsteuer können Rechtshandlungen, die nach der Entstehung der Steuerschuld und vor der öffentlichen Bekanntgabe der Beschlag-

nahme vorgenommen worden sind, als dem Reiche gegenüber unwirksam vom Finanzamt angefochten werden.

(2) Für diese Anfechtung gelten die Vorschriften der §§ 2 bis 9.

§ 2.

Die Anfechtung ist zulässig,

1. wenn dem anderen Teile bei Vornahme der Rechtshandlung die Absicht des Steuerpflichtigen, durch die Rechtshandlung Vermögensstücke der Beschlagnahme zu entziehen, bekannt war; oder
2. wenn die Rechtshandlung gegenüber dem Ehegatten des Steuerpflichtigen, einem seiner oder seines Ehegatten Verwandten in auf- oder absteigender Linie, einem seiner oder seines Ehegatten voll- oder halbbürtigen Geschwister oder dem Ehegatten einer dieser Personen vorgenommen ist, sofern der andere Teil nicht beweist, daß ihm zur Zeit der Vornahme der Rechtshandlung die Absicht des Steuerpflichtigen, Vermögensstücke der Beschlagnahme zu entziehen, nicht bekannt war; oder
3. wenn der Steuerpflichtige unentgeltlich verfügt hat, sofern es sich nicht um gebräuchliche Gelegenheitsgeschenke handelt.

§ 3.

Die Anfechtung ist nur bis zum Ablauf eines Jahres zulässig, gerechnet von der öffentlichen Bekanntgabe der Vermögensbeschlagnahme ab.

§ 4.

(1) Wer durch die anfechtbare Handlung etwas aus dem Vermögen des Steuerpflichtigen erlangt hat, haftet dem Reich auf Grund der Anfechtung als Gesamtschuldner neben dem Steuerpflichtigen.

(2) Die Haftung (Abs. 1) reicht bis zur Höhe des Betrages, der dem gemeinen Werte des Gegenstands entspricht, den der Haftende durch die anfechtbare Rechtshandlung erlangt hat (Haftsumme).

(3) Für die Ermittlung des Wertes ist der Zeitpunkt maßgebend, zu dem die anfechtbare Rechtshandlung vorgenommen worden ist.

§ 5.

(1) Die Anfechtung erfolgt durch Bescheid des Finanzamts (Anfechtungsbescheid). In dem Anfechtungsbescheid ist auch die Haftsumme (§ 4 Abs. 2) festzustellen.

(2) Der Anfechtungsbescheid richtet sich gegen den, der durch die angefochtene Rechtshandlung Vermögensgegenstände erlangt hat (Anfechtungsgegner).

§ 6.

(1) Der Anfechtungsbescheid ist dem Anfechtungsgegner zuzustellen.

(2) Wenn der Anfechtungsgegner im Inlande weder einen Wohnsitz noch seinen gewöhnlichen Aufenthalt hat, noch dem Finanzamt einen inländischen Vertreter benannt hat, so findet auf die Zustellung an den Anfechtungsgegner der § 8 Abs. 6 der Vorschriften über die Reichsfluchtsteuer entsprechende Anwendung.

§ 7.

Gegen den Anfechtungsbescheid steht das Berufungsverfahren nach § 229 der Reichsabgabenordnung offen; der Rechtsweg vor den ordentlichen Gerichten ist ausgeschlossen.

§ 8.

(1) Auf Grund des Anfechtungsbescheids kann das Finanzamt die Haftsumme bei dem Anfechtungsgegner beitreiben.

(2) Die Beitreibung (Abs. 1) geschieht im Verwaltungszwangsverfahren nach den Vorschriften der Reichsabgabenordnung; jedoch findet der § 326 Abs. 4 der Reichsabgabenordnung keine Anwendung.

(3) Die Vollstreckung des Anfechtungsbescheids wird nicht dadurch aufgehalten, daß gegen den Anfechtungsbescheid ein Rechtsmittel eingelegt wird.

§ 9.

Die Vorschriften der §§ 1 bis 8 treten mit Wirkung vom 10. Dezember 1931 ab in Kraft.

§ 11.

(1) Wird ein Steuerpflichtiger, gegen den ein Steuersteckbrief im Reichsanzeiger veröffentlicht worden ist (§ 9 Nr. 4), im Inland betroffen, so ist jeder Beamte des Polizei- und Sicherheitsdienstes, des Steueraußendienstes und des Zollfahndungsdienstes sowie jeder andere Beamte der Reichsfinanzverwaltung,

der zum Hilfsbeamten der Staatsanwaltschaft bestellt ist, verpflichtet, den Steuerpflichtigen vorläufig festzunehmen.

(2) Der Festgenommene ist unverzüglich dem Amtsrichter des Bezirks, in welchem die Festnahme erfolgt ist, vorzuführen. Die Vorschriften der §§ 128, 129 der Strafprozeßordnung finden Anwendung mit folgenden Ergänzungen.

(3) Der Amtsrichter, dem der Festgenommene vorgeführt wird, verlangt von dem Festgenommenen den Nachweis, daß er entweder die Reichsfluchtsteuer (§ 3) nebst Zuschlägen (§ 6) inzwischen entrichtet oder den im § 7 Abs. 1 bezeichneten Nachweis fristgerecht dem Finanzamt erbracht hat. Kann der Steuerpflichtige dem Amtsrichter weder die Entrichtung der Reichsfluchtsteuer noch die Erfüllung der im § 7 Abs. 1 bezeichneten Voraussetzungen nachweisen, so hat ihn der Amtsrichter, sofern er nicht Haftbefehl erläßt, der Polizei zu übergeben. Die Polizei nimmt den Steuerpflichtigen auf Grund dieser Vorschrift in Polizeihaft. Die Polizeihaft endigt nur dann, wenn entweder nachträglich ein richterlicher Haftbefehl gegen den Steuerpflichtigen erlassen wird oder wenn das Gericht über die dem Steuerpflichtigen zur Last gelegte Steuerflucht entschieden hat oder wenn auf Antrag der Polizei das Finanzamt mit Genehmigung des Landesfinanzamts die Freilassung des Steuerpflichtigen anordnet.

(4) Ausnahmen von den Vorschriften der Abs. 1 bis 3 sind in keinem Falle zulässig.

§ 12.

Die Reichsfluchtsteuer fließt ausschließlich dem Reiche zu.

Nr. 8. Einkünfte aus der Beteiligung an inländischem Handelsgewerbe als stiller Gesellschafter.

Erhöhter Steuertarif tritt in Kraft mit Beginn des im Kalenderjahr 1932 endenden Steuerabschnitts, also regelmäßig mit dem 1. Januar 1932 (3. Abschn. Abs. 1).

6. Im § 68 werden zwischen den Worten „Kapitalertrag" und „erhoben" eingefügt die Worte: „oder nach § 88 a durch Steuerabzug von beschränkt steuerpflichtigen Einkünften".

7. Hinter dem § 88 wird unter der Überschrift: „2 a. Steuerabzug von beschränkt steuerpflichtigen Einkünften." der folgende § 88 a eingefügt:

„§ 88 a.

Der Reichsminister der Finanzen ist ermächtigt, anzuordnen, inwieweit bei beschränkt steuerpflichtigen Einkünften im Sinne des § 3 Abs. 2 die Steuer im Wege des Steuerabzugs zu erheben ist. Die Finanzämter können auch anordnen, daß die Höhe des Steuerabzugs nach Lage des einzelnen Falles festgesetzt und dem Schuldner die Abführung des entsprechenden Steuerbetrags auferlegt wird."

Der neueingefügte § 88 a beruht darauf, daß in der Mehrzahl der Fälle von den regelmäßig sich im Auslande aufhaltenden Steuerschuldnern die Steuer nur bei Erhebung an der inländischen Quelle, also durch Steuerabzug, wie bisher bei Kapitalerträgnissen, zu erhalten sein wird.

§ 3.

Das Körperschaftsteuergesetz vom 10. August 1925 (Reichsgesetzbl. I S. 208) ist in folgender Fassung anzuwenden:

§ 13.

Zur Durchführung der Vorschriften über die Reichsfluchtsteuer kann der Reichsminister der Finanzen Rechtsverordnungen und allgemeine Verwaltungsanordnungen erlassen.

Dritter Abschnitt.

Sonstige Maßnahmen gegen die Kapital- und Steuerflucht.

Vorbemerkung.

Gegen Kapital- und Steuerflucht werden folgende Maßnahmen ergriffen:

a) Leitende Angestellte werden trotz Aufenthalts im Ausland unbeschränkt einkommensteuer- und vermögensteuerpflichtig; Änderung des § 81 AO.

b) Ausländer müssen auch Gewinne aus Veräußerung von Gewerbebetrieben und Beteiligungen, Verpachtung nicht eingetragener Rechte, im Inland verwerteter Berufsarbeit versteuern, [illegible] Änderung des § [illegible] Änderung des § 81 Nr. 2 [illegible] EStG.

c) Ausländer unterliegen auch mit dinglich gesichertem Kapitalvermögen der Vermögensteuer; Änderung des § 65 RBewG. und § 3 VermStG.

d) Unbeschränkte Erbschaftsteuerpflicht derjenigen, welche nach dem 31. März 1931 die deutsche Staatsangehörigkeit aufgegeben haben; Änderung des § 8 Abs. 1 ErbStG.

§ 1.

Die Reichsabgabenordnung vom 22. Mai 1931 (Reichsgesetzbl. I S. 161) ist in folgender Fassung anzuwenden:

I. Der § 81 erhält folgende Fassung:

In § 21 Nr. 3d werden die Worte: „Einkünfte der in § 3 Abs. 2 Nr. 4 bis 11 des Einkommensteuergesetzes bezeichneten Art" ersetzt durch die Worte: „der in § 3 Abs. 2 Nr. 6 bis 8 des Einkommensteuergesetzes bezeichneten Art".

1. Bisher waren die ausländischen Erwerbsgesellschaften (Sitz und Ort der Leitung im Ausland) gegenüber den inländischen Erwerbsgesellschaften im Steuertarif begünstigt, indem sie von den im § 3 Abs. 2 Nr. 4 bis 11 EinkStG. aufgeführten Einkünften nur 10 v. H. statt 20 v. H. Körperschaftsteuer zu zahlen brauchten. Entsprechend [illegible] natürliche Personen [illegible] ermäßigung auf 10 [illegible] gewährt bei [illegible] Kapitaleinkünften des § 3 Abs. 2 EinkStG.:

Nr. 6. Zinsen aus Hypotheken und dergl. dinglich gesicherten Rechten,

Nr. 7. Dividenden, Zinsen, sonstige Erträgnisse aus Beteiligungen,

Nr. 8. Einkünfte aus stiller Gesellschaft.

Vgl. Anmerkung zu Nr. 5 des § 2.

2. Dieselbe Regelung gilt auch für Betriebe und Verwaltungen der öffentlich-rechtlichen Körperschaften und der ähnlichen im § 2 Nr. 3 KörpStG. genannten Unternehmungen.

3. Inkrafttreten mit Beginn des 1932 endenden Steuerabschnitts, also regelmäßig am 1. Januar 1932 (5. Abschn. Art. 1).

§ 4.

Das Reichsbewertungsgesetz vom 22. Mai 1931 (Reichsgesetzbl. I S. 222) ist in folgender Fassung anzuwenden:

1. Im § 65 Abs. 1 erhält die Nr. 2 folgende Fassung:

§ 3b. Soweit es nach den Vorschriften der Steuergesetze auf den gewöhnlichen oder dauernden Aufenthalt ankommt (also in den Fällen, in denen eine natürliche Person keinen Wohnsitz im Inland hat), gelten die folgenden Vorschriften:

1. Einen gewöhnlichen oder dauernden Aufenthalt im Sinne der Steuergesetze hat jemand dort, wo er sich unter Umständen aufhält, die auf die Absicht schließen lassen, an diesem Orte oder in diesem Lande nicht nur vorübergehend zu verweilen. Unbeschränkte Steuerpflicht tritt jedoch stets dann ein, wenn der Aufenthalt im Inland länger als sechs Monate dauert; in diesem Falle erstreckt sich die Steuerpflicht auch auf die ersten sechs Monate.

2. Die leitenden Angestellten (insbesondere Vorstandsmitglieder und Prokuristen) eines inländischen Unternehmens (eines Unternehmens, das seinen Sitz oder seine Geschäftsleitung im Inland hat) werden, auch wenn sie sich nicht im Inland aufhalten, im Sinne der Steuergesetze wie Personen behandelt, die ihren gewöhnlichen Aufenthalt an dem Orte haben, an dem sich der Sitz oder die Geschäftsleitung des inländischen Unternehmens befindet. Das gleiche gilt für Mitglieder des Aufsichtsrats oder Verwaltungsrats eines inländischen Unternehmens, wenn sie sich an der Geschäftsführung des inländischen Unternehmens wesentlich beteiligen, zum Bei-

spiel dadurch, daß sie Geschäfte eines Vorstandsmitglieds (sei es auch nur vertretungsweise oder vorübergehend oder einmalig) führen. Unbeschränkte Steuerpflicht tritt bei der Einkommensteuer jeweils für das Kalenderjahr, bei der Vermögensteuer jeweils für das Rechnungsjahr ein, in dem die Tätigkeit als leitender Angestellter (Satz 1) oder die im Satze 2 bezeichnete Tätigkeit (sei es auch nur vertretungsweise oder vorübergehend oder einmalig) ausgeübt worden ist."

2. Dem § 115 wird folgender Abs. 4 hinzugefügt:

„(4) Sind zur Entrichtung einer Steuer mehrere gesamtschuldnerisch verpflichtet, so ist es in jedem Falle zulässig, gegen die Gesamtschuldner einen einheitlichen Steuerbescheid zu erlassen. Dies gilt auch dann, wenn nach dem Rechtsverhältnisse, das zwischen den Gesamtschuldnern besteht, die Steuer nicht von allen Gesamtschuldnern zu tragen ist."

1. Die bisherige Vorschrift des § 81 ist durch die Bestimmung ergänzt, daß inländischer sechs Monate übersteigender Aufenthalt stets die unbeschränkte Steuerpflicht auslöst. Da diese Bestimmung bereits im § 2 Nr. 1 EinkStG. und § 2 Nr. 1a VermStG. enthalten war, wo sie jetzt fortfällt, wird Rechtszustand dadurch nicht geändert.

2. Die Bedeutung des Abs. 2 wird durch die Doppelbesteuerungsverträge eingeschränkt. Aufzählung bei Pissel-Koppe, EinkStG. zu § 2.

3. Voraussetzungen der Anwendbarkeit des Abs. 2 sind:

a) geleitetes Unternehmen: jeder Betrieb, ohne Rücksicht auf seine rechtliche Gestaltung, Einzelkaufleute, Handelsgesellschaften, Körperschaften und sonstige Vermögensmassen;

b) leitender Angestellter: übt selbständige, hauptsächlich auf eigenem Entschluß und eigenem Urteil beruhende leitende und anweisende Tätigkeit aus, die sich mindestens als Beteiligung an der Leitung des Gesamtunternehmens oder eines Teilbetriebes darstellt (vgl. Schulz-Hartmann, AngestG. S. 35). Dies wird durch Erlaß des Reichsfinanzministers vom 30. Dezember 1931 — S 1130 — dahin eingeschränkt: „Leitender Angestellter ist nur, wer in der Lage ist, durch seine Maßnahmen in entscheidender Weise auf die geschäftlichen Ergebnisse, ja sogar auf das gesamte Schicksal des Unternehmens einzuwirken." Danach scheiden Leiter von Teilbetrieben und Prokuristen mit beschränktem Wirkungskreis aus. Es fallen also nur führende Köpfe unter den Begriff „Leitender Angestellter" im Gegensatz zu dem im Angestelltenversicherungsgesetz geprägten Begriff. Diese einschränkende Auslegung ist damit begründet, daß sich die Steuerpflicht des Ausländers nur durch seine Bedeutung für das inländische Wirtschaftsleben rechtfertigen läßt. Hat Ausländer niemals im Inland Wohnsitz oder gewöhnlichen Aufenthalt gehabt und übt er nur im wesentlichen Kontrolltätigkeit aus, dann keine unbeschränkte Steuerpflicht.. Vgl. jedoch wegen Grundstücksgesellschaften Anm. 6;

c) Sitz oder Geschäftsleitung im Inland:

1. Sitz: bei Einzelkaufleuten, offenen Handelsgesellschaften und Kommanditgesellschaften dort, wo gewerbliche Tätigkeit hauptsächlich ausgeübt wird (§ 73 Abs. 5 AO.), und regelmäßig identisch mit Ort der Geschäftsleitung; bei Unternehmen mit juristischer Persönlichkeit bestimmt Satzung den Sitz (vgl. § 182 HGB., § 3 GmbHG.);

2. Geschäftsleitung: Ort, wo sich Mittelpunkt der gesamten geschäftlichen Oberleitung befindet (§ 2 AusfBest. z. KörpStG.). Unerheblich ist der Ort der technischen Betriebsleitung. StuW. 22 Nr. 865 erachtet Ort, wo Hauptbuch geführt wird, als Sitz der Leitung. Bei einem vom Ausland her zentral geleiteten Unternehmen, das in einzelnen Ländern Fabrikationsstätten ohne eigene Rechts-

persönlichkeit, jedoch mit selbständiger technischer Leitung unterhält, fallen die Angestellten nicht unter § 81 Abs. 2.

4. Dem leitenden Angestellten ist gleichgestellt Mitglied des Aufsichtsrats. Dieses kann an Geschäftsführung beteiligt sein:

a) Es vertritt nach § 248 Abs. 2 HGB. für im voraus begrenzten Zeitraum ein Vorstandsmitglied, gleichgültig, ob Vertretung einmalig oder öfters geschieht. Sonstige Vertretung eines Vorstandsmitgliedes nach § 248 Abs. 1 HGB. unzulässig.

b) Es übt im Auftrage des Aufsichtsrats dessen Verwaltungsbefugnisse aus. Aufsichtsrat ist nur Überwachungsorgan (§ 246 HGB.), er ist nur dann an Geschäftsführung beteiligt, wenn Satzung ihm dies ausdrücklich ermöglicht, indem Geschäftsführung des Vorstandes im Einzelfalle im Innenverhältnis von seiner Entscheidung abhängt. Wesentliche Beteiligung ist anzunehmen, wenn die Geschäftsführung des Vorstandes nicht nur in wenigen Ausnahmefällen, sondern auch für innerhalb regelmäßigen Geschäftsverkehrs liegende Geschäfte von Zustimmung des Aufsichtsrats abhängt.

c) Es beeinflußt, wenn auch ohne rechtliche Grundlage, auf Grund tatsächlicher Machtverhältnisse, z. B. als Hauptaktionär, wesentlich die Geschäftsführung.

5. Leitendem Angestellten ist auch gleichgestellt Mitglied des Verwaltungsrats eines nach § 235 Abs. 2 HGB., § 37 GmbHG. neben Aufsichtsrat und Vorstand stehenden selbständigen Organs, welches den Vorstand im Innenverhältnis gleichfalls beschränkt.

6. Anwendungsfall nach Erlaß S 1130 (vgl. Anm. 3 b): ein im Ausland lebender alleiniger Geschäftsführer einer Grundstücks-GmbH., dem auch alle Anteile gehören, selbst wenn Verwaltung im Inlande durch Beauftragten geführt wird. Unbeschränkte Steuerpflicht kann durch Auflösung der G. m. b. H. gemäß Teil IV Kap. I (S. 178) vermieden werden. Der Gesellschafter, auf den das Grundstück bei Auflösung übertragen wird, unterliegt dann nur beschränkter Steuerpflicht des § 3 Nr. 3 EinkStG.

7. Stichtag für Beteiligung an Geschäftsführung ist der 10. Dezember 1931; dann Einkommensteuerpflicht für laufenden

Steuerabschnitt, also bei Kalenderjahrveranlagung seit 1. Januar 1931. Vermögensteuerpflicht seit 1. Januar 1931 (3. Abschn. Abs. 2).

§ 2.

Das Einkommensteuergesetz vom 10. August 1925 (Reichsgesetzbl. I S. 189) ist in folgender Fassung anzuwenden:

1. Im § 2 Nr. 1 wird der zweite Satz gestrichen.

Vgl. Anm. 1 zu § 1.

2. Im § 3 Abs. 2 erhalten die Nummern 2 bis 4 folgende Fassung:

„2. Einkünfte aus Gewerbebetrieb, für den im Inland eine Betriebsstätte unterhalten wird oder ein ständiger Vertreter bestellt ist (§ 6 Abs. 1 Nr. 2); **ferner Gewinne aus der Veräußerung eines inländischen Gewerbebetriebs als ganzen oder eines Teiles eines inländischen Gewerbebetriebs oder einer inländischen Beteiligung gemäß §§ 30 bis 32;**

3. Einkünfte aus Vermietung oder Verpachtung von unbeweglichem Vermögen, Sachinbegriffen und Rechten, die im Inland belegen oder in ein inländisches öffentliches Buch oder Register eingetragen sind **oder in einer inländischen Betriebsstätte verwertet werden (§ 6 Abs. 1 Nr. 6); dies gilt insbesondere auch für die zeitlich begrenzte Überlassung von literarischen, künstlerischen und gewerblichen Urheberrechten sowie von gewerblichen Erfahrungen;**

4. Einkünfte aus sonstiger selbständiger Berufstätigkeit, die im Inland ausgeübt **oder verwertet wird** (§ 6 Abs. 1 Nr. 3);“

§ 3 EinkStG. zählt katalogartig die Sachgüter und Wirtschaftsvorgänge auf, bei denen der Empfänger infolge ihrer Verbindung mit Deutschland das aus ihnen fließende Einkommen ohne Rücksicht auf Staatsangehörigkeit, Wohnsitz oder Aufenthalt (§ 81 AO. S. 295) hier versteuern muß. Diese beschränkte Steuerpflicht wird nun auf die durch Fettdruck kenntlich gemachten Einkünfte ausgedehnt. — Inkrafttreten: 10. Dezember 1931. — Das Einkommen aus diesen neuerfaßten Einkommensquellen wird also z. B. bei Veranlagung für das Kalenderjahr 1931 nur insoweit ergriffen, als es in der Zeit zwischen dem 10. und 31. Dezember tatsächlich zugeflossen ist.

a) Veräußerungsgewinn bei inländischer Beteiligung (§ 3 Abs. 2 Nr. 2 EinkStG. n. F.) umfaßt auch die Gewinne, welche den Gesellschaftern durch Übernahme der Vermögensbestandteile in Natur anläßlich der Liquidation erwachsen (StuW. 31 Nr. 796). Dabei ist gleichgültig, ob die im § 30 Abs. 3 EinkStG. aufgeführten Gesellschaften Erwerbszwecken dienen, also auch anwendbar bei Grundstücksverwaltungsgesellschaften (StuW. 31 Nr. 953). Steuertarif bei Veräußerungen: § 58 EinkStG. Wegen Steuerbegünstigung bei Auflösung der Gesellschaften in den Jahren 1932 und 1933 vgl. Teil IV Kap. I S. 178.

b) Bei Pachteinkünften aus Rechten (§ 3 Abs. 2 Nr. 3) brauchen diese nicht mehr im inländischen Register, z. B. Patentrolle, eingetragen zu sein. Es genügt gewerbliche Verwertung in inländischer Betriebsstätte, z. B. bei Verlagsrechten durch Verwertung seitens inländischen Verlegers. Zu Pachtgewinn aus gewerblichen Urheberrechten gehören Lizenzen (vgl. RFH. 28, 3). Unter gewerblichen Erfahrungen ist an Fabrikationsgeheimnisse und dergl. gedacht.

c) Selbständige Berufstätigkeit (§ 3 Abs. 2 Nr. 4) braucht nicht mehr im Inlande persönlich oder durch Gehilfen ausgeübt zu werden; es genügt, daß der Erfolg im Inland ausgenutzt wird, z. B. im Auslande wohnender Architekt ist mit Honorar für Pläne eines im Inlande zu bauenden Hauses steuerpflichtig.

3. Im § 3 Abs. 2 wird der Nr. 6 folgende Vorschrift als zweiter Halbsatz angefügt:

„; dies gilt auch dann, wenn die Sicherung nur eine mittelbare ist;"

Zinseinkünfte bei dinglich gesicherten Rechten (§ 3 Abs. 2 Nr. 6) hatte RFH. in RStBl. 30, 547 nur bei unmittelbarer Sicherung für einkommensteuerpflichtig erklärt, also wenn sich Haftung des Grundstücks unmittelbar aus Eintragung ergab. Jetzt genügt mittelbare Sicherung, z. B. Verpfändung einer Grundschuld, Sicherheitsabtretung einer unverzinslichen Grundschuld.

4. Dem § 3 wird folgende Vorschrift als Abs. 3 hinzugefügt:

„(3) Der Reichsminister der Finanzen ist ermächtigt, die Steuer für Einkünfte der im Abs. 2 genannten Art zu ermäßigen oder zu erlassen, wenn dies aus volkswirtschaftlichen Gründen erforderlich ist. Der Reichsminister der Finanzen oder das von ihm beauftragte Landesfinanzamt kann in solchen Fällen die Steuer auch in einem Pauschbetrage festsetzen."

5. Im § 60 werden die Worte: „der im § 3 Abs. 2 Nr. 4 bis 11 bezeichneten Art" ersetzt durch die Worte: „der im § 3 Abs. 2 Nr. 6 bis 8 bezeichneten Art."

Abänderung des § 60 EinkStG. unterwirft die beschränkt Steuerpflichtigen demselben Steuertarif wie die Inländer: 10 bis 40 v. H. Nur bei Kapitaleinkommen sind sie begünstigt. Steuersatz nur 10 v. H. bei folgenden im § 3 Abs. 2 EinkStG. genannten Einkünften:

Nr. 6. Einkünfte aus Hypotheken, Grundschulden und anderen dinglich gesicherten Forderungen oder Rechten.

Nr. 7. Dividenden, Zinsen, Ausbeuten und sonstige Gewinne, die entfallen auf inländische Aktien, ähnliche Wertpapiere oder Anteile an Erwerbsgesellschaften, wie Gesellschaften mit beschränkter Haftung, Genossenschaften und dergl.

„2. bei beschränkt Steuerpflichtigen im Sinne des Vermögensteuergesetzes das gesamte Inlandsvermögen des Steuerpflichtigen. Zum Inlandsvermögen gehören das gesamte inländische landwirtschaftliche, forstwirtschaftliche und gärtnerische Vermögen, Betriebsvermögen, Grundvermögen sowie inländische Hypotheken, Grundschulden und andere Forderungen oder Rechte, die durch inländischen Grundbesitz oder inländische grundstücksgleiche Rechte unmittelbar oder mittelbar gesichert sind."

2. Im § 67 erhält der Abs. 3 folgende Fassung:

„(3) Beschränkt sich die Besteuerung auf das Inlandsvermögen, so sind nur die in wirtschaftlicher Beziehung zum Inlandsvermögen stehenden Schulden und Lasten abzuziehen."

1. Zum Inlandsvermögen des Ausländers wurde bisher nur der inländische Grundbesitz und das Betriebsvermögen gerechnet. Nunmehr wird auch dasjenige Kapitalvermögen hinzugerechnet, welches durch „inländischen Grundbesitz oder inländische grundstücksgleiche Rechte unmittelbar oder mittelbar gesichert ist". Das übrige im Inland befindliche und hier arbeitende Kapitalvermögen des Ausländers wird also nicht bewertet.

2. Wegen der dinglichen Sicherung vgl. Anmerkung zu Nr. 3 des § 2.

3. Inkrafttreten am 10. Dezember 1931 (3. Abschn. Abs. 3).

§ 5.

Das Vermögensteuergesetz vom 22. Mai 1931 (Reichsgesetzbl. I S. 237) ist in folgender Fassung anzuwenden:

1. Im § 2 Nr. 1a wird der zweite Satz gestrichen.

2. Die Eingangsworte des § 3 erhalten folgende Fassung:

„Mit dem gesamten Inlandsvermögen im Sinne des § 65 Abs. 1 Nr. 2 des Reichsbewertungsgesetzes sind steuerpflichtig (beschränkt vermögensteuerpflichtig):"

1. Wegen des Wegfalls des § 2 Nr. 1a vgl. Anm. 1 zu § 1.

2. Ausländer unterliegen der inländischen Vermögensteuer nur mit dem Teil ihres im Inland befindlichen Vermögens, welches vom RBewG. als Inlandsvermögen bezeichnet wird. Nachdem nun durch § 4 dieser NotVO. das dinglich gesicherte Kapitalvermögen der Ausländer zum „Inlandsvermögen" erklärt worden ist, müssen die Ausländer auch von diesem Kapitalvermögen Vermögensteuer zahlen.

3. Wegen Einkommensteuerpflicht dieses Kapitalvermögens vgl. Anmerkung zu Nr. 3 des § 2.

4. Inkrafttreten: 10. Dezember 1931. Wenn sich durch Hinzutritt des dinglich gesicherten Inlandskapitals das Inlandsvermögen um mehr als 10 v. H. oder um mehr als 50 000 RM erhöht, dann erfolgt neue Veranlagung nach dem Stande am 1. Januar 1932 und erhöhte Vermögensteuerzahlung ab 1. April 1932 (§ 11 VermStG.).

§ 6.

Das Erbschaftsteuergesetz vom 22. August 1925 (Reichsgesetzbl. I S. 320) / 25. Juni 1931 (Reichsgesetzbl. I S. 346) ist in folgender Fassung anzuwenden:

Im § 8 Abs. 1 I wird hinter Nr. 2 folgende Vorschrift eingefügt:

„2a. Personen, welche die deutsche Staatsangehörigkeit nach dem 31. März 1931 aufgegeben und im Inland weder einen Wohnsitz noch ihren gewöhnlichen Aufenthalt haben, sofern die

Steuerpflicht innerhalb zweier Jahre nach der Aufgabe der deutschen Staatsangehörigkeit eingetreten ist;

1. § 8 ErbStG. macht Steuerpflicht für den gesamten Erbanfall (unbeschränkte Erbschaftsteuerpflicht) davon abhängig, daß entweder der Erblasser (Schenker) oder Erwerber Inländer ist. Trotz Aufenthalts im Auslande gelten nach § 8 I Nr. 1 diejenigen als Inländer, welche bei Entstehen der Steuerpflicht (Tod, Ausführung der Schenkung, Erwerb) die deutsche Staatsangehörigkeit besaßen und nicht länger als zwei Jahre im Ausland sich aufhielten. Durch die neueingefügte Nr. 2 werden auch diejenigen als Inländer betrachtet, also der unbeschränkten Steuerpflicht unterworfen, welche seit dem 1. April 1931 die deutsche Staatsangehörigkeit aufgegeben haben. Es ist gleichgültig, wie lange sie sich im Ausland aufhielten. Entscheidend ist, daß der Steuerfall binnen zwei Jahren nach Aufgabe der Staatsangehörigkeit eintritt.

2. Beispiel: X lebt seit 1926 im Ausland, gibt 1. Juli 1931 seine Staatsangehörigkeit auf; er bleibt bis Ende Juni 1933 unbeschränkt erbschaftsteuerpflichtig. Hätte er seine Staatsangehörigkeit behalten, so würde er nach § 8 Abs. 1 bereits 1928 steuerfrei geworden sein.

3. Unerheblich ist der Zeitpunkt der Auswanderung; maßgebend nur der Zeitpunkt der Aufgabe der Staatsangehörigkeit.

4. Inkrafttreten: 10. Dezember 1931 (3. Abschn. Abs. 3).

Dritter Abschnitt.

Inkrafttreten.

(1) Die Vorschriften des § 2 Nr. 5 und des § 3 des Zweiten Abschnitts dieses Kapitels treten mit dem Beginn des im Kalenderjahre 1932 endenden Steuerabschnitts in Kraft.

(Kapitel [illegible] Verordnung des Reichspräsidenten zur Sicherung von Wirtschaft und Finanzen und zum Schutze des inneren Friedens vom 8. Dezember 1931, RGBl. I S. 738).

Nr. 2. Haben die nach § 1 Abs. II oder nach § 7 Abs. I in Verbindung mit § 1 Abs. II der Zweiten Gehaltskürzungsverordnung oder nach § 1 Abs. II oder nach § 8 Abs. I in Verbindung mit § 1 Abs. II der Dritten Gehaltskürzungsverordnung zu kürzenden Bezüge seit dem 31. Dezember 1930 bereits eine landesgesetzliche, tarifliche, statutarische oder verwaltungsmäßige Kürzung infolge der Herabsetzung der Bemessungsgrundlagen (Lohnsätze, Arbeitszeit) erfahren, so tritt die Kürzung nach der Ersten, Zweiten und Dritten Gehaltskürzungsverordnung nur dann und nur so lange ein, als sie größere Ersparnisse bringt als die landesgesetzliche, tarifliche, statutarische oder verwaltungsmäßige Kürzung der laufenden Bezüge. Solange nach Satz 1 die Kürzung nach der Ersten, Zweiten und Dritten Gehaltskürzungsverordnung vorzunehmen ist, entfällt die mit geringeren Ersparnissen verbundene landesgesetzliche, tarifliche, statutarische oder verwaltungsmäßige Kürzung der laufenden Bezüge.

Nr. 3. Die Dienstbezüge der Soldaten der Wehrmacht in den Besoldungsgruppen C 7 bis C 22 unterliegen nicht der Kürzung auf Grund der Dritten Gehaltskürzungsverordnung.

Nr. 4. (1) Die Summe der Kürzungen nach der Ersten, Zweiten und Dritten Gehaltskürzungsverordnung kann in einem Rechengange festgesetzt werden. Wegen der in der Zweiten Gehaltskürzungsverordnung vorgeschriebenen Staffelung nach Gehaltsgrenzen und Ortsklassen vgl. Nr. 21, 25 und 26 der Durchführungsbestimmungen zur Zweiten Gehaltskürzungsverordnung.

(2) Besonders zu beachten ist hierbei nachstehende Nr. 5.

(3) Vgl. die Tafeln in Nr. 6 und die Beispiele in Nr. 7.

Nr. 5. Bei [illegible], die ein kürzungspflichtiges [illegible] jährlich ([illegible] 1425 Reichsmark monatlich) in der Sonderklasse oder in

(2) Die Vorschriften des § 81 Nr. 2 der Reichsabgabenordnung (Fassung nach § 1 des Zweiten Abschnitts dieses Kapitels) finden, soweit es sich bei der Einkommensteuer um den zur Zeit laufenden Steuerabschnitt, bei der Vermögensteuer um den zur Zeit laufenden Veranlagungszeitraum handelt, auch dann Anwendung, wenn die Tätigkeit als leitender Angestellter (§ 81 Nr. 2 Satz 1 der Reichsabgabenordnung) oder die im § 81 Nr. 2 Satz 2 der Reichsabgabenordnung bezeichnete Tätigkeit (sei es auch nur vertretungsweise oder vorübergehend oder einmalig) vor der Verkündung dieser Verordnung ausgeübt worden ist.

(3) Im übrigen treten die Vorschriften dieses Kapitels mit dem Ablauf des Tages in Kraft, an dem diese Verordnung im Reichsgesetzblatt verkündet wird.

Das Inkrafttreten ist bei den einzelnen Vorschriften erwähnt.

Kapitel IV.

Börsenumsatzsteuer bei Kompensationsgeschäften.

Artikel 1.

Das Kapitalverkehrsteuergesetz ist in folgender Fassung anzuwenden:

1. § 59 erhält folgende Fassung:

§ 59

(1) Führt ein Händler an demselben Tage eine Ankaufs- und eine Verkaufskommission über Gegenstände der im § 35 Abs. 1 zu a, b bezeichneten Art durch Selbsteintritt aus, so ist für jedes der beiden Geschäfte, soweit sie sich

---

der Ortsklasse [illegible] mehr als 1612,48 Reichsmark jährlich (134,37 Reichsmark monatlich) in den Ortsklassen B, C oder D haben, dürfen die kürzungspflichtigen Bezüge nur so weit gekürzt werden, daß 1305 Reichsmark jährlich (108,75 Reichsmark monatlich) in der Sonderklasse und in der Ortsklasse A, 1290 Reichsmark jährlich (107,50 Reichsmark monatlich) in den Ortsklassen B, C oder D verbleiben.

(2) Die Kürzung [illegible] Gehaltskürzung [illegible] Zuschlägen [illegible] wie folgt:

A. Jahrestafel.

Die kürzungspflichtigen Bezüge (§ 1) betragen	Sonderklasse und Ortsklasse A	Ortsklassen B, C und D
	Die Kürzung beträgt	
1	2	3
mehr als 12000 RM	22 v. H. minus 210 RM	23 v. H. minus 210 RM
mehr als 6000, aber nicht mehr als 12000 RM	21 v. H. minus 90 RM	22 v. H. minus 90 RM
mehr als [illegible], aber nicht mehr als 6000 RM	[illegible] v. H. minus 30 RM	[illegible] v. H. minus 30 RM
mehr als 1611, aber nicht mehr als 3000 RM	19 v. H.	
mehr als [illegible], aber nicht mehr als 3000 RM		20 v. H.
bis 1500 RM	[illegible]	14 v. H.
	Der nach der Kürzung verbleibende Rest beträgt	
mehr als 1500, aber nicht mehr als 1611 RM	1305 RM	
mehr als 1500, aber nicht mehr als 1612,44 RM		1290 RM

ausgleichen, neben der nach § 52 zu entrichtenden Steuer eine Zusatzsteuer in Höhe von 0,30 Reichsmark für je 100 Reichsmark oder einen Bruchteil dieses Betrags zu entrichten, es sei denn, daß der Kommissionär zur Deckung eines der beiden Aufträge ein steuerpflichtiges Geschäft mit einem Dritten abgeschlossen hat. Die Zusatzsteuer ermäßigt sich für jedes der beiden Geschäfte auf die Hälfte der für Händlergeschäfte vorgeschriebenen Steuer, wenn ein Kursmakler (§ 30 des Börsengesetzes) von dem Händler die Aufträge zur Vermittlung des An- und Verkaufs erhalten hat. Bei Börsen, an denen keine Kursmakler bestellt sind, bestimmt die Börsenaufsichtsbehörde, wer an die Stelle des Kursmaklers tritt.

(2) Hat ein Händler, der mehrere Niederlassungen im Inland unterhält, ein steuerpflichtiges Kundengeschäft, das nicht ein Kommissionsgeschäft ist, über Gegenstände der im § 35 Abs. 1 zu a, b bezeichneten Art abgeschlossen, so hat er eine weitere Steuer in Höhe der Hälfte der für Händlergeschäfte vorgeschriebenen Steuer zu entrichten, falls er das Geschäft durch Vermittlung einer anderen inländischen Niederlassung zur Ausführung bringt. Diese Vorschrift findet keine Anwendung, wenn sich die beiden Niederlassungen an Orten befinden, die nach den örtlichen und wirtschaftlichen Verhältnissen für den Verkehr als ein Ort anzusehen sind. Als Orte, auf die diese Voraussetzungen zutreffen, gelten die nach den Ausführungsbestimmungen zum Wechselsteuergesetz als benachbart anzusehenden Orte.

Die ruhegehaltfähigen Bezüge betragen	Sonderklasse und Ortsklasse A	Ortsklassen B, C und D
	Die Kürzung beträgt	
1	2	3
mehr als 1000 RM	22 v. H. minus 17,50 RM	23 v. H. minus 17,50 RM
mehr als 500, aber nicht mehr als 1000 RM	21 v. H. minus 7,50 RM	22 v. H. minus 7,50 RM
mehr als 250, aber nicht mehr als 500 RM	20 v. H. minus 2,50 RM	21 v. H. minus 2,50 RM
mehr als 134,25, aber nicht mehr als 250 RM	[illegible]	
mehr als 134,37, aber nicht mehr als 250 RM		[illegible]
bis zu 125 RM	15 v. H.	14 v. H.
	Der nach der Kürzung verbleibende Rest beträgt	
mehr als 125, aber nicht mehr als 134,25 RM	108,75 RM	
mehr als 125, aber nicht mehr als 134,37 RM		107,50 RM

Nr. Beispiel:

Monatsbezüge:

a) Grundgehalt . . . . . . 833,34 RM
b) Wohnungsgeldzuschuß (Sonderklasse) 208,00 „
c) örtlicher Sonderzuschlag . . . 36,50 „

zusammen . . . 1077,84 RM

Kürzung:

22 v. H. von 1077,84 RM 237,12 RM
Hiervon ab 17,50 RM 219,62 RM

Bleiben . . . 858,22 RM

(3) In den Fällen der Abs. 1 und 2 ist die Steuer ausschließlich von dem Händler zu entrichten.

(4) Die weitere Steuer beträgt mindestens 10 Reichspfennig. Höhere Steuerbeträge sind auf volle 10 Reichspfennig aufzurunden."

2. Im § 85 erhält der Abs. 1 zu b folgende Fassung:

„b) die im § 35 Abs. 1 zu d geregelte Steuer."

1. § 59 war durch Zweite Steuernotverordnung seit 1. Januar 1924 aufgehoben (§ 85 n. F. KapVerkStG.); Wiederinkrafttreten bestimmt Reichsfinanzminister.

2. N. F. erhöht den Zuschlag des Abs. 1, der früher bei 100 RM höchstens 0,0375 RM betrug, auf 0,30 RM und scheidet die praktisch wohl kaum in Frage kommenden GmbH.-Anteile von jedem Zuschlag aus. Abs. 2 ist inhaltlich unverändert.

3. Kompensationsgeschäft: Bank erhält von A Kaufauftrag für Danat-Aktien, von B Verkaufsauftrag für das gleiche Papier. Bank kann diese Aufträge gemäß § 400 HGB. durch Selbsteintritt ausführen, d. h. die Danat-Aktien selbst als Verkäufer an A liefern und von B selbst als Käufer übernehmen. Bank braucht also nicht an Börse durch Makler Kauf und Verkauf der Aktien zu bewirken, sondern kompensiert die Geschäfte in sich selbst, indem sie die Aktien von B unmittelbar an A liefert, soweit sich die Aufträge der Höhe nach decken. Die Zusatzsteuer von 0,30 RM ist nun höher, als wenn die Bank sowohl den Kauf als auch den Verkauf durch Makler an Börse ausführen ließe, also zweimal Steuer für Händlergeschäfte und außerdem noch Courtage für Makler entrichten müßte. Hiervon erwartet Regierung Mehrerträge und Belebung des offiziellen Börsengeschäftes sowie Beeinflussung der Kursfeststellung.

4. Zusatzsteuer ist nicht abwälzbar.

5. Abs. 2 regelt den Zuschlag für sogenannte Filialgeschäfte, d. h. Geschäfte, welche durch Vermittlung von Filialen

einer Bank an verschiedenen Orten durch Selbsteintritt ausgeführt werden. Zweck ist Begünstigung des Privatbankiers gegenüber Großbank.

Artikel 2.

Der Reichsminister der Finanzen bestimmt den Zeitpunkt des Inkrafttretens der Vorschriften des Artikel 1. Er ist ermächtigt, zur Durchführung des Artikel 1 Rechtsverordnungen und allgemeine Verwaltungsvorschriften zu erlassen.

Kapitel V.

Realsteuern der Gemeinden.

Die obersten Landesbehörden (die von ihnen beauftragten Behörden) werden ermächtigt, abweichend von den Vorschriften über die Realsteuersenkung (Kapitel I des Vierten Teiles der Verordnung vom 1. Dezember 1930, Reichsgesetzbl. I S. 582) für das letzte Viertel des Rechnungsjahrs 1931 Beschlüsse der Gemeinden (der statt ihrer beschließenden Behörden) auf Erhöhung der Realsteuersätze bis zu dem für das Rechnungsjahr 1931 nach § 6 Abs. 1 Nr. 2 der Vorschriften über die Bürgersteuer (Kapitel I Artikel 1 des Ersten Teiles der Verordnung vom 1. Dezember 1930, Reichsgesetzbl. I S. 518) festgestellten Landesdurchschnitt der Gemeinderealsteuersätze zuzulassen. Soweit sich die Gemeindesteuerbeschlüsse nach Landesrecht nicht auf einen Teil des Rechnungsjahrs beziehen dürfen, sondern sich stets auf das ganze Rechnungsjahr erstrecken müssen, darf die Erhöhung ein Viertel des Unterschiedsbetrags zwischen dem Landesdurchschnitt und dem bestehenden Steuersatz nicht überschreiten. Der im Satz 1 bezeichnete Landesdurchschnitt darf im Hinblick auf die nach Satz 1, 2 erfolgenden Erhöhungen von Gemeinderealsteuersätzen nicht erhöht werden.

Nach § 3 das. (RGBl. 1930 I 582) dürfen Gemeinden der Grundsteuer und der Gewerbesteuer (Realsteuern) keine höheren Steuersätze zugrunde legen als die bis zum 31. Dezember 1930 rechtswirksam beschlossenen. Diese Realsteuersperre wird nur für diejenigen Gemeinden aufgehoben, deren Realsteuern unter dem Durchschnitt ihres Landes liegen. Diese Gemeinden dürfen mit Genehmigung der Landesregierung ihre Realsteuersätze bis zur Höhe des Landesdurchschnitts erhöhen.

Kapitel VI.

Gehaltskürzung.

§ 1.

(1) Vom 1. Januar 1932 ab werden um 9 vom Hundert gekürzt:

a) die Dienstbezüge der Reichsbeamten einschließlich des Gnadenvierteljahres,

b) die Versorgungsbezüge der Wartegeldempfänger und Ruhegeldempfänger des Reichs einschließlich des Gnadenvierteljahres,

c) die Versorgungsbezüge der Hinterbliebenen von Reichsbeamten und Soldaten der alten und neuen Wehrmacht,

d) die Übergangsgebührnisse der Soldaten der Wehrmacht nach §§ 7, 27, 32 und 70 des Wehrmachtversorgungsgesetzes und die entsprechenden Übergangsgebührnisse der Polizeibeamten beim Reichswasserschutz,

e) die Dienstbezüge der Postagenten der Deutschen

Reichspost sowie der Untererheber und Hilfskassenverwalter der Reichsabgabenverwaltung,

f) die laufenden Bezüge, die ehemaligen Angestellten und Arbeitern im Reichsdienst einschließlich des Dienstes bei der Deutschen Reichspost und ihren Hinterbliebenen mit Rücksicht auf das frühere Dienstverhältnis außerhalb der reichsgesetzlichen Sozialversicherung gewährt werden (Ruhelohn, laufende Unterstützungen usw.).

(2) Die Reichstagsbeamten stehen den Reichsbeamten gleich. Für die Soldaten der Wehrmacht in den Besoldungsgruppen C 1 bis C 6 erfolgt besondere Regelung in den Durchführungsbestimmungen.

(3) Zu den Dienstbezügen der Reichsbeamten im Sinne des Abs. 1 a gehören alle Geldbezüge, die sie mit Rücksicht auf ihre hauptamtliche oder nebenamtliche Dienstleistung erhalten.

(4) Kinderzuschläge und Kinderbeihilfen, Dienstaufwandsentschädigungen, Reisekostenvergütungen, Beschäftigungstagegelder, Trennungsentschädigungen, Nachtdienstentschädigungen und Umzugskostenvergütungen unterliegen der Kürzung nach den Vorschriften dieses Kapitels nicht.

(5) Soweit die kürzungspflichtigen Bezüge nicht aus der Reichskasse fließen und nicht schon auf Grund einer entsprechenden Vorschrift zugunsten der Kasse eines Landes, einer Gemeinde (eines Gemeindeverbandes) oder einer sonstigen Körperschaft des öffentlichen Rechtes gekürzt werden, hat der Beamte usw. den Kürzungsbetrag an die Reichskasse abzuführen.

(6) Zu den nach § 1 Abs. 1 f zu kürzenden laufenden Bezügen gehören auch Renten außerhalb der reichsgesetzlichen Sozialversicherung, wenn sich der Arbeit-

geber an der Aufbringung der Versicherungsbeiträge beteiligt hat (z. B. bei der Versorgungsanstalt der Deutschen Reichspost, bei der Zusatzversorgungsanstalt des Reichs und der Länder, bei der Arbeiterpensionskasse B der Deutschen Reichsbahn-Gesellschaft), sowie die satzungsmäßigen Leistungen der Deutschen Reichsbahn-Gesellschaft an ehemalige Privateisenbahnbeamte und ihre Hinterbliebenen.

(7) Die Kürzung nach Abs. 1 tritt zu den nach Kapitel II des Zweiten Teiles der Verordnung des Reichspräsidenten zur Sicherung von Wirtschaft und Finanzen vom 1. Dezember 1930 (Reichsgesetzbl. I S. 522) und nach Kapitel I des Zweiten Teiles der Zweiten Verordnung des Reichspräsidenten zur Sicherung von Wirtschaft und Finanzen vom 5. Juni 1931 (Reichsgesetzbl. I S. 282) vorgenommenen Kürzungen hinzu; sie wird an den Bezügen vorgenommen, die den Bezugsberechtigten ohne Rücksicht auf jene Kürzungen zustehen würden.

Die Durchführungsbestimmungen zur Dritten Gehaltskürzungsverordnung (Kapitel VI des Siebenten Teiles der Vierten Verordnung des Reichspräsidenten zur Sicherung von Wirtschaft und Finanzen und zum Schutze des inneren Friedens vom 8. Dezember 1931, RGBl. I S. 738) vom 17. Dezember 1931 (RBesBl. 1931 S. 162 ff.) erläutern § 1 wie folgt:

Zu § 1 Abs. 1.

Nr. 1. Die Vorschriften in Nr. 1 bis 10 — mit Ausnahme von Nr. 2 Abs. 4 — sowie die Vorschrift in Nr. 11 Abs. 1 der Durchführungsbestimmungen zur Zweiten Gehaltskürzungsverordnung in der Fassung der Ersten und Zweiten Änderung (RBBl. S. 67 Nr. 1925, S. 99 Nr. 1956 und S. 131 Nr. 1970) gelten sinngemäß auch für die Dritte Gehaltskürzungsverordnung

Zu § 1 Abs. 2.

Nr. 8. (1) Die Dienstbezüge der Soldaten der Wehrmacht in den Besoldungsgruppen C 1 bis C 3 unterliegen wie die der Reichsbeamten nach der Dritten Gehaltskürzungsverordnung einer Kürzung um 9 vom Hundert.

(2) Die Dienstbezüge der Soldaten der Wehrmacht in der Besoldungsgruppe C 4 unterliegen nach der Dritten Gehaltskürzungsverordnung einer Kürzung um 7 vom Hundert statt 9 vom Hundert, die der Soldaten der Wehrmacht in der Besoldungsgruppe C 5 einer Kürzung um 5 vom Hundert statt 9 vom Hundert.

(3) Die Dienstbezüge der Soldaten der Wehrmacht in der zweiten Dienstaltersstufe der Besoldungsgruppe C 6 unterliegen nach der Dritten Gehaltskürzungsverordnung einer Kürzung um 3 vom Hundert statt 9 vom Hundert.

(4) Die Dienstbezüge der Soldaten der Wehrmacht in der ersten Dienstaltersstufe der Besoldungsgruppe C 6 unterliegen nicht einer Kürzung auf Grund der Dritten Gehaltskürzungsverordnung.

Zu § 1 Abs. 3 bis 5.

Nr. 9. Die Vorschriften in Nr. 12 bis 16 der Durchführungsbestimmungen zur Zweiten Gehaltskürzungsverordnung gelten sinngemäß auch für die Dritte Gehaltskürzungsverordnung.

§ 2.

(1) Bei denjenigen Ruhegeldempfängern, deren Ruhegeld nach bisher geltendem Rechte aus einem höheren Satze als 75 vom Hundert des ruhegeldfähigen Diensteinkommens zu berechnen war, und die nunmehr nach § 3 Abschnitt I des Kapitel V des Dritten Teiles der Dritten Verordnung des Reichspräsidenten zur Sicherung von Wirtschaft und Finanzen und zur Bekämpfung politischer Ausschreitungen vom 6. Oktober 1931 (Reichsgesetzbl. I S. 546) ein Ruhegeld von höchstens 75 vom Hundert des ruhegeldfähigen Dienst-

einkommens erhalten, beträgt der Kürzungssatz für die Zeit bis zum 30. Juni 1932 statt 9 vom Hundert,

soweit sich das Ruhegeld von 80 auf 75 vom Hundert mindert, 4 vom Hundert,

soweit sich das Ruhegeld von 79 auf 75 vom Hundert mindert, 5 vom Hundert,

soweit sich das Ruhegeld von 78 auf 75 vom Hundert mindert, 6 vom Hundert,

soweit sich das Ruhegeld von 77 auf 75 vom Hundert mindert, 7 vom Hundert,

soweit sich das Ruhegeld von 76 auf 75 vom Hundert mindert, 8 vom Hundert.

(2) Abs. 1 gilt entsprechend für diejenigen Witwen und Waisen, deren Witwen- und Waisengeld nach § 8 Abs. 1 a. a. O. niedriger als nach bisher geltendem Recht festzusetzen ist.

(3) Bei Witwen, die als Witwengeld statt bisher 50 vom Hundert des ruhegeldfähigen Diensteinkommens der Besoldungsgruppe B 7 des Besoldungsgesetzes vom 16. Dezember 1927 (Reichsgesetzbl. I S. 349) nach § 8 Abs. 2 a. a. O. nur noch 47 vom Hundert des ruhegeldfähigen Diensteinkommens dieser Besoldungsgruppe beziehen, beträgt der Kürzungssatz für die Zeit bis zum 30. Juni 1932 statt 9 vom Hundert 4 vom Hundert.

Zu § 2 geben die Durchführungsbestimmungen (siehe oben zu § 1) eingehende Beispiele für die Übergangszeit. Näheres siehe die DurchfBO. selbst in RBesBl. 1931 S. 163.

§ 3.

(1) Ob und wieweit Wartegelder, Ruhegelder, Übergangsgebührnisse, Witwengelder oder Waisengelder zu ruhen haben, wird unter Zugrundelegung

der ungekürzten Bezüge nach den geltenden Vorschriften berechnet; der sich ergebende nicht ruhende Betrag der Versorgungsbezüge unterliegt der Kürzung.

(2) Handelt es sich bei dem neuen Einkommen um Arbeitsentgelt, auf das die für die Versorgungsbezüge geltenden Kürzungsbestimmungen dieses Kapitels nicht anzuwenden sind, so sind bei der Ruhensberechnung das frühere Diensteinkommen sowie die Versorgungsbezüge mit den gekürzten Beträgen, das neue Einkommen in der tatsächlich gewährten Höhe anzusetzen.

(3) Der Kürzung unterliegen Versorgungsbezüge auch insoweit, als sie auf Grund gesetzlicher Vorschriften (z. B. auf Grund des § 26 des Offizierpensionsgesetzes vom 31. Mai 1906) einem Pensionsfonds zu erstatten sind.

(4) Abs. 1 bis 3 gelten, mit Wirkung vom Inkrafttreten der nachstehend genannten Vorschriften ab, auch für die Vorschriften des Kapitel II des Zweiten Teiles der Verordnung des Reichspräsidenten zur Sicherung von Wirtschaft und Finanzen vom 1. Dezember 1930 (Reichsgesetzbl. I S. 522) und des Kapitel I des Zweiten Teiles der Zweiten Verordnung der Reichspräsidenten zur Sicherung von Wirtschaft und Finanzen vom 5. Juni 1931 (Reichsgesetzbl. I S. 282). Soweit entgegen der Vorschrift des Abs. 1 Ruhensberechnungen unter Zugrundelegung der gekürzten Bezüge vorgenommen worden sind, verbleibt es für die rückliegende Zeit dabei.

Zu § 3 vgl. DurchfVO. a. a. O. S. 164.

§ 4.

(1) Die §§ 1 und 2 gelten auch für die Amts- und Versorgungsbezüge des Reichspräsidenten, des Reichs-

kanzlers und der Reichsminister sowie für die Versorgungsbezüge ihrer Hinterbliebenen.

(2) Ist ein früherer Reichskanzler oder Reichsminister im Reichsdienst oder in einem sonstigen öffentlichen Dienste wiederangestellt oder beschäftigt, so werden seine Versorgungsbezüge aus der Reichskasse soweit gekürzt, als sie zusammen mit den aus der Wiederanstellung oder Beschäftigung fließenden Bezügen die nach Abs. 1 gekürzten Bezüge eines Reichskanzlers oder Reichsministers im Amte übersteigen. Das gleiche gilt beim Bezug eines Einkommens aus einer Tätigkeit, für die eine Vergütung gewährt wird, die ganz oder überwiegend unmittelbar oder mittelbar aus öffentlichen Mitteln fließt.

„Die Wohnungsentschädigung des Reichskanzlers und der Reichsminister unterliegt der Kürzung, nicht aber der Wert der freien Amtswohnung.“ (DurchfVO. a. a. O. S. 165.)

§ 5.

§ 1 gilt entsprechend für die Angestellten im Reichsdienst einschließlich des Dienstes bei der Deutschen Reichspost. Im übrigen bleiben die Tarif- und Einzelverträge in Kraft.

Die DurchfVO. (S. 165) bestimmt:

(1) Die Vorschriften in Nr. 29 bis 31 der Durchführungsbestimmungen zur Zweiten Gehaltskürzungsverordnung gelten sinngemäß auch für die Dritte Gehaltskürzungsverordnung.

(2) Demgemäß ist die Kürzung vorzunehmen an den Bezügen, die dem Bezugsberechtigten zustehen würden, wenn die im Hinblick auf die erste Gehaltskürzung der Beamten veranlaßte Kürzung der Dienstbezüge des Bezugsberechtigten und die Kürzung auf Grund der Zweiten Gehaltskürzungsverordnung

nicht vorgenommen worden wären oder werden würden. Dies gilt auch dann, wenn die erste Kürzung über 6 vom Hundert hinausgegangen ist.

§ 6.

(1) Vom 1. Januar 1932 ab ermäßigen sich die Lohnsätze der Arbeiter im Reichsdienst einschließlich des Dienstes bei der Deutschen Reichspost um 10 vom Hundert; hierbei bleibt ein Bruchteil eines Reichspfennigs am Kürzungsbetrag von weniger als 0,5 unberücksichtigt, ein Bruchteil von 0,5 oder mehr gilt als voller Reichspfennig. Der Kürzung unterliegt jeder einzelne in Reichsmark oder Reichspfennig festgesetzte Lohnsatz der in Betracht kommenden Tarifverträge, Lohnordnungen oder sonstigen Lohnfestsetzungen mit Ausnahme der Kinderzuschläge, der Nachtdienstentschädigungen und der Fahrkosten- und sonstigen Aufwandsentschädigungen, die bei Auswärtsbeschäftigung gewährt werden. Im übrigen bleiben die Tarif- und Einzelverträge in Kraft.

(2) Wurde die Lohntabelle bisher aus bestimmten Schlüssel- oder Ecklöhnen (z. B. Stundengrundlohn des 24jährigen männlichen Arbeiters bestimmter Lohnstaffeln oder der Ortsklasse A usw.) errechnet, so ermäßigen sich die Schlüssel- oder Ecklöhne gemäß Abs. 1 um 10 vom Hundert; aus diesen gekürzten Schlüssel- und Ecklöhnen ergeben sich die übrigen Lohnsätze der Lohntabelle nach dem bisherigen Schlüssel.

§ 7.

Die am Tage des Inkrafttretens dieses Kapitels laufenden Tarifverträge (Lohn-, Mantel- und andere

Tarifverträge) können, wenn sie nicht auf längere Dauer abgeschlossen sind, frühestens zum 30. April 1932 gekündigt werden.

§ 8.

(1) Die §§ 1 bis 7 gelten entsprechend für die Länder, Gemeinden (Gemeindeverbände) und sonstigen Körperschaften des öffentlichen Rechtes. Die §§ 5 und 6 gelten nicht für Arbeitnehmer in Betrieben, deren Löhne oder Gehälter bei Verkündung dieser Verordnung in einem einheitlichen Tarifvertrag mit denen der Arbeitnehmer privater Betriebe geregelt sind.

(2) Auch die nach § 7 Abs. 2 und 4 der Zweiten Gehaltskürzungsverordnung (Kapitel I des Zweiten Teiles der Zweiten Verordnung des Reichspräsidenten zur Sicherung von Wirtschaft und Finanzen vom 5. Juni 1931 — Reichsgesetzbl. I S. 282 — in der Fassung des Kapitel II des Ersten Teiles der Dritten Verordnung des Reichspräsidenten zur Sicherung von Wirtschaft und Finanzen und zur Bekämpfung politischer Ausschreitungen vom 6. Oktober 1931 — Reichsgesetzbl. I S. 538 —) herabgesetzten Dienstbezüge oder Löhne der Beamten, Angestellten und Arbeiter der Länder, Gemeinden (Gemeindeverbände) und sonstigen Körperschaften des öffentlichen Rechtes unterliegen der Kürzung nach diesem Kapitel.

(3) Soweit Bezugsberechtigte wohlerworbene Rechte nach Artikel 129 Abs. 1 Satz 3 der Reichsverfassung haben, werden diese Rechte durch die Vorschrift des Abs. 1 und 2 nicht berührt.

Zu § 8 vgl. die DurchfVO. a. a. O. S. 165.

deren Löhne oder Gehälter bei Verkündung dieser Verordnung nicht in einem einheitlichen Tarifvertrag mit denen der Arbeitnehmer privater Betriebe geregelt waren, die Kürzung zur Vermeidung unbilliger Härten abweichend von den vorstehenden Bestimmungen geregelt werden. Die Regelung wird für die einer Landesaufsicht nicht unterstehenden Betriebe vom Reichsminister der Finanzen, im übrigen von der für das Besoldungswesen allgemein zuständigen obersten Landesbehörde vorgenommen.

§ 12.

Die Vorschriften dieses Kapitels treten am 31. Januar 1934 außer Kraft.

Achter Teil.

Schutz des inneren Friedens.

Erläutert von Gerichtsassessor Dr. W. Gallas, Assistent des Kriminalistischen Instituts an der Universität Berlin.

Vorbemerkung.

Zu Kapitel I sind folgende Ausführungsvorschriften des Reichs und Preußens ergangen:

a) Reich: Verordnung zur Durchführung der Maßnahmen gegen Waffenmißbrauch vom 10. Dezember 1931 (RGBl. I S. 750) = DurchfVO.; Rundschreiben des Reichsministers des Inneren an die Landesregierungen vom 12. Dezember 1931 — I A 6310/9. 12. — = RdSchr. d. RJM.;

b) Preußen: Verordnung des Preußischen Ministers des Inneren zur Vierten Verordnung des Reichspräsidenten usw. vom 10. Dezember 1931 (GS. S. 257) = PrAusfVO.; Runderlaß des Preußischen Ministers des Innern vom 10. Dezember 1931 — II 1121 — = RdErl. d. PrJM.

Kapitel I.

Maßnahmen gegen Waffenmißbrauch.

Waffenbesitz.

§ 1.

(1) Die obersten Landesbehörden oder die von ihnen beauftragten Stellen können für ihren Amtsbereich oder Teile davon anordnen, daß der Besitz von Schußwaffen und Munition, die den Vorschriften des

Gesetzes über Schußwaffen und Munition unterliegen, sowie von Hieb- oder Stoßwaffen (§ 1 des Gesetzes gegen Waffenmißbrauch) bei der Polizeibehörde anzumelden ist.

(2) Waffen und Munition, die sich in einem Bezirk befinden, für den eine Anordnung nach Abs. 1 erlassen ist, können, wenn die Aufrechterhaltung der öffentlichen Sicherheit und Ordnung es erfordert, für die Geltungsdauer dieses Kapitels in polizeiliche Verwahrung genommen werden. Der Besitzer hat sie auf Erfordern an die Polizeibehörde abzuliefern. Die Ablieferungspflicht kann auch auf Gegenstände erstreckt werden, die ihrer Natur nach keine Waffen sind, aber von denen nach den Umständen anzunehmen ist, daß sie als Waffen dienen sollen. Inhabern von Jahresjagdscheinen eines deutschen Landes dürfen die zur Ausübung der Jagd gebrauchten Jagdwaffen nur abgefordert werden, wenn gegen die Zuverlässigkeit des Inhabers Bedenken bestehen. Die auf Grund dieser Vorschrift getroffenen Maßnahmen unterliegen der Anfechtung nach den Bestimmungen des Landesrechts.

(3) Wer eine angeordnete Anmeldung oder Ablieferung vorsätzlich unterläßt oder wer im Besitze von Gegenständen betroffen wird, von denen er weiß oder den Umständen nach annehmen muß, daß sie der Anmeldung oder Ablieferung entzogen sind, wird mit Gefängnis nicht unter drei Monaten bestraft. Wer die Tat fahrlässig begeht, wird mit Geldstrafe bestraft. Neben der Strafe können die Gegenstände eingezogen werden, auch wenn sie nicht dem Täter gehören.

Nach bisherigem Recht war der Besitz von Waffen und Munition grundsätzlich frei. Ausnahmen: a) §§ 17, 18 Abs. 2, 23, 24 SchWG.; b) § 360 Abs. 1 Ziff. 2 StGB. (für Hieb- und Stoßwaffen); c) Militärwaffen. Die vorliegende NotVO. beschränkt den Waffenbesitz über diese Ausnahmefälle hinaus generell nach zwei Richtungen: Durch Anordnung der obersten Landesbehörden oder der von ihnen beauftragten Stellen kann 1. eine Verpflichtung zur Anmeldung des Besitzes von Waffen und Munition begründet werden (Abs. 1). Es können 2. Waffen und Munition, die sich im Geltungsbereich einer solchen Anordnung befinden, in polizeiliche Verwahrung genommen werden (Abs. 2). Ziel dieser Maßnahmen ist es, „den Personen, die ihre politischen Auseinandersetzungen mit der Waffe in der Hand zu führen pflegen, die Mittel dazu zu nehmen" (DurchfVO. § 1).

1. Anmeldepflicht (Abs. 1):

a) **Zuständig** für die Anordnung der Anmeldung sind in Preußen der Minister des Innern für das gesamte Landesgebiet, die Regierungspräsidenten für den Bereich ihres Regierungsbezirks und der Polizeipräsident von Berlin für den Bezirk der Stadt Berlin (PrAusfVO. Ziff. I). Innerhalb ihres Amtsbereichs bemessen die hiernach zuständigen Behörden den örtlichen Geltungsbereich ihrer Anordnungen nach den Erfordernissen des Einzelfalles. Unter Umständen wird, insbesondere wenn die Anordnung nur mit Rücksicht auf eine nachfolgende Inverwahrungnahme der Waffen gemäß Abs. 2 erfolgt, eine Beschränkung auf kleinste Bezirke (Stadtviertel, Häuserblocks) in Frage kommen. Der Charakter einer generellen Anordnung wird jedoch gewahrt bleiben müssen.

b) **Schußwaffen** und **Munition**. Begriff: § 1 SchWG. Nicht anmeldepflichtig sind die in § 1 AusfVO. vom 13. Juli 1928 (RGBl. I S. 198) aufgeführten Schußwaffen (z. B. Vorderlader, vor 1870 konstruierte Hinterlader, bestimmte Kleinkaliberwaffen) und die dazugehörige Munition.

c) Für die Ausübung des behördlichen Ermessens bei Anordnung der Anmeldung von **Hieb-** und **Stoßwaffen** enthält § 1 Abs. 2 DurchfVO. folgende Richtlinien: Es ist einerseits „dafür Sorge zu tragen, daß alle Gegenstände erfaßt werden, die bei gewalttätigen Auseinandersetzungen erfahrungsgemäß als Waffe benutzt werden". Dabei ist auf Gegenstände, denen erst durch „eine besondere Zurichtung die Natur einer Waffe gegeben ist", ein besonderes Augenmerk zu richten. Andererseits würde es dem mit der NotVO. verfolgten Zweck widersprechen, wenn die Anmeldepflicht auch auf solche Gegenstände erstreckt würde, „die zwar ihrer Natur nach Waffen sind, für eine Benutzung bei gewalttätigen Auseinandersetzungen aber erfahrungsgemäß nicht in Frage kommen; dies gilt insbesondere für solche ältere Waffen, die aus Pietät oder als Erinnerungszeichen oder als Stücke einer Sammlung aufbewahrt werden".

d) **Besitz** umfaßt bürgerlichrechtlichen Besitz und Gewahrsam. Die Verpflichtung zur Anmeldung trifft insbesondere nicht nur den unmittelbaren Besitzer (§ 854 BGB.), sondern grundsätzlich auch den Besitzdiener (§ 855 BGB.) und den mittelbaren Besitzer (§ 868 BGB.). Unter Umständen sind also für eine Waffe mehrere Personen anmeldepflichtig. Allerdings kann die zur Anordnung der Anmeldung zuständige Behörde die Anmeldepflicht auf die eine oder andere Besitzform — etwa den unmittelbaren Besitz — beschränken. Die Anordnung wird zweckmäßig stets eine nähere Bestimmung der zur Anmeldung verpflichteten Personen enthalten.

Auch die Inhaber von Waffen- (Munitions-) Erwerbscheinen und Waffenscheinen unterliegen, wenn die Anordnung der Anmeldung sie nicht ausdrücklich ausnimmt, der Anmeldepflicht. Dagegen sind von dieser Verpflichtung gemäß § 2 DurchfVO. stets ausgenommen:

„1. die Behörden des Reichs oder der Länder, Gemeindebehörden, denen die oberste Landesbehörde den Erwerb von Schußwaffen ohne Erwerbschein gestattet hat, sowie die Deutsche Reichsbahn-Gesellschaft;

2. a) die Angehörigen der deutschen Wehrmacht, die Polizeibeamten der Länder sowie die Grenzaufsichts- und Zollfahndungsbeamten der Reichsfinanzverwaltung,

b) Beamte oder Angestellte, denen von der zuständigen Reichs- oder Landesbehörde das Recht zum Führen von Waffen verliehen ist oder auf Grund gesetzlicher Vorschriften zusteht, hinsichtlich der Waffen und Munition, die ihnen dienstlich geliefert sind oder die sie in Ausübung ihrer dienstlichen Tätigkeit zu führen berechtigt sind".

2. Polizeiliche Inverwahrungnahme (Abs. 2).

a) **Voraussetzungen.** Die in Abs. 2 vorgesehene polizeiliche Inverwahrungnahme von Waffen und Munition setzt voraus:

1. daß sich die zu verwahrenden Waffen und Munition in einem Bezirk befinden, für den durch Anordnung gemäß Abs. 1 eine Anmeldepflicht begründet worden ist;
2. daß die Aufrechterhaltung der öffentlichen Sicherheit und Ordnung eine solche Maßregel erfordert.

Die letztere Voraussetzung bedeutet an sich eine selbstverständliche Richtschnur für die Ausübung polizeilichen Ermessens (vgl. § 14 PrPolVerwG. vom 1. Juni 1931). Darüber hinaus wird ihre ausdrückliche Erwähnung an dieser Stelle als Hinweis darauf aufzufassen sein, daß die gefährliche Gesamtsituation, von der die Notmaßnahmen der Reichsregierung ausgehen, zur Begründung der Inverwahrungnahme nicht ausreicht, diese vielmehr stets in einer besonderen konkreten Gefahrlage ihre Rechtfertigung finden muß.

Die einzelnen im SchWG. vorgesehenen Fälle der Inverwahrungnahme (Erl. vor 1) werden von der vorliegenden Vorschrift nicht berührt. Über das Verhältnis zur präventivpolizeilichen Inverwahrungnahme siehe unter c.

b) Die **Durchführung** der Inverwahrungnahme erfolgt entweder dadurch, daß die Polizeiorgane die betreffenden Waffen und Munition, nötigenfalls unter Anwendung von unmittelbarem Zwang, selbst wegnehmen, oder in der Weise, daß durch Aufforderung der Polizeibehörde eine Ablieferungspflicht für die Besitzer begründet wird.

c) **Geltungsbereich.** Die Inverwahrungnahme kann sowohl generell — für den gesamten Bezirk der Anmeldepflicht oder Teile desselben — als auch bestimmten Einzelpersonen gegenüber durchgeführt werden. Im ersteren Fall ergeht eine allgemeine Aufforderung zur Ablieferung, im letzteren kann die Inverwahrungnahme entweder unmittelbar durch Wegnahme oder durch Einzelaufforderung zur Ablieferung verwirklicht werden. Die zeitliche Grenze der Verwahrung ist durch die Geltungsdauer des vorliegenden Kapitels bestimmt. Eine Inverwahrungnahme für kürzere Zeit oder eine vorzeitige Freigabe sind hierdurch nicht ausgeschlossen.

Von der auf allgemeine Polizeigrundsätze (Preußen: § 14 PolVerwG.) gestützten präventivpolizeilichen Inverwahrungnahme von Waffen unterscheidet sich die hier in Frage stehende einmal durch die Möglichkeit genereller Anordnungen. Aber auch für den Einzelfall gehen die Befugnisse der Polizei auf Grund der NotVO. erheblich weiter: Die Wegnahme einer Waffe ist aus präventivpolizeilichen Gesichtspunkten nur dann gerechtfertigt, wenn die akute Gefahr besteht, daß der Besitzer damit eine bestimmte polizeiwidrige oder strafbare Handlung begeht, und die Verwahrung ist nur soweit und solange zulässig, als sie zur Abwendung gerade dieser Gefahr erforderlich ist (vgl. Brauchitsch, VerwGes. f. Preußen II 1[22] S. 22f.). Im Rahmen der NotVO. dagegen genügt zur Rechtfertigung der Inverwahrungnahme schon die in den Eigenschaften des Waffenbesitzers (politischer Heißsporn, der zu Gewalttätigkeiten neigt) begründete latente Gefahr eines Waffenmißbrauchs, und die Verwahrung ist in ihrer Befristung nur an die Geltungsdauer der vorliegenden Vorschriften überhaupt gebunden.

d) **Zuständig** für die in Abs. 2 vorgesehenen Maßnahmen ist in Preußen grundsätzlich die Ortspolizeibehörde. Will diese jedoch nicht nur für einen Einzelfall, sondern allgemein für ihren Amtsbereich die Ablieferung anordnen, oder will die Landespolizeibehörde für ihren Bezirk oder Teile davon die Ortspolizeibehörden zu entsprechenden Anordnungen anweisen, so ist vor Erlaß solcher allgemeiner Anordnungen dem Minister des Innern zwecks Einholung seines Einverständnisses zu berichten (RdErl. d. PrJM. Ziff. I, 2).

e) **Gegenstand** der Inverwahrungnahme sind die der Anmeldepflicht gemäß Abs. 1 unterliegenden Waffen und Munition. Darüber hinaus ist die Inverwahrungnahme solcher Gegenstände gestattet, „die ihrer Natur nach keine Waffen sind, aber von denen nach den Umständen anzunehmen ist, daß sie als Waffen dienen sollen“, also nur subjektiv, nach dem Willen des Besitzers die Zweckbestimmung einer Waffe haben. Beispiel: Ansammlung von Brecheisen, Äxten oder sonstigen Werkzeugen zwecks Ausrüstung politischer Kampftrupps. Die oben unter 1c erwähnten Richtlinien in § 1 Abs. 2 DurchfVO. gelten auch für die Inverwahrungnahme.

f) Die Pflicht zur Ablieferung von Waffen und Munition trifft den **Besitzer** (siehe oben). Die Inhaber von Waffen-(Munitions-) Erwerbscheinen und Waffenscheinen sind von der Verpflichtung zur Ablieferung grundsätzlich nicht ausgenommen. Die in § 2 DurchfVO. genannten Behörden usw. (siehe oben Erl. 1d) sind dagegen auch von der Ablieferungspflicht befreit.

Eine Sonderregelung ist für die Inhaber von J a h r e s - j a g d s c h e i n e n eines deutschen Landes (§ 21 Abs. 1 SchWG.) getroffen: Ihnen dürfen die zur Ausübung der Jagd gebrauchten Jagdwaffen nicht schon auf Grund einer generellen Anordnung zur Ablieferung, sondern nur dann abgefordert werden, wenn gegen die Zuverlässigkeit des einzelnen Inhabers im konkreten Fall Bedenken bestehen.

Im übrigen gelten für die Ausübung des polizeilichen E r - m e s s e n s folgende Richtlinien: Gegen Personen, „die ihre politischen Auseinandersetzungen mit der Waffe in der Hand zu führen pflegen“, ist mit allem Nachdruck einzuschreiten. Dagegen darf es „unbescholtenen Staatsbürgern, von denen keine Gewalttätigkeiten zu erwarten sind, nicht unmöglich gemacht werden, Leben und Eigentum innerhalb ihres befriedeten Besitztums nötigenfalls auch mit der Waffe zu verteidigen“ (DurchfVO. § 1 Abs. 1). Solchen Personen wird daher „in der Regel der Besitz einer V e r t e i d i g u n g s w a f f e zu belassen sein, wenn nicht aus örtlichen Gründen in einem bestimmten Bezirk jeder Waffenbesitz der Polizei als sicherheitsgefährdend erscheint“ (RdSchr. d. RJM. Abs. 3). „Auch S c h i e ß s p o r t t r e i b e n d e, die Mitglieder polizeilich einwandfreier Schießsportvereine, insbesondere von Kleinkaliber-Schießsportvereinen, sind, werden in der Regel im Besitz ihrer Sportwaffe zu belassen sein, wenn nicht im Einzelfall polizeiliche Bedenken obwalten" (RdSchr. a. a. O.).

g) Die Inverwahrungnahme bedeutet im Gegensatz zur Einziehung nur eine vorläufige polizeiliche Sicherungsmaßregel, die die Eigentumsverhältnisse unberührt läßt. Nach Ablauf der für sie bestimmten Dauer sind die in Verwahrung genommenen Gegenstände dem Besitzer wieder zurückzugeben. Ein Recht der Behörde, gegen Zahlung des gemeinen Werts die Übereignung der Gegenstände zu verlangen, wie es in § 17 Abs. 2 SchWG. vorgesehen ist, kennt die NotVO. nicht.

h) Für die auf Grund des Abs. 2 getroffenen Maßnahmen ist eine **Anfechtung** nach den Bestimmungen des Landesrechts vorgesehen. Für Preußen gelten daher die Vorschriften der §§ 45 ff. PolVerwG.

3. Strafvorschriften. Abs. 3 enthält zwei verschiedene Straftatbestände. Strafbar ist:

a) wer eine gemäß Abs. 1 angeordnete Anmeldung oder eine gemäß Abs. 2 angeordnete Ablieferung unterläßt;

b) wer im Besitz von Gegenständen betroffen wird, von denen er weiß oder den Umständen nach annehmen muß, daß sie der Anmeldung oder Ablieferung entzogen sind.

Beide Tatbestände können nicht nur vorsätzlich, sondern auch fahrlässig begangen werden.

a) Da die Pflicht zum Handeln (Anmeldung oder Ablieferung) nicht schon unmittelbar durch das Gesetz, sondern erst durch eine Anordnung der zuständigen Behörde auf Grund des Gesetzes begründet wird, ist die Rechtmäßigkeit der Anordnung in jedem Fall vom Strafrichter nachzuprüfen. Hierzu gehört die pflichtmäßige Ausübung des polizeilichen Ermessens. Die Zweckmäßigkeit der polizeilichen Anordnung ist dagegen der Nachprüfung durch den Strafrichter entzogen. Unkenntnis der Anordnung wird regelmäßig Strafbarkeit wegen Fahrlässigkeit begründen.

b) Der zweite Tatbestand sucht das „Verschieben" von Waffen und Munition, die der Anmeldung oder Ablieferung entzogen sind, zu erfassen. Strafbar ist derjenige, der, ohne schon für seine Person aus Abs. 1 und 2 anmelde- bezw. ablieferungspflichtig zu sein, im Besitz der verschobenen Gegenstände betroffen wird. Das vom Gesetz hierbei vorausgesetzte Verschulden kann entweder schon bei dem Erwerb des Besitzes vorgelegen haben oder erst nachträglich eingetreten sein. Im ersteren Fall wird der Täter bestraft, weil er die verschobenen Gegenstände in Besitz genommen, im letzteren, weil er von dem unverschuldet erlangten Besitz der Polizei nicht unverzüglich Anzeige gemacht hat. In den Worten „oder den Umständen nach annehmen muß" liegt ebenso wie in § 259 StGB. eine Beweisregel für das Vorliegen von Vorsatz (vgl. RGSt. 54 204, 214); die fahrlässige Unkenntnis wird in Satz 3 selbständig unter Strafe gestellt.

Schußwaffen.

§ 2.

§ 16 Abs. 1 Satz 1 des Gesetzes über Schußwaffen und Munition vom 12. April 1928 (Reichsgesetzbl. I S. 143) ist in folgender Fassung anzuwenden:

„Waffen- (Munitions-) Erwerbscheine oder Waffenscheine dürfen nur an Personen, gegen deren Zuverlässigkeit keine Bedenken bestehen, und nur bei Nachweis eines Bedürfnisses ausgestellt werden."

1. Der Unterschied zwischen der neuen und der bisher geltenden Fassung liegt darin, daß künftig nicht nur die Erteilung eines Waffenscheins, sondern auch die eines Waffen- (Munitions-) Erwerbscheins von dem Nachweis eines Bedürfnisses abhängig gemacht wird. Diese Änderung ist von erheblicher praktischer Bedeutung. Denn da nur derjenige eines Waffenscheins bedarf, der eine Schußwaffe außerhalb seiner Wohnung, seiner Geschäftsräume oder seines befriedeten Besitztums führen will (§ 15 SchWG.), so ist mit der Möglichkeit des Erwerbs auch der Gebrauch der Waffe innerhalb dieses Bereichs sichergestellt. Ein

jeder, gegen dessen Person keine polizeilichen Bedenken vorlagen, war also bisher in der Lage, sich eine Schußwaffe zum Schutz seiner Wohnung usw. zu halten, während er künftig darüber hinaus den konkreten Nachweis dafür führen muß, daß er eines solchen besonderen Schutzes bedarf.

2. Die hierin liegende Härte wird insofern gemildert, als die Ausführungsbestimmungen die zuständigen Polizeibehörden ausdrücklich anweisen, bei aller Strenge in der Prüfung der Bedürfnisfrage das „berechtigte Bedürfnis jedes unbescholtenen Staatsbürgers, sich gegen verbrecherische Anschläge zur Wehr setzen zu können", nicht außer acht zu lassen (RdSchr. d. RJM. Abs. 4; vgl. ferner die oben Erl. 2 f zitierte Stelle aus § 1 Abs. 1 DurchfVO.). Auch dem berechtigten Bedürfnis zum Erwerb einer Sportwaffe soll Rechnung getragen werden.

§ 3.

Wer vorsätzlich oder fahrlässig ohne die nach § 5 des Gesetzes über Schußwaffen und Munition erforderliche Genehmigung gewerbsmäßig Schußwaffen oder Munition erwirbt, feilhält oder anderen überläßt oder wer gewerbsmäßig den Erwerb oder das Überlassen solcher Waren vermittelt oder sich gewerbsmäßig zum Erwerb oder Überlassen solcher Waren erbietet, wird mit Gefängnis nicht unter drei Monaten bestraft.

1. § 3 enthält gegenüber § 25 Abs. 1 Ziff. 1 SchWG. eine Strafschärfung und insoweit eine lex specialis für den Schwarzhandel mit Schußwaffen und Munition. Die nichtgewerbsmäßige Vornahme einzelner Erwerbs-, Vermittelungs- usw. Geschäfte fällt, sofern sie gegen die Vorschriften des SchWG. verstößt, auch weiterhin unter die Strafdrohung des § 25 Abs. 1 Ziff. 1 SchWG. Andererseits gilt für die Frage, ob neben der Strafe die Einziehung zulässig ist, auch für die Fälle des § 3 die generelle Norm des § 25 Abs. 2 SchWG.

2. Zum Vorsatz gehört die Kenntnis von dem Erfordernis der Genehmigung. Die Ausdehnung der Strafdrohung auf den

Fall der fahrlässigen Begehung wäre sonst gegenstandslos. Die Unkenntnis wird allerdings nur ausnahmsweise nicht auf Fahrlässigkeit beruhen.

Hieb- und Stoßwaffen.

Vorbemerkung zu §§ 4—8.

Die folgenden Paragraphen machen im Anschluß an die entsprechenden Vorschriften des SchWG. die gewerbsmäßige Herstellung von Hieb- und Stoßwaffen sowie den Handel damit von dem Erfordernis behördlicher Genehmigung abhängig. Die Erläuterungen zu den einzelnen Paragraphen erörtern die getroffene Regelung grundsätzlich nur insoweit, als sie von der des SchWG. abweicht.

§ 4.

(1) Wer gewerbsmäßig Hieb- oder Stoßwaffen (§ 1 des Gesetzes gegen Waffenmißbrauch) herstellen, erwerben, feilhalten oder anderen überlassen will oder wer gewerbsmäßig den Erwerb oder das Überlassen solcher Waffen vermitteln will, bedarf der Genehmigung der von der obersten Landesbehörde bestimmten Behörde. Die Genehmigung kann unter Auflagen erteilt werden.

(2) Die obersten Landesbehörden sind ermächtigt, Vorschriften über den Geschäftsbetrieb, einschließlich der Buchführung, der im Abs. 1 bezeichneten Gewerbetreibenden zu erlassen.

1. Nur die gewerbsmäßige Herstellung, nicht auch Bearbeitung und Instandsetzung (so § 2 Abs. 1 SchWG.) bedarf der Genehmigung.

Die in § 4 aufgeführten Formen des Handels stimmen mit den in § 5 SchWG. genannten überein. § 5 SchWG. macht darüber hinaus auch das gewerbsmäßige Sich-Erbieten zum Erwerb oder Überlassen genehmigungspflichtig. Unberührt von § 4 bleibt § 56 Abs. 2 Ziff. 8 GewO., wonach Hieb- und Stoßwaffen vom Ankauf oder Feilbieten im Umherziehen ausgeschlossen sind (Strafvorschrift: § 148 Abs. 1 Ziff. 7a GewO.).

2. Zuständig für die Erteilung der Genehmigung ist die von der obersten Landesbehörde bestimmte Behörde, in Preußen die Polizeibehörde des Bezirks, in dem der Gewerbetreibende seine gewerbliche Niederlassung hat oder betreiben will. Vgl. dazu PrAusfVO. Ziff. II.

3. Ob die Genehmigung zu erteilen oder zu versagen ist, hängt von dem pflichtgemäßen polizeilichen Ermessen der zuständigen Behörde ab. Im Gegensatz zu § 2 Abs. 2 SchWG. ist die Prüfung der Bedürfnisfrage nicht ausgeschlossen.

4. Eine Rücknahme der Genehmigung ist zulässig (arg. § 5). Für sie ist dieselbe Behörde zuständig wie für die Erteilung der Genehmigung (PrAusfVO. a. a. O.). Sie wird dann auszusprechen sein, wenn nachträglich Gründe bekannt werden oder eintreten, die eine Versagung der Genehmigung rechtfertigen würden.

5. Eine Rechtsgarantie gegen pflicht- und sachwidrige Ausübung des polizeilichen Ermessens bei Versagung und Rücknahme der Genehmigung gewährt die Anfechtungsmöglichkeit gemäß § 5.

6. Die Fortsetzung eines nicht genehmigten Betriebs kann gemäß § 15 Abs. 2 GewO. polizeilich verhindert werden.

§ 5.

Die Verfügung, durch die die Genehmigung zum Gewerbebetriebe versagt oder zurückgenommen wird, kann nach den für das Rechtsmittelverfahren gegen polizeiliche Verfügungen geltenden Vorschriften der Landesgesetze angefochten werden. Wo nach diesen ein verwaltungsgerichtliches Verfahren nicht besteht oder für Fälle dieser Art nicht zulässig ist, finden die Vorschriften der §§ 20 und 21 der Gewerbeordnung Anwendung.

1. § 5 entspricht § 3 SchWG.

2. In Preußen gelten die §§ 45 ff. PolVerwG. vom 1. Juni 1931.

3. Ist die die Genehmigung versagende oder zurücknehmende Verfügung endgültig, d. h. mit Rechtsmitteln nicht mehr anfechtbar, so kann ein erneuter Antrag auf Erteilung der Genehmigung nur auf inzwischen eingetretene neue Tatsachen gestützt werden. Eine dem § 4 SchWG., der solche Anträge für eine Sperrfrist von drei Jahren ausschließt, entsprechende Vorschrift besteht hier nicht.

§ 6.

(1) Wer vorsätzlich oder fahrlässig ohne die nach § 4 erforderliche Genehmigung Hieb- oder Stoßwaffen gewerbsmäßig herstellt, erwirbt, feilhält oder anderen überläßt, wird mit Gefängnis nicht unter drei Monaten bestraft. Neben der Strafe können die Waffen eingezogen werden, auch wenn sie nicht dem Täter gehören.

(2) Wer die von einer obersten Landesbehörde gemäß § 4 Abs. 2 erlassenen Vorschriften vorsätzlich oder fahrlässig übertritt, wird mit Geldstrafe oder mit Haft bestraft.

1. Strafvorschrift zu § 4 Abs. 1 und 2. Abs. 1 enthält — wohl ein redaktionelles Versehen — keine Strafandrohung gegenüber demjenigen, der ohne die nach § 4 Abs. 1 erforderliche Genehmigung gewerbsmäßig den Erwerb oder das Überlassen von Hieb- oder Stoßwaffen vermittelt. In § 3 fehlt die entsprechende Bestimmung für Schußwaffen und Munition nicht.

2. Für die Schuldformen gilt das in Erl. 2 zu § 3 Gesagte entsprechend.

3. Idealkonkurrenz möglich mit § 367 Ziff. 9 StGB. (Feilhalten von Hieb- und Stoßwaffen, „die in Stöcken oder Röhren oder in ähnlicher Weise verborgen sind") und § 148 Abs. 1 Ziff. 7a GewO. (siehe Erl. 1 zu § 4).

§ 7

(1) Wer beim Inkrafttreten dieses Kapitels ein nach § 4 genehmigungspflichtiges Gewerbe betreibt, hat die Genehmigung binnen einem Monat nach dem Inkrafttreten dieses Kapitels zu beantragen.

(2) Die Strafbarkeit gemäß § 6 tritt in diesem Falle erst mit dem Ablauf eines Monats nach dem Inkrafttreten dieses Kapitels oder, falls der Antrag innerhalb dieser Frist gestellt ist, mit Ablauf eines Monats nach einer endgültigen Ablehnung ein.

1. Die Übergangsbestimmungen des § 7 entsprechen denen des § 30 SchWG. Tag des „Inkrafttretens dieses Kapitels" ist der 10. Dezember 1931.

2. Die Polizei kann an Stelle einer völligen Versagung der Genehmigung diese auf die Dauer der Abwicklung des Betriebes oder auf einzelne Abwicklungshandlungen, etwa den Verkauf von Lagerbeständen, beschränken (vgl. Hoche, Die neuen Maßnahmen gegen Waffenmißbrauch, Berlin 1932, Erl. 3 zu § 7). Der bloße Besitz eines Lagers ist (anders als bei Schußwaffen und Munition — § 23 SchWG. —) nicht genehmigungspflichtig. Die Strafdrohung des § 360 Ziff. 2 StGB. bezieht sich nur auf Ansammlungen von Waffen außerhalb des Gewerbebetriebs. In Frage kommen jedoch Anmeldung und Ablieferung gemäß § 1.

§ 8.

Auf die im § 4 bezeichneten Gewerbebetriebe finden im übrigen die Vorschriften der Gewerbeordnung Anwendung.

§ 8 entspricht § 32 SchWG.

Durchführungsvorschriften.

§ 9.

Der Reichsminister des Innern wird ermächtigt, Rechtsvorschriften und allgemeine Verwaltungsanordnungen zur Durchführung dieses Kapitels zu erlassen.

Wegen der hiernach ergangenen DurchfVO. und RdSchr. siehe Vorbemerkung zu diesem Kapitel.

Kapitel II.

Uniformverbot.

§ 1.

(1) Das Tragen von Abzeichen oder von einheitlicher Kleidung, die die Zugehörigkeit zu einer politischen Vereinigung kennzeichnen, ist außerhalb der eigenen Wohnung verboten. Das Verbot gilt für jedermann.

(2) Wer dem Verbot zuwiderhandelt, wird mit Gefängnis nicht unter einem Monat, wenn mildernde Umstände vorliegen, mit Gefängnis oder mit Geldstrafe bestraft, soweit nicht die Tat nach anderen Vorschriften mit einer höheren Strafe bedroht ist.

1. Grundlage des Uniformverbots war **nach dem bisher geltenden Rechtszustand** § 8 der VO. des Reichspräsidenten zur Bekämpfung politischer Ausschreitungen vom 28. März 1931 (RGBl. I S. 79). Zuständig für den Erlaß eines solchen Verbots waren nach § 13 Abs. 1 der VO. die obersten Landesbehörden oder die von ihnen bestimmten Stellen.

2. Die vorliegende Bestimmung **weicht** von der bisher geltenden Regelung in folgenden Punkten **ab**:

a) Der Erlaß eines Uniformverbots wird nicht in das Ermessen der Landesbehörden gestellt, das Verbot wird vielmehr ein für allemal und einheitlich für das ganze Reichsgebiet ausgesprochen.

b) Es wird nicht nur den politischen Vereinigungen das Tragen ihrer Abzeichen und Kleidung, sondern jedermann (darunter auch den Mitgliedern der betreffenden Vereinigung) das Tragen von Abzeichen und Kleidung verboten, die die Zugehörigkeit zu einer politischen Vereinigung kennzeichnen. So ist z. B. das Tragen des Hakenkreuzes, das heute als Kennzeichen der N.S.D.A.P. erscheint, nicht nur deren Mitgliedern, sondern auch dem Anhänger eines bloß „weltanschaulichen" Antisemitismus oder jeder gegnerischen Partei verboten.

(Die ... kann nicht auf bestimmte Gelegenheiten beschränkt werden; es gilt für jedes Tragen außerhalb der eigenen Wohnung schlechthin.

d) Die Strafdrohung ist insoweit etwas verschärft, als bei mildernden Umständen nicht nur Geldstrafe, sondern wahlweise auch Gefängnis vorgesehen ist.

3. Im engeren ...

a) Nur solche Abzeichen ..., die den Träger selbst kennzeichnen. Also: Anstecknadeln, ... getragen werden.

b) Einheitliche Kleidung ist nicht nur die Uniform im engeren Sinne. Es genügt jede Übereinstimmung im ganzen oder in Teilen der Kleidung (z. B. ... Jägerhüte mit Hahnenfeder u. ä.).

c) Politische Vereinigung ist eine auf eine gewisse Dauer berechnete Personenverbindung, die als solche gemeinsame politische Zwecke verfolgt. Hierher gehören die politischen Parteien, die sog. politischen Verbände (Alldeutscher Verband, Stahlhelm, Reichsbanner usw.), die politisch orientierten Klubs, ... Weltanschauliche Vereinigungen insofern, als sie auch der politischen Propaganda dienen (kommunistische „Gottlosen"-Vereine). Standesvereinigungen nicht schon deswegen, weil unter ihren Mitgliedern regelmäßig die gleiche politische Meinung herrscht (...).

... Abzeichen und ... Kleidung müssen die Zugehörigkeit zu einer politischen Vereinigung kennzeichnen, d. h. den Träger als Mitglied oder Anhänger der politischen Vereinigung erscheinen

Sachregister.

(Die Zahlen verweisen auf die Seiten. Der Gedankenstrich vertritt das Schlagwort.)

A.

[illegible] bezweckt auch die Erschwerung einheitlicher politischer Kampfaktionen. — Auf die Kennzeichnung der Zugehörigkeit zu einer politischen Vereinigung, nicht auch das Zurschautragen einer allgemeinen politischen Einstellung ist verboten. So wird das Tragen von Abzeichen in den neuen, aber auch in den alten Reichsfarben, mag darin auch regelmäßig eine gewisse politische Grundanschauung zum Ausdruck kommen, nur unter besonderen Umständen die Zugehörigkeit zu einer bestimmten politischen Vereinigung kennzeichnen und damit unter das Verbot fallen. Generell verbotswidrig dagegen das Tragen des Hakenkreuzes (oben 2 b), des Sowjetsterns, wohl auch der roten Nelke am 1. Mai.

c) Zum Begriff des Tragens gehört nicht Sichtbarkeit für jedermann (vgl. RdErl. d. PrJM. [illegible]). Es genügt, wie sich aus dem Zweck der Bestimmung (Erl. 3 d) ergibt, wenn die Kleidung oder das Abzeichen zwar verborgen getragen, aber jederzeit sichtbar gemacht werden können (Anstecknadeln unter den Rockaufschlägen).

§ 2.

Die Vorschriften des § 1 finden keine Anwendung, sofern und solange auf Grund des § 8 der Verordnung zur Bekämpfung politischer Ausschreitungen vom 28. März 1931 (Reichsgesetzbl. I S. 79) eine dem § 1 entsprechende Regelung getroffen ist oder wird.

Die Tragweite dieser Bestimmung, die das Verhältnis des § 1 zu § 8 der VO. vom 28. März 1931 darstellen will, ist nicht zweifelsfrei. Das Uniformverbot aus § 1 soll nur unmittelbar, d. h. insofern und solange nicht gelten, als auf Grund des § 8 VO. „eine dem § 1 entsprechende Regelung getroffen ist oder wird". Eine solche Regelung kann nach § 8 Abs. 1 Satz 2 der VO. nur von den obersten Landesbehörden oder den von ihnen bestimmten Stellen ausgehen. Dieser Vorbehalt für bereits ergangene oder künftige Anordnungen der Landesbehörden hat

... sind, wenn ... im Rahmen des § 8 BO. ... Einschränkung des weitergehenden Verbots aus § 1 Rechnung getragen werden könnte. Eine gewisse Milderung ist in der Tat notwendig verbunden. Das Verbot kann sich nur an die politischen Vereinigungen, nicht an jedermann richten. Gegen weitere Einschränkungen spricht das Bedenken, daß der landesrechtliche Vorbehalt nur für eine dem § 1 „entsprechende" Regelung gelten soll. Sicher dürfte sein, [illegible] Vereinigungen für die [illegible] mit ihm verfolgten Zwecken entspricht, zumal die Zulässigkeit einer Beschränkung auf bestimmte Vereinigungen schon nach § 8 BO. selbst zweifelhaft ist (dagegen [illegible] 30. November 1931, DJZ. 1932 Sp. 98). Es bliebe demnach als mögliche Einschränkung nur [illegible] bots auf das „Tragen bei bestimmten [illegible] Gelegenheiten" (§ 8 Satz 2 BO.). Aber auch eine in dieser Weise beschränkte Regelung dürfte kaum noch dem § 1 und seiner Tendenz einer einheitlichen Regelung entsprechen.

Kapitel III.

Verstärkung des Ehrenschutzes.

Um der zunehmenden Vergiftung des öffentlichen Lebens durch Verunglimpfung anderer und der wachsenden Verhetzung im politischen Kampf entgegenzuwirken, wird folgendes bestimmt:

§ 1.

Steht im Falle der üblen Nachrede (§ 186 des Strafgesetzbuchs) der Verletzte im öffentlichen Leben und ist die [illegible] Tatsache öffentlich behauptet oder verbreitet worden und geeignet, ihn [illegible] des Vertrauens unwürdig erscheinen zu lassen, dessen er für sein öffentliches Wirken bedarf, so ist die Strafe

Gefängnis nicht unter drei Monaten, wenn der Täter sich nicht erweislich in entschuldbarem gutem Glauben an die Wahrheit der Äußerung befunden hat.

§ 1 qualifiziert den Tatbestand der üblen Nachrede unter folgenden Voraussetzungen:

1. **Der Verletzte muß im öffentlichen Leben stehen.** Unter diese Begriffsbestimmung fällt jede Person, die kraft [illegible] Stellung in [illegible] Wirken begriffen oder tatsächlichen Einflusses zu öffentlichem Wirken in der Lage und [illegible] geeignet ist, zum Gegenstand des öffentlichen Meinungskampfes zu werden.

a) Es genügt nicht, daß der Verletzte (durch seine wissenschaftlichen oder sportlichen Leistungen, seinen Lebenswandel usw.) öffentliches Interesse erweckt und deshalb geeignet ist, Gegenstand der Erörterung in der Öffentlichkeit zu werden.

b) Öffentliches Wirken ist nicht notwendig ein politisches. Nicht nur Minister, Abgeordnete, Verwaltungsbeamte, auch Richter, Wirtschaftsführer, kirchliche Würdenträger, Hochschullehrer, Zeitungsredakteure stehen im „öffentlichen Leben" (vgl. dazu E. Schäfer in JW. 1931 S. 3646).

c) Öffentliches Wirken kraft tatsächlichen Einflusses: Hierher gehören insbesondere die anerkannten Führer der politischen Parteien und Verbände, soweit sie sich nicht — etwa als Abgeordnete — in offizieller Stellung befinden.

2. Die ehrenrührige Tatsache muß **öffentlich**, d. h. für einen größeren, nach Art und Zahl der Personen nicht bestimmten Personenkreis wahrnehmbar — **behauptet** oder **verbreitet** worden sein.

3. Die verbreitete Tatsache muß geeignet sein, den Verletzten des **Vertrauens** unwürdig erscheinen zu lassen, dessen er für sein **öffentliches Wirken** bedarf. Hierher gehören Angriffe auf die Integrität des privaten Lebenswandels, insoweit, als sie

nachteilige Folgen für die Vermögensverhältnisse oder das Fortkommen des Beleidigten mit sich gebracht hat, fließt sie nicht an den Beleidigten und schließt sie demgemäß dessen bürgerlichrechtlichen Entschädigungsanspruch nicht aus.

2. Der mit der Buße aus § 3 verfolgte Zweck ist in erster Linie wirksame Generalprävention. Ihrem Wesen nach wird sie als eine an den Staat zu entrichtende Entschädigung für den durch Beleidigungen nach §§ 1, 2 der Allgemeinheit zugefügten Schaden anzusehen sein und ihr Ausmaß sich nach diesem im Einzelfall angerichteten immateriellen Schaden bestimmen.

§ 4.

Im Strafverfahren wegen Beleidigung bestimmt das Gericht, auch wenn die Tat auf erhobene öffentliche Klage verfolgt wird, den Umfang der Beweisaufnahme, ohne hierbei durch Anträge, Verzichte oder frühere Beschlüsse gebunden zu sein.

1. § 4 gilt für alle Tatbestände der Beleidigung, nicht nur für die qualifizierten Tatbestände der §§ 1, 2.

2. Eine entsprechende Regelung besteht schon nach geltendem Recht für den Fall, daß die Beleidigung im Wege der Privatklage verfolgt wird (§ 384 Abs. 3 StPO.). Die Erstreckung auf die auf erhobene öffentliche Klage verfolgten Fälle, in denen der Verletzte meist eine im öffentlichen Leben stehende Person sein wird, bezweckt in erster Linie, gerade solche Personen vor einer schrankenlosen Ausdehnung der Beweisaufnahme auf alle Einzelheiten ihres vergangenen Lebens und damit einer Entwertung des ihnen gewährten Ehrenschutzes zu bewahren.

3. § 4 gilt auch für die bei Inkrafttreten der NotVO. bereits anhängigen Verfahren.

§ 5.

In allen Strafverfahren wegen Beleidigung, in denen die Staatsanwaltschaft die Verfolgung übernimmt, ist das Schnellverfahren (§ 212 der Strafprozeßordnung) auch dann zulässig, wenn der Beschuldigte sich weder freiwillig stellt noch infolge einer vorläufigen Festnahme dem Gericht vorgeführt wird.

1. § 5 gilt für alle Tatbestände der Beleidigung, nicht nur für die qualifizierten Fälle der §§ 1, 2.

2. Das Schnellverfahren ist in allen Beleidigungsverfahren zulässig, in denen die Staatsanwaltschaft die Verfolgung übernimmt. Damit ist, was an sich schon aus § 212 („Anklage") in Verbindung mit § 384 Abs. 1 StPO. („Privatklageverfahren") folgt, Privatklageverfahren als solche ausgeschlossen. Der Staatsanwalt kann jedoch vor Eröffnung des Hauptverfahrens die Verfolgung übernehmen und das Privatklageverfahren in ein Offizial-Schnellverfahren überleiten. Daß § 5 trotz seines Wortlauts erst recht auch auf die schon als Offizialverfahren eingeleiteten Beleidigungsverfahren Anwendung finden soll, ist nicht zu bezweifeln.

3. Für Beleidigungen, „die an öffentlichen Orten, in Versammlungen oder durch Verbreitung oder Anschlag von Schriften, Abbildungen oder Darstellungen begangen worden sind", hatte schon § 14 Abs. 2 der VO. zur Bekämpfung politischer Ausschreitungen vom 28. März 1931 (RGBl. I S. 79) über § 212 StPO. hinaus das Schnellverfahren zugelassen. Diese Bestimmung ist auch jetzt insofern von Bedeutung, als in § 14 Abs. 3 a. a. O. dem Gericht die ihm nach § 212 StPO. nicht zustehende Befugnis eingeräumt wird, die Sache als zur Verhandlung im Schnellverfahren ungeeignet an die Staatsanwaltschaft zurückzuverweisen, in § 5 dagegen diese Befugnis — wohl versehentlich — nicht vorgesehen ist.

Kapitel IV.

Sicherung des Weihnachtsfriedens.

§ 1.

(1) Für die Zeit bis zum 3. Januar 1932 einschließlich sind öffentliche politische Versammlungen sowie alle politischen Versammlungen und Aufzüge

... als politisch im Sinne dieser Vorschrift gelten alle Versammlungen und Aufzüge, die zu politischen Zwecken oder von politischen Verbindungen oder Vereinigungen veranstaltet werden.

(2) Für die gleiche Zeit ist es verboten, Plakate, Flugblätter und Flugschriften politischen Inhalts an oder auf öffentlichen Wegen, Straßen oder Plätzen anzuschlagen, auszustellen, zu verbreiten oder sonst der Öffentlichkeit zugänglich zu machen.

§ 2.

(1) Wer dem Verbote des § 1 zuwider eine Versammlung oder einen Aufzug veranstaltet, leitet oder dabei als Redner auftritt, wird, soweit nicht die Tat nach anderen Vorschriften mit einer höheren Strafe bedroht ist, mit Gefängnis nicht unter drei Monaten, neben dem auf Geldstrafe erkannt werden kann, bestraft. Wer dem Verbote des § 1 zuwider an einer Versammlung teilnimmt oder den Raum dafür zur Verfügung stellt, wird mit Gefängnis und mit Geldstrafe oder mit einer dieser Strafen bestraft; das gleiche gilt für die Teilnahme an einem nach § 1 verbotenen Aufzug.

(2) Wer dem Verbote des § 1 Abs. 2 zuwider Plakate, Flugblätter oder Flugschriften an oder auf öffentlichen Wegen, Straßen oder Plätzen anschlägt, ausstellt, verbreitet oder sonst der Öffentlichkeit zugänglich macht, wird mit Gefängnis bis zu drei Monaten oder mit Geldstrafe bestraft.

Neunter Teil.

Schlußbestimmung.

Diese Verordnung tritt, soweit sie nichts anderes bestimmt, mit dem auf ihre Verkündung folgenden Tage in Kraft.

Berlin, den 8. Dezember 1931.

Der Reichspräsident.
von Hindenburg.

Der Reichskanzler.
Dr. Brüning.

Der Stellvertreter des Reichskanzlers und Reichsminister der Finanzen.
Dietrich.

Der Reichsminister des Innern.
Mit Wahrnehmung der Geschäfte beauftragt:
Groener.
Reichswehrminister.

S.

W.

Z.

Otto Walter, Buchdruckerei, Berlin S 14

Nachweis wichtiger Gesetzesausgaben

mit und ohne Erläuterungen, größere und kleinere Kommentare, Lehrbücher, Sammelwerke, Entscheidungssammlungen, Zeitschriften

Verlag Walter de Gruyter & Co., Berlin W 10 Genthiner Str. 38

Herbst 1931

Inhaltsübersicht

I. Allgemeines, Sammelwerke.

Handwörterbuch der Rechtswissenschaft. Unter Mitberatung von Reichsgerichtspräsident Dr. Dr. E. Bumke, Reichsgerichtsrat Dr. L. Busch, Oberreichsanwalt Prof. Dr. Dr. L. Ebermayer, Geh. Rat Professor Dr. Dr. Fr. Endemann, Geh. Justizrat Professor Dr. Dr. E. Heymann, Senatspräsident am Reichsgericht Dr. O. Strecker, Präsident des Bayerischen Obersten Landesgerichts Staatsrat Dr. K. v. Unzner †, herausgegeben von Dr. jur. **Fritz Stier-Somlo,** o. Professor an der Universität Köln, und Dr. jur. **Alexander Elster,** Berlin. 6 Bände. Lexikon-Oktav. 1926/29. In Halbleder geb. RM. 304.—

Hierzu erschien 1931 ein **Ergänzungsband.** RM. 37.—, in Halbleder geb. RM. 43.—, der nicht weniger als 228 Stichworte enthält. Neben allen durch die Rechtsentwicklung gebotenen Ergänzungen zu den im Hauptwerk behandelten Themen findet sich noch eine Anzahl neuer Aufsätze, die der eine oder andere Leser vielleicht vermißt hat. Das HdR. ist also ein stets auf der Höhe der Rechtsentwicklung stehendes Kompendium des gesamten Rechts.

„Es zeigt sich doch jetzt immer mehr, daß Ihr Handwörterbuch ein ganz großer Wurf war. Wie ich höre, wird es auch in der Praxis in steigendem Maße benutzt." Professor Dr. Nipperdey, Köln.

Die Reichsgerichtspraxis im deutschen Rechtsleben. Festgabe der juristischen Fakultäten zum 50 jährigen Bestehen des Reichsgerichts (1. Oktober 1929), unter Mitwirkung der Professoren Gerhard Anschütz, Heidelberg, Ernst Heymann, Berlin, Theodor Kipp, Berlin, Wilhelm Kisch, München, Alfred Schultze, Leipzig, Heinrich Siber, Leipzig, herausgegeben von Otto Schreiber, weiland Professor in Königsberg i. Pr. 6 Bde. Groß-Oktav. 1929.
Geh. RM. 110.—, in Halbfranz geb. RM. 134.—

I. Band: Öffentliches Recht. II. Band: Zivil- und Handelsrecht. III. Band: Zivil- und Handelsrecht (Fortsetzung). IV. Band: Handels- und Wirtschaftsrecht. V. Band: Strafrecht und Strafprozeß. VI. Band: Zivilprozeßrecht.

Die Bände werden einzeln abgegeben.

Mit dieser umfangreichen Festgabe wird eine große, systematisch geordnete Reihe hervorragender Monographien veröffentlicht, die durchweg besonders wichtige und schwierige Fragen aus allen Teilen des Rechts behandeln.

Fünfzig Jahre Reichsgericht am 1. Oktober 1929. Von Dr. Adolf Lobe, Senatspräsident am Reichsgericht i. R., M. d. R. unter Mitarbeit von Mitgliedern und Beamten des Reichsgerichts, der Reichsanwaltschaft und der Rechtsanwaltschaft am Reichsgericht. Mit 14 Porträts und 15 Abbildungen. Lexikon-Oktav. VI, 436 Seiten. 1929.
RM. 20.—, in Halbfranz RM. 24.—

Von den beiden Festschriften „Lobe, Fünfzig Jahre Reichsgericht" und der Festgabe der juristischen Fakultäten gibt die vorliegende ein Bild der organisatorischen Gestaltung des Reichsgerichts und seiner Einrichtungen, in deren Schutz sich seine Aufgaben und seine Arbeit gestalten. Ausführlicher Prospekt mit Inhaltsverzeichnis kostenlos.

Bürgerliches Rechtslexikon. (Nach dem Bürgerlichen Gesetzbuch, dem Handelsgesetzbuch und sonstigen Reichs- und Landesgesetzen.) Von E. **Christiani,** weil. Amtsgerichtsrat. Vierte, durchgearbeitete und verbesserte Auflage von Dr. Alexander **Elster,** Rechtsanwalt Dr. Hugo **Hoormann,** Amtsgerichtsrat Georg **Krause,** Lexikon-Oktav. IV, 474 Seiten. 1930 . . . . Geb. RM. 15.—

„Wir kennen kein zweites Werk, das das gleiche Material in so kurzer, trefflicher und verständlicher Weise enthält und das so brauchbar wäre wie das hiermit warm empfohlene Buch."
Zeitschrift für das gesamte Gebiet der direkten Steuern.

Hedemann, J. W., **Einführung in die Rechtswissenschaft.** Zweite, erweiterte und umgestaltete Auflage. Oktav. XXII, 566 Seiten. 1927. (Lehrbücher und Grundrisse der Rechtswissenschaft Bd. IX.)
RM. 14.—, geb. RM. 16.—

„. . . Das Buch Hedemanns, welches die Aufgabe einer Einführung am reichsten und umfassendsten auffaßt und löst . . ."
Juristische Wochenschrift.

Wegner, Arthur, **Einführung in die Rechtswissenschaft.**
I. Band: Aufbau des Rechtes, geschichtlich und systematisch. Rechtswissenschaftliche Arbeitsweise. Bürgerliches Recht. Handelsrecht. Arbeitsrecht. 144 Seiten. 1931. (Sammlung Göschen Bd. 1047.)
Geb. RM. 1.80
II. Band: Drei Bücher Öffentliches Recht: Staat, Völkergemeinschaft, Kirche. 140 Seiten. 1931. (Sammlung Göschen Bd. 1048.)
Geb. RM. 1.80

Schröder, Richard, und **Künßberg,** F., **Lehrbuch der deutschen Rechtsgeschichte.** Sechste, verbesserte Auflage. Groß-Oktav. Mit einer Abbildung im Text, fünf Tafeln und einem Bildnis. 1124 Seiten. 1922.
RM. 26.—, in Halbleder geb. RM. 30.—

Dieses bekannte Lehrbuch hat sich seit langen Jahren bestens bewährt.

Fehr, Hans, **Deutsche Rechtsgeschichte.** Zweite, verbesserte und ergänzte Auflage. Oktav. 416 Seiten. 1925. (Lehrbücher und Grundrisse der Rechtswissenschaft Bd. X.) RM. 13.—, geb. RM. 14.50

Das Buch gibt eine plastische Darstellung der deutschen Rechtsgeschichte, die eine Anhäufung von Stoff ausdrücklich vermeidet, vielmehr das Schwergewicht auf eine mehr ideengeschichtliche Behandlung des Gegenstandes legt.

Schröder, Richard, und **Glitsch,** Heinrich, **Deutsche Rechtsgeschichte.** Zweite Auflage. Neudruck.
I. Bis zum Ende des Mittelalters. 160 Seiten. 1929. (Sammlung Göschen Bd. 621.) . . . . Geb. RM. 1.80
II. Die Neuzeit. 90 Seiten. 1929. (Sammlung Göschen Bd. 664.)
Geb. RM. 1.80

Eine gemeinverständliche kurze Darstellung der deutschen Rechtsgeschichte.

Giese, Friedrich, **Preußische Rechtsgeschichte.** Übersicht über die Rechtsentwicklung der preußischen Monarchie und ihrer Landesteile. Ein Lehrbuch für Studierende. Groß-Oktav. 256 Seiten. 1920.
RM. 5.—, geb. RM. 6.50

„Das Buch ist nicht ein, sondern das (bisher fehlende) Lehrbuch der preußischen Rechtsgeschichte."
Dr. Karl Strupp im „Verwaltungsarchiv"

von Mayr, Robert, **Römische Rechtsgeschichte.** I. Buch. Die Zeit des Volksrechtes. 1. Hälfte: Das öffentliche Recht. 150 Seiten. 1912. (Sammlung Göschen Bd. 577.) . . . . Geb. RM. 1.80
2. Hälfte: Das Privatrecht. 117 Seiten. 1912. (Sammlung Göschen Bd. 578.) . . . . Geb. RM. 1.80
II. Buch: Die Zeit des Amts- und Verkehrsrechtes. 1. Hälfte: Das öffentliche Recht. 158 Seiten. 1912. (Sammlung Göschen Bd. 645.)
Geb. RM. 1.80

2. Hälfte: Das Privatrecht I. 122 Seiten. 1913. (Sammlung Göschen Bd. 646.) . . . . Geb. RM. 1.80
Das Privatrecht II. 150 Seiten. 1913. (Sammlung Göschen Bd. 647.) Geb. RM. 1.80

III. Buch. Die Zeit des Reichs- und Volksrechtes. 111 Seiten. 1913. (Sammlung Göschen Bd. 648.) . . . . Geb. RM. 1.80

IV. Buch. Die Zeit der Orientalisierung des römischen Rechtes. 155 Seiten. 1913. (Sammlung Göschen Bd. 697.) . . . . Geb. RM. 1.80

Schott, Richard, **Hilfsbüchlein für die Vorlesungen über Institutionen, Geschichte und Zivilprozeß des römischen Rechts.** Oktav. 42 Seiten. 1931 . . . . RM. 1.60

Das „Hilfsbüchlein" ist aus dem vorwiegend für die romanistischen Vorlesungen und Übungen der Breslauer Universität benutzten „Hilfsbüchlein für den römischen Zivilprozeß" von Schott, Fischer und Bruck hervorgegangen, das bereits in mehreren Auflagen erschien. Es enthält in seiner neuen Form Urkunden aus dem römischen Recht, die dem Studenten einen lebendigen Eindruck von der Entwicklung der Gesetzestechnik und der Abwicklung von Rechtsgeschäften vermitteln sollen. Trotz der aus Preisrücksichten gebotenen Beschränkung in der Auswahl wurde auf eine recht vielseitige Beispielgebung geachtet. Das Heft ist von besonderem Wert als Material für die durch die Studiumreform eingeführten Besprechungsstunden.

Stammler, Rudolf, **Lehrbuch der Rechtsphilosophie.** Dritte, vermehrte Auflage. Groß-Oktav. XVI, 396 Seiten. 1928.
RM. 13.—, geb. RM. 15.—

„. . . Ein Werk aus einem Gusse, ein herbes Werk von größter wissenschaftlicher Strenge, eine Schule, durch die jeder gehen muß, der mit den rechtsphilosophischen Problemen der Gegenwart ringt."
Schweizerische Juristenzeitung.

Stammler, Rudolf, **Rechts- und Staatstheorien der Neuzeit.** Leitsätze zu Vorlesungen. Zweite, vermehrte und verbesserte Auflage. Oktav. IV, 116 Seiten. 1925. . . . . RM. 3.50, geb. RM. 4.50

Ein unentbehrlicher Führer durch die Rechts- und Staatstheorien der Neuzeit.

Stammler, Rudolf, **Wirtschaft und Recht nach der materialistischen Geschichtsauffassung.** Eine sozialphilosophische Untersuchung. Fünfte, durch einen Nachtrag ergänzte Auflage. Oktav. VIII, 704 Seiten. 1924. . . . . RM. 14.—, geb. RM. 16.—

„Das Werk Stammlers darf den Ruhm in Anspruch nehmen, unter allen Büchern, die in der letzten Zeit auf dem hier in Betracht kommenden Gebiet erschienen sind, die stärkste Wirkung hervorgebracht zu haben." *Historische Zeitschrift.*

Friedrichs, Karl, **Der Allgemeine Teil des Rechts.** Eine Darstellung der gemeinsamen Lehren des öffentlichen und des privaten Rechts. Groß-Oktav. X, 306 Seiten. 1927. . . . . . RM. 12.—, geb. RM. 13.50

„Eine solche Arbeit fehlte bisher in der juristischen Literatur. Friedrichs ist wie kein anderer berufen, eine grundlegende Arbeit über dieses Gebiet zu schreiben." *Mitteilungen des Preuß. Richtervereins.*

Maas, Georg, und **Magnus,** Julius, **Abkürzungsverzeichnis der Rechtssprache.** Abkürzungen der Bezeichnungen von Rechtsquellen, Behörden, Entscheidungen usw. des deutschen und österreichischen Rechts. Oktav. IV, 140 Seiten. 1929. . . . . RM. 4.—

„Bis jetzt fehlte eine Zusammenstellung, die in zuverlässiger Weise die gebräuchlichsten Abkürzungen wiedergab. Diese Lücke füllt das neue Buch in glücklicher Weise aus." *Der junge Rechtsgelehrte.*

Endemann, Friedrich, **Grundriß des römischen Privatrechts.** Oktav. X, 256 und 30 Seiten. 1925. (Lehrbücher und Grundrisse der Rechtswissenschaft Bd. XII.) . . . . RM. 9.—, geb. RM. 10.50

„. . . ein nach jeder Richtung hochstehendes Werk."
Der junge Rechtsgelehrte.

Stammler, Rudolf, **Aufgaben aus dem römischen Recht.** Der „Institutionenübungen für Anfänger" vierte Auflage. Oktav. IV, 92 Seiten. Mit Figuren im Text. 1919 . . . . Geb. RM. 5.—

Zum selbständigen Einarbeiten in das System des römischen Privatrechts.

II. Bürgerliches Recht

1. Bürgerliches Gesetzbuch

Lehmann, Heinrich, **Allgemeiner Teil des Bürgerlichen Gesetzbuches.** Dritte, vermehrte und verbesserte Auflage (9. bis 12. Tausend). Oktav. XIV, 439 Seiten. 1928. (Lehrbücher und Grundrisse der Rechtswissenschaft Bd. I.) . . . . RM. 12.—, geb. RM. 13.50

„Es liegt ein großer pädagogischer Wert in diesem Buch. Es wird sich unter den Studenten rasch großer Beliebtheit erfreuen."
Das Recht.

Leonhard, R., **Der Allgemeine Teil des Bürgerlichen Gesetzbuches** in seinem Einflusse auf die Fortentwicklung der Rechtswissenschaft. Groß-Oktav. XVI, 537 Seiten. 1900. (Recht des Bürgerlichen Gesetzbuches in Einzeldarstellungen Nr. X.) . . . . RM. 10.—

Die Sammlung „Recht des Bürgerlichen Gesetzbuches" umfaßt systematische Darstellungen des BGB. aus der Feder erster Juristen der Wissenschaft und Praxis.

Oertmann, Paul, **Allgemeiner Teil des Bürgerlichen Gesetzbuches.**
I. Einleitung. Lehre von den Personen und von den Sachen. Dritte, verbesserte Auflage. 136 Seiten. 1926. (Sammlung Göschen Bd. 447.) Geb. RM. 1.80
II. Erwerb und Verlust, Geltendmachung und Schutz der Rechte. Dritte, verbesserte Auflage. 147 Seiten. 1928. (Sammlung Göschen Bd. 448.) . . . . Geb. RM. 1.80

Nach der die Vorgeschichte des BGB. und einzelne für seine Bedeutung und Anwendung wichtige Hauptfragen behandelnden Einleitung bespricht der Verfasser die Lehre von den Personen und von den Sachen. Er verarbeitet den Inhalt der einzelnen Gesetzesparagraphen wissenschaftlich und erörtert dabei auch mehrfach Fragen, die im BGB. selbst nicht geregelt, höchstens gestreift werden.

Plancks Kommentar zum Bürgerlichen Gesetzbuch nebst Einführungsgesetz. Bisher herausgegeben von E. Strohal. Bearbeitet von E. Brodmann, L. Busch, J. Ebbecke, F. Flad, M. Greiff, K. Gunkel, P. Knoke, M. Landois, A. Lobe, Fr. Oegg, H. Siber, O. Strecker, K. von Unzner. Vierte, völlig neubearbeitete Auflage. Lexikon-Oktav. Bisher sind erschienen:
I. Band: Allgemeiner Teil. 606 Seiten. 1913. RM. 15.—, geb. RM. 17.—
II. Band, 1. Hälfte: Recht der Schuldverhältnisse. (Allgemeiner Teil.) 640 Seiten. 1914 . . . . RM. 15.—, geb. RM. 17.—
II. Band, 2. Hälfte: Recht der Schuldverhältnisse. (Besonderer Teil.) 1296 Seiten. 1928 . . . . RM. 49.—, geb. RM. 52.—
III. Band: Sachenrecht . . . . Neue Auflage im Druck.
IV. Band: Familienrecht. 1. Hälfte §§ 1297—1588. 701 Seiten. 1928. RM. 26.—, geb. RM. 28.—

V. Band: Erbrecht. Vierte, völlig neubearbeitete Auflage. Groß-Oktav. XII, 1136 Seiten. 1930 . . RM. 51.—, geb. RM. 54.—

„Für jeden Praktiker, der tiefer in den Rechtsstoff eindringen muß, um die zur Entscheidung stehende Frage zu prüfen, ist Plancks Kommentar immer ein zuverlässiger Ratgeber und seine Erläuterung und Meinung von hohem Wert und Gewicht, stets sorgfältiger Beachtung wert." Zentralblatt für freiwillige Gerichtsbarkeit.

Das Bürgerliche Gesetzbuch mit besonderer Berücksichtigung der Rechtsprechung des Reichsgerichts. Erläutert von Dr. Busch, Erler, Dr. Lobe, Michaelis, Oegg, Sayn, Schliewen und Seyffarth, Reichsgerichtsräten und Senatspräsidenten am Reichsgericht. Siebente, unveränderte Auflage. 5 Bände. §§ 1—2385. Lexikon-Oktav. 3182 Seiten. 1928 . . . . In Halbleder geb. RM. 150.—

I. Band: Allgemeiner Teil. Recht der Schuldverhältnisse I. (Allgemeiner Teil.) — II. Band: Recht der Schuldverhältnisse II. (Einzelne Schuldverhältnisse.) — III. Band: Sachenrecht. — IV. Band: Familienrecht. — V. Band: Erbrecht. Alphabetisches Sachverzeichnis.

(Das Werk wird nur komplett abgegeben.)

„Eine neue Auflage dieses für die Praxis wertvollsten Kommentars ist ein Ereignis für die Juristenwelt." Blätter für Rechtspflege im Bezirk des Kammergerichts.

Achilles-Greiff, Bürgerliches Gesetzbuch nebst Einführungsgesetz. Mit Einleitung, Anmerkungen und Sachregister. Nach dem Tode des ersten Herausgebers Dr. A. Achilles in Verbindung mit J. Altstötter, Oberamtsrichter in München, O. Meyer, Oberlandesgerichtspräsident in Celle, Dr. J. Kieckebusch, Land- und Amtsgerichtsrat in Kassel, Dr. O. Strecker, Senatspräsident am Reichsgericht i. R. in Leipzig, herausgegeben von Dr. M. Greiff, Wirkl. Geh. Oberjustizrat, Oberlandesgerichtspräsident i. R. in Berlin. Dreizehnte, vermehrte und verbesserte Auflage. Mit Erläuterungen der Verordnung über das Erbbaurecht, des Gesetzes über die religiöse Kindererziehung und des Gesetzes für Jugendwohlfahrt. Groß-Oktav. XXIII, 1304 Seiten. 1930. (Guttentagsche Sammlung Deutscher Reichsgesetze Bd. 38/39.) . . . . . Geb. RM. 24.—, in Halbleder geb. RM. 26.—

„Das ausgezeichnete Buch, das einer weiteren Empfehlung kaum bedarf, wird seine führende Stellung unter den Handausgaben ohne Zweifel behaupten." Juristische Rundschau.

Bürgerliches Gesetzbuch nebst Einführungsgesetz. Vom 18. August 1896 mit Berücksichtigung der bis zum 1. Januar 1928 ergangenen Abänderungen. Textausgabe mit ausführlichem Sachregister. Sechzehnte Auflage. (61. bis 66. Tausend). Taschenformat. 758 Seiten. 1928. (Guttentagsche Sammlung von Textausgaben ohne Anmerkungen mit Sachregister.) . . . . Geb. RM. 2.80

Die vorliegende Ausgabe zeichnet sich durch Vollständigkeit und besondere Ausführlichkeit des Sachregisters aus.

Schulz, F. H., Bürgerliches Gesetzbuch. Taschenformat. XI, 682 Seiten. 1930 . . . . Geb. RM. 8.—

(Lehrausgaben Deutscher Gesetze, Bd. I.)

Dieser Band bringt auch die Bezeichnung der entsprechenden römisch-rechtlichen bzw. gemeinrechtlichen Institute und verwirklicht damit einen Gedanken, der eigentlich wohl schon vor dreißig Jahren hätte ausgeführt werden sollen.

Lindemann, Otto, Ausführungsgesetz zum Bürgerlichen Gesetzbuche vom 20. September 1899 nebst einem Anhang: Verordnung zur Ausführung des Bürgerlichen Gesetzbuchs vom 16. November 1899. Nach dem Tode des früheren Herausgebers Kammergerichtsrat Dr. P. Siméon, erläutert von Geh. Oberjustizrat Otto Lindemann, Ministerialdirektor im Pr. Justizministerium. Vierte Auflage. Taschenformat. 208 Seiten. 1930. (Guttentagsche Sammlung Preußischer Gesetze Bd. 23.) Geb. RM. 5.—

Die neue Auflage kommt im richtigen Augenblick, um dem fühlbaren Mangel an neuen Bearbeitungen der Ausführungsgesetze zum Bürgerlichen Gesetzbuch abzuhelfen. Sie ist völlig neu bearbeitet und nach den Ergebnissen von Gesetzgebung und Rechtsprechung bis in die jüngste Zeit ergänzt.

Juristischer Anschauungsstoff. Herausgegeben von Helmut Rühl, o. Prof. d. Rechte a. d. Handelshochschule Mannheim.

Heft 1:

Rühl, H., **Bürgerliches Recht und Arbeitsrecht.** Groß-Oktav. VIII, 148 Seiten. 1931 . . . . RM. 4.—

In der Sammlung „Juristischer Anschauungsstoff" werden für den Gebrauch im akademischen Unterricht Urkunden aus der Rechtspraxis zusammengestellt. So bringt das erste Heft 140 typische Beispiele für fast jedes Rechtsinstitut des BGB. und des Arbeitsrechts (Registereintragungen, Geschäftsbedingungen, Tarifverträge, Satzungen usf.). Die Anordnung folgt dem Gang des Gesetzes. Die gewählten Beispiele sind für die Praxis kennzeichnend. Sie gewähren einen Einblick in das lebendige Recht und zeigen die Abwandlung des Gesetzes durch die Wirtschaft.

Schück, Richard, **Zivilrechtspraktikum.** Zum Selbststudium und zum Lehrgebrauch. Vierte, vermehrte Auflage. Herausgegeben von Gustav Schreiber. Groß-Oktav. 160 Seiten. 1930.
Geb. RM. 6.—

Das „Schücksche Zivilrechtspraktikum" bringt in einem billigen Band über 600 Fälle aus allen fünf Büchern des BGB. und dem Einführungsgesetz. Es hat sich seit seinem Erscheinen durch seine praktische Auswahl überall durchgesetzt und durch drei Auflagen hindurch bewährt. Die vorliegende vierte Auflage weist eine Anzahl Ergänzungen auf, die aber durch die besondere Art ihrer Einordnung den Gebrauch mehrerer Auflagen nebeneinander nicht stören.

von der Mosel, Heinrich, **Lösungen** zu dem von Kammergerichtsrat Dr. Richard Schück herausgegebenen **Zivilrechtspraktikum.** Nach dem Bürgerlichen Gesetzbuch bearbeitet für Studierende und Referendare. Fünfte Auflage. Oktav. 227 Seiten. 1931.
RM. 6.—, kart. RM. 6.50

Die Lösungen behandeln fast alle in dem Praktikum enthaltenen Fälle.

v. Schwerin, Cl., Frhr., **Grundzüge des deutschen Privatrechts.** Zweite Auflage. Oktav. XII, 342 Seiten. 1928. (Lehrbücher und Grundrisse der Rechtswissenschaft Bd. XIII.) RM. 9.50, geb. RM. 11.—

„Was dem Studenten not tut, ist ein kurzgefaßtes Handbuch. . . . Ein ausgezeichnetes Hilfsmittel dieser Art ist das vorliegende Buch."
Zeitschrift für Rechtspflege in Bayern.

Wegner, Arthur, **Jugendrecht.** Ein Lehrbuch zur Einführung. Oktav. IX, 219 Seiten. 1929 . . . . RM. 6.—, geb. RM. 7.50

Schuldverhältnisse insbesondere

Hedemann, Justus Wilh., **Schuldrecht des Bürgerlichen Gesetzbuches.** Zweite Auflage. Oktav. XXIV, 503 Seiten. 1931. (Lehrbücher und Grundrisse der Rechtswissenschaft Bd. II.)
RM. 14.50, geb. RM. 16.—

„Die Schrift bietet die beste mir bekannte Einführung in das schwierige Recht der Schuldverhältnisse." *Staats- und Selbstverwaltung.*

Oertmann, Paul, **Schuldrecht.** (BGB. II.)
I. Allgemeine Lehren. Dritte, verbesserte Auflage. 142 Seiten. 1927. (Sammlung Göschen Bd. 323.) . . . . Geb. RM. 1.80
II. Die einzelnen Schuldverhältnisse. Dritte, verbesserte Auflage. 159 Seiten. 1929. (Sammlung Göschen Bd. 324.) . . Geb. RM. 1.80

„In knapper Form und gemeinverständlicher Ausdrucksweise ist ein vorzüglicher Überblick über den Stoff gegeben."
Leipziger Zeitschrift für deutsches Recht.

Meyer, Georg, **Das Recht der Beschlagnahme von Lohn, Gehalt und Diensteinkommen.** Auf Grund des Reichsgesetzes vom 21. Juni 1869, der Verordnung über Lohnpfändung vom 25. Juni 1919 nebst Abänderungen und der Zivilprozeßordnung dargestellt. Siebente, vermehrte Auflage. Taschenformat. 174 Seiten. 1930. (Guttentagsche Sammlung Deutscher Reichsgesetze Bd. 55.) . . Geb. RM. 4.50

„Das Lohnbeschlagnahmegesetz wird hier in mustergültiger Weise erläutert. Die zahlreichen Zweifelsfragen werden gründlich erörtert." *Hessische Rechtsprechung.*

Seligsohn, Franz, **Kommentar zum Haftpflichtgesetz.** Zweite Auflage. Groß-Oktav. 360 Seiten. 1930 . . . . . RM. 12.—, geb. RM. 13.50

„Das reiche Material hat der Verfasser mit logischer Schärfe und in knapper Form bearbeitet und damit ein mustergültiges Werk geschaffen, das für die meist veralteten Kommentare zum Reichshaftpflichtgesetz einen wertvollen Ersatz bietet."
Blätter für Rechtspflege im Bezirk des Kammergerichts.

Krieg, O., **Mietrecht und Wohnungsmangelgesetzgebung** im Reiche, in Preußen und in Berlin, einschließlich Hauszinssteuer, Kostenwesen und Rechtsentscheiden des Kammergerichts und des Obersten Landesgerichts. Zusammengestellt und mit ausführlichem Schlagwortregister versehen. Vierte Auflage. Taschenformat. XII, 594 Seiten. 1928. (Guttentagsche Sammlung Deutscher Reichsgesetze Bd. 156.) Geb. RM. 10.—

„Eine solche Ausgabe zu besitzen, ist wertvoll. Diese Ausgabe verdient schon wegen ihrer Vollständigkeit besondere Beachtung. Ein vortreffliches Sachregister ist beigegeben." *Juristische Wochenschrift*

Stölzle, Hans, **Viehkauf** nach Bürgerlichem Gesetzbuch und ausländischem Recht. Verordnung, betreffend die Hauptmängel und Gewährfristen beim Viehhandel. Von Eugen Fröhner. Sechste, vermehrte und wesentlich verbesserte Auflage. Taschenformat. 699 Seiten. 1926. (Guttentagsche Sammlung Deutscher Reichsgesetze Bd. 50.)
Geb. RM. 15.—

„Das Buch ist Juristen wie Laien als lichtvoller Ratgeber in allen Fragen nur auf das wärmste zu empfehlen."
Deutsche Juristen-Zeitung.

Crisolli, Karl-August, Das Reichsgesetz, betreffend die **Abzahlungsgeschäfte** vom 16. Mai 1894. Mit Einleitung, Anmerkungen und Sachregister. Unter Mitwirkung von Julius Crisolli. Vierte, völlig umgearbeitete Auflage des Werkes von Hoffmann-Wilke. Taschenformat. 413 Seiten. 1931. (Guttentagsche Sammlung Deutscher Reichsgesetze Bd. 34.) . . . . Geb. RM. 8.—

„Der Vorzug dieses Buches, das schon in seiner Anordnung und in seinem Gesamtaufbau mustergültig ist, liegt ganz besonders darin, daß es alle einschlägigen Fragen kritisch behandelt und zu ihnen erschöpfend Stellung nimmt. Der Verfasser hat die ihm aus der Zeit, den wirtschaftlichen und den weiter entwickelten Rechtsverhältnissen heraus gegebenen Möglichkeiten voll ausgenutzt, er hat zu allen einschlägigen Fragen der Rechtsprechung, die gerade in den letzten Jahren nicht unerheblicher Wandlung unter-

worfen war, Stellung genommen und auch unter Anführung und Namhaftmachung der entsprechenden Entscheidungen das von ihm benutzte Material voll ausgewertet und der Öffentlichkeit durch dieses Buch zur Verfügung gestellt.“ *Die Teilzahlung.*

Göppert, H., **Gesetz, betreffend die gemeinsamen Rechte der Besitzer von Schuldverschreibungen.** Zweite Auflage, bearbeitet von E. Trendelenburg. Taschenformat. 156 Seiten. 1915. (Guttentagsche Sammlung Deutscher Reichsgesetze Bd. 52.) . . . . . Geb. RM. 1.50

Kruse, Fr. Vinding, **Das Eigentumsrecht.** Aus dem Dänischen übersetzt von Knud Larsen. Groß-Oktav. XXIII, 881 Seiten. 1931. Geb. RM. 25.—

Der Verfasser sieht das Eigentumsrecht nicht als ein Rechtsgebiet neben beliebigen anderen an, ihm ist es die Grundlage aller bisherigen Gemeinwesen und so von zentraler Bedeutung für Rechts- und Sozialwissenschaft. Der Begründung dieser Auffassung und einer tiefschürfenden Bestimmung des Begriffs des Eigentumsrechts dient ein Hauptteil des Werkes. In der Folge geht der Verfasser über zu einer Kritik an den gegenwärtig leitenden sozialwissenschaftlichen Ideen, denen er in ihren Umrissen eine Sozialwissenschaft der Zukunft gegenüberstellt. Seine Erkenntnisse gewinnt der Autor nicht nur aus seinem engeren Arbeitsgebiet, der Rechtswissenschaft, und aus deren spezifisch skandinavischer Ausprägung. Gerade der Vergleich mit der Rechtslehre anderer Nationen und die Zusammenfassung der Resultate aller beteiligten wissenschaftlichen Disziplinen geben den Darlegungen besonderes Gewicht.

Beiträge zum ausländischen und internationalen Privatrecht, herausgegeben vom Institut für ausländisches und internationales Privatrecht.

Heft 1:

Nußbaum, Arthur, **Vertraglicher Schutz gegen Schwankungen des Geldwertes.** Goldklauseln und andere Abreden zur Minderung des Valutarisikos. Groß-Oktav. 95 Seiten. 1928 . . . . . . RM. 5.—

Heft 2:

Wolff, John, **Die Haftung des Verkäufers einer fremden beweglichen Sache** in den Vereinigten Staaten von Amerika in Vergleichung mit dem deutschen bürgerlichen Recht. Groß-Oktav. 84 Seiten. 1930. RM. 4.—

Heft 3:

Friedmann, Wolfgang, **Die Bereicherungshaftung** im anglo-amerikanischen Rechtskreis in Vergleichung mit dem deutschen bürgerlichen Recht. Groß-Oktav. 148 Seiten. 1930 . . . . . . RM. 7.—

Heft 4:

Raiser, Ludwig, **Die Wirkungen der Wechselerklärungen im internationalen Privatrecht.** Groß-Oktav. 124 Seiten. 1931 . . RM. 9.—

Sachenrecht insbesondere

Hedemann, Justus Wilh., **Sachenrecht des Bürgerlichen Gesetzbuches.** Oktav. XXXII, 507 Seiten. 1924. (Lehrbücher und Grundrisse der Rechtswissenschaft Bd. III.) . . . . . RM. 12.—, geb. RM. 13.50

„Ein trotz seiner Kürze ausgezeichnetes und inhaltreiches Lehrbuch, nicht nur für den Studierenden, sondern auch für ältere Juristen. Die Arbeit ist wissenschaftlich tiefgründig und doch gemeinverständlich geschrieben.“ *Zeitschrift des Deutschen Notarvereins.*

Kretzschmar, F., **Sachenrecht.**

I. Allgemeine Lehren. Besitz und Eigentum. Zweite, verbesserte Auflage. 142 Seiten. 1922. (Sammlung Göschen Bd. 480.) Geb. RM. 1.80

II. Begrenzte Rechte. 144 Seiten. 1923. (Sammlung Göschen Bd. 481.) Geb. RM. 1.80

Diese Bändchen bieten die Grundzüge des Sachenrechts in gedrängter und klarer Form.

Lenzen, Georg, **Das Deutsche Pfandleihrecht.** Kommentar zum preußischen Pfandleihgesetz unter Berücksichtigung der außerpreußischen Gesetze. Oktav. XXVI, 266 Seiten. 1929 . . . . Geb. RM. 20.—
„Diese zusammenfassende Darstellung ist die erste ihrer Art und sehr verdienstlich. Das Buch regt zu allerhand Fragen an.“
Juristische Wochenschrift.

Günther, Hermann, **Erbbaurecht.** Taschenformat. 167 Seiten. 1919. (Guttentagsche Sammlung Deutscher Reichsgesetze Bd. 135.)
Geb. RM. 2.—
„. . . Der Praxis wird das Werk von hervorragendem Nutzen sein.“
Beiträge zur Erläuterung des deutschen Rechts.

Arnheim, Hugo, **Grundbuchordnung.** Kommentar zur Grundbuchordnung für das Deutsche Reich nebst den für Preußen erlassenen Ausführungsbestimmungen. Zweite, völlig neubearbeitete Auflage. Lexikon-Oktav. 959 Seiten. 1913 . . . . RM. 15.—
„Der Band weist außerordentliche Gründlichkeit, Klarheit und Übersichtlichkeit auf. Man kann wohl sagen, daß kaum eine Frage auftauchen wird, die nicht wenigstens berührt wäre.“
Zentralblatt für freiwillige Gerichtsbarkeit.

Fischer, Otto, und **Fischer,** Norbert, **Grundbuchordnung für das Deutsche Reich** nebst den preußischen Ausführungsbestimmungen. Neunte, durchgearbeitete und ergänzte Auflage. Taschenformat. 322 Seiten. 1927. (Guttentagsche Sammlung Deutscher Reichsgesetze Bd. 42.)
Geb. RM. 5.—
„Eine der vortrefflichen alteingeführten Handausgaben der Guttentagschen Sammlung, bei der schon die Auflagenziffer für die Brauchbarkeit in der Praxis spricht. Nach wie vor ist das Buch ein vortrefflicher Wegweiser und Berater.“ *Juristische Wochenschrift.*

Ricks, Gerhard, **Die Grundbuchpraxis.** Ein Handbuch für den täglichen Gebrauch in Grundbuchsachen. Achte Auflage. Mit Nachtrag. Groß-Oktav. XII, 412 Seiten. 1929 . . . RM. 12.—, geb. RM. 14.—
„Das Buch hat einen Anspruch darauf, in der Praxis geradezu verschlungen zu werden. Es ist aus der täglichen Praxis heraus für die Praxis lebensfrisch und unterhaltend geschrieben.“
Mitteilg. a. d. Württemb. Notariats-Praxis.

Friedlaender, Martin, **Hypothekenbeschaffung für Wohn- und Geschäftshäuser.** Handbuch für die Praxis der Grundstückswirtschaft. Groß-Oktav. VIII, 151 Seiten. 1929 . . . . . RM. 6.—, geb. RM. 7.50
„Das Buch gibt einen außerordentlich praktischen Überblick über alle Fragen der Hypothekenbeschaffung.“ *Deutsche Sparkassen-Zeitung.*

Familienrecht, Erbrecht

Lehmann, Heinrich, **Familienrecht** des Bürgerlichen Gesetzbuches einschließlich Jugendfürsorgerecht. Oktav. XII, 352 Seiten. 1926. (Lehrbücher und Grundrisse der Rechtswissenschaft Bd. IV.)
RM. 11.—, geb. RM. 12.50
„Die Schilderung Lehmanns ist überall anregend und fesselnd. Das Werk kann allen Rechtsstudenten und Referendaren zur Anschaffung dringend empfohlen werden.“ *Der junge Rechtsgelehrte.*

Titze, Heinrich, **Familienrecht.** (BGB. IV.) 169 Seiten. Neudruck. 1924. (Sammlung Göschen Bd. 305.) . . . . Geb. RM. 1.80

Endemann, Fr., **Erbrecht.** Oktav. XII, 166 Seiten. 1923. (Lehrbücher und Grundrisse der Rechtswissenschaft Bd. V.) RM. 3.—, geb. RM. 4.50
„Dieser Leitfaden behandelt den spröden Stoff des schwierigen Erbrechts in meisterhafter, fesselnder Darstellung.“
Zeitschrift des Bundes Deutscher Justizamtmänner.

v. Blume, Wilh., **Erbrecht.** (BGB. V.)
I. Einleitung. Die Grundlagen des Erbrechts. 75 Seiten. 1913. (Sammlung Göschen Bd. 659.) . . . . Geb. RM. 1.80
II. Die Nachlaßbeteiligten. Mit 23 Figuren. 131 Seiten. 1913. (Sammlung Göschen Bd. 660.) . . . . Geb. RM. 1.80

Riesenfeld, S., **Die Erbenhaftung nach dem Bürgerlichen Gesetzbuch.** Groß-Oktav. 2 Bände. 1916 . . . . . RM. 15.—, geb. RM. 18.—
I. Band: Die Grundsätze der Haftung. XII, 461 Seiten.
II. Band: Das Inventar und die Mittel der Haftungsbeschränkung. VIII, 455 Seiten.
„Ein hervorragendes Werk, das in allen Teilen die vollständige Beherrschung des schwierigen Stoffes erkennen läßt und sich dabei durch klare und gemeinverständliche Darstellung auszeichnet."
Sächsisches Archiv für Rechtspflege.

Aufwertung

Michaelis, Richard, **Das Aufwertungsrecht** nach den Aufwertungsgesetzen und nach allgemeinem bürgerlichem Rechte. Kommentar zu den Gesetzen vom 16. Juli 1925 über die Aufwertung von Hypotheken und anderen Ansprüchen und über die Ablösung öffentlicher Anleihen sowie systematische Darstellung des Aufwertungsrechts außerhalb dieser Gesetze. Zweite, gänzlich umgearbeitete Auflage des Kommentars zur Dritten Steuernotverordnung vom 14. Februar 1924 (Aufwertung). Mit einer Fristentabelle von H. Hoormann. Groß-Oktav. X, 516 Seiten. 1926. Mit Nachtrag 1927. (de Gruytersche Sammlung Deutscher Gesetze. Handkommentare.) . . . . Geb. RM. 16.—
„Es handelt sich um ein ganz erstklassiges Werk, das sich für jeden Aufwertungsinteressenten als unentbehrlich erweisen wird."
Deutsche Allgemeine Zeitung.

Michaelis, Richard, Die beiden **Aufwertungsnovellen** vom 18. Juli 1930. (Hypotheken-Fälligkeits- und Verzinsungsgesetz; Grundbuchbereinigungsgesetz.) Taschenformat. VI, 202 Seiten. 1930. (Guttentagsche Sammlung Deutscher Reichsgesetze Bd. 178.) . . . . Geb. RM. 4.—
Reichsgerichtsrat Michaelis, der im „Kommentar über das Bürgerliche Gesetzbuch von Reichsgerichtsräten" den Abschnitt „Aufwertung" bearbeitet hat, erläutert in der gleichen autoritativen Art auch die neuen Gesetze, die die Aufwertungsgesetzgebung ändern und abschließen. Die Erläuterung der zuverlässig abgedruckten Gesetzestexte ist übersichtlich und in der Sprache leicht verständlich, wie überhaupt in ihrer ganzen Anlage, nicht zuletzt aber wegen ihres niedrigen Preises, auf die Praxis zugeschnitten.

Berliner, Ludwig, und **Pfaffenberger,** Ernst, **Aufwertung von Versicherungsansprüchen** mit Durchführungsbestimmungen.
I. Teil. Oktav. 235 Seiten. 1925. (Guttentagsche Sammlung Deutscher Reichsgesetze Bd. 164.) . . . . Geb. RM. 6.50
II. Teil: Sach- und Transportversicherung; Unfall- und Haftpflichtversicherung. Oktav. 112 Seiten. 1926. Mit Nachtrag. (Guttentagsche Sammlung Deutscher Reichsgesetze Bd. 164a.) . . Geb. RM. 3.50
„Eine ganz ausgezeichnete, wohldurchdachte Darstellung und Erläuterung des Aufwertungsrechtes des gesamten Versicherungswesens, eine unentbehrliche Ergänzung zu jedem Gesamtkommentar über das Aufwertungsgesetz." *Zentralblatt für Handelsrecht.*

2. Handelsrecht

v. Gierke, Jul., **Handelsrecht und Schiffahrtsrecht.** Dritte, ergänzte Auflage. Groß-Oktav. XIV, 744 Seiten. 1929. (Lehrbücher und Grundrisse der Rechtswissenschaft Bd. VI.) RM. 21.—, geb. RM. 22.50

„. . . ein außerordentlich hochstehendes, immer den neuesten Stand der Lehre und der Rechtsprechung widerspiegelndes Lehrbuch des Handelsrechts im weitesten Sinn." Der junge Rechtsgelehrte.

v. Gierke, Jul., **Handelsgesetzbuch** nebst Wechselordnung und Scheckgesetz. Mit systematischen Paragraphenüberschriften und ausführlichem Sachregister. Oktav. VIII, 295 Seiten. 1931. (Lehrausgaben Deutscher Gesetze, Bd. IV.) . . . . Geb. RM. 5.—

Nicht nur dem Lernenden, auch dem Kaufmann, der ohne ermüdende Durcharbeitung des ganzen Gesetzwerkes seine wesentlichen Bestimmungen schnell und sicher kennenlernen und von Fall zu Fall nachlesen will, wird diese Lehrausgabe willkommen sein.

Lehmann, K., und **Hoeniger,** H., **Lehrbuch des Handelsrechts.** Dritte Auflage. Erster Halbband, enthaltend die Lehre vom Handelsstand und von den Handelsgesellschaften. Groß-Oktav. 432 Seiten. 1921 RM. 10.—

Ein großangelegtes Lehrbuch des Handels- und Schiffahrtsrechts.

Lehmann, K., und **Hoeniger,** H., **Deutsches Handelsrecht.**
I. Einleitung. Der Kaufmann und seine Hilfspersonen. Offene Handelsgesellschaft, Kommandit- und stille Gesellschaft. 117 Seiten. 1921. (Sammlung Göschen Bd. 457.) . . . . Geb. RM. 1.80
II. Aktiengesellschaften, Gesellschaften mit beschränkter Haftung, eingetragene Genossenschaften. Handelsgeschäft, 126 Seiten. 1924. (Sammlung Göschen Bd. 458.) . . . . Geb. RM. 1.80

Hein, Joh., **Die Zusammenhänge zwischen Steuerrecht und Handelsrecht und ihre Entwicklung,** untersucht an dem Gewinn und an der Bewertung. Eine bilanzrechtliche und bilanzkritische Darstellung mit praktischen Beispielen. Groß-Oktav. X, 280 Seiten. 1928. RM. 10.—, geb. RM. 12.—

„Das Buch führt in klarer Gestaltung in die Probleme des Bilanzrechts ein. Eine übersichtliche Gliederung ermöglicht eine schnelle und doch gründliche Einführung. Darüber hinaus stellt das Buch eine wesentliche Förderung für die dringend notwendige wissenschaftliche Behandlung des Steuerbilanzrechts und seiner Zusammenhänge mit den verwandten Rechtsmaterien dar." Zeitschrift für Handelsrecht.

Staubs Kommentar zum Handelsgesetzbuch. Zwölfte und dreizehnte Auflage. Bearbeitet von Heinrich Koenige, Albert Pinner, Felix Bondi. Vier Bände und ein Registerband. Groß-Oktav. 4000 Seiten. 1927 . . . . Zusammen RM. 157.—, in Halbleder RM. 183.60

Ein Nachtrag, der in ausführlicher Kommentierung die neuen Bestimmungen der Verordnung über das Aktienrecht vom 19. IX. 31 und die dadurch hervorgerufenen Änderungen des HGB. enthält, erscheint im November 1931.

Mosse, Albert, und **Heymann,** Ernst, **Handelsgesetzbuch** (ohne Seerecht). Mit den ergänzenden Vorschriften des Bürgerlichen Gesetzbuchs und einem Anhang, enthaltend das Einführungsgesetz, das Depotgesetz, die Bestimmungen über Börsentermin- und Differenzgeschäfte u. a. Nebst Erläuterungen. Im Anschluß an die Textausgabe von F. Litthauer. Siebzehnte Auflage. Unter Mitwirkung von Karl August Crisolli. Oktav. VIII, 693 Seiten. 1926 (Guttentagsche Sammlung Deutscher Reichsgesetze Bd. 4.) . . . . .Geb. RM. 14.—

Diese Ausgabe wurde durch Nachträge ergänzt.

„Die Litthauer-Mossesche Ausgabe des Handelsgesetzbuches hat bei allen Praktikern seit langem den wohlbegründeten Ruf größter Zuverlässigkeit und übersichtlicher Anordnung, die mit möglichster Knappheit des Ausdrucks gepaart sind. Das Buch ist ein zuverlässiger Führer durch das immer schwieriger werdende Gebiet des Handelsrechts." Vossische Zeitung.

Handelsgesetzbuch nebst Einführungsgesetz vom 10. Mai 1897, unter

Berücksichtigung der bis 15. Juni 1930 ergangenen Novellen. Textausgabe mit Sachregister. Zwölfte Auflage. 370 Seiten. 1930. (Guttentagsche Sammlung von Textausgaben ohne Anmerkungen mit Sachregister.) . . . . Geb. RM. 3.50

Diese Ausgabe wurde durch einen Nachtrag ergänzt.

Baum, G., **Das vertragliche Wettbewerbsverbot** (Konkurrenzklausel). Nebst Kommentar zum Gesetze vom 10. Juni 1914. Taschenformat. XII, 231 Seiten. 1914. (Guttentagsche Sammlung Deutscher Reichsgesetze Bd. 115.) . . . . Geb. RM. 3.—

Gesellschaften

Brodmann, Erich, **Aktienrecht.** Kommentar. Groß-Oktav. XII, 580 Seiten. 1928. (Gewerbe- und Industrie-Kommentar Bd. IV.)
RM. 28.—, geb. RM. 30.—

„Mit unvergleichlichem Geschick hat der Verfasser Großartiges geleistet — Brodmann ist Trumpf!" Zeitschrift für Aktiengesellschaften.

Brodmann, Erich, **Die Sanierung unseres Aktienwesens.** Groß-Oktav. 46 Seiten. 1931 . . . . RM. 3.—

Entwurf eines Gesetzes über Aktiengesellschaften und Kommanditgesellschaften auf Aktien sowie Entwurf eines Einführungsgesetzes nebst erläuternden Bemerkungen. Veröffentlicht durch das **Reichsjustizministerium.** Lexikon-Oktav. 132 Seiten. 1930 . . . . . RM. 3.—

Pinner, Albert, **Aktiennovelle und Bankenaufsicht.** Verordnung vom 19. 9. 1931. Textausgabe mit Einführung in die Aktiennovelle. Taschenformat. 101 Seiten. 1931. (Guttentagsche Sammlung Deutscher Reichsgesetze Bd. 179.) . . . . Geb. RM. 1.80

Das erste eindringliche und zuverlässige Orientierungsbuch über die Neuregelung des Aktienwesens führt schnell in die wichtigen Hauptfragen ein. Der Herausgeber ist als hervorragender Kenner des Aktienrechts und Mitarbeiter an Staubs berühmtem HGB.-Kommentar der Fachwelt bekannt.

Hachenburg, Max, **Kommentar zum Gesetz, betr. die Gesellschaften mit beschränkter Haftung.** (Früher **Staub-Hachenburg.**) Fünfte Auflage unter Mitarbeit von Fritz Bing und Walter Schmidt. 2 Bände . . . . RM. 43.—, geb. RM. 47.—
I. Band: §§ 1—34. Groß-Oktav. VI, 527 Seiten. 1926.
II. Band: §§ 35—84. Groß-Oktav. II, 452 Seiten. 1927.

„Was Hachenburg in seinen Neubearbeitungen aus diesem Buche gemacht hat, ist erstaunlich. Sein reiches juristisches Wissen, sein überlegener und kritischer Verstand, seine vorzügliche Gestaltungskraft und seine nur wenigen Juristen eigene vielseitige Auslegungskunst haben etwas Großes, Unvergleichliches geschaffen. Man findet selten ein literarisches Werk, in welchem Rechtsgelehrsamkeit und praktisches Können vereint einem Spezialgesetz so zugute kamen wie hier."
Zeitschrift für Aktiengesellschaften.

Brodmann, Erich, **Gesetz, betr. die Gesellschaften mit beschränkter Haftung.** Kommentar. Zweite Auflage. Groß-Oktav. VIII, 304 Seiten. 1930. (Gewerbe- und Industrie-Kommentar Bd. I.)
RM. 16.—, geb. RM. 18.—

Parisius, Ludolf, und **Crüger,** Hans, **Das Reichsgesetz, betr. die Gesellschaften mit beschränkter Haftung.** Textausgabe mit Anmerkungen und Sachregister. Achtzehnte Auflage, bearbeitet von Adolf Crecelius und Fritz Citron. Taschenformat. 244 Seiten. 1929. (Guttentagsche Sammlung Deutscher Reichsgesetze **Bd. 32.**)
Geb. RM. 3.50

„Die äußerst sachkundig erläuterte Ausgabe wird von den interessierten Kreisen freudig begrüßt werden. Wir können das Bändchen der bekannten Sammlung bestens empfehlen."
Badische Wirtschafts-Zeitung.

Starke, Arthur, **Offene Handelsgesellschaften, Kommanditgesellschaften und stille Gesellschaften** von der Errichtung bis zur Auflösung. Nebst Vertrags- und Anmeldeformularen und mit Berücksichtigung des Steuerrechts. Oktav. XIV, 167 Seiten. 1928 . . . . RM. 5.—
Eine systematische Darstellung für Studium und Praxis.

Wechselordnung und Scheckrecht

Staubs Kommentar zur Wechselordnung. Fortgesetzt von J. Stranz und M. Stranz. Zwölfte Auflage, bearbeitet von M. Stranz und Martin Stranz. Groß-Oktav. 432 Seiten. 1929.
RM. 16.—, geb. RM. 18.—
„Staub-Stranz ist der Kommentar zur Wechselordnung. Auch die jüngste Auflage des Kommentars gibt einen echten Staub-Stranz. Weiterer Kommentar dazu ist überflüssig." Juristische Wochenschrift.

Stranz, J., und **Stranz,** M., **Wechselordnung** in der Fassung der Bekanntmachung vom 3. Juni 1908. Kommentar. Dreizehnte, der Neubearbeitung sechste Auflage. Taschenformat. 419 Seiten. 1930. (Guttentagsche Sammlung Deutscher Reichsgesetze Bd. 5.)
Geb. RM. 7.—
Diese Ausgabe enthält nicht etwa nur Hinweise und kurze Erläuterungen, sondern ist ihrer ganzen Anlage nach ein verkürzter Kommentar; außer der Wechselordnung bringt sie auch die bekannten Nebengesetze: sie umfaßt also das gesamte Wechselrecht.

Wechselordnung in der Fassung der Bekanntmachung vom 3. Juni 1908 (RGBl. S. 326ff.). Mit einem Anhang, enthaltend den Wechselprozeß und Nebengesetze. Textausgabe mit Einleitung und Sachregister. Taschenformat. 102 Seiten. 1928. (Guttentagsche Sammlung von Textausgaben ohne Anmerkungen.) . . . . Geb. RM. 1.50
Vorteilhafte Anordnung, ein zuverlässiges Sachregister, das das Gesetz erschließt, Handlichkeit und sauberer Druck zeichnen auch die neue Auflage der Wechselordnung aus, deren Einleitung den letzten Stand dieser Materie erfaßt und deren Anhang „Nebengesetze" bis auf die letzte Zeit ergänzt ist.

Michaelis, Richard, **Scheckgesetz** mit allen einschlägigen Nebengesetzen, den ausländischen Gesetzen und dem Deutschen Postscheckgesetz mit Postscheckordnung. Kommentar. Groß-Oktav. VII, 339 Seiten. 1927. (Gewerbe- und Industrie-Kommentar Bd. II.) RM. 16.—, geb. RM. 18.—
„Wenn irgendein Buch, so entspricht dieses einem Bedürfnis." Berliner Tageblatt.

Der Eigentumsvorbehalt in Wirtschaft und Recht. Herausgegeben von der Industrie- und Handelskammer zu Berlin. Oktav. 280 Seiten. 1931 . . . . RM. 4.—, geb. RM. 5.—
Die Industrie- und Handelskammer zu Berlin bringt in diesem Buche zum Thema „Kreditsicherung durch Eigentumsvorbehalt" eine geschlossene Reihe von Kapiteln erster Autoritäten bei, in denen diese zum Eigentumsvorbehalt von allen Gesichtspunkten (z.B. seiner Bedeutung in der Industrie, im Großhandel, im Einzelhandel, im Bankverkehr, im internationalen Verkehr, im Konkursverfahren, im Steuerrecht, im Strafrecht, seiner zweckmäßigsten Formulierung usw.) ausführlich Stellung nehmen. Seiner Zweckbestimmung nach ist dieses Buch gleicherweise nach der praktischen wie nach der wissenschaftlichen Seite hin orientiert.

Schiffahrtsrecht

Schaps, Georg, **Das deutsche Seerecht.** Kommentar zum vierten Buche des Handelsgesetzbuches (als Ergänzung zu Staub's Kommentar) nebst Erläuterungen zu den seerechtlichen Nebengesetzen. Zweite, vollständig umgearbeitete Auflage herausgegeben von Max Mittelstein † und Julius Sebba.

I. Band. (Handelsgesetzbuch: Viertes Buch.) Groß-Oktav. VIII, 1041 Seiten. 1921 . . . . RM. 25.—, geb. RM. 28.—
II. Band. (Seerechtliche Nebengesetze mit Nachtrag zur Ergänzung des I. Bandes nach dem Stand von 1929.) Bearbeitet von J. Sebba. XVI, 1108 Seiten. 1929 . . . . RM. 52.—, geb. RM. 55.—

„Die alte, auf der Staubschen Kommentierungsmethode beruhende Auflage erfreute sich mit Recht schon großen Ansehens. In diesen bewährten Bahnen leistet die zweite Auflage an Vollständigkeit, Übersichtlichkeit und Genauigkeit das Höchste, was Wissenschaft und Praxis nur wünschen können." Juristische Wochenschrift.

Brandis, Otto, **Das deutsche Seerecht** (mit Ausschluß des Seeversicherungsrechts.) I. Allgem. Lehren: Personen und Sachen des Seerechts. 130 Seiten. 1908. II. Die einzelnen seerechtlichen Schuldverhältnisse: Verträge des Seerechts und außervertragliche Haftung. 156 Seiten. 1908. (Sammlung Göschen Bd. 386/87.) . . . . . Geb. je RM. 1.80

Knitschky-Rudorff, Seegesetzgebung. 6. Auflage von J. Sebba. Im Druck.

Sieveking, Gustav, **Das deutsche Seeversicherungsrecht.** Kommentar zum zehnten Abschnitt des vierten Buches des Handelsgesetzbuches. Lexikon-Oktav. 218 Seiten. 1912 . . . . . . RM. 5.—, geb. RM. 6.80

Allgemeine Deutsche Seeversicherungs-Bedingungen. Im Jahre 1919 herausgegeben von den deutschen Seeversicherern nach Beratung mit deutschen Handelskammern und Fachverbänden unter Vorsitz der Handelskammer Hamburg. 16.—20. Tausend. 50 Seiten. 1925 . RM. 2.—

General Rules of Marine. Insurance 1919 adopted by the German Underwriters. Authorised Translation by Dr. Alfred Sieveking, larger in Hamburg. 64 Seiten. 1920 . . . . RM. 3.—

Materialien zu den Allgemeinen Deutschen Seeversicherungs-Bedingungen. Im Auftrag der vereinigten Handelskammern herausgegeben von Prof. Dr. E. Bruck. Groß-Oktav. 2 Bände. 678 Seiten. 1920 . . RM. 10.—

v. Liebig, Eugen, **Die Transportversicherung.** Teil I: Die Seeversicherung. Systematische Darstellung des Seeversicherungswesens. Groß-Oktav. VIII, 226 Seiten. 1914 . . . . RM. 5.—

Bene, F., Der Begriff des Versicherungsfalles in der Seeversicherung. (Hamburger Rechtsstudien, herausgegeben von Mitgliedern der Rechts- und Staatswissenschaftlichen Fakultät der Hamburgischen Universität, Heft 1.) Groß-Oktav. 75 Seiten. 1928 . . . . RM. 4.50

Elkan, H. H., **Die Bedeutung des Interesses für die Veräußerung der versicherten Sache.** (Hamburger Rechtsstudien, herausgegeben von Mitgliedern der Rechts- und Staatswissenschaftlichen Fakultät der Hamburgischen Universität, Heft 2.) Oktav. 58 Seiten. 1928 . . RM. 4.—

Makower, H., **Gesetze, betreffend die privatrechtlichen Verhältnisse der Binnenschiffahrt und der Flößerei.** Nach den Materialien erläutert. Sechste, vermehrte Auflage, bearbeitet von E. Loewe. Taschenformat. 458 Seiten. 1923. (Guttentagsche Sammlung Deutscher Reichsgesetze Bd. 36.) . . . . Geb. RM. 4.—

„Das vorzüglich bearbeitete Buch dürfte mit seinen klaren und verständlichen Erläuterungen für jeden, der in irgendeiner Weise mit der Binnenschiffahrt und der Flößerei zu tun hat, ein nie versagender Ratgeber sein." Schiffbau.

Sebba, Jul., **Seewasserstraßenordnung.** (Polizeiverordnung zur Regelung des Verkehrs auf den deutschen Seewasserstraßen vom 31. März 1927.) Mit Nachtrag, enthaltend die Änderungen vom 31. März 1928 und vom 20. März 1930. Taschenformat. 493 Seiten. 1928. (Guttentagsche Sammlung Deutscher Reichsgesetze Nr. 171.) . . Geb. RM. 8.50

Die vorliegende Ausgabe ist für die an dem neuen Gesetz interessierten beiden Fachgruppen, die der Nautiker und der Juristen, von gleich großer Bedeutung. Diese Verbindung zweier Kenntnisgebiete gibt dem vorliegenden Kommentar seine besondere Note und seinen großen Wert.

Genossenschaften

Parisius, Ludolf, **Crüger,** Hans, **Crecelius,** Adolf, und **Citron,** Fritz, **Reichsgesetz, betreffend die Erwerbs- und Wirtschaftsgenossenschaften.** Kommentar zum praktischen Gebrauch für Juristen und Genossenschaften. Elfte, neubearbeitete Auflage. Groß-Oktav. XV, 598 Seiten. 1928 . . . . RM. 28.—, geb. RM. 30.—

„Crüger beherrscht wie kein anderer Theorie und Praxis des Genossenschaftswesens, auch nach der wissenschaftlichen Seite hin.“
Juristische Wochenschrift.

Parisius, Ludolf, und **Crüger,** Hans, **Das Reichsgesetz, betreffend die Erwerbs- und Wirtschaftsgenossenschaften.** Textausgabe mit Anmerkungen und Sachregister. Zwanzigste, neubearbeitete und erweiterte Auflage von Hans Crüger, Adolf Crecelius und Fritz Citron. Taschenformat. 297 Seiten 1930. (Guttentagsche Sammlung Deutscher Reichsgesetze Bd. 29.) . . . . Geb. RM. 4.—

„In knapper und klarer Form werden die gesetzlichen Bestimmungen abgehandelt und alles zum Verständnis unbedingt Erforderliche in den Anmerkungen beigebracht. Das Werk kann nur empfohlen werden.“ Ministerialblatt f. d. Preuß. innere Verwaltung.

Verschiedenes

Schreiber, Otto, **Handelsrechtliche Nebengesetze.** Taschenformat. VIII, 1002 Seiten. 1926. (Guttentagsche Sammlung Deutscher Reichsgesetze Bd. 162.) . . . . Geb. RM. 14.—

„Die Sammlung ist ein unentbehrliches Hilfsmittel für den Praktiker. Die Zusammenstellung ist sehr zuverlässig; auch das Sachregister von Kleffel verdient volle Anerkennung.“
Zentralblatt für Handelsrecht.

Staffel, W., **Verordnung gegen Mißbrauch wirtschaftlicher Machtstellungen** vom 2. November 1923. Kommentar. Oktav. 108 Seiten. 1927. (Guttentagsche Sammlung Deutscher Reichsgesetze Bd. 167.) Geb. RM. 3.50

„Die für das Wirtschaftsrecht so wichtige Kartellverordnung findet hier eine eingehende Kommentierung. Die Erläuterungen werden daher um so unentbehrlicher für die wirtschaftliche Praxis auf diesem Gebiete sein.“ Industrie- und Handelszeitung.

Lusensky, F., **Gesetz über die Handelskammern.** Taschenformat. (Guttentagsche Sammlung Preußischer Gesetze Bd. 21.)
Neue Auflage in Vorbereitung.

Göppert-Seydel, Hypothekenbankgesetz vom 13. Juli 1899 (mit den Änderungen durch die Gesetze vom 14. Juli 1923, vom 26. Januar 1926 und 21. Dezember 1927). Textausgabe mit Einleitung, Anmerkungen und Sachregister. Dritte Auflage bearbeitet von Dr. **Martin Friedlaender.** Taschenformat. VIII, 202 Seiten. 1929. (Guttentagsche Sammlung Deutscher Reichsgesetze Nr. 51.) . . . . . Geb. RM. 5.—

Die vorliegende Auflage des bekannten „Göppert-Seydel“ ist den veränderten Verhältnissen entsprechend vollkommen umgearbeitet worden; sie berücksichtigt sowohl die nach dem Kriege erfolgten Änderungen und Ergänzungen des Gesetzes und des Aufwertungsrechtes wie auch die Judikatur und das Schrifttum bis auf die letzte Zeit. Damit kommen die Vorzüge des „Göppert-Seydel“ der Praxis und Wissenschaft wieder in ihrem ganzen Umfange zugute.

Behlert, Heinz, **Der Konnossement-Teilschein.** Groß-Oktav. 79 Seiten. 1930.
(**Hamburger Rechtsstudien, Heft 5.**) RM. 5.—
Die Schrift löst die Frage, ob ein Konnossement-Teilschein dem Konnossement gleichzusetzen ist, unter Zugrundelegung der Hamburger Verhältnisse und unter Berücksichtigung der Rechtsprechung, der Lehre und des ausländischen Rechtes.

Lion, Robert, **Reine Konnossemente gegen Revers.** Groß-Oktav. 78 Seiten. 1930.
(**Hamburger Rechtsstudien, Heft 7.**) RM. 5.—
Die Abhandlung beginnt mit einer ausführlichen Darstellung der Entwicklung, Anwendung und Funktion des Konnossementsreverses. Es folgt eine Untersuchung der rechtlichen Probleme, die sich bemüht, die wirtschaftlichen Interessen aller Beteiligten gegeneinander abzuwägen; eine eingehende Übersicht über die Rechtsprechung ist mit ihr verbunden. Den Abschluß bildet eine Darstellung und Würdigung der zahlreichen Reformvorschläge. Wirtschaft und Recht des Auslandes sind in weitestgehendem Umfange berücksichtigt.

Bank und Börse

Koch, R., und **Schacht**, Hjalmar, **Die Reichsgesetzgebung über das Münz- und Notenbankwesen.** Textausgabe mit Anmerkungen und Sachregister. Siebente, völlig neubearbeitete Auflage. Taschenformat. XVIII, 617 Seiten. 1925. (Guttentagsche Sammlung Deutscher **Reichsgesetze** Bd. 26.) . . . . Geb. RM. 14.—
„Dieser Kommentar zeichnet sich durch Vollständigkeit und Reichhaltigkeit aus und bietet außerdem in der Einleitung einen vortrefflichen Überblick über die Entwicklung des deutschen Noten- und Geldwesens während der letzten Jahrzehnte.“
Monatsschrift für Handelsrecht und Bankwesen.

Nußbaum, Arthur, **Bank- und Börsenrecht.** Eine Sammlung von Gesetzen und Geschäftsbedingungen. Taschenformat. XII, 622 Seiten. 1927. (**Guttentagsche Sammlung** Deutscher Reichsgesetze Bd. 169)
Geb. RM. 11.—
Die vorliegende Sammlung der verstreuten bank- und börsenrechtlichen Vorschriften fehlte bisher in der kaufmännischen und juristischen Bankpraxis ebenso wie im handelsrechtlichen und betriebswirtschaftlichen Unterricht. Ihr Erscheinen wurde daher vielseitig begrüßt. Die Sammlung berücksichtigt auch die dem freien Verkehr entstammenden Rechtsbildungen.

Kommentar zum Börsengesetz. Im Auftrage des Centralverbandes des Deutschen Bank- und Bankiergewerbes (E. V.) bearbeitet von H. Rehm, H. Trumpler, Heinrich Dove, Ernst Neukamp, R. Schmidt-Ernsthausen, James Breit. Mit einem Vorwort von J. Rießer. Lexikon-Oktav. VIII, 464 Seiten. 1909.
RM. 12.—, **geb. RM. 13.50**
„Einen so guten Kommentar zum Börsengesetz hat es noch nie gegeben. Wer sich darein vertieft, wird reiche Belehrung daraus schöpfen über das Börsenwesen im allgemeinen und über seine Rechtsübung und Rechtsprechung im besonderen.“
Sächsisches Archiv für Rechtspflege.

Hemptenmacher, Th., **Börsengesetz.** Dritte Auflage von O. Meyer. Taschenformat. XXIII, 373 Seiten. 1915. (Guttentagsche Sammlung Deutscher Reichsgesetze Bd. 41.) . . . . Geb. RM. 3.50
„Das Bändchen bringt neben einem kurzen Überblick und einem vorteilhaft erweiterten Anhang das Börsengesetz nebst Ausführungsbestimmungen.“ *Bayrische Handelszeitung.*

Lusensky, F., Gesetz, betreffend die Pflichten der Kaufleute bei Aufbewahrung fremder Wertpapiere (Depotgesetz). Neue Auflage in Bearbeitung. (Guttentagsche Sammlung Deutscher Reichsgesetze Bd. 40.)

„Die beste Bearbeitung des sogenannten Depotgesetzes.“
Zeitschrift für Aktiengesellschaften.

Frohner, G., Aktiensonderdepot und Legitimationsübertragung. (Hamburger Rechtsstudien, herausgegeben von Mitgliedern der Rechts- und Staatswissenschaftlichen Fakultät der Hamburgischen Universität, Heft 3.) Groß-Oktav. VII, 114 Seiten. 1929 . . . . RM. 7.—

Schwerin, Frh. Cl. von, Recht der Wertpapiere (einschließlich Wechsel- und Scheckverkehr). Oktav. X, 234 Seiten. 1924. (Lehrbücher und Grundrisse der Rechtswissenschaft Bd. 7.) RM. 7.—, geb. RM. 8.50

„Das Buch löst seine Aufgabe, den Studierenden eine Einführung in die Materie des Wertpapierrechts zu geben, ausgezeichnet, vor allem deshalb, weil es eine gute theoretische Fundierung mit einer dem Lehrzweck entsprechenden Darstellung des praktischen Rechts und der Rechtstatsachen verbindet.“ Deutsche Juristenzeitung.

Zeitgemäße Bankrechtsfragen. Festgabe der Rechtsabteilung der Disconto-Gesellschaft zum 70. Geburtstage des Herrn Dr. jur. Arthur Salomonsohn. Quart. 126 Seiten. 1929 . . . RM. 8.—, geb. RM. 10.—

„Der Band enthält 8 vorzügliche Aufsätze. Die Verfasser befassen sich mit Problemen, die in der Rechtsabteilung einer Großbank oft zur Debatte stehen und deren endgültige Klärung ein praktisches Bedürfnis ist.“ Wirtschaftl. Nachrichten.

Verhandlungen des VII. allgemeinen deutschen Bankiertages. Köln 9.—11. September 1928 auf Grund stenographischer Berichte. Groß-Oktav. 436 Seiten. 1928 . . . . RM. 10.—

III. Grenzgebiete des Bürgerlichen Rechts

1. Privat- und Sozialversicherung

Koenige, Heinrich, und Petersen, A., Gesetz über die privaten Versicherungsunternehmungen vom 12. Mai 1901. Textausgabe mit Anmerkungen und Sachregister. Dritte, umgearbeitete Auflage. Taschenformat. 856 Seiten. 1927. (Guttentagsche Sammlung Deutscher Reichsgesetze Bd. 62.) . . . . Geb. RM. 20.—

„Der Verfasser hat es meisterhaft verstanden, reiche Literatur und Judikatur zu dem wichtigen Grundgesetz der Privatversicherung mit seiner eigenen selbständigen Auffassung von der Bedeutung der Gesetzesbestimmungen in Verbindung zu bringen. Für Theorie und Praxis der Privatversicherung wird das Werk dadurch zu einem unentbehrlichen Hilfsmittel.“ Deutsche Versicherten-Zeitung.

Koenige, Heinrich, Petersen, A. und Wirth, K., Gesetz über die Beaufsichtigung der privaten Versicherungsunternehmungen und Bausparkassen vom 6. Juni 1931. Textausgabe, enthaltend den vollständigen, geltenden Gesetzestext sowie Erläuterungen zu den neuen, auf dem Gesetz vom 30. März 1931 beruhenden Vorschriften. Nachtrag zu Koenige-Petersen, Private Versicherungsunternehmungen, dritte Auflage (Bd. 62 der Sammlung). Taschenformat. 238 Seiten. 1931. (Guttentagsche Sammlung Deutscher Reichsgesetze Bd. 62a.) . . . . Geb. RM. 6.—

Die vorliegende Ausgabe enthält den vollständigen Gesetzestext, nicht nur die geänderten und zugefügten Paragraphen. Sie erläutert jedoch nur die in der Neuschöpfung des Gesetzes geänderten Bestimmungen, während hinsichtlich der unverändert gebliebenen gesetzlichen Vorschriften auf den Kommentar von Koenige-Petersen verwiesen wird.

Bruck, E., Reichsgesetz über den Versicherungsvertrag nebst dem zugehörigen Einführungsgesetz vom 30. Mai 1908. Sechste, vollkommen neubearbeitete Auflage. Taschenformat. 708 Seiten. 1929. (Guttentagsche Sammlung Deutscher Reichsgesetze Bd. 83.) Geb. RM. 14.—

„. . . Obwohl ich mit dem Worte „unentbehrlich" sparsam umgehe, muß ich anerkennen, daß niemand, der in irgendwelcher Art mit Versicherungsgeschäften zu tun hat, den Bruck'schen Kommentar entbehren könnte." Reichsgerichtsrat Schliewen i. d. Jurist. Rundschau.

Moldenhauer, Paul, Das Versicherungswesen.
I. Allgemeine Versicherungslehre. Vierte Auflage. 152 Seiten. 1925. (Sammlung Göschen Bd. 262.) . . . . Geb. RM. 1.80
II. Die einzelnen Versicherungszweige. Zweite Auflage. 130 Seiten. 1923. (Sammlung Göschen Bd. 636.) . . . . Geb. RM. 1.80

„Das Buch ist für jeden, der sich mit dem Versicherungswesen und seinen Zweigen vertraut machen will, ein trefflicher Führer."
Versicherungspost.

Die Entwicklung des privaten Versicherungswesens in dem Jahrfünft 1902—1906. Groß-Oktav. 53 Seiten. Mit 3 Tafeln. 1909. RM. 2.—
— in dem Jahrfünft 1907—1911. Groß-Oktav. 61 Seiten. 1912. RM. 2.50

Veröffentlichungen des Reichs-Aufsichtsamts für Privatversicherung. Groß-Oktav. 29. Jahrgang. Pro Band RM. 40.—, bis RM. 50.—

Gesamtregister zu den Veröffentlichungen des Reichs-Aufsichtsamts für Privatversicherung. 1912—26. 184 Seiten. 1928 . . . . RM. 14.—

Versicherungsstatistik für 1902 über die unter Reichsaufsicht stehenden Unternehmungen. Herausgegeben vom Reichsaufsichtsamt für Privatversicherung. Lexikon-Oktav. LXXVII, 384 Seiten. 1905. RM. 10.—
— für 1903 bis 1917 . . . . Je Jahrgang RM. 10.—
— für 1928 bis 1929. 1930 . . . . RM. 24.—
— für 1930. 1931 . . . . RM. 13.—

v. Liebig, Eugen, Das deutsche Feuerversicherungswesen. Groß-Oktav. 211 Seiten. 1911 . . . . RM. 5.—

„In einer außerordentlich klaren Darstellung gibt der Verfasser einen geschichtlichen Überblick von den Gilden an bis zum gegenwärtigen Stand der Feuerversicherung in Deutschland. Das Buch ist in so flüssiger, schöner Sprache geschrieben, daß auch der Anfänger und selbst der Laie durch die fesselnde Darstellung leicht einen tiefen Einblick in das Wesen der Feuerversicherung gewinnen wird." Archiv für Versicherungswirtschaft.

Weygand, J., Die Grundzüge der Kundenversicherung. (Generalversicherung der Speditions- und Lagergüter.) Mit einer Einleitung über das Interesse als Element der Sachversicherung. Groß-Oktav. 162 Seiten. 1914 . . . . RM. 4.—

„Das interessante Werk bietet namentlich für Juristen wertvolle Hinweise zur Rechtsbehandlung der Kundenversicherungsfrage."
Archiv für Gewerbepolitik und Volkswirtschaft.

Berliner, Ludwig, und Pfaffenberger, Ernst, Aufwertung von Versicherungsansprüchen mit Durchführungsbestimmungen.
I. Teil. Oktav. 235 Seiten. 1926. Mit Nachtrag. (Guttentagsche Sammlung Deutscher Reichsgesetze Bd. 164.) . . . . Geb. RM. 6.50
II. Teil: Sach- und Transportversicherung; Unfall- und Haftpflichtversicherung. Oktav. 112 Seiten. 1926. (Guttentagsche Sammlung Deutscher Reichsgesetze Bd. 164a.) . . . . Geb. RM. 3.50

„Ein bedeutsamer Kommentar, durch den die gesetzlichen Bestimmungen von der juristischen und versicherungstechnischen Seite aus

eingehend erläutert werden. In seinem straffen, systematischen Aufbau, der Geschlossenheit der Darstellung muß man das Buch als ein Standardwerk für das gesamte versicherungsrechtliche Aufwertungsgebiet bezeichnen.

Ein unentbehrlicher Ratgeber in allen interessierten Kreisen."

Versicherungs-Post, Berlin.

Tsirintanis, Alexander, **Die Order-Polize.** Groß-Oktav. 95 Seiten. 1930. (Hamburger Rechtsstudien, Heft 6.) RM. 6.—

Der Verfasser behandelt die Frage, inwieweit das Versicherungsrecht, um den heutigen Verkehrsbedürfnissen zu entsprechen, die Orderklausel und das Indossament verwerten kann. Nach einer Darstellung und kritischen Würdigung der Ergebnisse aus der Anorderstellung des Versicherungsscheins in anderen Ländern, insbesondere in Frankreich, versucht der Verfasser die rechtlichen und wirtschaftlichen Folgen aus der Ausstellung von Order-Polizen darzulegen. In einem besonderen Teil wird die Order-Polize mit anderen, auf denselben wirtschaftlichen Erfolg gerichteten Rechtsinstituten, namentlich der Versicherung für Rechnung wen es angeht, verglichen und die vorhandenen Unterschiede gestreift.

Lippmann, Karl, **Die Reichsversicherungsordnung** in der Fassung der Bekanntmachung vom 15. Dezember 1924 und des Gesetzes über das Reichsschiedsamt vom 22. Januar 1925 nebst dem Einführungsgesetze, den wichtigsten Ausführungsvorschriften, den ergänzenden Gesetzen und Verordnungen sowie den Verordnungen über das Verfahren. Oktav. Guttentagsche Sammlung Deutscher Reichsgesetze Bd. 161.)
2. Aufl. im Druck.

Reuß, Max, und **Hense,** Fritz. **Das Reichsknappschaftsgesetz** vom 1. Juli 1926 nebst Einführungsgesetz. 2. Aufl. Taschenformat. XVI, 640 Seiten. 1926. (Guttentagsche Sammlung Deutscher Reichsgesetze Bd. 155.) . . . . Geb. RM. 12.—

„Die Herausgabe des Gesetzes bedarf keiner besonderen Empfehlung. Das Buch kann allen, die auf dem Gebiete des Knappschaftswesens tätig sind, aufs wärmste empfohlen werden."

Zeitschrift für Bergrecht.

Embden, Helmuth, **Versicherung für Rechnung wen es angeht.** Groß-Oktav. VIII, 39 Seiten. 1930 . . . . RM. 3.—
(Hamburger Rechtsstudien, Heft 8.)

Im ersten Teil wird der versicherungsrechtliche Interessenbegriff im streng individualistischen Sinne präzisiert. Im Hauptteil versucht dann der Verfasser, die universelle Vertragsform der Versicherung für Rechnung wen es angeht in Einklang mit einer so engen Auffassung des Interessenbegriffs zu bringen.

Angestelltenversicherungsgesetz vom 28. Mai 1924. Zweite Auflage. Taschenformat. 143 Seiten. 1927. Mit Nachtrag. (Guttentagsche Sammlung Deutscher Reichsgesetze. Textausgaben ohne Anmerkungen.)
Geb. RM. 2.50

Manes, Alfred, **Sozialversicherung.** 7., ergänzte Aufl. 1928. Kl.-Oktav. 139 Seiten. (Sammlung Göschen Bd. 267.) . . . . Geb. RM. 1.80

„Es gibt keine andere Darstellung der geltenden Sozialversicherung, die in solch erfreulicher Kürze und Sachlichkeit durch die annähernd 2400 Paragraphen führt."

Hanseatische Rechts- und Gerichts-Zeitschrift.

Schmeißer, Herbert, **Das Gesetz über Arbeitsvermittlung und Arbeitslosenversicherung** in der Fassung der Notverordnung vom 1. Dezember 1930. 2 Bände. Taschenformat. Band I: XVI, 639 Seiten. 1931. Band II erscheint voraussichtlich im Winter 1931. (Guttentagsche Sammlung Deutscher Reichsgesetze Bd. 165.) . . . . Geb. RM. 15.—

Der bekannte Verfasser bringt mit diesem Werk einen Kommentar zum gesamten Arbeitsvermittlungs- und Arbeitslosenrecht, das im Laufe der Jahre umfangreichen Änderungen unterworfen war und so unübersichtlich geworden ist, daß eine straffe, übersichtliche und allgemeinverständliche Kommentierung für den Fach- und Nichtfachmann immer dringlicher wird. Der Verfasser berücksichtigt das gesamte einschlägige Material: Rechtsprechung der Arbeitsgerichte, der Spruchbehörden, der Arbeitslosenversicherung und der Beschluß- und Spruchbehörden der RVO. Die grundsätzlichen Entscheidungen des Spruchsenats für die Arbeitslosenversicherung sind bis Ende Januar 1931 verarbeitet, ferner die Begründung zu den Gesetzentwürfen und die Verhandlungen der gesetzgebenden Körperschaften. — Auch die vielen Ausführungsbestimmungen sind erläutert.

2. Arbeitsrecht

Depène, Hans, **Das Arbeitsgerichtsgesetz.** Taschenformat. (Guttentagsche Sammlung Deutscher Reichsgesetze Bd. 168.) 2. Auflage im Druck.

Arbeitsrechtliche Spruchsammlung. Beiträge zum Deutschen Handwerksblatt . . . . Pro Quartal RM. 0.90

Günther, Adolf, und **Schneider,** Richard, **Arbeiterschutz und Arbeitsrecht.** Zweite Auflage. Taschenformat.

I. Teil: **Arbeitszeitschutz.** Das Arbeitszeitnotgesetz und die übrige arbeitszeitrechtliche Gesetzgebung des Reichs seit dem 9. November 1918. 386 Seiten. 1927 . . . . Geb. RM. 7.50

„Der Kommentar umfaßt die gesamte arbeitszeitrechtliche Gesetzgebung von der Staatsumwälzung bis zur Gegenwart. Er ist ein Führer durch das weite und unübersichtliche Gebiet der arbeitszeitrechtlichen Gesetzgebung. Ein ausführliches Sachregister soll die praktische Benutzung erleichtern." Die Wirtschaftsgenossenschaft.

II. Teil: Gesetz über die **Beschäftigung Schwerbeschädigter** nebst den einschlägigen gesetzlichen Bestimmungen. 404 Seiten. 1928. (Guttentagsche Sammlung Deutscher Reichsgesetze Bd. 138a/138c.) Geb. RM. 8.—

„Das Buch stellt nicht nur beim Studium des Gesetzes ein wertvolles Hilfsmittel dar, sondern ist auch für den Handgebrauch des Arbeitsrechtspraktikers unentbehrlich." Berliner Wohlfahrtsblatt.

IV. Teil: **Betriebsstillegungsverordnung.** 240 Seiten. 1929. (Guttentagsche Sammlung Deutscher Reichsgesetze. Bd. 138 d.) Geb. RM. 6.50

Warneyer, Otto, **Betriebsrätegesetz** vom 4. Februar 1920 nebst der Wahlordnung zum Betriebsrätegesetz, dem Aufsichtsratsgesetz samt Wahlordnung und den Ausführungsverordnungen des Reichs und der Länder. Auf der Grundlage der Güntherschen Textausgabe mit Anmerkungen erläutert unter besonderer Berücksichtigung der Rechtsprechung des Reichsgerichts und des Reichsarbeitsgerichts. Zweite Auflage. Taschenformat. 235 Seiten. 1931. (Guttentagsche Sammlung Deutscher Reichsgesetze Bd. 138 b.) . . . . . . Geb. RM. 5.—

Diese Handausgabe ist ihrer Anlage nach ein verkürzter Kommentar, der die Entwicklung des Gesetzes, der Rechtsprechung — vor allem des Reichsarbeitsgerichts! — und der einschlägigen Literatur bis Ende 1930 berücksichtigt.

Tilly, Dr. Helmuth Tczerclas von, **Internationales Arbeitsrecht.** Unter besonderer Berücksichtigung der Internationalen Arbeitsorganisation. 120 Seiten. 1924. (Sammlung Göschen Bd. 882.) . . . . Geb. RM. 1.80

Es ist das erste Werk, das in klarer, kurzer und allen leicht verständlicher Weise das gesamte grundlegende Tatsachenmaterial — und zwar nur dieses — auf dem umfassenden Gebiete des internationalen Arbeiterschutzes von dessen ersten Anfängen bis in die neueste Zeit bietet.

v. Ungern-Sternberg, Die Auflösung und Fusion von Berufsvereinen und ihre arbeitsrechtliche Bedeutung. Oktav. IV, 52 Seiten. 1931. RM. 3.50

Für laufende Tarifverträge ebenso wie für Schlichtungsverfahren haben Auflösung und Fusion von Gewerkschaften bzw. Arbeitgeberverbänden erhebliche Bedeutung. Deshalb lohnt eine zusammenfassende Durchforschung und Darstellung der Materie wohl. An Hand von Literatur und Rechtsprechung werden alle Zweifelsfragen hier geklärt. Die Schrift bringt den Beteiligten wertvolle Unterlagen für die Praxis.

3. Gewerberecht

Hiller, Fr., und **Luppe,** H., **Gewerbeordnung für das Deutsche Reich nebst Kinderschutzgesetz und Hausarbeitsgesetz** sowie den für das Reich und Preußen erlassenen Ausführungsbestimmungen. Einundzwanzigste, veränderte Auflage. (143. bis 148. Tausend.) Taschenformat. 931 Seiten. 1928. Mit Nachtrag vom 11. 2. 1929. (Guttentagsche Sammlung Deutscher Reichsgesetze Bd. 6.) . . . . Geb. RM. 11.—

„Ein Wort der Empfehlung für dieses Buch zu sagen, erübrigt sich. Hervorgehoben sei, daß diese Auflage alle Vorzüge der früheren Auflagen in sich schließt. Die zahlreichen neuen Gesetze sind erschöpfend berücksichtigt." Zeitschrift des Deutschen Notarvereins.

Brassert, H., **Allgemeines Berggesetz** für die preußischen Staaten mit Kommentar. Zweite Auflage, bearbeitet von Hans Gottschalk. Groß-Oktav. XXIX, 1291 Seiten. 1914. RM. 27.—, geb. RM. 30.—

Sonnenfeld, Hugo, **Die reichsrechtlichen Bestimmungen, betreffend den Handel mit Drogen und Giften.** Dritte, veränderte Auflage. Taschenformat. 435 Seiten. 1926. (Guttentagsche Sammlung Deutscher Reichsgesetze Bd. 64.) . . . . Geb. RM. 12.—

„Die Arbeit gehört einem Spezialgebiet an, mit dem nicht jeder Jurist zu tun hat. Wird er einmal genötigt, sich auf dieses Gebiet zu begeben, so ist er um so dankbarer für eine Arbeit, die sofort den Eindruck größter Sachkunde und vollständiger Materialsammlung macht, und deren Führung man sich unbedenklich anvertrauen kann." Vossische Zeitung.

Friedrichs, Karl, **Gaststättengesetz** vom 28. April 1930 mit den Durchführungs- und Ausführungsverordnungen des Reichs und Preußens. Taschenformat. VIII, 144 Seiten. 1930. (Guttentagsche Sammlung Deutscher Reichsgesetze, Textausgabe mit Erläuterungen und Sachregister, Band 176.) . . . . RM. 3.50

Eine vollständige und zuverlässige Erläuterung des neuen Gesetzes; die Durch- und Ausführungsverordnungen für das Reich und Preußen sind wörtlich abgedruckt und, soweit notwendig, erläutert.

Lebbin, Georg, **Nahrungsmittelgesetze** mit Erläuterungen. Zweite, stark vermehrte Auflage in zwei Bänden.

I. Band: Das Lebensmittelgesetz vom 5. Juli 1927 mit Nebengesetzen (Margarine, Fleisch, Milch, Süßstoff, Essigsäure usw.). Erläutert von G. Lebbin und R. Gießner. Taschenformat. XVI, 419 Seiten. 1928. Geb. RM. 8.50

II. Band: Getränkegesetze und Getränkesteuergesetze (Wein, Bier, Branntwein, Mineralwasser). Unter Mitarbeit von Rechtsanwalt Dr. Kniebe. Taschenformat. XII, 400 Seiten. 1926. (Guttentagsche Sammlung Deutscher Reichsgesetze Bd. 54b.) . . . . Geb. RM. 10.—

„Das Werk ist für unsere Leser und überhaupt die ganze Fachwelt der Getränkeindustrie unentbehrlich, muß doch jedermann mit den einschlägigen Gesetzesbestimmungen sich soweit wie irgend möglich vertraut machen, wenn er nicht in Nachteile geraten will. Die Anschaffung des Buches kann bestens empfohlen werden."

Branntweinmonopol.

Voß, Werner, **Die reichs- und landesrechtlichen Bestimmungen auf dem Gebiete des Gesundheitswesens.** Taschenformat. 608 Seiten. 1929. (Guttentagsche Sammlung Deutscher Reichsgesetze Bd. 172.) Geb. RM. 11.—

„Das Buch wird seiner Aufgabe, fast den gesamten Gesetzesstoff in einem einzigen kleinen Bande in die Hand zu geben, gewiß gerecht und wird sich schnell als unentbehrliches Hilfsmittel für jeden erweisen, der öfter mit dem Gesundheitswesen zu tun hat.“ Reichsverwaltungsblatt.

4. Geistig-gewerblicher Rechtsschutz.

Elster, Alexander, **Urheber- und Erfinder-, Warenzeichen- und Wettbewerbsrecht.** (Gewerblicher Rechtsschutz.) Zweite, stark erweiterte und völlig umgearbeitete Auflage. Mit Abdruck der Gesetzestexte. Oktav. XII, 611 Seiten. 1928. Mit Nachtrag 1931. (Lehrbücher und Grundrisse der Rechtswissenschaft Bd. VIII.) RM. 18.—, geb. RM. 19.50

„Seit Kohler und Osterrieth endlich wieder das lang entbehrte Lehrbuch. Hier unternimmt ein wahrhaft selbständiger und ideenreicher Kopf den Versuch, eine wirkliche Synthese zu schaffen.“ Juristische Rundschau.

Neuberg, J., **Der internationale gewerbliche Rechtsschutz.** 2. Auflage. 128 Seiten. 1923. (Sammlung Göschen Bd. 271.) . . . Geb. RM. 1.80

Daude, Paul, **Die Reichsgesetze über das Urheberrecht an Werken der Literatur und der Tonkunst und das Verlagsrecht** vom 19. Juni 1901 in der Fassung des Gesetzes vom 22. Mai 1910 zur Ausführung der revidierten Berner Übereinkunft. Oktav. VIII, 293 Seiten. 1910. RM. 6.—

„Der Zusammenhang der erläuterten Gesetze mit dem Strafgesetzbuch, dem Bürgerlichen Gesetzbuch und anderen Gesetzen ist in leichtverständlicher Weise praktisch dargestellt. Es wird vorzügliche Dienste leisten.“ Deutsche Literatur-Zeitung.

Lindemann, O., **Gesetz, betr. das Urheberrecht** an Werken der Literatur und der Tonkunst. Vierte Auflage. Taschenformat. 171 Seiten. 1921. (Guttentagsche Sammlung Deutscher Reichsgesetze Bd. 60.) Geb. RM. 1.80

„Die Arbeit ist nicht bloß eine Gesetzesausgabe, sondern ein wertvoller Kommentar des Gesetzes. Das Werk sei jedermann auf das beste empfohlen.“ Juristische Wochenschrift.

Fuld, Ludwig, **Gesetz, betr. das Urheberrecht an Werken der bildenden Künste und der Photographie.** Zweite Auflage. Taschenformat. 192 Seiten. 1925. (Guttentagsche Sammlung Deutscher Reichsgesetze Bd. 81.) . . . . Geb. RM. 6.—

„Der zwar kleine, aber inhaltreiche und daher sehr beliebte Kommentar von Fuld erscheint in zweiter, völlig neubearbeiteter Auflage. Überall ist dem Stande der heutigen Rechtsprechung und wissenschaftlichen Auffassungen Rechnung getragen. In einem Anhang sind die einschlägigen internationalen Übereinkommen abgedruckt. Alle Interessenten werden mit Freuden die neue Auflage begrüßen.“ Danziger Juristische Monatsschrift.

Reininger, G., **Der Schutz des Urheberrechts im deutschen Rundfunk.** Oktav. 88 Seiten. 1929 . . . . RM. 4.—

„Eine interessante, zeitgemäße, namentlich auch für geistige Neuschöpfer wichtige Studie.“ Badische Rechtspraxis.

Andritzky, Christoph, **Die Rechtsstellung des Drehbuchautors.** Oktav. XI, 80 Seiten. 1931 . . . . RM. 3.50

Andritzky äußert sich zu den Streitfragen um die Urheberschaft am Film. Er trennt scharf zwischen künstlerischer Leistung und künstlerisch-urheberischer Schöpfung und kommt zu der These: Der Filmurheber ist der Urheber des kurbelfertigen Drehbuches. — Die

Verhältnisse beim Tonfilm sind, soweit dies möglich erschien, berücksichtigt.

Heinitz, Ernst, und Marwitz, Bruno, Das Reichsgesetz über das Verlagsrecht. Textausgabe mit Einleitung, Anmerkungen und Sachregister. Dritte Auflage. Taschenformat. 136 Seiten. 1922. (Guttentagsche Sammlung Deutscher Reichsgesetze Bd. 61.) . . . . . Geb. RM. 1.60

„Dieser kurze Kommentar ist durch seine knappen, das Wichtige klar vortragenden Darlegungen dazu berufen, eine Lücke auszufüllen, die sich für den Praktiker des Verlagsrechts seit Jahren ergab. Man darf deshalb das Erscheinen dieser neuen Auflage aus der Feder des Spezialisten des Verlagsrechts mit größter Freude begrüßen."
Börsenblatt für den Deutschen Buchhandel.

Elster, A., Das deutsche Urheber- und Verlagsrecht. 128 Seiten. 1923. (Sammlung Göschen Bd. 863.) . . . . Geb. RM. 1.80

„Erstaunlich ist, wie Elster diese beiden so viel umstrittenen Gesetze auf so engem Raum in vortrefflicher Weise zur Darstellung gebracht hat." *Deutscher Journalistenspiegel.*

Heymann, E., Die zeitliche Begrenzung des Urheberrechts. Oktav. 74 Seiten. 1927. (Sitzungsberichte der Preußischen Akademie der Wissenschaften zu Berlin.) . . . . RM. 5.—

Pietzcker, Eduard, Patentgesetz und Gebrauchsmusterschutzgesetz. Kommentar unter Berücksichtigung der vorgeschlagenen und weiter beantragten Abänderungen des Patentgesetzes. Erster Halbband: §§ 1—12 PatG. Groß-Oktav. 427 Seiten. 1929. (Gewerbe- und Industrie-Kommentar Bd. V, 1.) Der zweite, das Werk abschließende Band, wird 1932 erscheinen. . . . . . RM. 26.—, geb. RM. 28.—

„Die überall zutage tretende geistige Leistung macht Pietzckers Kommentar für jeden, der sich mit diesem Rechtsgebiet zu beschäftigen hat, zum unentbehrlichen Rüstzeug."
Markenschutz und Wettbewerb.

Seligsohn, Arnold, Patentgesetz und Gesetz, betr. den Schutz von Gebrauchsmustern. Siebente Auflage. Oktav. 1931. In Bearbeitung.

Lutter, R., Patentgesetz. Nebst Ausführungsbestimmungen, völkerrechtlichen Verträgen und Patentanwaltsgesetz, unter eingehender Berücksichtigung der Rechtsprechung des Reichsgerichts und der Praxis des Reichspatentamts. Neunte Auflage. Taschenformat. XV, 467 Seiten. 1928. (Guttentagsche Sammlung Deutscher Reichsgesetze Bd. 22.)
Geb. RM. 10.—

„Der jetzige Verfasser hat einen völlig neuen Kommentar geschaffen, der in seiner Knappheit und Sparsamkeit dem ursprünglichen Zweck gerecht wird, aber an wissenschaftlicher Durcharbeitung und Gründlichkeit die vorangegangenen Auflagen weit überragt."
Gewerblicher Rechtsschutz und Urheberrecht.

Elster, A., Das deutsche Erfinderrecht. (Patent- und Musterschutzrecht). 118 Seiten. 1924. (Sammlung Göschen Bd. 891.) . . Geb. RM. 1.80

„Die Aufgabe, einen Überblick über das deutsche Erfinderrecht zu geben, ist im Rahmen der kurzen Erörterungen mit viel Geschick gelöst. Deshalb wird das Büchlein auch bei allen Gruppen der am Patentrecht interessierten Personen seine Freunde finden."
Gewerblicher Rechtsschutz und Urheberrecht.

Seligsohn, Jul., Geheimnis und Erfindungsbesitz. Groß-Oktav. 147 Seiten. 1921 . . . . RM. 3.—

Pinner-Elster, Gesetz gegen den unlauteren Wettbewerb. Achte, sehr vermehrte und umgestaltete Auflage. Taschenformat. 254 Seiten. 1927. (Guttentagsche Sammlung Deutscher Reichsgesetze Bd. 37.)
Geb. RM. 5.—

„Das Buch ist mehr als eine bloße ‚Textausgabe mit Anmerkungen', nämlich ein richtiger Kommentar, und wird in der Praxis ausgezeichnete Dienste tun."

Senatspräsident am Reichsgericht Dr. Lobe, Leipzig, i. d. Jurist. Wochenschrift.

Wassermann, Martin, **Der unlautere Wettbewerb** nach deutschem Recht. I. Generalklausel, Reklameauswüchse, Ausverkaufswesen, Angestelltenbestechung. 160 Seiten. 1911. II. Kreditschädigung, Firmen- und Namenmißbrauch, Verrat von Geheimnissen, Ausländerschutz. 151 Seiten. 1911. (Sammlung Göschen Bd. 339 u. 535.) . . . Geb. je RM. 1.80

Wolff, F., und **Crisolli**, K.-A., **Das Recht der Reklame.** Lexikon-Oktav. 424 Seiten. 1929 . . . . RM. 20.—, geb. RM. 22.—

„. . . Mit großer Umsicht ist ein umfänglicher Stoff gesammelt und in gründlicher Arbeit juristisch durchdrungen und dargestellt. Das Buch ist wohl in erster Reihe für Juristen bestimmt, aber auch für wirtschaftliche Kreise und Reklamefachleute wertvoll und jedenfalls für die Beschäftigung mit diesem Sondergebiet ein zuverlässiges Hilfsmittel." Juristische Rundschau.

Hagens, Alfred, **Warenzeichenrecht.** Kommentar. Groß-Oktav. VIII, 408 Seiten. 1927. (Gewerbe- und Industrie-Kommentar Bd. III.)
RM. 22.—, geb. RM. 24.—

„Eine ausführliche Darstellung, die zeigt, daß der Verfasser das gesamte Fachschrifttum und die reichhaltige Rechtsprechung restlos beherrscht. Ich habe gefunden, daß nicht ein einziger Fall von Bedeutung fehlt." Markenschutz und Wettbewerb.

Seligsohn, Arnold, **Gesetz zum Schutz der Warenbezeichnungen.** Dritte Auflage, bearbeitet in Gemeinschaft mit Martin Seligsohn in Berlin. Groß-Oktav. IV, 416 Seiten. 1925. RM. 15.—, geb. RM. 16.50

„Der Kommentar zeigt alle Vorzüge des in der Wissenschaft und Praxis des gewerblichen Rechtsschutzes gleich ausgezeichneten Juristen: volle theoretische und praktische Beherrschung des Stoffes, klare Darstellungsgabe, sorgsame Behandlung und treffsicheres Urteil."

Badische Rechtspraxis.

Freund, G. S., **Magnus**, Julius, und **Jüngel**, Friedrich, **Das deutsche Warenzeichenrecht.** Sechste, neubearbeitete Auflage. Teil I: Die internationalen Verträge. VI, 247 Seiten. Mit 4 Tafeln. 1924. (Guttentagsche Sammlung Deutscher Reichsgesetze Bd. 87a.) Geb. RM. 9.—

„Das ganze Werk mit seiner Fülle von Gesetzen, Verordnungen, Verträgen, Bekanntmachungen bildet eine Quellensammlung für das internationale deutsche Zeichenrecht, ohne die man fortan nicht mehr auskommen kann." Gewerblicher Rechtsschutz und Urheberrecht.

Born, A., **Reichspreßgesetz** vom 7. Mai 1874 in der jetzt geltenden Fassung nebst den einschlägigen Bestimmungen der Reichsverfassung, des Reichsstrafgesetzbuches, der Gewerbeordnung usw. Mit Kommentar und Sachregister. Vierte, veränderte Auflage. Taschenformat. 234 Seiten. 1931. (Guttentagsche Sammlung Deutscher Reichsgesetze Bd. 53.) . . . . Geb. RM. 6.—

„Das Werk bringt eine sehr reichhaltige Kommentierung des Stoffes, die um so wertvoller ist, als den Entscheidungen der Wortlaut der Urteilsbegründungen beigefügt ist. Sämtliche einschlägigen Bestimmungen der das Pressewesen berührenden Gesetze sind aufgeführt, eingehend besprochen und in Beziehung zueinander gebracht worden. Als Nachschlagewerk in Zweifelsfällen wird das Buch von großem Nutzen sein." Ministerialblatt für die preußische innere Verwaltung.

IV. Zivilprozeß

Fischer, Otto, **Lehrbuch des deutschen Zivilprozeß- und Konkursrechts.** Groß-Oktav. XII, 488 Seiten. 1918 . . . RM. 8.—, geb. RM. 10.—

Kisch, Wilh., Deutsches Zivilprozeßrecht.
I. Band. Vierte, verbesserte Auflage. 115 Seiten. 1929. (Sammlung Göschen Bd. 428.) . . . . Geb. RM. 1.80
II. Band. Vierte, verbesserte Auflage. 168 Seiten. 1929. (Sammlung Göschen Bd. 430.) . . . . Geb. RM. 1.80
III. Band. Vierte, verbesserte Auflage. 148 Seiten. 1929 (Sammlung Göschen Bd. 430.) . . . . Geb. RM. 1.80
Diese Auflage wird jedem, der sich auf gemeinverständliche Weise über unser geltendes Zivilgerichtswesen unterrichten will, gute Dienste leisten, und kann namentlich den Studierenden des Rechts als Einführung bestens empfohlen werden.

Sydow, R., Busch, L., und Krantz, W., Zivilprozeßordnung und Gerichtsverfassungsgesetz nebst Anhang, enthaltend Entlastungsgesetze und die Notverordnung vom 1. Dezember 1930. Handkommentar unter besonderer Berücksichtigung der Entscheidungen oberster Gerichte. Neubearbeitete, zwanzigste Auflage. Zwei Bände. Groß-Oktav. VIII, VIII und 1540 Seiten. 1930 . . . . Geb. RM. 33.—
(de Gruytersche Sammlung Deutscher Gesetze, Handkommentare.)
„Auch innerlich ist der ausgezeichnete Handkommentar von Sydow-Busch-Krantz verändert. Es sind viele veraltete Entscheidungen ausgemerzt und dafür die Erläuterungen durch eingehendere Darlegungen zweckmäßig erweitert worden. An der Grundanlage des Buches wurde nichts geändert, die Druckanordnung ist noch übersichtlicher als bisher. So wird das Buch seine alten Freunde behalten und ohne Zweifel viele neue hinzuerwerben."
Leipziger Zeitschrift für deutsches Recht.

Rosenberg, L., Zivilprozeßgesetzgebung. Taschenformat. 580 Seiten. 1930. Geb. RM. 8.—
(Lehrausgaben Deutscher Gesetze, Bd. II.)
„Die Besonderheiten dieser handlichen und erschöpfenden Ausgabe der Zivilprozeßgesetzgebung bestehen in der sachlichen Ordnung des umfassenden Stoffes, in der Hervorhebung von besonders Wesentlichem durch Sperrdruck, und vor allem aber darin, daß den einzelnen Paragraphen in systematischer Weise Überschriften vorausgeschickt sind, die die hier besonders wichtige Aufgabe erfüllen, den Aufbau des Gesetzes und den Zusammenhang der einzelnen Vorschriften klar erkennen zu lassen." *Juristische Wochenschrift.*

Zivilprozeßordnung mit Gerichtsverfassungsgesetz und Einführungsgesetzen in der Fassung der Bekanntmachung vom 13. Mai 1924 mit den bis 1. April 1929 ergangenen Abänderungen. Textausgabe mit Sachregister. Taschenformat. 440 Seiten. 1929. (Guttentagsche Sammlung von Textausgaben ohne Anmerkungen.) . . . Geb. RM. 3.50
Die handliche Ausgabe enthält den genannten Gesetzestext mit einem das Zurechtfinden sehr erleichternden Sachregister.

Der neue Entwurf einer Zivilprozeßordnung. Veröffentlicht durch das Reichsjustizministerium. Lexikon-Oktav. 561 Seiten mit 2 Paragraphen-Verzeichnissen. 1931 . . . . . . RM. 10.—, geb. RM. 12.—

Sydow, R., Busch, L., und Krantz, W., Gerichtsverfassungsgesetz mit Einführungsgesetz. Unter besonderer Berücksichtigung der Entscheidungen des Reichsgerichts. Zehnte Auflage. Taschenformat. 347 Seiten. 1925. (Guttentagsche Sammlung Deutscher Reichsgesetze Bd. 14.) Geb. RM. 6.—
„Das Buch bedarf keiner Empfehlung, es empfiehlt sich selbst durch die Fülle dessen, was es bietet. Gesetzgebung und Rechtsprechung sind bis in die neueste Zeit berücksichtigt."
Leipziger Zeitschrift für Deutsches Recht.

Rausnitz, Julius, Gebührenordnung für Notare vom 28. Oktober 1922 (GS. 404) nebst den einschlägigen Vorschriften des Preußischen Gerichtskostengesetzes vom 28. Oktober 1922 (GS. 363), beide in der Fassung der Gesetze vom 12. April 1923 (GS. 107), 18. Dezember 1923 (GS. 556) und der Verordnung vom 28. Juni 1924 (GS. 573). Sechste, umgearbeitete Auflage. Oktav. 158 Seiten. 1925. (Guttentagsche Sammlung Preußischer Gesetze Bd. 4.) . . . Geb. RM. 7.—

„Der in seiner äußeren Form sehr handlich und gut ausgestaltete Kommentar kann nur auf das wärmste empfohlen werden. Er wird sehr bald ein unentbehrlicher, weil nie versagender Ratgeber werden, der die Berufsarbeit sehr erleichtern wird.“ *Juristische Wochenschrift.*

Sydow, R., **Busch**, L., und **Krieg**, O., **Die Deutsche Gebührenordnung für Rechtsanwälte**, das Gesetz, betreffend die Erstattung von Rechtsanwaltsgebühren in Armensachen, und die Preußische Landesgebührenordnung mit Erläuterungen. Auf der Grundlage der Sydow-Busch'schen Textausgabe mit Anmerkungen in dreizehnter Auflage unter Mitaufnahme des Gesetzes über die Erstattung in Armensachen neubearbeitet. Taschenformat 496 Seiten. 1929. (Guttentagsche Sammlung Deutscher Reichsgesetze Bd. 17.) . . . . Geb. RM. 9.—

„Die Erläuterung der Gebührenordnung bietet besonders Wertvolles. Sie steht schon lange unter den Anmerkungsausgaben mit an erster Stelle. Und das mit Recht.“
Zeitschrift des Bundes Deutscher Justizamtmänner.

Sydow, R., **Busch**, L., und **Krieg**, O., **Deutsches Gerichtskostengesetz nebst Gebührenordnung** für Gerichtsvollzieher und für Zeugen und Sachverständige in den neuesten Fassungen. Auf der Grundlage der Sydow-Busch'schen Textausgabe mit Anmerkungen neubearbeitet in elfter Auflage. Taschenformat. XI, 433 Seiten. 1928. (Guttentagsche Sammlung Deutscher Reichsgesetze Bd. 15.) . . . . Geb. RM. 7.50

„Die neue Auflage bietet unter gründlicher Berücksichtigung der gesamten einschlägigen Rechtsprechung eine zeitgemäße, übersichtliche und erschöpfende Erläuterung des Gesetzes. Für den täglichen Gebrauch in der Praxis erscheint diese Textausgabe mit Anmerkungen als unentbehrlich.“
Dr. Natter in der „Württembergischen Zeitschrift für Rechtspflege“.

Lindemann, Otto, **Preußisches Gerichtskostengesetz** (neueste Fassung). Nach dem Tode des früheren Herausgebers P. Siméon erläutert. Achte, völlig umgearbeitete Auflage. Taschenformat. 439 Seiten. 1928. (Guttentagsche Sammlung Preußischer Gesetze Bd. 17.)
Geb. RM. 8.—

„Die achte Auflage dieser bekannten Ausgabe des Preußischen Gerichtskostengesetzes ist entsprechend den bedeutsamen Änderungen der letzten Jahre völlig umgearbeitet. Die gesamte Rechtsprechung wurde eingehend berücksichtigt, so daß hier eine Erläuterung vorliegt, die Zuverlässigkeit und Vollständigkeit in sich verbindet.“
Mitteilungen des Preußischen Richtervereins.

Freiwillige Gerichtsbarkeit

Jastrow, Hermann, und **Günther**, Hermann, **Die Gesetze des Reiches und Preußens über die freiwillige Gerichtsbarkeit.** Textausgabe mit Einleitung, Anmerkungen und Sachregister. Siebente, vermehrte Auflage. Taschenformat. 548 Seiten. 1928. (Guttentagsche Sammlung Deutscher Reichsgesetze Bd. 46.) . . . . Geb. RM. 9.—

„Die Anmerkungen unterrichten in zuverlässiger Weise über die wichtigste Rechtsprechung des Reichsgerichts und der deutschen Oberlandesgerichte auf dem Gebiete der freiwilligen Gerichtsbarkeit. Ein ausführliches Sachregister erhöht die Brauchbarkeit des bewährten Buches, das auch in der neuen Auflage seinen Zweck auf das beste erfüllen wird.“ *Juristische Wochenschrift.*

Die Gesetze des Reiches und Preußens über die freiwillige Gerichtsbarkeit. Textausgabe mit Sachregister. Taschenformat. 168 Seiten. 1930.

(Guttentagsche Sammlung von Textausgaben ohne Anmerkungen mit Sachregister.) . . . . RM. 3.—

Das Buch enthält in der bekannten Art der Guttentagschen Gesetzesausgaben außer dem „Gesetz über die Angelegenheiten der freiwilligen Gerichtsbarkeit" alle in dieses Gebiet fallenden sonstigen Gesetze, Ausführungsbestimmungen, Abkommen, Verordnungen usw. in absolut zuverlässigem Abdruck und ein das Zurechtfinden sehr erleichterndes Sachregister.

Szkolny, Felix, und **Kober**, Leopold, **Das Notariatrecht**, unter besonderer Berücksichtigung des materiellen Rechts und des Steuer- und Stempelrechts erläutert. Oktav. 236 Seiten. 1926. (Guttentagsche Sammlung Deutscher Reichsgesetze Bd. 163.) . . . . Geb. RM. 8.50

„Die Darlegung des materiellen Rechts, soweit es in der täglichen Anwendung den Notar hauptsächlich beschäftigt. Es wird die Beurkundung einzelner Rechtsgeschäfte und anderer Rechtsvorgänge behandelt Die Ausführungen verwerten die neueste Lehre und Rechtsprechung eingehend, die Darstellung ist leicht faßlich und klar, einzelne Muster vervollkommnen das anschauliche Bild."

Zeitschrift des Deutschen Notarvereins.

Szkolny, Felix, **Die Belehrungspflicht des Notars.** Oktav. 52 Seiten. 1927. . . . . RM. 2.—

„Ein trotz seines geringen Umfanges sehr nützliches Buch, für das wir dem Verfasser Dank wissen müssen."

Zeitschrift des Deutschen Notarvereins.

Konkursordnung und Zwangsvollstreckung

Jaeger, Ernst, **Kommentar zur Konkursordnung** und den Einführungsgesetzen. Mit einem Anhang, enthaltend das Anfechtungsgesetz, die Vergleichsordnung, Auszüge aus den Kostengesetzen, Ausführungsgesetze und Geschäftsordnungen. Sechste und siebente, neubearbeitete Auflage. Lexikon-Oktav. Der Umfang des Gesamtwerkes umfaßt etwa 100 Bogen. Die Ausgabe erfolgt in Lieferungen.

Erster Band: §§ 1—46. XXVIII, 828 Seiten. 1928—1931.

RM. 45.—, geb. RM. 54.—

(Der Kauf des ersten Bandes verpflichtet zum Bezug des ganzen Werkes, das Erscheinen von Band 2 (Schlußband) ist 1932 zu erwarten.)

„. . . Kurz gesagt: das Buch ist das unübertreffliche Standardwerk, der Kommentar zur Konkursordnung." *Deutsche Richterzeitung.*

„Das Jaegersche Werk ist ohne Zweifel der beste von den mehreren guten Kommentaren zur Konkursordnung, die wir besitzen."

Zeitschrift für Deutschen Zivilprozeß.

Sydow, R., **Busch**, L., und **Krieg**, O., **Konkursordnung** und Anfechtungsgesetz mit Erläuterungen. Auf der Grundlage der Sydow-Buschschen Textausgabe mit Anmerkungen in fünfzehnter Auflage unter Mitaufnahme der Vergleichsordnung neubearbeitet. Taschenformat. 816 Seiten. 1929. (Guttentagsche Sammlung Deutscher Reichsgesetze Bd. 13.) . . . . Geb. RM. 12.—

„Die Erläuterungsbücher von Sydow-Busch sind als Kommentare mittleren Umfanges seit vielen Jahren in der Juristenwelt rühmlichst bekannt." *Juristische Rundschau.*

Fischer, K., und **Schäfer**, L., **Die Gesetzgebung, betr. die Zwangsvollstreckung in das unbewegliche Vermögen** im Reiche und in Preußen. Bearbeitet von J. Krech und O. Fischer. Zweite Auflage. Lexikon-Oktav. XVI, 728 Seiten. 1910 . . . RM. 15.—, geb. RM. 18.—

„Unter den zahlreichen Bearbeitungen des Zwangsvollstreckungsgesetzes ist der Kommentar von Fischer und Schäfer wohl der wissenschaftlich bedeutendste. Überall sind die Erläuterungen systematisch, manchmal

geradezu lehrbuchartig aufgebaut, die leitenden Gedanken treten trotz der Fülle der behandelten Einzelfragen klar und deutlich hervor."
Zeitschrift für Rechtspflege in Bayern.

Krech, J., und **Fischer,** O., **Die Gesetzgebung, betr. die Zwangsvollstreckung in das unbewegliche Vermögen** im Reiche und in Preußen. Textausgabe mit Einleitung, Anmerkungen und Sachregister. Zehnte Auflage, bearbeitet von O. Fischer. Taschenformat. 266 Seiten. 1929. (Guttentagsche Sammlung Deutscher Reichsgesetze Bd. 43.) Geb. RM. 5.—

„Einer besonderen Empfehlung dieser handlichen Ausgabe, deren Hauptteil das Gesetz über die Zwangsversteigerung und Zwangsverwaltung bildet, bedarf es nicht, Gesetzgebung, Rechtsprechung und Rechtslehre sind bis zur Gegenwart berücksichtigt."
Sächsisches Archiv für Rechtspflege.

Kretzschmar, F., **Die Zwangsversteigerung und die Zwangsverwaltung.** 110 Seiten. 1911. (Sammlung Göschen Bd. 523.) . . Geb. RM. 1.80

Huyke, W., **Offenbarungseid und Haft im Zivilprozeß.** Taschenformat. 1930. (Guttentagsche Sammlung Deutscher Reichsgesetze, Bd. 177.) RM. 4.—

Dieser Band bietet eine ganz auf die Praxis zugeschnittene Erläuterung der das Offenbarungseidsverfahren betreffenden Paragraphen der ZPO. und gibt in einem allgemeinen Teil zuverlässig Auskunft über die sich auf diesem Gebiete ergebenden Streit- und Zweifelsfragen. Die Rechtsprechung der höheren Gerichte und die Literatur ist berücksichtigt worden.

V. Strafrecht und Strafprozeß

Strafgesetzbuch

Ebermayer, Ludwig, **Lobe,** Adolf und **Rosenberg,** Werner, **Das Reichsstrafgesetzbuch,** Leipziger Kommentar mit besonderer Berücksichtigung der Rechtsprechung des Reichsgerichts. Vierte, vermehrte und verbesserte Auflage. Lexikon-Oktav. X, 1282 Seiten. 1929. RM. 56.—, in Halbleder geb. RM. 63.—

„Zusammenfassend wird man sagen müssen, daß der Kommentar nun wohl endgültig an die Spitze der großen Kommentare zum StGB. getreten ist." Zeitschrift für Rechtspflege in Bayern.

Kohlrausch, Eduard, **Strafgesetzbuch für das Deutsche Reich mit Nebengesetzen.** Textausgabe mit Anmerkungen und Sachregister. Früher von Dr. Fr. v. Liszt u. Dr. E. Delaquis. Neunundzwanzigste Auflage. Taschenformat. X, 562, *48 Seiten. 1930. (Guttentagsche Sammlung Deutscher Reichsgesetze Bd. 2.) . . . Geb. RM. 8.—

„Ein Buch, an Hand dessen eine schnelle und zuverlässige Orientierung über die wichtigsten Auslegungsfragen möglich ist. Es dient in gleicher Weise dem Studierenden zur Einführung in eine Lektüre des Gesetzes wie dem Praktiker zur schnellen Auffindung einer Entscheidung."
Rechtsanwalt Dr. Max Alsberg in der „Juristischen Wochenschrift".

v. **Liszt,** Fr., **Lehrbuch des deutschen Strafrechts.** Sechsundzwanzigste, vollkommen durchgearbeitete und zum Teil umgestaltete Auflage, besorgt von Dr. E. Schmidt, Professor an der Universität Kiel. Im Druck.

Gerland, H. B., **Das deutsche Reichsstrafrecht.** Oktav. 600 Seiten. 1922. (Lehrbücher und Grundrisse der Rechtswissenschaft Bd. XVI.) RM. 10.—, geb. RM. 11.50

„Durch knappe, geradezu klassische Kürze zeigende Darstellung gelang es Gerland, auf engem Raume eine ungeheure Fülle des Stoffes zu bieten und auf jede Frage Antwort zu geben."
Juristische Wochenschrift.

Gerland, H., Der Entwurf 1925. Allgemeiner Teil. Kritische Bemerkungen. Oktav. 96 Seiten. 1925 . . . . RM. 5.—
„Eine außerordentlich interessante Abhandlung. Die Schrift stellt ein fast unentbehrliches Hilfsmittel für jeden dar, der sich mit den einschlägigen Fragen zu beschäftigen hat."
Mitteilungen des Preußischen Richtervereins.

Aschrott, P. F., u. Kohlrausch, Ed., Reform des Strafrechts. Kritische Besprechung des Amtlichen Entwurfs eines Allgemeinen Deutschen Strafgesetzbuchs. Auf Veranlassung der Deutschen Landesgruppe der Internationalen Kriminalistischen Vereinigung unter Mitwirkung erster Fachgenossen herausgegeben. Gr.-Oktav. V, 415 S. 1926. RM. 18.—
„Die gestellte Aufgabe ist glänzend gelöst. Kaum ein Punkt ist übersehen worden, der die Kritik herausfordert. — Niemand, der an der endgültigen Gestaltung unseres Strafrechts Anteil nimmt, darf an dieser Sammelkritik achtlos vorübergehen."
Geh. Hofrat Prof. Dr. v. Lilienthal in der „Deutschen Juristen-Zeitung".

Sammlung außerdeutscher Strafgesetzbücher in deutscher Übersetzung. Herausgegeben von den Schriftleitungen der Zeitschrift für die ges. Strafrechtswissenschaft u. d. Mitteilungen der Internationalen Kriminalistischen Vereinigung. Nr. 1—43. 1881—1914 . . Preise auf Anfrage.

Nr. 44:
Japanische Strafgesetze. I. Schwurgerichtsordnung vom 18. April 1923 und strafrechtliche Nebengesetze. Übersetzt von Hyoichiro Kusano, Reichsgerichtsrat in Tokio, Tadao Sugiura, Oberlandesgerichtsrat in Sapporo, und Dr. jur. Fritz Bartelt in Berlin. II. Strafvollzugsgesetz vom 28. März 1908 nebst Ausführungsverordnung vom 16. Juni 1908. Übersetzt von Dr. jur. Toshita Tokiwa, Gerichtsassessor in Tokio, und Dr. jur. Werner Gentz, Justizrat beim Strafvollzugsamt in Kiel. Groß-Oktav. 55 Seiten. 1927. RM. 3.—

Nr. 45:
Die Auslieferungsgesetze Norwegens, Schwedens und Finnlands. Mit einer systematischen Darstellung der Grundzüge des nordischen Auslieferungsrechts im Hinblick auf den Erlaß eines deutschen Auslieferungsgesetzes Von Dr. jur. Ernst Wolgast, Privatdozent in Königsberg i. Pr. Groß-Oktav. VIII, 487 Seiten. 1928. . . RM. 20.—

Nr. 46:
Das Türkische Strafgesetzbuch vom 1. März 1926. Gesetz Nr. 765. (Türkisches Gesetzblatt Nr. 320 vom 13. März 1926.) Das Ausführungsgesetz zum Türkischen Strafgesetzbuch vom 26. April 1926. Deutsche Übersetzung von Dr. K. Ziemke. Groß-Oktav. 138 Seiten. 1927 . . . . RM. 5.—

Nr. 47:
Entwurf eines griechischen Strafgesetzbuches. Übersetzt und eingeleitet von Demetrius G. Venturas, Rechtsanwalt in Korfu, Griechenland. Groß-Oktav. 123 Seiten. 1928 . . . . RM. 7.—

Nr. 48:
Italienischer Vorentwurf zu einem neuen Strafgesetzbuch. (Progetto di un nuovo codice penale.) In deutscher Übersetzung von Dr. K. Bunge, Landgerichtsrat in Berlin. Groß-Oktav. XXXII, 244 Seiten. 1928 . . . . RM. 10.—

Nr. 49:
Strafgesetzbuch (Ugolownyj Kodex) **der Russischen Sozialistischen Föderativen Sowjet-Republik** (R.S.F.S.R.) vom 22. November 1926, übersetzt von Dr. Wilhelm Gallas, Gerichtsassessor in Berlin. Groß-Oktav. 68 Seiten. 1930 . . . . RM. 4.—

Lindemann, Otto, **Sammlung der wichtigsten preußischen Strafgesetze.** Zweite Auflage. Taschenformat. 372 Seiten. 1912. (Guttentagsche Sammlung Preußischer Gesetze Bd. 34.) . . . . . Geb. RM. 3.50

„. . . *Nur mittels einer solchen ausgezeichneten Sammlung ist es möglich, auch die zerstreuten Gebiete des Strafrechts völlig zu beherrschen.*“ *Deutsche Juristen-Zeitung.*

Fraustädter, Werner, **Deutsches Auslieferungsgesetz** vom 23. Dezember 1929 und andere neuere Vorschriften der Rechtshilfe in Strafsachen, einschließlich der Auslieferung. Textausgabe mit Einleitung, Erläuterungen und Sachregister. Taschenformat. 143 Seiten. 1930. (Guttentagsche Sammlung Deutscher Reichsgesetze Bd. 86.) . Geb. RM. 4.—

Die neue Auflage enthält eine ausführliche Erläuterung der neuen Bestimmungen sowie einen Abdruck der wichtigsten Verträge und Vorschriften und ermöglicht einen vollständigen Überblick über den gegenwärtigen Stand des deutschen Auslieferungsrechtes.

Lindemann, Otto, **Polizeiverordnungen in Preußen.** Zweite Auflage. Taschenformat. 189 Seiten. 1912. (Guttentagsche Sammlung Preußischer Gesetze Bd. 36.) . . . . Geb. RM. 2.50

Abhandlungen des Kriminalistischen Instituts an der Universität Berlin. Herausgegeben von Dr. **Franz von Liszt,** o. Professor der Rechte. Sonderverzeichnis kostenlos. Vierte Folge. I. Band.

Heft 1:
Dannenberg, Herbert, **Liberalismus und Strafrecht im 19. Jahrhundert unter Zugrundelegung der Lehren Karl Georg von Waechters.** Oktav. IV, 66 Seiten. 1925 . . . . RM. 3.—

Heft 2:
Tarnowski, Hans, **Die systematische Bedeutung der adäquaten Kausalitätstheorie für den Aufbau des Verbrecherbegriffs.** Oktav. X, 340 Seiten. 1927 . . . . RM. 18.—

Heft 3:
Ehrlich, Lore, **Der Verrat von Betriebsgeheimnissen nach englischem und nordamerikanischem Recht.** Oktav. VIII, 75 Seiten. 1930. RM. 4.—

Heft 4:
Kuttner, Stephan, **Die juristische Natur der falschen Beweisaussage.** Ein Beitrag zur Geschichte und Systematik der Eidesdelikte, zugleich zur Frage einer Beschränkung der Strafbarkeit auf erhebliche falsche Aussagen. Oktav. VI, 76 Seiten. 1931 . RM. 6.—

Vierte Folge II. Band.

Heft 1:
Gallas, Wilhelm, **Kriminalpolitik und Strafrechtssystematik** unter besonderer Berücksichtigung des sowjetrussischen Rechts. Oktav. VIII, 88 Seiten. 1931 . . . . RM. 5.—

Heindl, Robert, **System und Praxis der Daktyloskopie** und der sonstigen technischen Methoden der Kriminalpolizei. Dritte, neubearbeitete und vermehrte Auflage. 900 Abbildungen im Text und 21 Bildertafeln. 780 Seiten. Groß-Oktav. 1927 . . . . RM. 36.—, geb. RM. 40.—

„Ein Werk, mit dem wohl für geraume Zeit die Literatur dieses Gebiets ihren krönenden Abschluß gefunden haben dürfte. — Es darf erwartet werden, daß jeder Richter, Rechtsanwalt und Verteidiger sich dieses vorzüglichen Werkes bedient.“ Deutsche Juristenzeitung.

Kleine kriminalistische Bücherei.

Band 1:
Schneickert, Hans, **Die strafrechtlichen Aufgaben der Polizei.** Für den Polizeiunterricht und die Polizeipraxis. Taschenformat. 182 Seiten. 1921. RM. 2.—

Band 2:
Philipp, Lothar, **Beobachtungs- und Ermittlungspraxis im Polizei- und Detektivdienst.** Taschenformat. 180 Seiten. 1923 . . . RM. 2.—

Band 3:
Manteuffel, H. v., **Falschspieler.** Formen und Technik des Spiel-

betruges, nebst einem **Anhange:** Der Spielprofessor und sein angeblich sicheres System beim Spiele gegen eine öffentliche Roulettebank. Taschenformat 90 Seiten. 1923 . . . . RM. 2.—

Band 4:

Schneickert, Hans, Kriminalistische Spurensicherung. Sammlung dienstlicher Anweisungen und sachverständiger Ratschläge für den Dienstgebrauch und für Polizeischulen. Zweite, vermehrte und verbesserte Auflage. Taschenformat. 96 Seiten. Mit 2 Abbildungen. 1925. Geb. RM. 3.—

Band 5:

Rehfeld, P., Gerichtsärztliche Tatbestandsfeststellungen im Dienste der Polizei. Ein Leitfaden für Polizei- und Kriminalbeamte. Taschenformat. 133 Seiten. 1927 . . . . Geb. RM. 3.50

Strafprozeßordnung

Kohlrausch, Eduard, **Strafprozeßordnung** und Gerichtsverfassungsgesetz. Textausgabe mit Einleitung, Anmerkungen und Nebengesetzen. In Verbindung mit Dr. Hermann Mannheim, Landgerichtsrat und Professor in Berlin, bearbeitet von Dr. Eduard Kohlrausch, Professor der Rechte in Berlin. Zweiundzwanzigste Auflage (101. bis 104. Tausend). Taschenformat. XI, 510 Seiten. 1930. (Guttentagsche Sammlung Deutscher Reichsgesetze Bd. 12.) RM. 7.50

„Das Buch ist nicht nur für den Praktiker, der sich rasch unterrichten will, sondern auch für den Studierenden, zumal wenn ihm die wirtschaftlichen Verhältnisse die Anschaffung umfangreicher Kommentare nicht ermöglichen, von größtem Wert."
Oberreichsanwalt Dr. Ebermayer in der „Juristischen Wochenschrift".

Feisenberger, Albert, **Strafprozeßordnung und Gerichtsverfassungsgesetz.** Handkommentar. Groß-Oktav. IX, 517 Seiten. 1926. Mit Nachtrag. 1927. (de Gruytersche Sammlung Deutscher Gesetze. Handkommentare.) . . . . Geb. RM. 17.—

„Eine glänzende Arbeit, die bald in der Hand jedes Strafrichters und Rechtsanwalts sein wird. Geradezu vorbildlich ist der Handkommentar für den Umfang der Heranziehung der Rechtsprechung. Alles Wesentliche ist berücksichtigt." Danziger Juristische Monatsschrift.

Beling, E., **Deutsches Reichsstrafprozeßrecht** mit Einschluß des Strafgerichtsverfassungsrechts. Oktav. XIV, 568 Seiten. 1928. (Lehrbücher und Grundrisse der Rechtswissenschaft Bd. XVII.) RM. 15, geb. RM. 16.50

Die Eigenart des vorliegenden Lehrbuches des Reichsstrafprozeßrechts ist, daß es dem Verständnis der Gesetzestexte vorarbeiten und zu ihnen hinführen will. Gerade das, was nicht im Gesetz steht, ist die Hauptsache; die Gesetzesparagraphen sind Ziel, nicht Ausgangspunkt. Insbesondere aber stellt der Verfasser die Regelungsinhalte des geltenden Rechts in die heutige rechtspolitische Gedankenwelt hinein und gibt ein auch äußerlich scharf hervortretendes System, das den Lernenden befähigt, die Fülle der Einzelheiten unter allgemeinen Ordnungsgesichtspunkten zusammenzusetzen.

Rosenfeld, E. H., **Deutsches Strafprozeßrecht.** 2 Bände. 128 und 148 Seiten. 1926. (Sammlung Göschen Bd. 938/939.) Geb. je RM. 1.80

„Eine wissenschaftlich hochstehende, auf einem knappen Raum zusammengedrängte, klar und originell geschriebene Einführung in den deutschen Strafprozeß." Schweizer. Zeitschrift für Strafrecht.

Löwe, F., und **Rosenberg,** Werner, **Die Strafprozeßordnung für das Deutsche Reich** vom 22. März 1924 nebst dem Gerichtsverfassungsgesetz. Kommentar. Achtzehnte, neubearbeitete Auflage. Lexikon-Oktav. 1332 Seiten. 1929 . . . . RM. 44.—, in Halbleder geb. RM. 50.—

„Der Kommentar steht nach wie vor an erster Stelle und ist ein Meisterwerk in der Kunst einer klaren, übersichtlichen und erschöpfenden Darstellung dieses außerordentlich spröden Stoffes."
Zeitschrift des deutschen Notarvereins.

Feisenberger, Albert, **Strafprozeßordnung und Gerichtsverfassungsgesetz,** in alter und neuer Fassung synoptisch gegenübergestellt. Mit ausführlichem Sachregister. Taschenformat. 265 Seiten. 1924. Mit Nachtrag. 1927. (Guttentagsche Sammlung Deutscher Reichsgesetze Bd. 158.) . . . . Geb. RM. 4.50

„Die Ausgabe ist für die Praxis auf längere Zeit unentbehrlich. Die synoptische Darstellung erleichtert die Arbeit und schützt vor Gedächtnisfehlern." *Juristische Wochenschrift.*

Aschrott, P. F., Die Reform des Strafprozesses. Kritische Besprechungen der von der Kommission für die Reform des Strafprozesses gemachten Vorschläge. Auf Veranlassung der Internationalen Kriminalistischen Vereinigung, Gruppe Deutsches Reich. Groß-Oktav. XII, 120 und 784 Seiten. 1906 . . . . RM. 12.—

Beiträge zur Reform des Strafprozesses. Herausgegeben von Dr. Franz **Adickes,** Dr. P. F. **Aschrott,** Dr. K. **von Lilienthal,** Dr. Fr. **von Liszt.** 2 Bände. Groß-Oktav. I. Bd. Heft 1—6. 1908. RM. 9.70. — II. Bd. Heft 1—5. 1909. RM. 15.10.

Boehringer, Margrit, **Die Eidesreform im Strafprozeß und Strafrecht.** Oktav. 203 Seiten. 1931 . . . . RM. 10.—

In der vorliegenden Arbeit wird versucht, einen möglichst vollständigen Überblick über die Grundfragen und die komplizierten Einzelfragen der Reform des Strafprozesses im Beeidigungsverfahren und dem damit unmittelbar zusammenhängenden Teil der Eidesreform im Strafrecht zu geben.

Hierbei wurde ein wesentlicher Bestandteil der Aufgabe in der Systematisierung dieser meist so unübersichtlich und durcheinanderlaufend behandelten Probleme gesehen und weiter versucht, durch möglichst vollständige Literaturangabe und Behandlung ein sachliches Urteil zu ermöglichen.

Frede, L., u. Grünhut, M., Reform des Strafvollzugs. Kritische Beiträge zu dem Amtlichen Entwurf eines Strafvollzugsgesetzes. Oktav. VII, 264 Seiten. 1927 . . . . RM. 10.—

Die in dem vorliegenden Buch zusammengefaßten Beiträge üben nicht nur eine Einzelkritik an den Bestimmungen des Entwurfs, sondern dienen zugleich unter dem Gesichtspunkt der gegenwärtigen gesetzgeberischen Aufgabe der wissenschaftlichen Grundlegung des ganzen Strafvollzugsproblems.

VI. Öffentliches Recht.

1. Staats- und Völkerrecht.

Fischbach, O. G., Allgemeine Staatslehre. Zweite Auflage. 136 Seiten. 1928. (Sammlung Göschen Bd. 358.) . . . . . Geb. RM. 1.80

„Das Buch darf einer breiten Öffentlichkeit als ausgezeichnete Einführung, den Fachgenossen aber, jung und alt, als Musterbeispiel wissenschaftlichen Bemühens um die denkbar beste Leistung anempfohlen werden, wie man ihm heute nicht allzu häufig mehr begegnet."
Reichsverwaltungsblatt.

Fischbach, O. G., Allgemeines Staatsrecht.
I. Teil. 139 Seiten. 1923. (Sammlung Göschen, Bd. 415.) Geb. RM. 1.80
II. Teil. 151 Seiten. 1923. (Sammlung Göschen Bd. 416.) Geb. RM. 1.80

Diese Bearbeitung bringt nicht bloß einen leicht faßlichen gemeinverständlichen Überblick über alle Zweige des Staatsrechtes, sondern auch in den einzelnen Partien viele gründliche wissenschaftliche Erörterungen der einschlagenden Probleme und kritischen Beleuchtung der verschiedenen Rechtsansichten.

Bühler, O., Staatsrecht des Reichs und Preußens. Taschenformat. 608 Seiten. 1931. (Lehrausgaben Deutscher Gesetze Bd. IIIa.) Geb. RM. 9.—

Stier-Somlo, Fritz, **Deutsches Reichs- und Landesstaatsrecht I.** Oktav. XVI, 726 Seiten. 1924. (Lehrbücher und Grundrisse der Rechtswissenschaft Bd. XVIII.) . . . . RM. 16.50, geb. RM. 18.—

„. . . Von den zurzeit vorhandenen größeren Lehrbüchern des Reichsstaatsrechts das geeignetste.“ *Juristische Wochenschrift.*

Stier-Somlo, Fritz, **Reichsstaatsrecht.** I. Grundbegriffe des Staatsrechts. Verfassungsgeschichte vom Ende des 18. Jahrhunderts bis zur Reichsverfassung vom 11. August 1919. 108 Seiten. 1927. (Sammlung Göschen Bd. 967.) . . . . Geb. RM. 1.80

II. Das geltende Reichsstaatsrecht. 114 Seiten. 1927. (Sammlung Göschen Bd. 968.) . . . . Geb. RM. 1.80

Stier-Somlo, Fritz, **Preußisches Staatsrecht.** Zweite Auflage. 136 Seiten. 1927. (Sammlung Göschen Bd. 298.) . . . . . Geb. RM. 1.80

Die Verfassung des Deutschen Reichs vom 11. August 1919 **mit den wichtigsten Nebengesetzen.** Textausgabe mit Einleitung und Sachregister. Dritte Auflage. Taschenformat. 104 Seiten. 1931. (Guttentagsche Sammlung von Textausgaben ohne Anmerkungen mit Sachregister.) . . . . RM. 1.—

Die handliche Ausgabe enthält den genauen Gesetzestext mit einem das Zurechtfinden sehr erleichternden Sachregister. Sie entspricht dem letzten Stand.

Arndt, Adolf, **Die Verfassung des Deutschen Reiches.** Dritte Auflage. Taschenformat. 1927. (Guttentagsche Sammlung Deutscher Reichsgesetze Bd. 137.) . . . . RM. 8.—

„Für alle, die sich auf dem schwierigen Gebiet der Reichverfassung orientieren wollen, liegt hier ein vorzügliches Nachschlagewerk von gediegener Wissenschaftlichkeit vor.“
Staats- und Selbstverwaltung.

Stier-Somlo, Fritz, **Kommentar zur Verfassung des Freistaates Preußen.** Groß-Oktav. 319 Seiten. 1921 . . . . Geb. RM. 3.—

„Die Darstellung ist flüssig und knapp und ist als treffliche Orientierung über das neue Verfassungswerk, eine Orientierung, die ihre notwendige Ergänzung in dem vorzüglichen Kommentar Stier-Somlos findet, sehr zu empfehlen.“ *Zeitschrift für öffentliches Recht.*

Arndt, Adolf, **Die Verfassung des Freistaats Preußen** vom 30. November 1920. Mit Einleitung, vollständigem Kommentar, Landeswahlgesetz und Sachregister. Taschenformat. 158 Seiten. 1921. (Guttentagsche Sammlung Preußischer Gesetze Bd. 1.) Geb. RM. 2.—

„. . . Der Kommentar wird denjenigen, die sich mit den einzelnen Bestimmungen der Verfassung vertraut machen wollen, ein willkommener Ratgeber sein.“
Zeitschrift für Polizei- und Verwaltungsbeamte.

Veröffentlichungen der Vereinigung deutscher Staatsrechtslehrer.
Heft 1: Der deutsche Föderalismus. Oktav. 1924 . . . RM. 5.—
Heft 2: Der Schutz des öffentlichen Rechts. Oktav. 1925. RM. 12.—

Heft 3: Die Gleichheit vor dem Gesetz. Der Einfluß des Steuerrechts auf die Begriffsbildung des öffentlichen Rechts. Oktav. 1927. RM. 7.—
Heft 4: Das Recht der freien Meinungsäußerung. — Der Begriff des Gesetzes in der Reichsverfassung. Oktav. 1928 . . . . . RM. 10.—
Heft 5. Wesen und Entwicklung der Staatsgerichtsbarkeit. — Überprüfung von Verwaltungsakten durch die ordentlichen Gerichte. Oktav. 1929 . . . . RM. 12.—
Heft 6: Bundesstaatliche und gliedstaatliche Rechtsordnung. Verwaltungsrecht der öffentlichen Anstalt. Berichte von Fritz Fleiner, Josef Lukas, Lutz Richter und Arnold Köttgen. Verhandlungen der Tagung der deutschen Staatsrechtslehrer zu Frankfurt a. M. am 25. und 26. April 1929. Mit einem Auszug aus der Aussprache. Oktav. IV, 166 Seiten. 1929 . . . . RM. 9.—

Sehling, Emil, **Kirchenrecht.** Zweite Auflage.
I. Teil. Einleitung. Quellen, Verfassung und Verwaltung der katholischen Kirche. Anhang: Die griechisch-orthodoxe Kirche. 119 Seiten. 1922. (Sammlung Göschen Bd. 377.) . . . . Geb. RM. 1.80
II. Teil: Das evangelische Kirchenrecht. Die Stellung des Staates zur Kirche und das Verhältnis der Religionsgesellschaften zueinander. 87 Seiten. 1927. (Sammlung Göschen Bd. 954.) . . . Geb. RM. 1.80

Edler v. Hoffmann, H., **Deutsches Kolonialrecht.** 150 Seiten. 1907. (Sammlung Göschen Bd. 318.) . . . . Geb. RM. 1.80

Delius, H., **Die Beamtenhaftpflichtgesetze** des Reiches und der Länder. Vierte, vermehrte und vollkommen neubearbeitete Auflage. Taschenformat. 384 Seiten. 1929. (Guttentagsche Sammlung Deutscher Reichsgesetze Bd. 94.) . . . . Geb. RM. 10.—

Wörterbuch des Völkerrechts und der Diplomatie. Begonnen von Professor Dr. **Julius Hatschek** †. Fortgesetzt und herausgegeben von Dr. Karl **Strupp**, Professor an der Universität Frankfurt a. M., Associé de l'institut de droit international, membre de l'Academie Diplomatique Internationale. Lexikon-Oktav.
Band I: Aachen—Lynchfall. VI, 860 Seiten. 1924.
RM. 35.—, in Halbleder geb. RM. 40.—
Band II: Maas—Utschiali. 779 Seiten. 1925.
RM. 35.—, in Halbleder geb. RM. 40.—
Band III (Schluß): Vasallenstaaten—Zwangsverschickung. Ferner Anhang: Abessinien—Weltgerichtshof; Sachverzeichnis und Mitarbeiterregister. II, 1316 Seiten. 1929.
RM. 62.—, in Halbleder geb. RM. 67.—
„Der Vorsprung, den entsprechende Werke in französischem Sprachgewande bisher hatten, ist nunmehr in Deutschland eingeholt. Die Form der alphabetischen Zergliederung des Stoffes ermöglicht eine breitere Behandlung der Einzelfälle, die im internationalen Rechtsleben nicht selten von größerer Bedeutung als vorzeitig aufgestellte Abstraktionen sind." Zeitschrift für Völkerrecht.

Anzilotti, D., **Lehrbuch des Völkerrechts.** Übersetzt und herausgegeben vom Institut für ausländisches öffentliches Recht und Völkerrecht, Berlin. I. Band. Groß-Oktav. 444 Seiten. 1929. RM. 19.—, geb. RM. 20.—
Das Buch ist nicht schlechthin eine Übersetzung der italienischen Originalausgabe, sondern berücksichtigt auch die gesamte Rechtsprechung und Literatur der letzten Zeit und stellt somit das zurzeit modernste Lehrbuch des Völkerrechts überhaupt dar.

Niemeyer, Theodor, **Völkerrecht.** 168 Seiten. 1925. (Sammlung Göschen Bd. 865.) . . . . Geb. RM. 1.80
Dieses Bändchen gibt in gedrängter Form eine vollständige Übersicht über das Völkerrecht.

Beiträge zum ausländischen öffentlichen Recht und Völkerrecht. Herausgegeben im Auftrage des Instituts für ausländisches öffentliches Recht und Völkerrecht in Berlin in Gemeinschaft mit Friedrich Glum, Ludwig Kaas, Rudolf Smend, Heinrich Triepel von Viktor **Bruns.** Groß-Oktav.

Eine Sammlung einschlägiger wissenschaftlicher Abhandlungen, Materialsammlungen, Übersetzungen besonders wertvoller ausländischer Werke u. a.

Heft 1:
Triepel, H., **Staatsrecht und Politik.** Rede beim Antritt des Rektorats der Friedrich-Wilhelms-Universität zu Berlin am 15. Oktober 1926. 40 Seiten. 1927 . . . . RM. 2.—

Heft 2:
Schmitt, Carl, **Volksentscheid und Volksbegehren.** Ein Beitrag zur Auslegung der Weimarer Verfassung und zur Lehre von der unmittelbaren Demokratie. 54 Seiten. 1927 . . . . RM. 2.60

Heft 3:
Heck, K., **Der Aufbau des britischen Reiches.** (Der Verhandlungsbericht der Reichskonferenz von 1926.) 152 Seiten. 1927. RM. 6.—

Heft 4:
Heller, H., **Die Souveränität.** Ein Beitrag zur Theorie des Staats- und Völkerrechts. 177 Seiten. 1927. . . . . RM. 8.50

Heft 5:
Grentrup, Theodor, **Die Missionsfreiheit** nach den Bestimmungen des geltenden Völkerrechts. 112 Seiten. 1928 . . . . RM. 5.50

Heft 6:
Robinson, Jakob, **Das Minoritätenproblem** und seine Literatur. Kritische Einführung in die Quellen und die Literatur der europäischen Nationalitätenfrage der Nachkriegszeit, unter besonderer Berücksichtigung des völkerrechtlichen Minderheitenschutzes.
Allgemeiner Teil. 265 Seiten. 1928 . . . . RM. 9.—

Heft 7:
Bilfinger, Karl, **Der Reichssparkommissar.** 68 Seiten. 1928. RM. 3.60

Heft 8:
Bumiller, J. M., **Die völkerrechtliche Stellung der fremden Truppen im Saargebiet.** 156 Seiten. 1928 . . . . RM. 9.—

Heft 9:
Das Recht des Ausnahmezustands im Auslande (Frankreich, Belgien, Niederlande, Italien, England, Irland). 296 Seiten. 1928. RM. 14.—

Heft 10:
Gerland, B., **Die Beziehungen zwischen dem Parlament und den Gerichten in England.** Eine rechtsvergleichende Studie. 137 Seiten. 1928. RM. 8.—

Heft 11:
Leibholz, Gerhard, **Zu den Problemen des fascistischen Verfassungsrechts.** Akademische Antrittsvorlesung. 112 Seiten. 1928. RM. 5.—

Heft 12:
Glum, Friedrich, **Der deutsche und der französische Reichswirtschaftsrat.** Ein Beitrag zu dem Problem der Repräsentation der Wirtschaft im Staat. 188 Seiten. 1929 . . . . RM. 9.—

Heft 13:
Leibholz, Gerhard, **Das Wesen der Repräsentation** unter besonderer Berücksichtigung des Repräsentativsystems. Ein Beitrag zur allgemeinen Staats- und Verfassungslehre. Groß-Oktav. 214 Seiten. 1929. RM. 14.—

Heft 14:
Schenk, v. Stauffenberg, G., **Das Recht der russischen Handelsvertretungen.** Oktav. 95 Seiten. 1930 . . . . RM. 6.—

Heft 16:
Menzel, Kurt, **Das deutsche Vorkriegs-Vermögen in Rußland und der deutsche Entschädigungsvorbehalt.** Eine Übersicht, zugleich über die Entschädigungsbemühungen der anderen Staaten. Oktav. IV, 236 Seiten. 1931 . . . . RM. 9.—

Heft 17:
Kaufmann, Erich, **Zur Problematik des Volkswillens.** Oktav. 19 Seiten. 1931 . . . . RM. 1.50

Kraus, H., **Internationale Schiedssprechung.** Eine Sammlung der für das Deutsche Reich verbindlichen Verträge und Vertragsbestimmungen, die sich auf internationale Gerichtsbarkeit, Schiedsgerichtsbarkeit, sowie Vergleichsverfahren beziehen, nebst den dazugehörigen deutschen Regierungsdenkschriften. Taschenformat. XXXVI, 348 Seiten. 1929. (Guttentagsche Sammlung Deutscher Reichsgesetze Bd. 174.) . . . . Geb. RM. 10.—

„Die vorliegende Dokumentensammlung füllt eine Lücke aus, da es bisher schwer war, alle schiedsrichterlichen Verpflichtungen des Deutschen Reiches auf einmal einzusehen.“ *Friedenswarte.*

Strupp, Karl, **Das Werk von Locarno.** Eine völkerrechtlich-politische Studie. Oktav. 180 Seiten. 1926 . . . . RM. 10.—

„Die lückenlose Mitteilung aller für das Verständnis und die Auslegung wichtiger Urkunden macht das aktuelle Buch zu einem außerordentlich wertvollen Mittel der Erkenntnis des Inhalts und der Tragweite dieser grundlegenden Staatsverträge.“ *D. A. Z.*

Sering, Max, **Deutschland unter dem Dawes-Plan.** Entstehung, Rechtsgrundlagen, wirtschaftliche Wirkungen der Reparationslasten. Oktav. VIII, 237 Seiten. 1928 . . . . RM. 10.—

„Nicht nur dem Juristen und Volkswirtschaftler, sondern auch dem Laien verständlich, gibt das Werk einem jeden wertvollen Einblick in Deutschlands wirtschaftspolitische Abhängigkeit, die sich bis in die kleinsten Betriebe hineinzieht, die jedes einzelne Glied des deutschen Volkes betrifft.“ *Prakt. Rundschau.*

2. Verwaltungsrecht.

Reichsrecht

Bühler, O., **Verwaltungsgesetze des Reiches und Preußens.** Taschenformat. XI, 682 Seiten. 1930. Mit Nachtrag 1931. Geb. RM. 11.—
(Lehrausgaben Deutscher Gesetze, Bd. III.)

Außer den preußischen Verwaltungsgesetzen bringt der vorliegende Band als erster auch die immer wichtiger werdenden Verwaltungsgesetze des Reichs. Durch Weglassung aller für den Unterricht überflüssigen Gesetze, Weglassung auch unwichtiger Bestimmungen in den oft sehr weitschweifigen Verwaltungsgesetzen (wobei aber der Inhalt weggelassener Bestimmungen jeweils kurz angedeutet ist) ist es ermöglicht worden, auch hier einen Band erstehen zu lassen, der nicht schon durch seinen Umfang abschreckt.

Blume, E., und **Weirauch,** W., **Die Eisenbahn-Verkehrsordnung** vom 16. Mai 1928 mit Allgemeinen Ausführungsbestimmungen sowie dem Internationalen Übereinkommen über den Eisenbahnfrachtverkehr vom 30. Mai 1925 und dem Internationalen Übereinkommen über den Eisenbahn-Personen- und Gepäckverkehr vom 12. Juni 1925. Textausgabe mit Anmerkungen. Vierte Auflage. Taschenformat. X, 482 Seiten. 1928. (Guttentagsche Sammlung Deutscher Reichsgesetze Bd. 91.) Geb. RM. 9.—

„Ein treffliches Hilfsbuch für alle, die sich mit dem Eisenbahnverkehrsrecht theoretisch und praktisch zu beschäftigen haben. Der Kommentar wird besonders auch den Gerichten und den Anwälten

gute Dienste leisten, da die Ausführungsbestimmungen zur Eisenbahnverkehrsordnung, die vollständig abgedruckt werden, sonst nur in den Tarifen veröffentlicht werden, die in den Kreisen der Juristen weniger bekannt sind. Allen, die es angeht, kann daher die Anschaffung der neuen Auflage dringend empfohlen werden."

Juristische Wochenschrift.

Fischbach, O. G., **Das Reichsbeamtengesetz vom 31. März 1873 in der Fassung der Bekanntmachung vom 18. Mai 1907 mit allen Abänderungen und Ergänzungen.** Taschenformat. 311 Seiten. 1930. (Guttentagsche Sammlung Deutscher Reichsgesetze, Bd. 82.) Geb. RM. 6.—

Die vorliegende Erläuterung des Beamtengesetzes entspricht den neuesten Fortschritten der Wissenschaft und Rechtsprechung. Bemerkenswert ist, daß auch verwandte Gesetze und Verordnungen der einheitlichen Erläuterung unterzogen wurden, so daß dieses Buch für die Praxis ein der Sache wie der Erläuterungsart wichtiges Hilfsmittel darstellt.

Fischer, D., und **Staedler,** E., **Die deutsche Post- und Telegraphengesetzgebung.** Teil I: Postrecht (mit Ausschluß des internationalen Rechts). Siebente Auflage. 47*, 586 Seiten. 1929. (Guttentagsche Sammlung Deutscher Reichsgesetze Bd. 7.) . . . . Geb. RM. 15.—

„Die Texte sind mit großer Sorgfalt und mit dem Streben nach einschlägiger Vollständigkeit zusammengestellt. Eine Verbesserung gegenüber den früheren Auflagen bedeutet der der Sammlung neu vorangestellte systematische Abriß des geltenden Postrechts."

Württembergische Industrie.

Teil II: **Telegraphen- und Fernsprechrecht** (mit Ausschluß des internationalen Rechts). Taschenformat. 495 Seiten. 1930. (Guttentagsche Sammlung Deutscher Reichsgesetze Band 7a.) . . RM. 13.—

Wie im ersten Teil, so werden auch hier die Erläuterungen unter die folgenden Gesichtspunkte gestellt: 1. die wechselseitige juristische und tatsächliche Berührung zwischen den sehr zersplitterten Rechtsquellen. 2. die rechtsgeschichtlichen Zusammenhänge, die zur kritischen Beurteilung des Gegenstandes unerläßlich sind. 3. die öffentlich-rechtliche Eigenschaft des gesamten Rechtsstoffes. Rechtsprechung und Literatur sind bis in die letzte Zeit berücksichtigt.

Sebba, Julius, **Seewasserstraßenordnung.** (Polizeiverordnung zur Regelung des Verkehrs auf den deutschen Seewasserstraßen vom 31. März 1927.) Taschenformat. 493 Seiten. 1928. (Guttentagsche Sammlung Deutscher Reichsgesetze Bd. 171.) . . . . Geb. RM. 8.50

„Es bedarf hierbei wohl nicht der besonderen Hervorhebung, daß die Kommentierungsmethode des rühmlichst bekannten Neu-Herausgebers von Schaps-Seerecht auch in dem vorliegenden Werke eine knappe und doch gründliche geworden ist."

Verkehrsrechtliche Praxis.

Busse, Rudolf, **Luftrecht einschließlich Luftverkehrsgesetz und Pariser Luftverkehrsabkommen.** Taschenformat. XVIII, 448 Seiten. 1928. (Guttentagsche Sammlung Deutscher Reichsgesetze Bd. 170.) Geb. RM. 10.—

Das vorliegende Buch sucht in einem nationalen und internationalen Teil einen klaren Überblick über das gesamte Luftrecht zu geben; der neueste Stand der Rechtsprechung ist hierbei berücksichtigt. Den erläuterten Gesetzesabkommenstexten ist eine systematische Einführung in das gesamte Luftrecht mit seinen vielseitigen Rechtsdisziplinen vorausgeschickt.

Volkmann, Kurt, **Die Straßenverkehrsordnungen** nebst den einschlägigen Nebenbestimmungen. Taschenformat. 312 Seiten. 1929. (Guttentagsche Sammlung Deutscher Reichsgesetze Bd. 175.) . . . Geb. RM. 7.—

„Das übersichtliche Werkchen, das uns eine schnelle Information über auftauchende Rechtsfragen auf diesem besonderen Verkehrgebiete verschafft, kann Polizeibeamten, Gerichten, Anwälten, Fuhrwerksbesitzern, Kraftfahrern und Radfahrern zur Anschaffung empfohlen werden."
Verkehrsrechtl. Rundschau.

Holzapfel, W., **Die Siedlungsgesetzgebung** im Reich und in Preußen. 347 Seiten. 1920. (Guttentagsche Sammlung Deutscher Reichsgesetze Bd. 140.) . . . . Geb. RM. 3.—
„Die zur Ausführung jener Gesetze bestimmten Behörden und auch die literarische Forschung wird dem Verfasser für seine mühevolle Arbeit Anerkennung zollen." *Archiv für öffentliches Recht.*

Behrend, Ernst, und **Stranz-Hurwitz,** Helene, **Sammlung von Wohlfahrtsgesetzen** des Deutschen Reichs und Preußens nebst den allgemeinen Wohlfahrtsgesetzen von Sachsen, Thüringen, Hamburg, Mecklenburg-Schwerin und -Strelitz, Oldenburg, Lippe und Lübeck.
Teil I: Taschenformat. 560 Seiten. 1923 . . . . . Geb. RM. 5.—
Teil II: Nebst Ausführungsgesetzen sämtlicher Länder zum Reichsjugendwohlfahrtsgesetz. Taschenformat. XVI, 551 Seiten. 1925. (Guttentagsche Sammlung Deutscher Reichsgesetze Bd. 152 und 152a.)
Geb. RM. 9.—
Teil I und II zus. RM. 12.—
„Die kurzen, alles Wesentliche zusammenfassenden Einleitungen zu den einzelnen Gesetzen sind mit außerordentlicher Sachkunde und Klarheit geschrieben; sie genügen zusammen mit den Literaturangaben völlig für den Praktiker, um die Gesetzestexte richtig handhaben zu können. Das Werk ist für alle in der Wohlfahrtspflege Arbeitenden unentbehrlich und sehr praktisch."
Nachrichtendienst des Deutschen Vereins für öffentliche Fürsorge.

Wegner, Arthur, **Jugendrecht.** Ein Lehrbuch zur Einführung. Oktav. IX, 219 Seiten. 1929 . . . . RM. 6.—, geb. RM. 7.50

Drewes, Paul, und **Sandré,** Emil, **Das Reichsgesetz für Jugendwohlfahrt** vom 9. Juli 1922 und **Jugendgerichtsgesetz** vom 16. Februar 1923 nebst Nebengesetzen. Zweite Auflage. Taschenformat. XVI, 496 Seiten. 1928. (Guttentagsche Sammlung Deutscher Reichsgesetze Bd. 154.)
Geb. RM. 11.—
„Eine sehr handliche Gesetzesausgabe. Sie bietet in ausführlichen geschichtlichen und rechtlichen Vorbemerkungen und Einleitungen wertvolles Material zur Einführung in den Willen und Geist beider Gesetze und gibt in knappen, aber ausreichenden Erläuterungsbemerkungen zu den einzelnen Bestimmungen dem Praktiker die erforderlichen Unterlagen zur richtigen Anwendung. Das Werk dürfte sich in der Praxis beliebt machen." *Blätter für öffentliche Fürsorge*

Sandré, Emil **Verordnung über die Fürsorgepflicht.** Vom 14. Februar 1924. Mit Einschluß der für die Durchführung dieser Verordnung in Frage kommenden reichs- und landesgesetzlichen Bestimmungen. Taschenformat. 342 Seiten. 1925. (Guttentagsche Sammlung Deutscher Reichsgesetze Bd. 160.) . . . . Geb. RM. 6.—
„Die Zusammenstellung der bis in die jüngste Zeit ergangenen gesetzlichen Bestimmungen, die in Beziehung zur Fürsorgepflichtverordnung stehen, gibt der Sandréschen Arbeit ihre besondere Bedeutung. Die Anmerkungen sind zahlreich und zeichnen sich durch einen feinen, klaren Stil aus. Das Buch ist übersichtlich geordnet und leicht zu handhaben." *Schleswig-Holsteinsche Wohlfahrtsblätter.*

Szczesny, Viktor, **Das Lichtspielgesetz** vom 12. Mai 1920 mit der Ausführungsverordnung Einleitung, Gebührenordnung und Sachregister. Taschenformat. 106 Seiten. 1920. (Guttentagsche Sammlung Deutscher Reichsgesetze Bd. 147.) . . . . Geb. RM. 1.50

„Das neue Lichtspielgesetz hat hier eine ausführliche Kommentierung gefunden. Das Buch kann bei der gründlichen Behandlung des Stoffes als ein geeignetes Hilfsmittel für die Praxis bezeichnet werden.“ *Preußische Gemeinde-Zeitung.*

Wündisch, Ernst, **Das Gesetz über Schußwaffen und Munition** vom 12. April 1928 (RGBl. I S. 143) nebst der Ausführungsverordnung der Reichsregierung vom 13. Juli 1928 (RGBl. I S. 198) und dem Preußischen Erlaß zur Durchführung des Gesetzes vom 7. September 1928 (MBliV. S. 925). Taschenformat. 139 Seiten. 1928. (Guttentagsche Sammlung Deutscher Reichsgesetze Bd. 173.) . . . . . Geb. RM. 5.—

Ein klares zuverlässiges Erläuterungsbuch für den praktischen Gebrauch.

Fraustädter, W., und **Kreutzberger,** M., **Das deutsche Ausländerrecht.** Die Bestimmungen des Reichsrechts und preußischen Landesrechts. Textausgabe mit Erläuterungen und Sachregister. Taschenformat. 396 Seiten. 1927. (Guttentagsche Sammlung Deutscher Reichsgesetze Bd. 166.) Geb. RM. 9.—

„Eine höchst begrüßenswerte Veranstaltung, aus dem Bedürfnis der Praxis hervorgegangen und mit vollendetem Sachverständnis unternommen. Sowohl die Vollständigkeit der mannigfach verstreuten gesetzlichen Bestimmungen als deren Anordnung, Registrierung und Erläuterung durch Ausführungsbestimmungen, Gerichtsentscheidungen, Verwaltungspraxis ist vortrefflich.“ *Niemeyers Zeitschrift für internationales Recht.*

Voß, Werner, **Die reichs- und landesrechtlichen Bestimmungen auf dem Gebiete des Gesundheitswesens.** Zusammengestellt und mit Anmerkungen versehen. Taschenformat. 608 Seiten. 1929. (Guttentagsche Sammlung Deutscher Reichsgesetze Bd. 172.) . . . . . . Geb. RM. 11.—

„Der Band enthält eine Sammlung der Gesetze, Verordnungen und Bestimmungen auf dem Gebiete des Gesundheitswesens, wie sie in dieser Vollständigkeit sonst nicht besteht. Dadurch erst ist ein zuverlässiger und rascher Überblick über die einschlägigen weit verstreuten Bestimmungen gewährleistet.“ *Württ. Zeitschr. f. Rechtspflege.*

Hippel, W. von, **Reichsviehseuchengesetz** vom 26. Juni 1909 nebst Ausführungsvorschriften und dem preußischen Ausführungsgesetz. Zweite Auflage. Taschenformat. 486 Seiten. 1913. (Guttentagsche Sammlung Deutscher Reichsgesetze Bd. 103.) . . . . Geb. RM. 4.—

Boxberger, L. von, **Vogelschutzgesetz** vom 30. Mai 1908 nebst den das Flugwild betreffenden Bestimmungen der Preußischen Jagdordnung. Taschenformat. 57 Seiten. 1909. (Guttentagsche Sammlung Deutscher Reichsgesetze Bd. 89.) . . . . Geb. RM. 1.—

Landesrecht

Bitter, von, **Handwörterbuch der Preußischen Verwaltung.** Dritte, vollständig umgearbeitete Auflage. Unter Mitwirkung zahlreicher hoher Reichs- und preußischer Staatsbeamten herausgegeben von Dr. Bill Drews, Staatsminister a. D., Präsident des Pr. Oberverwaltungsgerichts, und Dr. Franz Hoffmann, Wirklicher Geheimer Oberregierungsrat, Berlin. Lexikon-Oktav. 1928.
RM. 120.—, in Halbleder geb. RM. 132.—

Erster Band, 1. Halbband: Abbaugerechtigkeiten—Fleisch- und Viehagenten. 552 Seiten.

2. Halbband: Fleischvergiftung—Kyffhäuserbund. Seite 553 bis 1134 und IX Seiten.

Zweiter Band: Lackfabriken—Zwischenkredit. VII, 1220 Seiten.

(Im Verlage der Firmen: Walter de Gruyter & Co., Berlin; Carl Heymanns Verlag, Berlin; Roßberg'sche Verlagsbuchhandlung, Leipzig.)

Das zentrale Werk der Praxis des Verwaltungsrechts.

Reichelt, H., **Verwaltungsgesetzbuch für Preußen.** Systematische Zusammenstellung der wichtigsten Verwaltungsgesetze und Verordnungen für Praxis und Unterrichtszwecke. Lexikon-Oktav. VII, 1302 Seiten. 1914 . . . . Geb. RM. 7.60

„Das Buch ist sehr wertvoll, dem Praktiker unentbehrlich und leistet demjenigen, der sich auf eine Prüfung vorbereitet, vorzügliche Dienste. Allen Verwaltungsbehörden wird das Buch warm empfohlen."
Preußische Verwaltungs- und Finanz-Zeitung.

Friedrichs, K., **Die Gesetzgebung über die allgemeine Landesverwaltung** und Zuständigkeit der Verwaltungs- und Verwaltungsgerichtsbehörden. Dritte, durchgesehene Auflage. Taschenformat. XXIII, 295 Seiten. 1927. (Guttentagsche Sammlung Preußischer Gesetze Bd. 42.) Geb. RM. 5.—

„Der Wert dieser Arbeit liegt darin, daß er eine erschöpfende und klare Übersicht über das tatsächlich geltende Verwaltungsrecht bringt. Das Werk ist ein vorzügliches und nie versagendes Hilfsmittel."
Gesetz und Recht.

Pfafferoth, Carl, **Preußische Beamtengesetzgebung.** Fünfte Auflage. XIV, 280 Seiten. 1916. (Guttentagsche Sammlung Preußischer Gesetze Bd. 2.) . . . . Geb. RM. 2.40

Dultzig, Eugen von, **Das preußische Disziplinargesetz für die nichtrichterlichen Beamten.** Taschenformat. XIV, 364 Seiten. 1914. (Guttentagsche Sammlung Preußischer Gesetze Bd. 51.) . . . . Geb. RM. 4.20

„Der Verfasser kennt das Disziplinarrecht aus eigener Tätigkeit und aus langer Erfahrung. Diese hat er zu einem praktischen Nachschlagebuch für alle praktischen Fragen des Disziplinarrechts ausgestaltet. Bei tunlichster Kürze sind doch recht erschöpfende, klare und anschauliche Erläuterungen entstanden, die das Verständnis und die Anwendung des Disziplinarrechts in zweckmäßiger Weise erleichtern. Das Büchlein verdient volle Beachtung."
Zeitschrift für Polizei- und Verwaltungsbeamte.

Hagemann, Rudolf, **Hinterlegungsordnung** vom 21. April 1913. Taschenformat. 175 Seiten. 1914. (Guttentagsche Sammlung Preußischer Gesetze Bd. 53.) . . . . Geb. RM. 2.20

„Das in der vorteilhaft bekannten Guttentagschen Sammlung erschienene Buch darf als ein Hilfsmittel zu dem nicht immer ganz einfachen Verständnis der neuen Hinterlegungsvorschriften bestens empfohlen werden; es ist klar, übersichtlich und ausführlich."
Zentralblatt für freiwillige Gerichtsbarkeit.

Aschrott, P. F., **Gesetz über die Fürsorgeerziehung Minderjähriger.** Vom 2. Juli 1900. Nebst Ausführungsanweisungen. Dritte Auflage. Taschenformat. 374 Seiten. 1917. (Guttentagsche Sammlung Preußischer Gesetze Bd. 28.) . . . . Geb. RM. 2.80

„Das Buch gewährt nicht nur einen klaren Einblick in die gegenwärtige Gestaltung der Fürsorgeerziehung in Preußen, sondern es gibt auch über die Zweifelsfragen, welche bei der Auslegung des technisch ziemlich unvollkommenen Fürsorgeerziehungsgesetzes in besonders reicher Fülle auftauchen, durchweg eine erschöpfende und zutreffende Auskunft." *Das Recht.*

Marcks, A., **Gesetz, betr. die Unterhaltung der öffentlichen Volksschulen.** Taschenformat. 194 Seiten. 1906. (Guttentagsche Sammlung Preußischer Gesetze Bd. 39.) . . . . Geb. RM. 1.80

„Das handliche Büchlein wird, von sachkundiger Seite herrührend und praktisch angelegt, Verwaltungsbeamten, Schulvorständen, Lehrern beim Gebrauch gute Dienste leisten."
Schulblatt der Provinz Brandenburg.

Ledermann, W., und **Brühl,** L., **Die Städteordnung für die sechs östlichen Provinzen Preußens.** Zweite Auflage. Taschenformat. 593 Seiten. 1913. (Guttentagsche Sammlung Preußischer Gesetze Bd. 32.) Geb. RM. 6.—

„Der Kommentar, eine hervorragende Arbeit, ist von der Kritik und der Praxis so einmütig günstig aufgenommen worden, daß er auch in seiner zweiten durch Gesetzgebung, Literatur und Rechtsprechung der letzten zehn Jahre bereicherten Ausgabe keiner weiteren Empfehlung bedarf." Kommunale Praxis.

Wölbling, P., **Bildung der neuen Stadtgemeinde Berlin.** Zweite Auflage. Taschenformat. 114 Seiten. 1920. (Guttentagsche Sammlung Preußischer Gesetze Bd. 59.) . . . . Geb. RM. 1.40

„Die Ebenmäßigkeit mit den Kommentaren anderer Gesetze der Guttentagschen Sammlung erringt der Verfasser durch seine strenge Sachlichkeit. Damit muß seinem Werk die Beachtung bei der Durchführung des Gesetzes und bleibender Wert gesichert erscheinen."
Soziale Praxis.

Caro, H., **Gesetz,** betr. **Austritt aus der Landeskirche,** vom 14. Mai 1873. Taschenformat. 190 Seiten. 1911. (Guttentagsche Sammlung Preußischer Gesetze Bd. 46.) . . . . Geb. RM. 2.40

„Ein sehr praktisches Buch, das in den Anmerkungen zum Wortlaut des Gesetzes eine reiche Fülle von Material bietet für alle möglichen Fragen, die mit Aus- und Übertritt zusammenhängen. Das genau gearbeitete Inhaltsverzeichnis ermöglicht bei gelegentlicher Benutzung ein leichtes Auffinden des Nötigen."
Deutsch-Protestantische Bücherschau.

Meyer, O., **Gesetz,** betr. **die Anlegung und Veränderung von Straßen und Plätzen in Städten und ländlichen Ortschaften.** Taschenformat. 211 Seiten. 1913. (Guttentagsche Sammlung Preußischer Gesetze Bd. 50.) RM. 3.—

Strauß-Torney, Hugo von und **Saß,** Carl, früher **Friedrichs,** R., **Gesetz,** betr. **Anlegung und Veränderung von Straßen und Plätzen** in Städten und ländlichen Ortschaften. (Straßen- und Baufluchtengesetz.) Kommentar. Sechste Auflage. Groß-Oktav. 211 Seiten. 1920. RM. 8.—, geb. RM. 9.50

„Das Werk zeigt eine Reichhaltigkeit und Vollständigkeit, die sonst wenigen Kommentaren eigen ist, and übertrifft hierin noch weit die früheren Auflagen. Besonders erwähnenswert ist die geschickte Anordnung der Erläuterungen and das praktische Inhaltsverzeichnis."
Wochenschrift des Architektenvereins zu Berlin.

Heine, H. **Die preußischen Baupolizeigesetze** nebst den sonstigen einschlägigen Reichs- und Landesgesetzen. Taschenformat. 404 Seiten. 1928. (Guttentagsche Sammlung Preußischer Gesetze Bd. 64.) Geb. RM. 8.—

Diesem Band ist die Aufgabe gestellt, die in erster Linie in Betracht kommenden Gesetze und sonstigen Vorschriften und die im Zusammenhang hiermit entstehenden Rechtsfragen in übersichtlicher Weise zusammenzufassen und zu erörtern. Die Rechtsprechung des Oberverwaltungsgerichts und anderer Gerichte ist hierbei berücksichtigt worden.

Goldschmidt, O., **Gesetze gegen die Verunstaltung landschaftlich hervorragender Gegenden mit Ausführungsanweisungen.** Taschenformat. 152 Seiten. 1912. (Guttentagsche Sammlung Preußischer Gesetze Bd. 49.) Geb. RM. 2.40

„Der Kommentar bietet eine sachgemäße, sorgfältige und erschöpfende Erläuterung der einzelnen gesetzlichen Bestimmungen. Er wird als ein durch Vollständigkeit und Zuverlässigkeit ausgezeichnetes Hilfsmittel jedem Freunde des Heimatschutzes ein willkommener Ratgeber sein." *Jahrbuch des Verwaltungsrechts.*

Wulff, G., und **Herold, F., Wassergesetz** vom 7. April 1913. Mit Einleitung, Erläuterungen und Sachregister. Zweite, umgearbeite Auflage von G. Wulff. Taschenformat. XVI, 665 Seiten. 1928. (Guttentagsche Sammlung Preußischer Gesetze Bd. 52.) . . Geb. RM. 12.—

„Gründlichkeit und trefflichere Kürze bilden einen besonderen Vorzug des Werkes." *Ministerialblatt f. d. preuß. innere Verwaltung.*

Holtgreven, A., und **Wolff, Th., Das Wildschadengesetz** vom 11. Juli 1891. Kommentar. Vierte, vermehrte und verbesserte Auflage. Oktav. VIII, 216 Seiten. 1902 . . . . RM. 4.—

„Dieses Werkchen will einerseits die juristisch zweifelhaften Punkte des Wildschadengesetzes wissenschaftlich erörtern und klarstellen und andererseits allen denjenigen, welche bei der Handhabung dieses Gesetzes in irgendeiner Weise, sei es als Private, Beamte, Grundbesitzer oder als Jagdberechtigte, beteiligt sind, ein praktischer Berater sein." *Allgemeine Forst- und Jagdzeitung.*

Born, A., Das preußische Fischereigesetz vom 11. Mai 1916 in der geltenden Fassung. Taschenformat. 428 Seiten. 1928. (Guttentagsche Sammlung Preußischer Gesetze Nr. 62.) . . . . Geb. RM. 7.50

Die Ausgabe bietet eine übersichtliche, zusammenfassende Darstellung des Fischereigesetzes, in der die Rechtsprechung eingehend verwertet ist. Außer dem Fischereigesetz, das eine ausführliche Erläuterung gefunden hat, sind die wichtigen Ausführungsverordnungen und im Anhang die einschlägigen Bestimmungen anderer für die Anwendung des Fischereigesetzes in Frage kommenden Gesetze berücksichtigt.

Born, A., Die preußischen Jagdgesetze in ihrer geltenden Fassung. Mit Erläuterungen versehen. Taschenformat. 433 Seiten. 1928. (Guttentagsche Sammlung Preußischer Gesetze Nr. 63.) . . . Geb. RM. 8.—

„Das Buch kann zur Belehrung und Handgebrauch den Gerichten, Landratsämtern, Gemeinden und Forstbehörden sowie allen jagdlich interessierten Personen warm empfohlen werden." *Leipziger Ztsch. f. dtsch. Recht.*

Kunze, F., Das Jagdscheingesetz. Zweite Auflage. Taschenformat. 157 Seiten. 1899. (Guttentagsche Sammlung Preußischer Gesetze Bd. 19.) . . . . Geb. RM. 2.—

„Die eingehenden Anmerkungen und die im Titel hervorgehobenen Beigaben machen den kleinen Kommentar zu einem vortrefflichen, in der Praxis schwer entbehrlichen Hilfsmittel zur Auslegung des Gesetzes." *Zeitschrift für die gesamte Strafrechtswissenschaft.*

Holzapfel, W., Umlegungsordnung. Taschenformat. 144 Seiten. 1921. (Guttentagsche Sammlung Preußischer Gesetze Bd. 60.) . . RM. 1.80

„Holzapfel, der hervorragende Kenner der Auseinandersetzungsgesetze, erläutert die Vorschriften der Umlegungsordnung in seiner scharfsinnigen Art in durchaus erschöpfender Weise und gibt in diesen Erläuterungen ein außerordentlich anschauliches Bild von der Umlegung der Grundstücke. Das Buch ist auch für Laien leicht und gut verständlich und kann jedem, der für die Umlegung Interesse hat, zur Benutzung angelegentlich empfohlen werden." *Preußisches Verwaltungsblatt.*

Holzapfel W., Gesetz über Landeskulturbehörden. Taschenformat. 176 Seiten. 1919. (Guttentagsche Sammlung Preußischer Gesetze Bd. 57.) Geb. RM. 2.—

„Der Titel gibt den Inhalt des Werkchens vollständig an, hinzuzufügen ist aber, daß die Erläuterung, die umfangreich und eingehend ist und der praktischen Handhabung des Gesetzes Schritt für Schritt folgt, aus der Feder eines Mannes herrührt, der durch seine sachliche Qualifikation als gründlicher Kenner der Materie für eine zuverlässige Führung die größte Gewähr bietet. Dankenswert ist die Gründlichkeit der im bescheidenen Rahmen geleisteten Arbeit."
Verwaltungs-Archiv.

Kollenscher, M., Rechtsverhältnisse der Juden in Preußen. Taschenformat. VIII, 199 Seiten. 1910. (Guttentagsche Sammlung Preußischer Gesetze Bd. 45.) . . . . RM. 2,40
„Eine zusammenfassende, erschöpfende Darstellung der in den verschiedensten Quellen zerstreuten zahlreichen Judengesetze und Verordnungen. Jede Synagogengemeinde und jeder, der sich mit jüdischen Angelegenheiten beschäftigt, müßte dieses Buch besitzen."
Jüdische Rundschau.

3. Steuerrecht

Nieberl, A., Reichsabgabenordnung vom 13. Dezember 1919 nebst Einführungsverordnung vom 18. Dezember 1919 und Übergangsverordnung vom 11. Oktober 1921. **Textausgabe** mit Anmerkungen und ausführlichem Sachregister. Zweite, neubearbeitete Auflage. Taschenformat. 1927. (Guttentagsche Sammlung Deutscher Reichsgesetze Bd. 143.) . . . . Mit folgendem Nachtrag geb. RM. 12.—
„Die Darstellung ist leicht verständlich und klar. Das Sachregister ist gründlich bearbeitet. Jedenfalls wird das Buch, das einen mit der praktischen Handhabung der RAbgO. vertrauten Verfasser erkennen läßt, nicht nur den Steuerbeamten, sondern auch dem rechtsuchenden Publikum und seinen Beratern ein willkommener guter Führer auf diesem Gebiet sein." *Juristische Wochenschrift.*

Nieberl, A., Die Änderungen der Reichsabgabenordnung durch die Verordnung vom 1. Dezember 1930. Taschenformat. 127 Seiten. 1931. RM. 2.—

Michaelis, Richard, **Die Dritte Steuernotverordnung** vom 14. Februar 1924. Mit besonders ausführlicher Berücksichtigung der Vorschriften über die Aufwertung und die öffentlichen Anleihen. Taschenformat. VIII, 388 Seiten. 1924. (Guttentagsche Sammlung Deutscher Reichsgesetze Bd. 157.) . . . . Geb. RM. 7.—
„Ganz besonders zu rühmen ist der Kommentar von Michaelis, der dank seiner eingehenden und gründlichen Bearbeitungsweise erheblichen Einfluß auf die Praxis gewonnen hat." *Juristische Wochenschrift.*

Hollaender, Adolf, **Einkommensteuergesetz und Körperschaftsteuergesetz** nebst den zugehörigen Aus- und Durchführungsbestimmungen, Verordnungen und Erlassen. Taschenformat. XXXIX, 697 Seiten. 1926. Mit Nachtrag. 1928. (Guttentagsche Sammlung Deutscher Reichsgesetze Bd. 151.) . . . . Geb. RM. 24.—
„Das auf die Bedürfnisse der Praxis abgestellte und ihnen gerecht werdende Buch wird jedem gute Dienste leisten, der sich handelnd oder leitend auf dem äußerst unsicheren, ohne Hilfsmittel überhaupt nicht begehbaren Boden der heutigen Einkommensteuer zurechtfinden muß." *Juristische Rundschau.*

Pick, Reichsbewertungsgesetz. Textausgabe mit Anmerkungen. In Bearbeitung.

Schachian, Herbert, **Erbschaftsteuergesetz,** Fassung 1931, mit Anmerkungen. Fünfte Auflage. Taschenformat. 1931. Im Druck.
„Eine vollständige Darstellung des Erbschaftssteuerrechts und der zugrunde liegenden bürgerlich-rechtlichen Vorschriften des Erbrechts.

Als wissenschaftliche und praktische Leistung steht der klar und scharf geschriebene Kommentar in vorderster Reihe unter seinen Rivalen; er ist als Wegweiser besonders zu empfehlen."
Juristische Wochenschrift.

Hoffmann, U., **Die preußischen Erbschaftsteuergesetze.** Taschenformat. 561 Seiten. 1905. (Guttentagsche Sammlung Preußischer Gesetze Bd. 20.) . . . . RM. 3.—

Lindemann, Otto, **Umsatzsteuergesetz** (neueste Fassung) mit Ausführungsbestimmungen. Vierte, vermehrte und verbesserte Auflage. Taschenformat. 518 Seiten. 1926. (Guttentagsche Sammlung Deutscher Reichsgesetze Bd. 132.) . . . . Geb. RM. 10.—

„Es handelt sich um einen ausführlichen, gediegenen und klar abgefaßten Kommentar, der den weiteren Vorzug besitzt, auf dem laufenden zu sein. Das Werk kann allen Interessenten nur warm empfohlen werden." Industrie- und Handelszeitung.

Lindemann, Otto, **Grunderwerbsteuergesetz** (neueste Fassung) mit den Ausführungsbestimmungen. Zweite, völlig umgearbeitete Auflage. Taschenformat. 186 Seiten. 1926. Mit Nachtrag 1927. (Guttentagsche Sammlung Deutscher Reichsgesetze Bd. 139.) . . . . Geb. RM. 4.—

„Das Buch wird manchem in den mannigfachen Streitfragen des in der Praxis sehr einschneidenden Gesetzes ein willkommener Ratgeber sein. Die Erläuterungen zeichnen sich durch Klarheit und Gemeinverständlichkeit im besten Sinne aus." Württembergische Industrie.

Hagelberg, E., und **Krämer**, L., **Grunderwerbsteuergesetz** vom 12. September 1919 (RGBl. S. 1617) in der Fassung des Gesetzes vom 11. März 1927 (RGBl. I S. 72) nebst Einleitung, Sachregister und Ausführungsbestimmungen und der einschlägigen Vorschriften des Finanzausgleichs-Steuermilderungsgesetzes und Steuerstrafrechts. Für die Praxis erläutert. Zweite, völlig umgearbeitete und erweiterte Auflage. Groß-Oktav. 355 Seiten. 1928 . . . . Geb. RM. 15.—

„Die verhältnismäßige Kürze ihrer Erläuterungen bei großer Vollständigkeit ist zu rühmen. Das Buch ist nicht nur für den Juristen, sondern auch für den gebildeten Laien, namentlich Grundstücksmakler und Hausbesitzer, von großem, praktischem Wert."
Zeitschrift d. Deutsch. Notarvereins.

Hagelberg, E., und **Krämer**, L., **Wertzuwachssteuerrecht.** Kommentar. Groß-Oktav. 256 Seiten. 1929 . . . . . RM. 12.—, geb. RM. 13.50

Die Verfasser kommentieren die neue Wertzuwachssteuerordnung für Berlin und die preußische Mustersteuerordnung. Ihr Buch ist ein Leitfaden für die Steuerpflichtigen und ihre Rechtsberater und die mit der Wertzuwachssteuer befaßten Behörden. Es stellt die rechtliche und wirtschaftliche Bedeutung der Bestimmungen klar: Die Rechtsprechung des Preußischen Oberverwaltungsgerichts wurde erschöpfend berücksichtigt. Auch Spezialfragen wie die Aufwertung und das Schwarzkaufwesen wurden behandelt.

Hoepker, Heinrich, **Die Industriebelastungsgesetze** vom 30. August 1924 nebst den Durchführungsbestimmungen zum Gesetz über die Industriebelastung. Taschenformat. XV, 200 Seiten. 1925. Mit Nachträgen. (Guttentagsche Sammlung Deutscher Reichsgesetze Bd. 159.) Geb. RM. 4.—

„Die Anmerkungen sind erschöpfend und führen den Leser mit Geschick in die schwierige und neue Materie ein. Rechtsanwälte sowie Kaufleute, für welche die Industriebelastung in Frage kommt, werden das mit einem guten Sachregister ausgestattete Werk mit gleichem Nutzen gebrauchen!" Industrie- und Handels-Zeitung.

von Lympius, W., von Elbe, K., Das Kommunalabgabengesetz und das Kreis- und Provinzialabgabengesetz. Dargestellt in der Rechtsprechung des Oberverwaltungsgerichts. Groß-Oktav. X, 440 Seiten. 1930. RM. 22.50, geb. 24.—

„Man muß es als einen besonders glücklichen Gedanken bezeichnen, wenn die Verfasser die gesamte Rechtsprechung des OVG., ja auch die nichtveröffentlichten Entscheidungen auszugsweise in einer Form wiedergegeben haben, die in hohem Grade die Arbeit der Praxis wie auch der Wissenschaft erleichtert. Wenn dieses Werk in hervorragendem Maße geglückt ist, so ist es wohl in erster Linie darauf zurückzuführen, daß beide Verfasser als Mitglieder des OVG. zu den Berufensten in der Abfassung einer solchen Arbeit gehören." *Reichsverwaltungsblatt.*

Elffler, Kurt, **Staatliche Verwaltungsgebühren.** Gesetz über staatliche Verwaltungsgebühren vom 29. September 1923 nebst Gebührenordnungen und Ausführungsbestimmungen. Taschenformat. 192 Seiten. Mit Nachtrag. 1925. (Guttentagsche Sammlung Preußischer Gesetze Bd. 61.) Geb. RM. 6.—

„Das Buch ist für alle preußischen staatlichen und kommunalen Behörden unentbehrlich." *Deutsches Beamtenarchiv.*

Loeck, P., und Elffler, K., Preußisches Stempelsteuergesetz mit den gesamten Ausführungsbestimmungen. Unter besonderer Berücksichtigung der Entscheidungen der Verwaltungsbehörden und der Gerichte herausgegeben. Elfte Auflage. Taschenformat. 1931. (Guttentagsche Sammlung Preußischer Gesetze Bd. 18.) In Bearbeitung.

Lebbin, Georg, **Nahrungsmittelgesetze** mit Erläuterungen. Zweite, stark vermehrte Auflage in zwei Bänden.
Zweiter Band: **Getränkegesetze und Getränkesteuergesetze** (Wein, Bier, Branntwein, Mineralwasser). Unter Mitarbeit von Rechtsanwalt Dr. Kniebe. Taschenformat. XII, 400 Seiten. 1926. (Guttentagsche Sammlung Deutscher Reichsgesetze Bd. 54b.) . . . . . . Geb. RM. 10.—

„Die wichtigsten Gesetze sind eingehend kommentiert und so vollständig ergänzt, daß die Sammlung als unentbehrliches Hilfsmittel, wie es in dieser Art bislang noch fehlte, für den Sachbearbeiter bei Behörden und Verbänden sowohl als auch für den Kaufmann der Branche zu begrüßen ist." *Württembergische Wirtschafts-Zeitschrift.*

Wündisch, Friedrich, **Das Tabaksteuergesetz** vom 12. September 1919 nebst den Ausführungsbestimmungen vom 26. Februar 1920. Taschenformat. 286 Seiten. 1920. Mit Nachtrag 1925. (Guttentagsche Sammlung Deutscher Reichsgesetze Bd. 146.) . . . . Geb. RM. 4.—

„Endlich ein Kommentar zum Tabaksteuergesetz! Die Ausgabe kommt den Wünschen der Praxis nach einer erschöpfenden Darstellung des neuen Gesetzes in umfassender Weise entgegen. Das Buch bildet eine ausgezeichnete Informationsquelle für alle Fragen, die in der Praxis vorkommen." *Deutsche Tabak-Zeitung.*

VII. Entscheidungs-Sammlungen und Zeitschriften.

Entscheidungen des Reichsarbeitsgerichts. Herausgegeben von den Mitgliedern des Reichsarbeitsgerichts. Oktav.

Band I. 1928. Band II. 1928/29. Band III. 1929. Band IV. 1929/30. Band V u. VI 1930, Band VII 1931 . . Je RM. 6.50, geb. RM. 8.—

Entscheidungen des Reichsgerichts. Herausgegeben von den Mitgliedern des Gerichtshofes u. d. Reichsanwaltschaft. Oktav. (2 Sammlungen.)
1. **Entscheidungen in Zivilsachen.** (Werden in Heften im Umfange

von etwa 5 bis 6 Bogen sowie in vollständigen Bänden, geheftet und gebunden, ausgegeben. Jährlich 4 Bände.) 1.—132. Band.
Je RM. 6.50, geb. RM. 8.—

2. Entscheidungen in Strafsachen. (Werden in Heften im Umfange von 5 bis 6 Bogen sowie in vollständigen Bänden, geheftet und gebunden, ausgegeben. Jährlich 1 Band.) 1.—65. Band. Je RM. 6.50, geb. RM. 8.—

Generalregister zum 111.—120. Bande der von den Mitgliedern des Gerichtshofes und der Reichsanwaltschaft herausgegebenen **Entscheidungen des Reichsgerichts in Zivilsachen.** Bearbeitet von **Hans Triebel.** Oktav. XXIII, 509 Seiten. 1929. . RM. 15.—, in Halbleder RM. 18.—
— Zum 121.—130. Band. Oktav. XXIV, 755 Seiten. 1931.
Geb. RM. 22.—

Durch die umfassenden Register über je 10 Bände der amtlichen Sammlung von Reichsgerichtsentscheidungen wird das in dieser enthaltene umfängliche reiche Material der praktischen Benutzung erst voll erschlossen. Die Register verarbeiten das Material in 1. einem systematischen Register (mit einer dazugehörigen alphabetischen Übersicht), 2. einem alphabetischen Register, 3. einem Quellenregister, 4. einer chronologischen Übersicht, 5. einer Zusammenstellung der Entscheidungen nach Oberlandesgerichtsbezirken. Damit ist der höchste Grad von Sicherheit und Schnelligkeit für die Benutzung der Entscheidungssammlung erreicht.

Schiedsgericht für Oberschlesien. Trybunal Rozjemczy dla Górnego Slaska. Amtliche Sammlung von Entscheidungen des Schiedsgerichts für Oberschlesien, veröffentlicht gemäß der Bestimmung des Art. 592 des Genfer Abkommens vom 15. Mai 1922. Zbiór urzedowy orzeczeń Trybunalu Rozjemczego dla Górnego Śląska ogloszony wedle postanowienia art. 592 Konwencji Genewskiej z dnia 15 maja 1922r. Oktav. Band I. Tom. I. Nr. 1/4. 129 Seiten. 1929.
Pro Band RM. 12.—

Diese amtliche Sammlung veröffentlicht Entscheidungen des Schiedsgerichts für Oberschlesien, soweit sie von grundsätzlicher Bedeutung sind, in deutscher und polnischer Sprache. Die veröffentlichten Entscheidungen sind insofern für alle Gerichte und Verwaltungsbehörden von besonderer Bedeutung, als sie für sie bindend sind und jede Abweichung dem Schiedsgericht zur Entscheidung vorzulegen ist.

Zeitschrift für die gesamte Strafrechtswissenschaft. Gegründet von Fr. von **Liszt** und **A. Dochow.** Unter ständiger Mitarbeiterschaft hervorragender Fachmänner herausgegeben von Prof. Dr. K. **von Lilienthal,** Prof. Dr. Ed. **Kohlrausch** und Prof. Dr. W. **Gleispach.** Der Jahrgang besteht aus 8—9 Heften. Quart.
Bd. 1—43. 1881—1922. Je RM. 15.—. Bd. 44. 1922. RM. 25.—. Bd. 45. 1924. RM. 21.—. Bd. 46—49. 1925—1929. Je RM. 30.—. Bd. 50. 1929/30. RM. 36.—.

Juristische Rundschau. Herausgegeben von Otto **Lindemann,** Ministerialdirektor, Geh. Oberjustizrat, Berlin, Dr. Friedrich **Flad,** Senatspräsident beim Reichsgericht, Leipzig, **Fritz Hartung,** Reichsgerichtsrat, Leipzig und

Höchstrichterliche Rechtsprechung. Herausgegeben von Eugen **Friedrichs,** Senatspräsident, Breslau, Dr. Albert **Feisenberger,** Reichsanwalt, Leipzig. — Erscheint am 1. und 15. jeden Monats.
Jahrgang 1931. Vierteljährlich RM. 7.50, Einzelheft RM. 1.50

Beilage „Höchstrichterliche Rechtsprechung" einzeln vierteljährlich 5.—

Zeitschrift für ausländisches öffentliches Recht und Völkerrecht. Im Auftrage des Instituts für ausländisches öffentliches Recht und Völkerrecht herausgegeben von Dr. Viktor **Bruns**, Professor an der Universität Berlin, Leiter des Instituts. Lexikon-Oktav.

Band I, Teil 1: Abhandlungen. XXVIII, 657 Seiten. 1929. RM. 43.—

Band I, Teil 2: Urkunden. XVI, 858 Seiten. 1929 . . . RM. 54.—

Band II, Teil 1/2: Abhandlungen und Urkunden. 368 Seiten. 1930. RM. 45.—

Der neuen Zeitschrift für ausländisches öffentliches Recht und Völkerrecht ist es als Aufgabe gesetzt, die wichtigsten, die Wissenschaft und die Praxis beschäftigenden Probleme des Völkerrechts und des außerstaatlichen öffentlichen Rechts zu behandeln. Sie wird zu all diesen Fragen eingehend Stellung nehmen und über alle wichtigen Ergebnisse der Gesetzgebung und der Rechtsprechung auf diesem Gebiete im In- und Ausland eingehend berichten. Der I. Jahrgang der Zeitschrift wird in zwei Bänden herausgegeben; künftig erfolgt das Erscheinen vierteljährlich.

Zeitschrift für ausländisches und internationales Privatrecht. Herausgegeben in Gemeinschaft mit Ernst **Heymann**, Heinrich **Titze**, Martin **Wolff**, ordentliche Professoren an der Universität Berlin, wissenschaftliche Berater des Instituts, Max **Pagenstecher**, o. Professor an der Universität Hamburg, Franz **Schlegelberger**, Ministerialdirektor im Reichsjustizministerium, Honorarprofessor an der Universität Berlin, von Ernst **Rabel**, o. Professor an der Universität Berlin, Direktor des Instituts. Jährlich 6 Hefte im Umfang von etwa 65 Bogen.
Preis des fünften Jahrganges RM. 54.—

Sonderhefte: **Die deutsche Rechtsprechung auf dem Gebiete des internationalen Privatrechts in den Jahren 1926 und 1927.** 1928. RM. 8.— do. **im Jahre 1928.** 1930. RM. 11.—, do. **im Jahre 1929.** RM. 12.50

Zeitschrift für Bergrecht. Bis zu seinem Tode herausgegeben von dem Wirkl. Geh. Rat, Berghauptmann a. D. Dr. jur. H. Brassert. Redigiert und herausgegeben von den rechtskundigen Ministerialräten der Bergabteilung des Preußischen Ministeriums für Handel und Gewerbe. Jährlich ein Band von mehreren Heften. Die Hefte erscheinen in zwangloser Folge. 1928/29. RM. 20.—, Jahrgang 70. 1929. RM. 20.—, Jahrgang 71. 1930 . . . . RM. 20.—

Zeitschrift für Bergrecht. Register zu Jahrgang 37—40 . . . RM. 14.—

Zeitschrift für das gesamte Luftrecht (ZLR.). Herausgegeben von weiland Dr. jur. Otto **Schreiber.** Erscheint in Bänden zu je vier Heften.

Band I. 1926/28 . . . . RM. 50.—, geb. RM. 55.—

Band II, Heft 1 . . . . RM. 10.—

Bank-Archiv. Zeitschrift für Bank- und Börsenwesen. Unter Mitwirkung von hervorragenden Fachmännern herausgegeben von Geh. Justizrat Prof. Dr. **Rießer**, Berlin. Schriftleitung: Rechtsanwalt Otto **Bernstein**, geschäftsführendes Mitglied des Centralverbandes des Deutschen Bank- und Bankiergewerbes. Quart. Jährlich 24 Nummern. XXX. Jahrgang. 1930/31 . . . . Pro Halbjahr RM. 12.—

Veröffentlichungen des Reichs-Aufsichtsamts für Privatversicherung. Groß-Oktav. 29. Jahrgang. Heft 1—4 . . . . RM. 23.—

Jahrgang 1—28. Preise auf Anfrage.

Nachtrag
zur Vierten Notverordnung
(Guttentagsche Sammlung Deutscher Reichsgesetze Nr. 180)

---

1. Zu Seite 22, 26 und 29:

Siehe weiterhin Verordnung betr. Übertragung der Befugnisse des **Reichskommissars** für **Preisüberwachung** an die obersten Landesbehörden vom 30. Dezember 1931 (RGBl. 1932 I S. 13), Verordnung über **Preisschilder und Preisverzeichnisse** vom 8. Januar 1932 (RGBl. I S. 18), die sich auf Mehl und eine Reihe von Lebensmitteln bezieht, Verordnung über Preisverzeichnisse für **Schuhreparaturen** vom 18. Januar 1932 (RGBl. I S. 30), Verordnung über **Schornsteinfegertaxen** vom 21. Januar 1932 (RGBl. I S. 33).

---

2. Zu Seite 68 und 72:

Am 22. Januar 1932 (RGBl. I vom 25. Januar 1932 S. 31) erging folgende

Zweite Verordnung des Reichspräsidenten über Zuschläge für Steuerrückstände.

Vom 22. Januar 1932 (RGBl. I S. 31).

Auf Grund des Artikel 48 Abs. 2 der Reichsverfassung wird folgendes verordnet:

§ 1.

(1) Wird eine Zahlung (§ 2), die vor dem 1. Februar 1932 fällig geworden ist oder fällig wird, nicht bis zum Ablauf des 1. Februar 1932 entrichtet, so ist für jeden auf den 1. Februar 1932 folgenden angefangenen halben Monat ein Zuschlag in Höhe von einundeinhalb vom Hundert des Rückstandes zu zahlen.

(2) Wird eine Zahlung (§ 2), die nach dem 31. Januar 1932 fällig wird, nicht rechtzeitig entrichtet, so ist für jeden auf den Zeitpunkt der Fälligkeit folgenden angefangenen halben Monat ein Zuschlag in Höhe von einundeinhalb vom Hundert des Rückstandes zu zahlen.

§ 2.

(1) Die Zuschläge finden unter den Voraussetzungen des § 1 Anwendung auf Zahlungen, die

1. nach dem Einkommensteuergesetz, Körperschaftsteuergesetz, Vermögensteuergesetz, Erbschaftsteuergesetz oder Umsatzsteuergesetz,
2. nach den Vorschriften über die Aufbringungsumlage,
3. nach den Vorschriften über die Grundsteuer, Gewerbesteuer oder Hauszinssteuer (Geldentwertungsausgleich bei bebauten Grundstücken),
4. nach den Vorschriften über Zuschläge zur Einkommensteuer, zur Grundsteuer oder zur Gewerbesteuer,
5. nach den Vorschriften über die Krisensteuer

dem Steuergläubiger (Reich, Land, Gemeinde oder Gemeindeverband) geschuldet werden.

(2) Ist auf Grund des § 168 Abs. 2 der Reichsabgabenordnung vom 22. Mai 1931 (Reichsgesetzbl. I S. 161) ein Zuschlag zu einer der im Abs. 1 bezeichneten Zahlungen zu entrichten, so finden auch hierauf die im § 1 bezeichneten Zuschläge Anwendung.

(3) Auf andere als die in den Abs. 1, 2 bezeichneten Zahlungen, insbesondere auf Geldstrafen, finden die Zuschläge (§ 1) keine Anwendung.

§ 3.

(1) Für die Zeit, für die ein rückständiger Betrag gestundet ist, wird ein Zuschlag nicht erhoben.

(2) Ein Zuschlag wird ferner nicht erhoben, wenn der rückständige Betrag 10 Reichsmark nicht erreicht.

§ 4.

Bei der Berechnung des Zuschlags wird wie folgt verfahren:

1. Der rückständige Betrag wird für die Berechnung des Zuschlags auf volle 10 Reichsmark nach unten abgerundet. Hierdurch wird die Verpflichtung, den rückständigen Betrag in voller Höhe zu zahlen, nicht berührt.
2. Für die Berechnung des Zuschlags gilt als halber Monat ein Zeitraum von fünfzehn Tagen (wenn ein halber Monat im

Februar beginnt: ein Zeitraum von vierzehn Tagen). Hat ein Monat einunddreißig Tage, so wird der einunddreißigste Tag, hat der Februar neunundzwanzig Tage, so wird der neunundzwanzigste Tag nicht gerechnet.

§ 5.

(1) Soweit ein Zuschlag erhoben wird, findet eine Verzinsung des rückständigen Betrags nicht statt.

(2) Im übrigen bewendet es sich für Verzugszinsen, die auf Grund des § 126 der Reichsabgabenordnung vom 22. Mai 1931 oder auf Grund anderer Vorschriften der Steuergesetze dem Steuergläubiger (Reich, Land, Gemeinde oder Gemeindeverband) geschuldet werden, sowie für Steuerzinsen, die bei Zahlungsaufschub oder bei Stundung zu entrichten sind, bei den Vorschriften des Ersten Teiles Kapitel IV der Vierten Verordnung des Reichspräsidenten zur Sicherung von Wirtschaft und Finanzen und zum Schutze des inneren Friedens vom 8. Dezember 1931 (Reichsgesetzbl. I S. 699, 704).

§ 6.

Gegen die Anforderung des Zuschlags steht nur die Beschwerde offen.

§ 7.

Der Zuschlag gehört nicht zu den öffentlichen Lasten im Sinne des § 10 Abs. 1 Nr. 3 des Gesetzes über die Zwangsversteigerung und die Zwangsverwaltung.

§ 8.

Der § 6 der Vorschriften über die Reichsfluchtsteuer (Siebenter Teil Kapitel III Erster Abschnitt der Vierten Verordnung des Reichspräsidenten zur Sicherung von Wirtschaft und Finanzen und zum Schutze des inneren Friedens vom 8. Dezember 1931 — Reichsgesetzbl. I S. 699, 731 —) bleibt unberührt.

§ 9.

Der Reichsminister der Finanzen wird ermächtigt, die in dieser Verordnung enthaltenen Vorschriften ganz oder teilweise außer Kraft zu setzen, soweit die Vorschriften nicht mehr erforderlich sind, um den ordnungsmäßigen Eingang der Steuern zu gewährleisten.

Berlin, den 22. Januar 1932.

3. Zu Seite 130:

Am 11. Januar 1932 (GS. vom 13. Januar 1932 S. 4) erging für Preußen eine „Dritte Verordnung über die Mietsenkung", die den § 4 Abs. 1 Satz 2 der VO. vom 5. Januar dahin abänderte, daß der Antrag bei Altbauten spätestens bis zum 25. Januar 1932 gestellt werden mußte.

---

4. Zu Seite 165:

Am 23. Januar 1932 (RGBl. I vom 25. Januar 1932 S. 32) erging folgende

Verordnung des Reichspräsidenten zur Sicherung der Frühjahrsdüngung und Saatgutversorgung.

Vom 23. Januar 1932 (RGBl. I S. 32).

Auf Grund des Artikel 48 Abs. 2 der Reichsverfassung wird folgendes verordnet:

§ 1.

Wegen der Ansprüche aus der Lieferung von Düngemitteln sowie von anerkanntem Originalsaatgut und anerkannten Absaaten — mit Ausnahme von Rübensamen —, welche von dem Eigentümer, Eigenbesitzer, Nutznießer oder Pächter eines landwirtschaftlichen Grundstücks im Rahmen der bisherigen Wirtschaftsweise in der für derartige Geschäfte üblichen Art seit dem 1. Januar 1932 für das Erntejahr 1932 zur Steigerung des Ernteertrags beschafft und verwendet werden, hat der Gläubiger ein gesetzliches Pfandrecht an den Früchten des Grundstücks, auch wenn die Früchte noch nicht von dem Grundstück getrennt worden sind; das Pfandrecht erstreckt sich nicht auf die der Pfändung nicht unterworfenen Früchte.

Die Vorschrift des Abs. 1 gilt auch für Ansprüche aus Darlehen, die von dem Eigentümer, Eigenbesitzer, Nutznießer oder Pächter zur Bezahlung dieser Lieferungen in der für derartige Geschäfte üblichen Art aufgenommen werden.

§ 2.

Auf das Pfandrecht finden die Vorschriften von §§ 560, 561 Abs. 2, 562 des Bürgerlichen Gesetzbuchs entsprechende Anwendung.

Das Pfandrecht geht allen an den Früchten bestehenden dinglichen Rechten im Range vor.

Sind mehrere Gläubiger der im § 1 bezeichneten Art vorhanden, so haben deren Ansprüche untereinander gleichen Rang.

§ 3.

Sowohl der Pfandgläubiger wie der Schuldner kann nach Beginn der Ernte jederzeit, auch vor Fälligkeit der Forderung, verlangen, daß aus den dem Pfandrecht unterliegenden Früchten eine Menge, die zur Sicherung der Forderung ausreicht, ausgeschieden, als dem Pfandrecht unterliegend kenntlich gemacht und gesondert aufbewahrt wird. Geschieht dies, so beschränkt sich das Pfandrecht auf diese Menge; § 560 des Bürgerlichen Gesetzbuchs findet keine Anwendung.

§ 4.

Das Pfandrecht erlischt mit dem 1. April 1933, wenn es nicht vorher gerichtlich, insbesondere nach § 805 der Zivilprozeßordnung, geltend gemacht worden ist.

§ 5.

Die Vorschriften der §§ 1 bis 4 finden keine Anwendung auf landwirtschaftliche Betriebe, über die das Sicherungsverfahren gemäß der Verordnung des Reichspräsidenten zur Sicherung der Ernte und der landwirtschaftlichen Entschuldung im Osthilfegebiete vom 17. November 1931 (Reichsgesetzbl. I S. 675) eröffnet ist.

§ 6.

Der Reichsminister der Finanzen wird ermächtigt, für Forderungen aus Düngemittellieferungen an landwirtschaftliche Betriebe für die diesjährige Frühjahrsdüngung Bürgschaft bis zur Höhe von insgesamt 57 Millionen Reichsmark zu übernehmen.

§ 7.

Die Verordnung tritt mit dem Tage ihrer Verkündung in Kraft.

Berlin, den 23. Januar 1932.

5. Zu Seite 76:

Am 1. Februar 1932 erschien im Deutschen Reichsanzeiger (Abendausgabe) Nr. 26 folgende

Verordnung zur Durchführung des Dritten Teiles der Vierten Verordnung des Reichspräsidenten zur Sicherung von Wirtschaft und Finanzen und zum Schutze des inneren Friedens vom 8. Dezember 1931 (RGBl. I S. 699, 710).

Vom 30. Januar 1932.

Auf Grund des § 25 des Dritten Teiles der Vierten Verordnung des Reichspräsidenten zur Sicherung von Wirtschaft und Finanzen und zum Schutze des inneren Friedens vom 8. Dezember 1931 (RGBl. I S. 699, 710) verordnet die Reichsregierung:

§ 1.

(1) Hat der Schuldner unterlassen, die einstweilige Einstellung der Zwangsversteigerung gemäß § 5 des Dritten Teils der Verordnung vom 8. Dezember 1931 innerhalb der in den § 6, § 22 Abs. 3 Satz 1 das. bestimmten Fristen zu beantragen, so ist ihm auf Antrag, auch ohne daß die Voraussetzungen des § 233 der Zivilprozeßordnung vorliegen, die Wiedereinsetzung in den vorigen Stand zu gewähren.

(2) Der Antrag auf Wiedereinsetzung gemäß Abs. 1 ist nur bis zum 29. Februar 1932 zulässig.

(3) Der Gewährung der Wiedereinsetzung steht nicht entgegen, daß ein Antrag gemäß § 5 des Dritten Teils der Verordnung vom 8. Dezember 1931 bereits als verspätet zurückgewiesen oder die Wiedereinsetzung auf Grund der bisherigen Vorschriften bereits abgelehnt war.

§ 2.

(1) Ist in einem Falle der im § 1 bezeichneten Art später, jedoch vor dem 1. März 1932, der Zuschlag erteilt worden, so kann der Schuldner die einstweilige Einstellung der Zwangsversteigerung noch nachträglich im Wege der Beschwerde gegen den Zuschlag beantragen. War die Frist für diese Beschwerde bei Inkrafttreten dieser Verordnung noch nicht abgelaufen, so endet sie nicht vor dem 29. Februar 1932.

(2) War die Beschwerdefrist bei Inkrafttreten dieser Verordnung bereits abgelaufen, so kann der Schuldner bis zum 29. Februar 1932 in entsprechender Anwendung des § 1 die Wiedereinsetzung in den vorigen Stand beantragen.

§ 3.

Hat der Schuldner im Falle des § 22 Abs. 3 Satz 2 des Dritten Teils der Verordnung vom 8. Dezember 1931 unterlassen, die einstweilige Einstellung der Zwangsversteigerung im Wege der Beschwerde rechtzeitig zu beantragen, so kann er bis zum 29. Februar 1932 in entsprechender Anwendung des § 1 die Wiedereinsetzung in den vorigen Stand beantragen.

§ 4.

In den Fällen der § 2 Abs. 2, § 3 ist die Wiedereinsetzung in den vorigen Stand zu versagen, wenn die Verteilung des Versteigerungserlöses bereits stattgefunden hat.

6. Zu Seite 204:

Am 14. Januar 1932 erging eine **Verordnung über kassenärztliche Versorgung** (RGBl. I vom 18. Januar 1932 S. 19).

7. Zu Seite 341:

Am 16. Januar 1982 (RGBl. I vom 18. Januar 1932 S. 19) erging folgende

Verordnung des Reichspräsidenten über das Tragen von Abzeichen.

Vom 16. Januar 1932 (RGBl. I S. 19).

Auf Grund des Artikel 48 Abs. 2 der Reichsverfassung wird folgendes verordnet:

Vom Inkrafttreten dieser Verordnung ab gilt das im Achten Teil Kapitel II der Vierten Verordnung des Reichspräsidenten zur Sicherung von Wirtschaft und Finanzen und zum Schutze des inneren Friedens vom 8. Dezember 1931 (Reichsgesetzbl. I S. 699) ausgesprochene Verbot des Tragens von Abzeichen nicht mehr für Nadeln, Rosetten und ähnliche kleinere Abzeichen in der Form und Größe, wie sie bisher bei politischen Vereinigungen üblicherweise getragen wurden.

Berlin, den 16. Januar 1932.

FSC
www.fsc.org
MIX
Papier | Fördert
gute Waldnutzung
FSC® C083411

Kolibri 360 GmbH
Ferdinand-Jühlke-Straße 7
99095 Erfurt, Deutschland
produktsicherheit@kolibri360.de